U0807907

中国石油化工股份有限公司天然气分公司系列培训教材

天然气市场营销

中国石油化工股份有限公司天然气分公司◎编

中国石化出版社
·北京·

图书在版编目（CIP）数据

天然气市场营销 / 中国石油化工股份有限公司天然气分公司编 . -- 北京 : 中国石化出版社，2025. 5.
（中国石油化工股份有限公司天然气分公司系列培训教材）
. -- ISBN 978-7-5114-7851-1

Ⅰ. F426.22

中国国家版本馆 CIP 数据核字第 2025BF9858 号

未经本社书面授权，本书任何部分不得被复制、抄袭，或者以任何形式或任何方式传播。版权所有，侵权必究。

中国石化出版社出版发行
地址：北京市东城区安定门外大街58号
邮编：100011　电话：（010）57512446
发行部电话：（010）57512575
http：//www. sinopec-press. com
E-mail：press@ sinopec. com
北京科信印刷有限公司印刷
全国各地新华书店经销
*
787 毫米 ×1092 毫米　16 开本　20.75 印张　478 千字
2025 年 5 月第 1 版　2025 年 5 月第 1 次印刷
定价：168.00 元

中国石油化工股份有限公司天然气分公司
系列培训教材

编委会

主　任	董贤勇				
副主任	罗　勇	汪　鑫	张志刚	丁　乙	沙晓东
成　员	秦云松	孟亚东	周海军	牛化昶	黄东潮
	王险峰	王　勇	刘　峰	杨延平	王维斌
	褚夫志	毕建伟	于自然	申洪亮	王小尚
	陈　叶	李春奇	尹兆兵	焦　健	

《天然气市场营销》
编委会

主　　编　孟亚东

参编人员（按姓氏笔画排序）

丁大鹏　马浩华　王　亮　王　雪　牛尚义
田　野　印小娜　邢伟伟　师晓轲　刘　慧
刘明欣　齐得晟　闫旭东　牟　青　杜伟婧
李　山　杨　悦　杨　超　杨琳琳　吴世娟
张　娜　张　鹤　张大为　张功文　张龙焕
张亚晖　张津齐　陆　琦　林泓光　孟　超
赵　奎　赵文亮　胡晓捷　胡梓桐　战永辉
袁　伟　钱筱凌　徐瑨浣　栾志军　黄　文
龚继忠　蒋　君　蒋伟伟　程海洋　温海峰
蔡柏良　樊世江　潘宏竹

参审人员　尹兆兵　李　山　吴文龙　沈　浩　张　林
孟　超　孟亚东　赵　奎　战永辉　席海宏
粟科华　薛文河　郝江涛　焦　健　牛尚义

序

能源是人类文明进步的动力，是国民经济的命脉。习近平总书记提出“四个革命、一个合作”能源安全新战略，为新时代中国能源发展指明了方向，开辟了中国特色能源发展新道路。近年来，我国天然气行业产供储销体系不断完善、体制机制改革和市场建设扎实推进，为保障国家能源安全和绿色低碳转型发展提供了强有力支撑。

天然气作为清洁能源，其灵活高效的特性可支撑其与多种能源协同发展，在“碳达峰”乃至“碳中和”阶段将持续发挥积极作用。从我国天然气市场来看，天然气消费在一次能源消费中占比总体较低，未来依然存在较大的增长空间。但是，国际地缘政治动荡、世界经济复苏缓慢等因素，深刻影响着国内天然气市场供需形势，驱动着天然气市场正逐步从传统的资源导向型向市场导向型转变，市场发展充满不确定性，这使市场营销策略的创新与运用显得尤为重要。如何精准定位市场需求，优化资源配置；如何构建多元化销售渠道，提升品牌影响力；如何有效应对市场波动，实现稳健运营，这些都是天然气企业亟待解决的关键问题，也对天然气行业从业人员提出了新的要求。

此次编写的《天然气市场营销》培训教材是中国石油化工股份有限公司天然气分公司集合行业资源、高校资源，围绕天然气市场营销的核心要素展开的，既有理论知识体系，也涵盖行业的实战案例，有别于“就营销谈营销”的内容设计，将天然气营销置于天然气产供储全产业链的视角进行论述，可以帮助读者在复杂多变的市场环境中制定有效营销策略。

希望这本教材能够成为天然气市场营销从业人员的良师益友，助力他们在天然气市场的广阔舞台上大展宏图，为国家能源行业高质量发展贡献力量。

前　言

天然气作为世界上最重要的能源之一，一直以来在经济社会发展中扮演着重要的角色。它被广泛用于居民生活、电力生产、工业生产和交通等领域，在满足人类对能源的需求过程中起到了不可或缺的作用。然而，天然气市场的复杂性和竞争的激烈性也使其成为一个充满挑战的领域。在上述背景下，中国石油化工股份有限公司天然气分公司基于多年的营销实践经验，组织编写了《天然气市场营销》。

本书以“天然气市场”为核心，涉及天然气市场的各个方面，从定义、发展现状、营销管理、发展趋势等多个方面对天然气市场进行了深入阐述，为读者提供一个全面的视角，希望给读者带来一些借鉴。

第一章为天然气概述。主要介绍了天然气的成因、分类、特性，天然气产业链构成与特点，以及天然气贸易特点。本章首先对天然气成因进行了介绍，其次按照成藏机理、组分和酸性气体含量对天然气进行了分类，并介绍了天然气的四种特性，最后阐述了天然气产业链的构成与特点，以及天然气贸易的特点。

第二章为天然气市场现状分析。主要对天然气市场的发展现状、相关政策及交易方式进行了介绍。本章首先介绍了国际天然气市场发展情况，其次介绍了国内天然气市场供需情况，再次针对中国天然气行业的重要政策进行了介绍和分析，最后介绍了天然气主要的交易方式。

第三章为天然气用户特性。主要聚焦城市燃气用户、工业燃料用户、天然气发电用户、天然气化工用户及调峰用户，结合相关实战案例，详细介绍了各类用户的分类、不同用户的用气特性，以及各类用户用气不均匀的影响因素。最后针对不同类型用户分析了其天然气价格的承受能力。

第四章为天然气市场开发。主要内容包括天然气市场开发的概念及流程、天然气市场环境分析、天然气市场调研、目标市场选择及市场需求预测和协同市场开发等。每一部分既有天然气市场开发与营销的理论知识，也有具体的市场开发、调研、选择与预测的流程和方法，可以为读者提供实用的经验分享。

第五章为天然气采购管理。首先介绍了国际LNG资源采购的特点、定价方式，以及贸易方式和采购流程，其次对国内天然气资源的构成与供应主体、定价机制和采购流程进行了阐述，最后分析了天然气采购的发展趋势。

第六章为天然气运输。主要对天然气运输的方式与价格进行了分类与总结。天然气运输方式多种多样，包括管道运输、船舶运输和槽车运输，不同的运输方式适用于不同的运输环境，成本收益各不相同，运输价格也会有所差异。

第七章为天然气存储。重点对天然气存储的技术及特点、现状、经济效益及运营模式等进行了介绍。本章按存储方式将天然气存储分为气态储存、液态储存和固态存储，详细介绍了各种存储方式的特点，并介绍了天然气存储的发展现状。针对不同存储方式，介绍了其经济效益和不同的运营模式，最后对天然气存储的发展进行了展望。

第八章为天然气购销合同。首先对天然气购销合同的基本概念进行了介绍，随后重点介绍了天然气购销合同的主要内容，以及不同类型产品在合同文本中的特殊约定，最后详细介绍了天然气购销合同管理体系及各个环节注意事项。本章除了有详细的相关理论介绍，还融入了大量的现实案例，增强了内容的实操性。

第九章为天然气市场营销策略。基于市场营销学的理论，主要介绍了管道气、LNG的营销策略和天然气保供与市场份额策略。管道气和LNG由于其独特的商品特性有着不同的交易特点、贸易流程和市场营销策略。此外，由于天然气作为关系国计民生的重要能源，在具备商品属性的同时也包含民生保障属性，因此本章还讲述了区域市场平衡及保供策略和管道气市场份额策略。

第十章为客户服务及关系管理。首先介绍了客户服务及关系管理的一般定义和理论发展，其次系统介绍了客户细分的概念和标准，再次结合天然气市场营销的特点详细介绍了天然气销售过程中的客户服务及关系管理保障措施，最后介绍了公共关系管理的定义、典型做法和实战案例。

第十一章为中国天然气市场发展展望。首先指出了“碳达峰”“碳中和”背景下中国天然气市场的发展困境与发展机遇，然后分析了实现“双碳”过程中我国天然气供给侧变化趋势，并给出了“碳达峰”“碳中和”时期的天然气需求预测结果。最后结合国家管网体制改革，“X+1+X”模式下天然气定价趋势，对管道天然气定价方式及定价模式进行了分析研判。

本书可供天然气销售企业从事天然气市场营销的工作人员培训使用，也可用作高等学校学生的授课教材。

在本书编写过程中，中国石油大学（华东）经济管理学院给予了高度重视和大力支持，汪鑫同志亲自给予指导，刘丙泉、李雷鸣、黄昶生等专家也提出了很好的指导意见和建议，同时，笔者参考了市场营销和天然气行业其他专家的文献和观点，在此表示衷心的感谢！

中国的天然气产业总体上还处于发展期，天然气市场形势变化快，书中的有些观点和内容不尽成熟和完善，需要不断认识和深入探讨。使用本书时请注意甄别，如有不合理之处，敬请批评指正！

目 录

第一章 天然气概述 ……………………………… 1

本章导读 …………………………………………… 2

第一节 天然气成因与分类 ……………………… 3

一、天然气成因 ………………………………… 3

二、天然气分类 ………………………………… 4

第二节 天然气特性 ……………………………… 5

一、天然气理化特性 …………………………… 5

二、天然气技术特性 …………………………… 7

三、天然气商品特性 …………………………… 8

四、天然气市场特性 …………………………… 9

第三节 天然气产业链构成与特点 ……………… 10

一、天然气产业链构成 ………………………… 10

二、天然气产业链特点 ………………………… 10

第四节 天然气贸易特点 ………………………… 12

一、天然气是关乎国计民生的商品 …………… 12

二、天然气贸易具有严格的计划性 …………… 13

三、天然气商品形态的特殊性 ………………… 13

四、天然气贸易形式具有多样性 ……………… 13

五、天然气定价机制具有复杂性 ……………… 14

第二章 天然气市场现状分析 …………………… 15

本章导读 …………………………………………… 16

第一节 国际天然气市场发展现状 ……………… 17

一、国际天然气市场供给现状 ………………… 17

二、国际天然气市场需求现状 ………………… 19

三、国际天然气市场贸易现状 ………………… 20

第二节　国内天然气市场发展现状……22
一、国内天然气市场供给情况……22
二、国内天然气市场消费情况……24
三、国内天然气市场进口情况……25
第三节　中国天然气行业相关政策……26
一、政策背景……26
二、天然气利用政策……26
三、天然气产业改革政策……27
第四节　天然气交易方式……34
一、资源采购模式……34
二、产品销售模式……35
三、托运商购销模式……35
四、天然气交易模式……36
第三章　天然气用户特性……39
本章导读……40
第一节　城市燃气用户……41
一、城市燃气用户分类……41
二、城市燃气用户用气特性……41
三、城市燃气用户用气不均匀性……47
第二节　工业燃料用户……49
一、工业燃料用户分类……49
二、工业燃料用户用气特性……49
三、工业燃料用户用气不均匀性……54
第三节　天然气发电用户……55
一、发电用户分类……55
二、发电用户用气特性……58
三、发电用户用气不均匀性……58
第四节　天然气化工用户……60
一、化工用户分类……61
二、化工用户用气特性……61
三、化工用户用气不均匀性分析……65
第五节　调峰用户……66
一、调峰用户定义与分类……66
二、调峰用户特性分析……67
三、调峰用户案例分析……68
第六节　天然气价格承受能力分析……71
一、城市燃气……71
二、工业燃料……72

三、天然气发电 ······74
四、天然气汽车 ······76
五、各类替代能源比价情况 ······76

第四章　天然气市场开发······79

本章导读······80
第一节　天然气市场开发概述······81
一、天然气市场开发的定义 ······81
二、天然气市场的环境分析 ······86
三、天然气市场开发的基本流程 ······90
第二节　天然气市场调研······91
一、天然气市场调研的含义与特点 ······92
二、天然气市场调研的作用 ······92
三、天然气市场调研的方法 ······93
四、天然气市场调研的内容 ······96
五、天然气市场调研的步骤 ······97
六、天然气市场调研报告 ······99
第三节　目标市场选择······102
一、天然气市场细分 ······103
二、天然气目标市场选择 ······108
三、天然气市场定位 ······112
第四节　市场需求预测······114
一、市场需求预测的定义 ······115
二、市场需求预测的作用 ······115
三、市场需求预测的基本原理 ······116
四、市场需求预测的分类 ······116
五、市场需求预测的方法 ······117
六、预测案例分析 ······120
第五节　协同市场开发······123
一、资源与市场开发的协同 ······123
二、设施与市场开发的协同 ······124
三、市场变革下的探索 ······125

第五章　天然气采购管理······129

本章导读······130
第一节　国际天然气资源采购······131
一、管道气资源采购 ······131
二、LNG资源采购 ······132
三、国际天然气定价分析 ······134

四、进口LNG采购管理 …… 141
第二节 国内天然气资源采购 …… 145
一、国内天然气资源构成与供应主体 …… 145
二、定价机制 …… 147
三、国内天然气采购管理 …… 149
第三节 天然气采购发展趋势 …… 152
一、市场化改革影响 …… 152
二、趋势分析 …… 153

第六章 天然气运输 …… 155

本章导读 …… 156
第一节 天然气运输方式 …… 157
一、天然气管道运输 …… 157
二、天然气船舶运输 …… 164
三、天然气槽车运输 …… 166
第二节 天然气运输价格 …… 168
一、管道运输价格 …… 168
二、船舶运输价格 …… 174
三、槽车运输价格 …… 175

第七章 天然气存储 …… 177

本章导读 …… 178
第一节 天然气存储技术及特点 …… 179
一、天然气存储作用及方式 …… 179
二、天然气存储技术 …… 179
三、储气库工艺流程 …… 183
第二节 天然气存储现状 …… 184
一、LNG接收站发展现状 …… 184
二、地下储气库发展现状 …… 187
第三节 天然气存储经济效益及运营模式 …… 189
一、天然气存储成本分析 …… 189
二、储气设施的经营创效 …… 190
三、储气库运营模式 …… 192
第四节 天然气存储面临的机遇与展望 …… 193
一、存在的问题 …… 194
二、发展趋势 …… 194
三、相关建议 …… 195

第八章　天然气购销合同……197
本章导读……198
第一节　概述……199
一、合同简介……199
二、天然气购销合同的基本概念……201
第二节　天然气购销合同的主要内容……206
一、购销合同的框架结构……206
二、管道天然气购销合同的主要内容……207
三、CNG购销合同的特殊约定……219
四、LNG购销合同的特殊约定……220
五、天然气购销合同相关的其他合同……222
第三节　天然气购销合同管理……225
一、天然气购销合同管理体系……225
二、天然气销售合同的主体资格审查……227
三、合同谈判……229
四、合同内容确定……230
五、合同审批管理……233
六、合同签订管理……234
七、合同履约管理……235
八、合同存档管理……238
九、合同纠纷处理……239
第九章　天然气市场营销策略……243
本章导读……244
第一节　市场营销的概念及理论……245
一、市场营销的基本概念……245
二、市场营销观念……249
三、市场营销组合及其演变……250
第二节　管道气市场营销策略……255
一、管道气交易……255
二、管道气市场营销策略……258
第三节　LNG市场营销策略……266
一、液态产品特点……266
二、液态产品营销策略……268
第四节　天然气保供与市场份额策略……272
一、区域市场平衡及保供策略……272
二、管道气市场份额策略……273

第十章　客户服务及关系管理……277

本章导读……278
第一节　客户服务及关系管理概述……279
一、客户服务及关系管理的定义……279
二、客户关系管理理论的产生及发展……280
三、客户服务及关系管理的价值和目标……280
第二节　客户细分……282
一、客户细分的概念……282
二、天然气客户细分的概念及标准……284
第三节　客户服务及关系管理保障措施……286
一、客户经理责任制……287
二、客户信用评价……288
三、客户差异化服务……291
四、客户满意度调查……293
五、客户关系提升……295
第四节　公共关系管理……297
一、公共关系定义及其必要性……297
二、公共关系管理的典型做法……298
三、天然气销售企业公共关系管理实例……299

第十一章　中国天然气市场发展展望……301

本章导读……302
第一节　中国天然气未来需求预测……303
一、"双碳"背景下中国天然气发展困境……303
二、"双碳"背景下中国未来天然气发展机遇……303
三、"双碳"过程中中国天然气供给侧变化趋势……304
四、"碳达峰"目标下未来天然气需求预测……307
五、"碳中和"时期天然气需求预测……309
第二节　中国天然气定价趋势分析及定价模式研判……310
一、5~10年中短期中国天然气定价模式变化……310
二、10~30年中长期中国天然气定价模式变化……313

附录：单位……315

参考文献……316

第一章

天然气概述

PART 1

本章导读

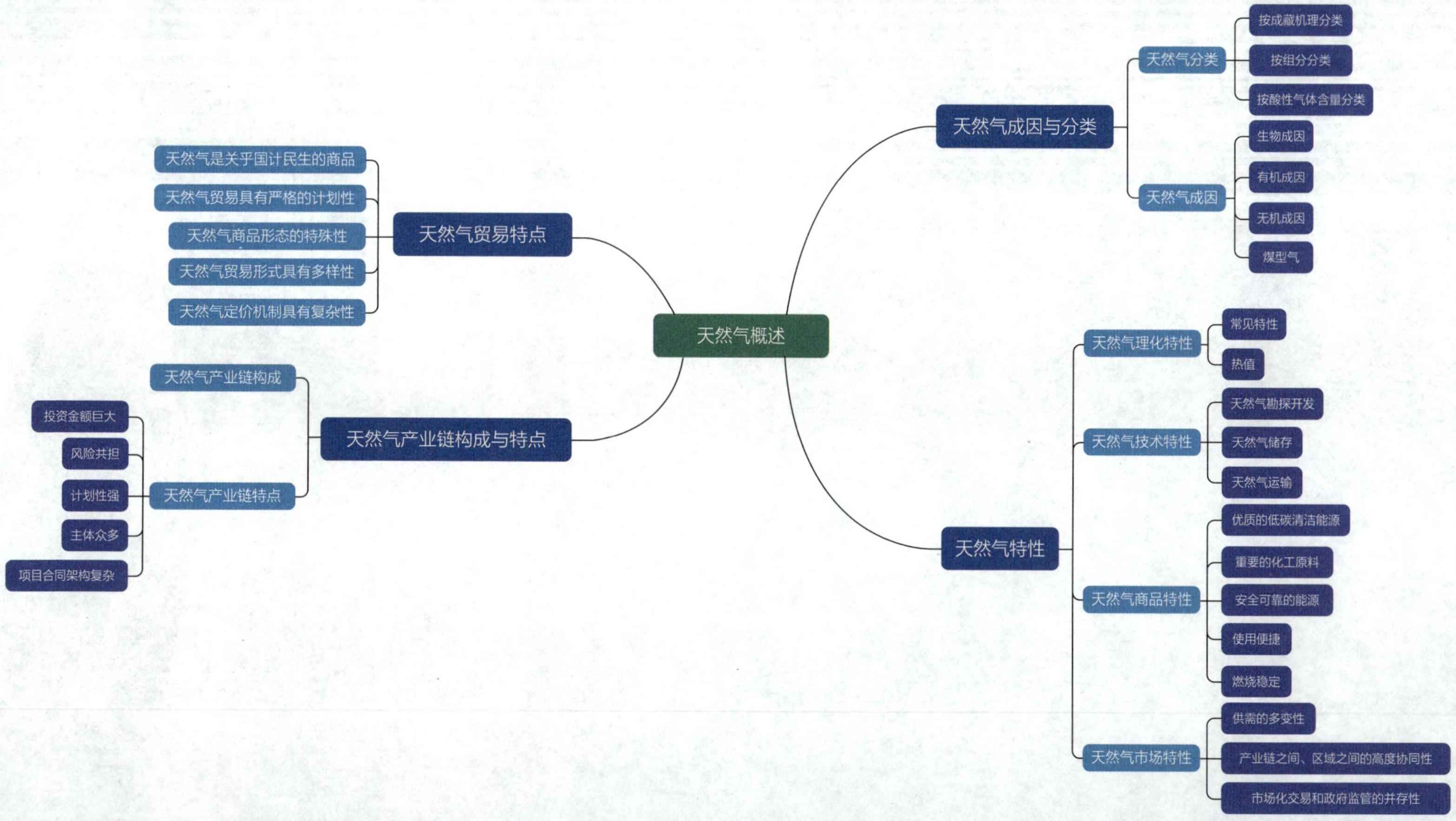

天然气概述
天然气成因与分类
天然气分类
按成藏机理分类
按组分分类
按酸性气体含量分类
天然气成因
生物成因
有机成因
无机成因
煤型气
天然气特性
天然气理化特性
常见特性
热值
天然气技术特性
天然气勘探开发
天然气储存
天然气运输
天然气商品特性
优质的低碳清洁能源
重要的化工原料
安全可靠的能源
使用便捷
燃烧稳定
天然气市场特性
供需的多变性
产业链之间、区域之间的高度协同性
市场化交易和政府监管的并存性
天然气贸易特点
天然气是关乎国计民生的商品
天然气贸易具有严格的计划性
天然气商品形态的特殊性
天然气贸易形式具有多样性
天然气定价机制具有复杂性
天然气产业链构成与特点
天然气产业链构成
天然气产业链特点
投资金额巨大
风险共担
计划性强
主体众多
项目合同架构复杂

第一节
天然气成因与分类

一 天然气成因

天然气是从地下开采的可燃性气体，由埋藏在地壳下的生物有机体，经过漫长的地质演变并在高温高压环境下形成。天然气主要成分是甲烷，占比80%~99%，还有少量的乙烷、丙烷、丁烷、硫化氢、二氧化碳等。天然气具有清洁、无毒、使用方便等优点，被广泛用于各行各业，如化工、冶炼、陶瓷、发电、交通和城市民用等领域。

天然气的成因是多种多样的，其形成贯穿于成岩、深成、后成直至变质作用的始终。千万年前死亡的大量植物和动物遗体沉积到湖泊或海洋底部，随着时间的推移，砂、泥和其他沉积物被石化了。随着这些沉积物的向上堆积，这些有机质就被保存在沉积岩内。最终，在这些不断积累的沉积层中，重量产生的压力和热力将这些有机质转变成了天然气和石油。沉积的“源”岩包括煤层、页岩及一些石灰岩，由于富含有机质而呈暗色。许多沉积盆地主要生成天然气。从总体上看，天然气的成因主要有四种。

（一）生物成因

成岩作用早期，在浅层生物化学作用带内，沉积了许多有机质，经过微生物群的发酵和合成作用，就形成了生物原因的天然气，这种天然气埋藏的深度比较浅，而且时代比较新，演化的程度也比较低，以含甲烷气为主。生物成因气形成的前提条件是更加丰富的有机质和强还原环境。

（二）有机成因

通过沉积中的有机物质，特别是腐泥型有机质在热降解成油过程中，与石油一起形成天然气。有机原因生成的气体有油型气和煤型气，或者在后成作用阶段由有机质和早期形成的液态石油热裂解形成的天然气称为油型气，包括湿气（石油伴生气）、凝析气和裂解气。

各种类型的有机质都可形成天然气，而腐泥型有机质既生油又生气，腐殖型有机质主要生成气态烃。最有利于生气的有机母质是草本腐殖型—腐泥腐殖型，这些有机质多分布于陆源物质供应丰富的三角洲和沼泽湖滨带，通常含陆源有机质的砂泥岩系列最有利。

（三）无机成因

地球深部岩浆活动、变质岩和宇宙空间分布的可燃气体，以及岩石无机盐类分解产生的气体，都属于无机成因气或非生物成因气。它属于干气，以甲烷为主，有时含CO_2、N_2、He及H_2S、Hg蒸气等，甚至以它们的某一种为主，形成具有工业意义的非烃气藏。

（四）煤型气

随着盆地沉降，埋藏加深和温度压力增高，由泥炭化阶段进入煤化作用阶段，在煤化作用中泥炭经过微生物酶解、压实、脱水等作用变为褐煤；当埋藏逐步加深，已形成的褐煤在还原条件、一定pH值、温度、压力和时间等因素作用下，按长焰煤→气煤→肥煤→焦煤→瘦煤→贫煤→无烟煤的序列转化。在这些外部条件下，甲烷菌大量繁殖，形成了大量的甲烷气。

煤型气也可形成特大气田，煤型气在世界可燃天然气资源构成中占有重要地位。

二 天然气分类

（一）按成藏机理分类

按成藏机理可将天然气分为常规天然气和非常规天然气。

1. 常规天然气

常规天然气是能够用传统的油气地质理论解释，并能够用常规技术手段开采的天然气，分为伴生气和非伴生气。

（1）伴生气。伴生气是在油藏中与原油呈相平衡接触并与原油共生的气体，在油井的开采过程中伴随原油采出，经过分离、脱水和净化成为伴生气。伴生气具有重烃组分含量高、热值高的特点，热值一般为45.47兆焦每标准立方米（MJ/Nm^3）。

（2）非伴生气。非伴生气，也称气田气。在地层中以气相存在，开采时以气态从井口流出，包括气井气和凝析井气两种。气井气甲烷含量高、热值相对较低，一般为34.69MJ/Nm^3。凝析井气除含有甲烷、乙烷外，还有一定量的丙烷、丁烷及C_5以上的烃类，热值一般为48.36MJ/Nm^3。

2. 非常规天然气

非常规天然气是指由于技术限制等原因在特定时期内还难以进行营利性开采的天然气。由于其成因、成藏机理与常规天然气不同，开发难度较大。非常规天然气在一定阶段可以转换为常规天然气。现阶段非常规天然气主要指煤层气、页岩气、天然气水合物等。

（1）煤层气。煤层气是指赋存于煤系地层中，与页岩气存储机理相近。其成藏机理以吸附作用为主，与常规气藏差异较大。热值一般为36.37MJ/Nm^3。

（2）页岩气。页岩气是指赋存在页岩中的天然气。赋存的空间既包括页岩裂缝也包括页岩颗粒表面，热值一般为30MJ/Nm^3。

（3）天然气水合物。天然气水合物是天然气与水在高压低温条件下形成的类冰状结晶物质，主要分布于深海或陆域永久冻土中，1m^{3}的天然气水合物最多可分解为164m^{3}的甲烷气体。

（二）按组分分类

1.C_5界定法

根据天然气中C_5以上烃类含量可将天然气划分为干气和湿气。

（1）干气。干气指甲烷含量在90%以上，C_5以上重烃含量在13.5cm^3/Nm^{3}以下的天然气。

（2）湿气。湿气指甲烷含量在90%以下，C_5以上重烃含量在13.5cm^3/Nm^{3}以上的天然气。

2.C_3界定法

根据天然气中C_3以上烃类含量可将天然气划分为贫气和富气。

（1）贫气。贫气指在1Nm^{3}井口流出物中，C_3以上烃类含量低于94cm^{3}的天然气。

（2）富气。富气指在1Nm^{3}井口流出物中，C_3以上烃类含量高于94cm^{3}的天然气。

（三）按酸性气体含量分类

按酸性气体（二氧化碳和硫化物）含量，可将天然气分为酸气和洁气。我国一般将含硫量20mg/Nm^{3}作为界定指标。

（1）酸气。酸气指含硫量高于20mg/Nm^{3}的天然气，须净化处理。

（2）洁气。洁气指含硫量低于20mg/Nm^{3}的天然气，无须净化处理。

第二节 天然气特性

一 天然气理化特性

因天然气主要成分为甲烷，以下主要介绍甲烷的相关特性。

（一）常见特性

（1）外观与形态：常温常压下为无色无味气体。

（2）相对分子质量：16.043。

（3）密度：常温常压下的气态密度为0.72kg/m^3、液态密度为450kg/m^3，相同质量的甲烷，液态体积约为气态体积的1/625。

（4）沸点：常压下，为–161.5℃。

（5）燃点：650℃。

（6）爆炸极限：当天然气在空气中含量为5%~15%时，与空气形成混合气体，遇火容易发生爆炸。

（7）溶解性：微溶于水，易溶于醇和乙醚。

（8）气化率：液化天然气（liquefied natural gas，LNG）组分因产地不同存在较大差异，甲烷占比较高的LNG，其气化率相对较高，一般为1380~1490m^3/t。具体气化率计算公式如下：

$$Q=V_m \times Z_{mix} \div M_{mix} \tag{1-1}$$

式中 Q——气化率，m^3/t；

V_m——混合气摩尔体积，m^3/kmol；

Z_{mix}——混合气压缩因子，无量纲；

M_{mix}——混合气摩尔质量，kg/kmol❶。

（二）热值

甲烷高位热值为39.8MJ/Nm^3。

标煤热值约为29.3MJ/kg，汽油热值约为33.6MJ/L，重油热值一般约为42MJ/kg，液化石油气（liquefied petroleum gas，LPG）热值约为46MJ/kg，柴油热值约为33MJ/L。甲烷与其他能源进行热值换算和对比如表1–1所示。

表1–1 天然气与其他能源热值换算

能源	热值 /MJ	与 1m^3 甲烷等热值换算
1m^3 甲烷	39.8	1.00
1L 汽油	33.6	1.18
1L 柴油	33	1.21
1kg 重油	42	0.95
1kg 标煤	29.3	1.36
1kg 液化石油气	46	0.87

❶ 混合气摩尔体积 V_m、混合气压缩因子 Z_{mix} 和混合气摩尔质量 M_{mix} 是由LNG各组分所占的摩尔分数加权求和计算的。

二 天然气技术特性

（一）天然气勘探开发

天然气的勘探开发过程可划分为五个阶段：区域普查、圈闭预探、气藏评价、产能建设和正式生产。

1. 区域普查

对可能的气藏地块进行区域地质调查，了解烃源岩和储层组合等基本油气地质情况，圈定有利含气区块。

2. 圈闭预探

对有利含气区块采取地震详查、物化探测量等手段，查明气藏圈闭及其分布，优选有利气藏圈闭并进行预探井钻探，初步查明气藏特征。

3. 气藏评价

对气藏开展地震精查、三维地震勘探及评价井钻探，明确构造形态、储层分布及物性变化等地质特征；同时查明气藏类型、储集类型、驱动类型及产能，确定开采技术条件和开发经济价值，完成开发方案设计。

4. 产能建设

按照方案进一步复核储量和产能，实施开发井网钻探，完成配套设施建设，做好投产工作。

5. 正式生产

在已建产能的区块实施天然气开采，并开展必要的生产调整和改造，从而提高采收率。目前绝大部分气田采取自压生产模式，即依靠气井气压差驱动，使天然气自喷。在气田开采进入后期，因天然气资源量减少，井内气压不足，此时则应采取天然气增压法保持气井压力。规模较大气藏的井口开采工艺一般是将各气井采出气集输进入集气站做净化、脱水等处理后外输销售。

（二）天然气储存

天然气的储存方式可划分为气态储存和液态储存。

1. 气态储存

气态储存又可分为地下储气库储存、高压管道储存、管束储存、高压储气柜储存和吸附储存等。

2. 液态储存

天然气的液态储存一般采用低温常压储存法，即将天然气冷却到其沸点温度以下在接近于常压的情况下储存，储存方式主要有冻土地穴储存、地上金属储罐储存、LNG储罐储存等。

（三）天然气运输

天然气的运输方式可划分为气态运输和液态运输。

1. 气态运输

气态运输主要使用管道运输和高压气瓶车载运输。长输管道运输的压力一般为4~10MPa，某些大输量管道最高压力达到12MPa。

2. 液态运输

液态运输分为液体长距离运输和液体短距离运输。液态长距离运输主要为大型低温船远洋运输，短途运输主要为槽罐车运输，另有罐箱多式联运等方式。

三　天然气商品特性

天然气中含有少量二氧化碳、氮气、硫化氢、水分等杂质组分，《天然气》（GB 17820—2018）规定了商品天然气的气质标准，净化处理至符合国家标准后，称为商品天然气。天然气作为商品有以下特性。

（一）优质的低碳清洁能源

同为一次化石能源，天然气相比煤炭和石油，含硫量极低，且几乎不含粉尘和其他有害物质，环境友好度高。天然气燃烧时产生的二氧化碳等温室气体也少于其他化石燃料，在等热值情况下碳排放量仅为标煤的63%，能有效改善环境质量。

（二）重要的化工原料

天然气是制造氮肥的最佳原料，具有投资少、污染小等特点。此外，天然气可以参与多种化工产品制造，如生产醇烃、烯烃、炭黑、工业制盐、制氢等。

（三）安全可靠的能源

天然气不含一氧化碳且硫化物含量极低，基本没有毒性。天然气的燃点高于汽油、柴油等其他能源，不易失火燃烧。因其密度轻于空气，如果泄漏会较快散发到空气中，不易积聚成爆炸性气体，是安全性较高的能源。

（四）使用便捷

天然气基础设施建设已非常完善，管道可直接将天然气输送至使用终端，无须用户自己储存或搬运，使用方便。

（五）燃烧稳定

对于工业及发电用户，燃气设备比燃煤或其他燃料设备流程简单，因此温度控制更精准、启动和关停也更迅速。天然气在化石燃料中能量密度最大、热值稳定、燃烧效率高，因而生产出的产品质量更稳定，有利于提高生产效率。天然气杂质极少，设备损耗和故障率较低，可大幅减少保养和检修成本。

四 天然气市场特性

市场是经济学的一个重要概念。在经济学中，狭义的市场单纯指买卖双方进行交易的场所，如农贸市场、股票市场、期货市场等。广义的市场不仅指交易场所，还包括所有的交易行为，是交易活动的总称。按照经济学的概念，天然气市场是天然气交易行为的总称，包括天然气的供应、需求、储运、定价和竞争等。

天然气市场不仅具有一般市场的普遍经济特性，还有以下特性。

（一）供需的多变性

天然气需求受环保政策、宏观经济、天气变化、替代能源、生产生活条件等因素影响而波动。天然气供应受上游开发生产、资源进口、运输储存、市场价格等因素的影响而波动。在天然气市场营销中，有些波动具有周期规律或可预见，而有些波动难以预测，因此设立应急预案和及时采取应急措施，对保持供需平衡具有重要意义。

（二）产业链之间、区域之间的高度协同性

一方面，天然气的勘探开发、运输储存、终端利用构成了完整的产业链，每个环节的发展都需要巨额投资及较长的建设回报周期。另一方面，天然气的生产要求又决定了产地和消费地之间彼此独立的区域化特性。同时因消费地之间经济发展、能源利用和气候的不同，天然气消费也呈现区域化特性，不同的消费区域既有互补也有竞争。因此天然气市场的发展离不开上述各环节的协同推进，离不开产地和消费地之间的衔接，也离不开各消费区域之间的资源平衡和协调，需要在各产业环节和区域协同上有高度的计划性、连续性。

（三）市场化交易和政府监管的并存性

天然气作为商品，存在正常的市场化交易和产业竞争，同时天然气产业由于基础设施庞大、勘探开发门槛高、国际采购金额大等原因，也具有一定的“自然垄断”属性。天然气作为关系国计民生的重要能源，兼备商品属性和民生保障属性，在国家经济发展中起到能源供应的安全保障作用，因此基于国家战略和社会发展，政府对天然气产业的干预和监管也是必不可少的。我国天然气产业起步于市场经济初期，因投入资金高、经营风险大，主要由国有企业进行勘探开采、基础设施建设和进口采购，逐渐形成了以三大石油公司（中国石油、中国石化和中国海油）为主的上游垄断，以及新奥、华润、港华等燃气企业为主的下游垄断市场格局。政府为防止垄断造成的资源

配置失衡和社会发展风险，采取了门站基准定价、非居民最高限价等监管措施，实现天然气产业的稳定可靠发展。

第三节
天然气产业链构成与特点

一 天然气产业链构成

天然气产业链是指天然气勘探、开采、加工、运输、再加工、销售、使用的全过程，即天然气“产、供、储、销、用”的完整体系，具体如图1–1所示。

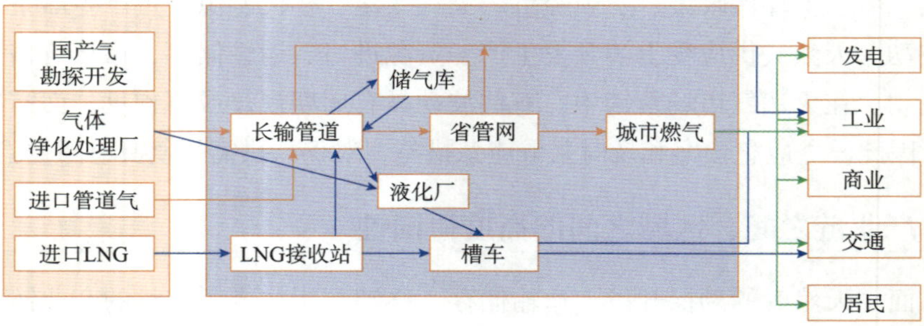

图1–1　天然气产业链示意图

从天然气产业发展历史来看，天然气产业的发展离不开资源侧的强力推动。由于气田勘探风险较高，自勘探至具备商业开采需要强大的技术能力及巨额的资金，因此，在开发前，除寻求具有一定技术能力和风险承受能力的合作方外，还需要在金融市场筹集巨额资金。为降低投资方和融资方的风险，确保投（融）资收益，早期的油气田开发项目在总体开发方案确定前，必须落实天然气下游市场，确保项目具有稳定的现金流。

近年来，由于国际天然气市场的发展，下游市场与资源来源地的相关性逐步降低，天然气贸易商基本上采用长短期协议和现货协议相结合的模式，建立自身的资源池，减少对单一资源的依赖，从而促使天然气贸易合同模式发生了较大的变化。

二 天然气产业链特点

天然气产业链由上、中、下游相关产业构成，涉及天然气生产、运输、储存、使用等各个环节，具有如下特点。

（一）投资金额巨大

就单个油气田项目而言，涉及前期勘探、开采、处理（或液化）、运输等项目均需要投入巨额的资金。

（二）风险共担

正是基于天然气产业链投资金额巨大，任何一个环节出现风险均将影响该产业链的上下游健康发展，因此，在全产业链中应当建立风险共担的机制，确保将上下游的风险通过合理的机制予以分解、分摊。

（三）计划性强

天然气的生产、运输、使用整体安排具有极强的联动效应，因此，天然气的“产、供、储、销、用”均实行严格的计划制，即天然气生产计划、运输计划、使用计划均须严格匹配、确保平衡。

（四）主体众多

天然气产业链各个环节涉及的主体众多，包括上游开发侧的投资方、融资方、作业方，中游的承运方、接收站、贸易商，以及下游的配气商、终端用户（包括居民）等。这些主体均需要通过签订合同来约定双方的权利与义务，确保产业链的顺利发展。

（五）项目合同架构复杂

天然气产业链的上述特点均在天然气产业链各个环节的法律文件中予以体现，因此势必造成天然气产业链各个环节的合同条款设置具有相关性与复杂性。表1–2介绍了目前天然气产业链各阶段的合同及其主要内容。

表1–2　天然气产业链合同架构

产业阶段	主要合同名称	主要内容
上游	气田投资协议	由油气田投资方签署，明确油气田投资环节的权利义务关系
	气田融资协议	由油气田项目公司与贷款银行（团）签署，明确油气田项目公司筹集注册资本外项目建设资金过程中的权利义务关系
	勘探开采协议	由油气田项目公司与作业方签署，明确由作业方负责对油气田项目勘探开采工作，作业方一般由其中的一方投资者担任
	炼厂 / 液化加工厂投资协议	由炼厂 / 液化加工厂投资者签署，明确投资者投资建设炼厂 / 液化加工厂项目的权利义务关系，一般地，炼厂 / 液化加工厂项目作为油气田项目的一部分
	产品分成协议	由油气田项目投资者签署，明确油气田所开采的资源具体分配方式。该协议所述内容也可以在油气田投资协议中明确
	资源购销协议	由油气田项目资源方与资源购买方签署，一般采用“照付不议”（take or pay）模式的长期协议，也可以采用现货方式的协议予以签署

续表

产业阶段	主要合同名称	主要内容
中游	管道天然气运输协议	由油气田资源方或资源购买方与管道运营企业签署，明确由管道运营企业负责将管道天然气运输至下游交付点过程中的权利义务关系
	液化天然气运输协议	由油气田资源方或资源购买方与船运公司签署，明确由船运公司负责将相关液化天然气资源运输至托运人指定接收站过程中的权利义务关系
	液化天然气接收站使用协议	由接收站公司与使用方签署，由接收站公司负责为使用方提供液化天然气接卸、储存、气化加工、液态装车、交付过程中的权利义务关系
下游	管道天然气购销协议	由上游资源购买方（中游资源贸易商）与下游资源购买方签署，明确中游资源贸易商将其所拥有的天然气以管道运输方式销售给下游资源购买方的权利义务关系
	液化天然气购销协议	由中游资源贸易商与下游资源购买方签署，由即中游资源贸易商将其所拥有的液化天然气交付给购买方过程中的权利义务关系。一般地，液化天然气购销协议要求由购买方自下游资源销售方指定的液化天然气接收站自提
	管道输送服务协议	由中游资源贸易商或购买方与管道运营企业签署，明确由管道运营企业将管道天然气运输到托运方指定交付点的权利义务关系
	槽车运输协议	由中游资源贸易商或购买方与槽车运输公司签署，明确由槽车运输公司负责将天然气以槽车方式运输到托运方指定交付点的权利义务关系
	供用气合同 / 协议	由中游资源贸易商或城市配气方与终端用户签署，明确供用气过程中的权利义务关系

天然气产业链项下各合同之间的关系既是独立的，又是紧密相关、环环相扣的，任何一个环节出现问题都有可能导致全产业链的风险与危机。因此，天然气产业链中任何一个环节的合同均应当合理考虑与产业链中其他合同之间的关系，确保产业链中的风险得以合理分摊，使得产业链中的风险均由最有能力承担的一方承担，保证产业链的健康发展。天然气购销合同作为约定资源供应商与资源购买方天然气交易的重要法律文件，在合同设置过程中既要承接上游合同项下的风险与责任，也要考虑将相应的风险与责任向下传递。

第四节 天然气贸易特点

一　天然气是关乎国计民生的商品

天然气为国家战略性矿产资源之一，其主要用于工业原料、工业燃料（包括发电燃料）和生活燃料，对保障国家经济安全、国防安全和战略性新兴产业发展具有重要的意义。随着“碳中和”成为全球共识，天然气作为低碳、清洁、灵活的化石能源，是承接高碳燃料有序退出的补位能源、是支撑可再生能源大规模开发利用的“稳定器”，也是保障能源安全的“压舱石”。在《“十四五”现代能源体系规划》中，明确提出“全面实行天然气购销合同管理，坚持合同化保供，加强供需市场调节，强化居民用气保障力度，优化天然气使用方向，新增天然气量优先保障居民生活需要和北方地区冬季清洁取暖”。因此，天然气贸易区别于其他商品买卖，其目的不单纯是获取经济利益，更主要是满足人民群众生产生活需要，保障生产活动正常运转，提高人民群众生活水平。

二 天然气贸易具有严格的计划性

由于天然气在开采过程中的技术特性，“产、供、储、销、用”过程均需要实施相对比较严格的计划。下游销售气量有赖于上游油气田的开采加工、中间的储存和运输、下游的需求等各方能力的平衡释放。天然气贸易受上述各个环节的制约，必须确保各个环节均达到平衡的状态才能保证天然气贸易的顺利进行，因此，在天然气贸易过程中必须建立严格的计划机制，以达到“产、供、储、销、用”之间平衡的状态。

三 天然气商品形态的特殊性

天然气可以划分为气态形式和液态形式，不同形态的天然气在贸易、供用过程中的交付技术限制、计量、计价等方面具有不同的商业与技术要求。其中，气态形式又分为管道天然气形式和压缩天然气形式，管道天然气一般以管道方式运输，压缩天然气以槽车方式运输。而液态形式一般以槽车方式运输。

四 天然气贸易形式具有多样性

我国天然气贸易自形成以来，在管道天然气方面基本采用长期协议的方式，由供需双方建立长期、稳定的购销或合作关系。即使未签署长期协议，基于供用气需要稳定的特点，一般也会通过对短期协议采取连续展期等方式形成具有相对稳定的、长期的购销或合作关系。在液态形式下，则具有更为灵活的贸易形式，既可以采用长期协议的方式，也可以采用短期的，甚至存在在作为保供气源情况下仅涉及单车液态气的方式。

随着油气体制改革的不断深入，在“X+1+X”模式下，天然气贸易形式将更加多元化，不仅一家资源供应商有多家不同的购买方，一家购买方也会有多家资源供应商。

天然气贸易形式的多样性也要求每一单天然气贸易均应同时考虑到与其他天然气贸易的关系，这对供应商、贸易商等交易合作方的选择及天然气购销合同的签署与执行均提出了更高的要求。

五 天然气定价机制具有复杂性

从天然气全产业链的特点考虑，天然气价格最优定价方式是从上游资源价格依次向下传导，确保每一环节不仅考虑自身的成本构成与利润目标，还充分考虑其上下游环节的成本构成与利润情况。由于天然气产业链各环节对价格承受能力与议价能力的不同，同时各环节的价格还会受到其他因素的影响（包括天然气资源量、生产成本、进口成本、消费量、用户价格承受能力、用户用气规律、社会资本平均利润率、国家相关政策、国际市场通行规则等），因此只有综合考虑这些因素，才能制定出符合市场发展规律的合理的天然气价格。特别在受到政府价格监管的环节，如居民燃气价格和管输价格属于政府定价，政府在考虑资源成本的基础上更多地考虑了居民承受能力，因此制定的价格可能导致上游的成本与利润无法顺利传导至终端用户。

因此，在全产业链中，各环节影响价格的因素较为复杂，必然导致天然气贸易过程中的定价机制较为复杂，进而导致合同履约的难度增加。

天然气贸易受天然气购销合同的法律保护，在天然气购销合同条款制定中必须解决与应对天然气贸易中的特点，为天然气贸易过程中可能存在的风险做出合理的安排，有利于保障贸易双方的合法利益，促使天然气市场的健康发展。

第二章

天然气市场现状分析

本章导读

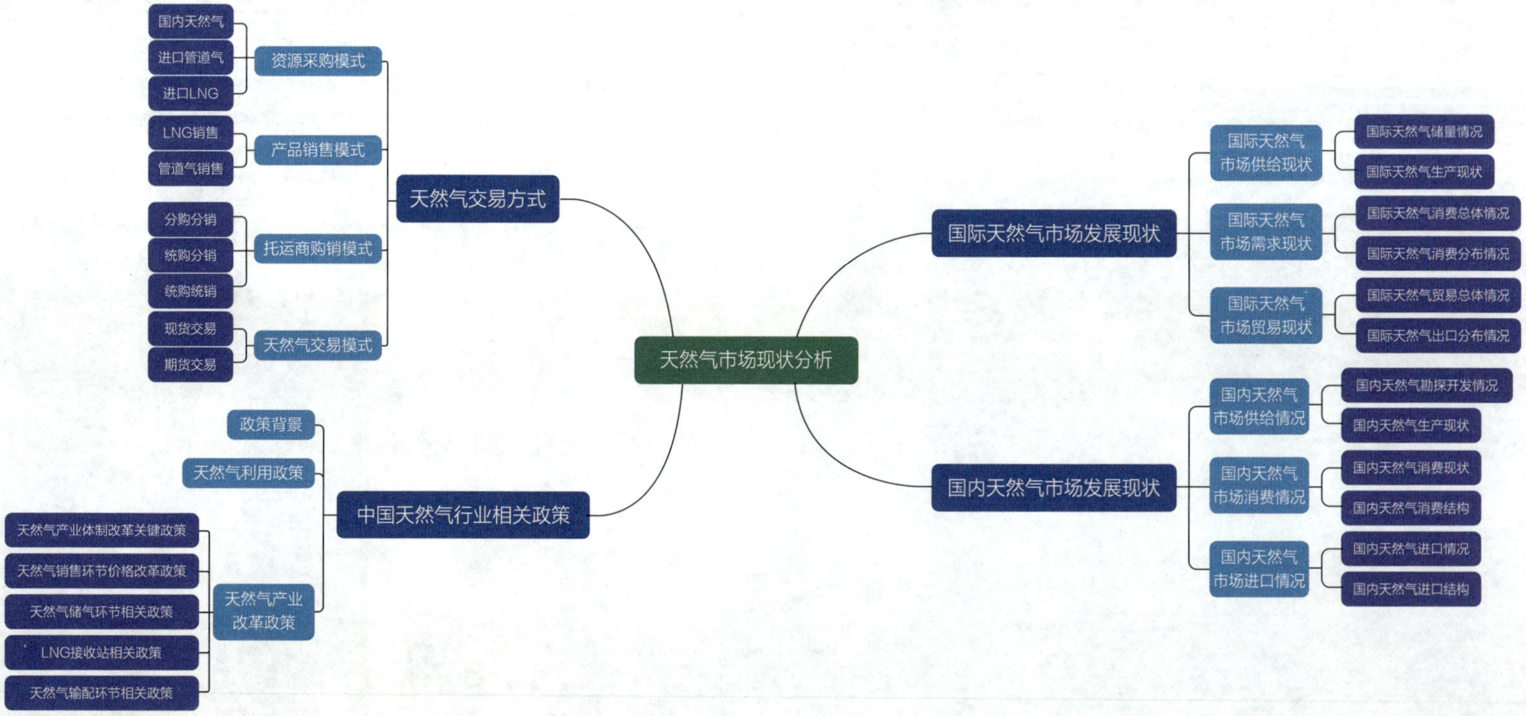
天然气市场现状分析
天然气交易方式
资源采购模式
国内天然气
进口管道气
进口LNG
产品销售模式
LNG销售
管道气销售
托运商购销模式
分购分销
统购分销
统购统销
天然气交易模式
现货交易
期货交易
中国天然气行业相关政策
政策背景
天然气利用政策
天然气产业改革政策
天然气产业体制改革关键政策
天然气销售环节价格改革政策
天然气储气环节相关政策
LNG接收站相关政策
天然气输配环节相关政策
国际天然气市场发展现状
国际天然气市场供给现状
国际天然气储量情况
国际天然气生产现状
国际天然气市场需求现状
国际天然气消费总体情况
国际天然气消费分布情况
国际天然气市场贸易现状
国际天然气贸易总体情况
国际天然气出口分布情况
国内天然气市场发展现状
国内天然气市场供给情况
国内天然气勘探开发情况
国内天然气生产现状
国内天然气市场消费情况
国内天然气消费现状
国内天然气消费结构
国内天然气市场进口情况
国内天然气进口情况
国内天然气进口结构

第一节

国际天然气市场发展现状

一　国际天然气市场供给现状

（一）国际天然气储量情况

截至2022年底，全球已探明天然气储量为211万亿 m^3（图2-1），近年来，伴随勘探开发技术的突破，全球天然气储量总体上呈现比较稳定的上升态势（2020年主要受新冠疫情影响呈下降趋势）。在世界范围内天然气呈现不平衡分布的态势，目前全球天然气储量主要分布在俄罗斯和中东地区。储量最多的5个国家分别是俄罗斯、伊朗、卡塔尔、土库曼斯坦和美国，共占据全球总储量的60%以上。

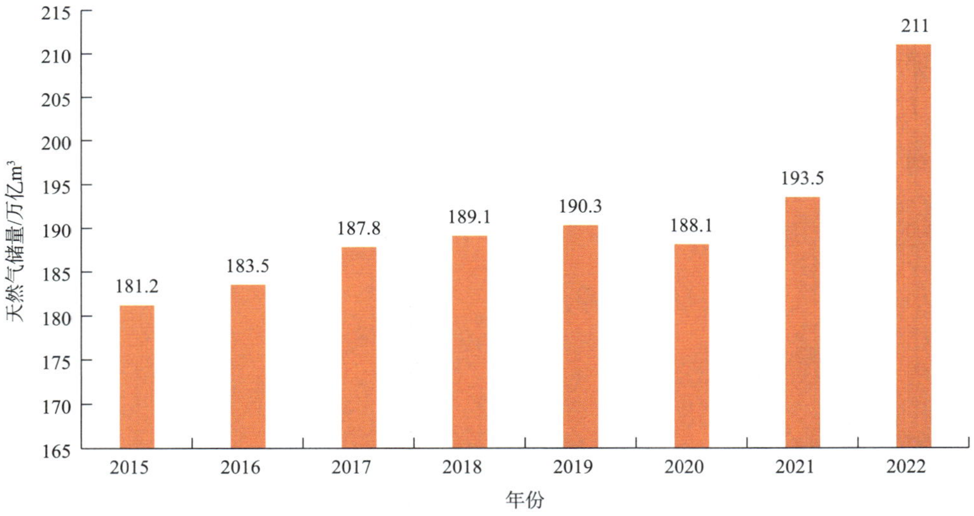

图2-1　全球已探明天然气储量
数据来源：BP统计年鉴（2023）

（二）国际天然气生产现状

2015~2021年，全球天然气生产量从3.51万亿 m^3 增至4.05万亿 m^3，2022年全球天然气产量较2021年下滑0.2%，达到4.04万亿 m^3。与全球天然气储量分布类似，全球天然气产量分布也极不平衡。主要产气区为北美、苏联加盟国、中东和亚太地区，产量占比一直超过80%（表2-1）。

表2-1　2015~2022年全球分地区天然气产量　亿m^3

地区/全球	年份							
	2015	2016	2017	2018	2019	2020	2021	2022
北美	9490	9360	9557	10556	11344	11172	11549	12039
中南美	1786	1780	1813	1757	1719	1555	1575	1620
欧洲	2608	2599	2627	2515	2348	2189	2110	2204
苏联加盟国	7502	7551	8023	8472	8574	8084	8912	8059
中东	6009	6243	6344	6572	6683	6788	7062	7213
非洲	2081	2119	2295	2418	2430	2314	2590	2490
亚太	5602	5792	6060	6268	6585	6504	6738	6813
全球	35078	35444	36719	38558	39683	38606	40536	40438

数据来源：BP统计年鉴（2023）

从主要产气国来看，2022年，美国为天然气第一大生产国，产气量9786亿m^3，较2021年增长了3.6%。俄罗斯天然气产量虽然较2021年下降了11.9%，但仍为第二大产气国，产气量为6184亿m^3。伊朗为第三大生产国，产气量2594亿m^3，与2021年相比下降了1.1%（图2-2）。

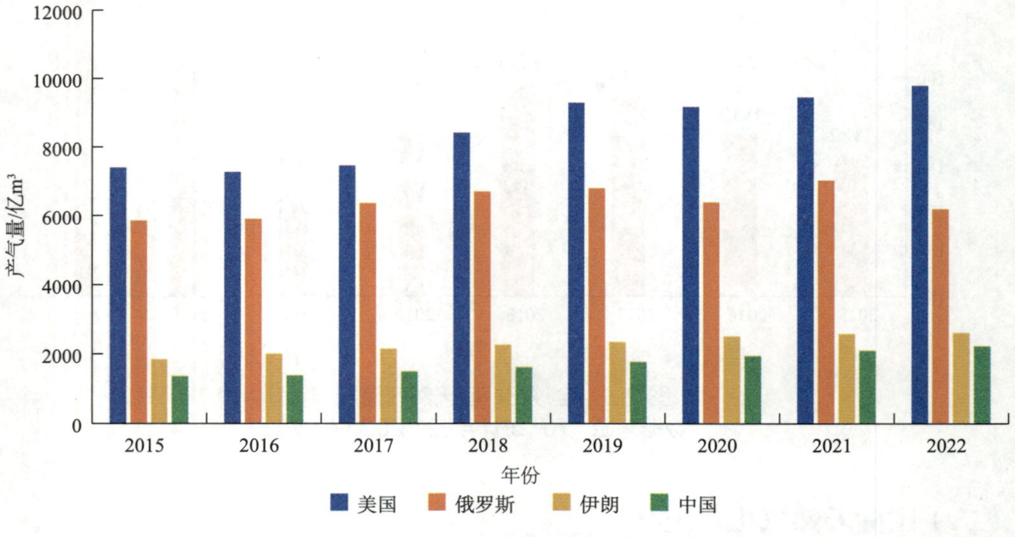

图2-2　2015~2022年主要产气国产气量
数据来源：BP统计年鉴（2023）

二 国际天然气市场需求现状

（一）国际天然气消费总体情况

2015~2022年全球分地区天然气消费量如表2–2所示。2015~2021年，全球天然气消费量从3.48万亿m^3增至4.07万亿m^3，年均增速2.5%。2022年，全球天然气消费下滑3.1%，达到3.94万亿m^3。

表2–2　2015~2022年全球分地区天然气消费量　　亿m^3

地区 / 全球	年份							
	2015	2016	2017	2018	2019	2020	2021	2022
北美	9347	9373	9358	10284	10613	10410	10501	10994
中南美	1778	1743	1762	1690	1629	1475	1679	1617
欧洲	5092	5379	5595	5480	5552	5417	5731	4988
苏联加盟国	5284	5380	5512	5800	5729	5550	6169	5512
中东	4793	5012	5116	5248	5379	5499	5621	5606
非洲	1327	1371	1450	1544	1552	1537	1685	1625
亚太	7166	7335	7728	8310	8606	8716	9285	9071
全球	34787	35593	36521	38356	39060	38604	40671	39413

数据来源：BP统计年鉴（2023）

（二）国际天然气消费分布情况

全球天然气消费分布极不平衡，其中，欧洲、北美和亚太地区消费量巨大，三个地区天然气消费量占全球消费量比重一直在60%以上（图2–3）。北美地区天然气消费量为1.1万亿m^3，同比增长4.7%。其中，美国消费量为8812亿m^3，同比增长5.4%，主要是发电用气快速增长；欧洲是全球天然气消费降幅最大的地区，全年消费量为4988亿m^3，同比下降13%，远高于全球3.1%的降幅；亚太地区因多国重启核电，加强煤电利用，加快推动可再生能源发展，全年天然气消费量为9071亿m^3，同比下降2.3%。其中，韩国、中国、日本、印度分别同比下降0.8%、1.2%、3.0%、6.3%。各国之间天然气消费差别较大，2022年超过1000亿m^3的消费大国有美国、俄罗斯、中国、伊朗、加拿大、日本、沙特阿拉伯，其中排名前三的美国、俄罗斯、中国，天然气消费量分别为8812亿m^3、4080亿m^3、3757亿m^3[1]。

[1] 数据来源：BP统计年鉴（2023）。

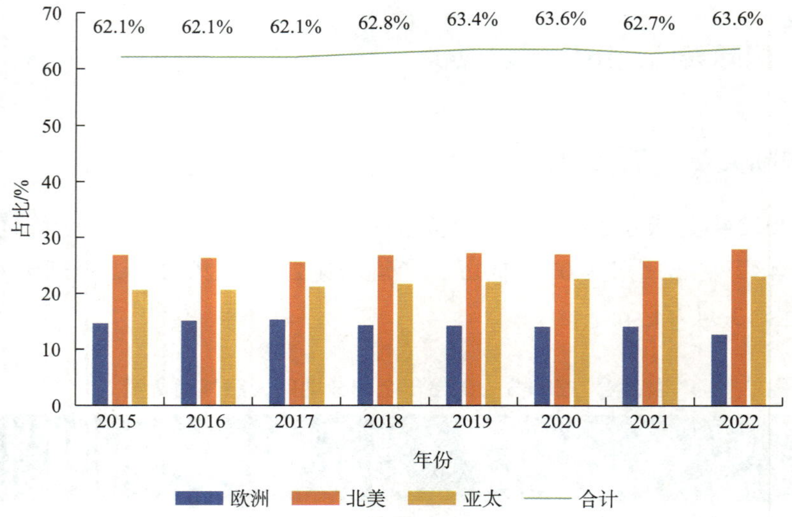

图 2-3　2015~2022 年全球天然气消费分布情况
数据来源：BP 统计年鉴（2023）

三　国际天然气市场贸易现状

（一）国际天然气贸易总体情况

全球天然气贸易随着LNG生产、储运技术的发展突破了管道运输的瓶颈，其和石油一样可以通过海运、陆运实现四通八达的洲际贸易。2015~2022年全球天然气贸易情况图2-4所示，国际天然气贸易总体上呈现稳定上升态势，贸易总量从2015年的7818亿m^3上升到2021年的10202亿m^3，2022年国际天然气贸易总量有所下滑，达到9685亿m^3。

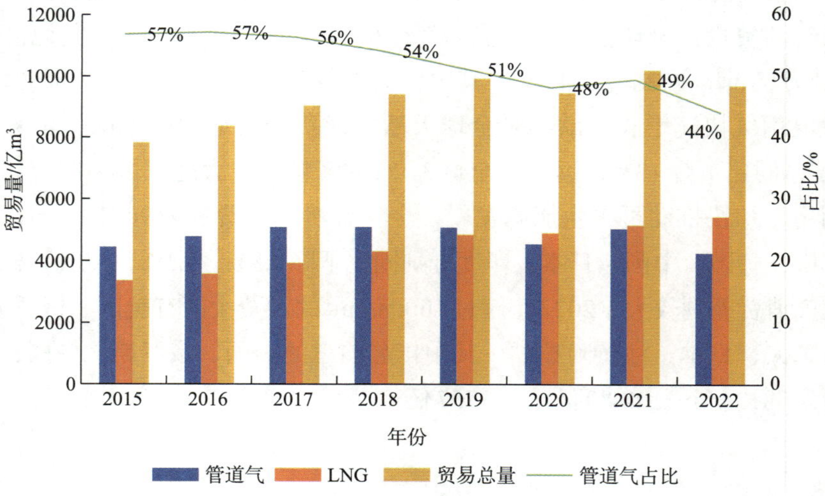

图 2-4　2015~2022 年全球天然气贸易情况
数据来源：BP 统计年鉴（2023）

从天然气的贸易结构来看，管道气贸易量在全球天然气贸易中占比总体呈现持续下降趋势，从2015年的57%下降到2022年的44%，2019年之前，管道气贸易量占比一直超过50%，而2019年之后，LNG贸易量突飞猛进，其在天然气贸易中的占比不断提升，2022年达56%。

（二）国际天然气出口分布情况

从国际天然气出口的地域分布来看，美国、俄罗斯、中东等地区是比较活跃的出口地区（图2-5）。其中，美国管道气和LNG出口量均逐年上升，管道气出口量从2015年的472亿m^3上升到2022年的827亿m^3，LNG出口量上升速度更快，从2015年的7亿m^3上升到2022年的1043亿m^3，增长了148倍。俄罗斯以出口管道气为主、出口LNG为辅，2015年出口量分别为1942亿m^3和146亿m^3，2021年达到2013亿m^3和395亿m^3，2022年受俄乌冲突影响，俄罗斯管道气出口量急剧下滑，达到1253亿m^3，LNG出口量略微上升，达到402亿m^3。中东地区一直是全球LNG生产和出口最为丰富的地区，2015年其管道气出口量为81亿m^3、LNG出口量达到1254亿m^3，2022年其管道气出口量为155亿m^3、LNG出口量达到1366亿m^3。

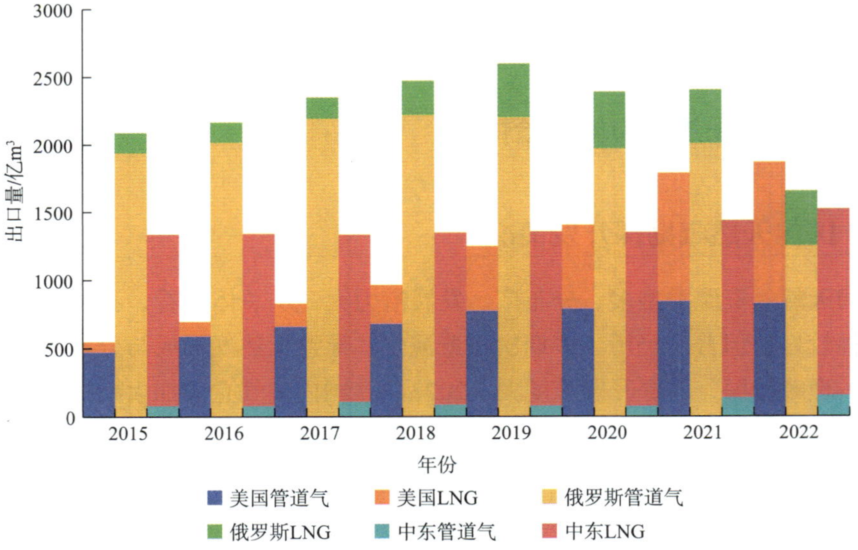

图2-5 2015~2022年国际主要地区天然气出口情况
数据来源：BP统计年鉴（2023）

2022年国际管道气贸易量达到4261亿m^3，占贸易总量的43.99%，与2021年相比下降了15%，其中，俄罗斯管道气出口下降了38%，中东管道气出口增长了12%。LNG贸易量达到5424亿m^3，占贸易总量的56.01%，与2021年相比增长了5.2%，卡塔尔是2022年全球最大LNG出口国，LNG出口量为1141亿m^3，与2021年相比增长了6.7%，全球占比为21%，澳大利亚紧随其后，LNG出口量为1123亿m^3。美国LNG出口量为1043亿m^3。2022年排名前四位的天然气出口国分别为俄罗斯、美国、澳大利亚和卡塔尔，其中，美国于2022年上半年成为世界第一大LNG出口国，排名前四的天然气进口国分别为日本、中国、韩国和西班牙[1]。

第二节

国内天然气市场发展现状

国内天然气产业链包括上游生产采购、中游运输储存以及下游消费利用三个环节。上游天然气勘探生产相关资源集中于中国石油天然气集团有限公司（简称“中国石油”）、中国石油化工集团有限公司（简称“中国石化”）和中国海洋石油集团有限公司（简称“中国海油”）等综合性能源企业，进口采购分为管道气进口和LNG船运进口。管道气以中缅、中亚和中俄为主，进口LNG主要从沿海省份的LNG接收站接卸。中游储存运输主体主要为国家管网公司及区域性管道公司。下游消费利用主要包括城市燃气、工业燃料、天然气发电、天然气化工等环节，国内天然气产业呈现“X+1+X”的发展格局。

一　国内天然气市场供给情况

（一）国内天然气勘探开发情况

我国天然气资源类型多、分布广、发展潜力大。从总体上看，我国沉积盆地油气地质条件较好，但普遍经历了多期次构造演化，导致天然气形成与分布的地质条件极为复杂，埋藏较深，勘探开发难度大。2022年，国内油气企业加大勘探开发投资，同比增长19%，其中，勘探投资约840亿元，创历史最高水平；开发投资约2860亿元。全国新增探明地质储量保持高峰水平11323亿m^3。2022年，天然气勘探开发在陆上超深层、深水、页岩气、煤层气等领域取得重大突破。其中，在琼东南盆地发现南海首个深水深层大型天然气田；页岩气在四川盆地寒武系新地层勘探取得重大突破，开辟了规模增储新阵地，威荣等深层页岩气田开发全面铺开；鄂尔多斯盆地东缘大宁—吉县区块深层煤层气开发先导试验成功实施。

（二）国内天然气生产现状

中国富气区域主要分布在中西部地区和海域。2015~2022年，中国天然气产量从1357亿m^3增至2218亿m^3（图2–6）。

[1] 数据来源：BP统计年鉴（2023）。

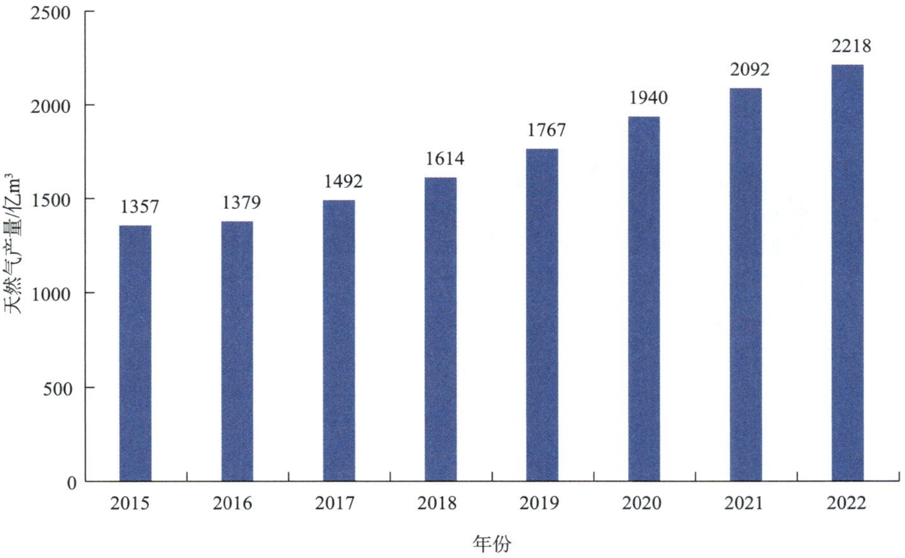

图 2-6　2015~2022 年中国天然气产量
数据来源：BP 统计年鉴（2023）

中国天然气资源类型分为常规天然气和非常规天然气。陆上常规天然气主要分布在鄂尔多斯、四川、塔里木三大盆地。中国石化大牛地气田位于鄂尔多斯盆地北缘，属于致密砂岩气藏，该气藏具有低压、低渗、低丰度的特点。2005 年中国石化攻克技术难关，实现大牛地气田规模性开发。中国石化普光气田是我国已发现的最大规模海相整装高含硫气田，是川气东送管道的主气源，具有储量丰度高、气藏压力高、硫化氢及二氧化碳含量高、气藏埋藏深的特点。2009 年建成中国第一个年产超百亿立方米的高含硫大气田，并建成亚洲第一、世界领先的现代化天然气净化厂，使我国成为世界上少数几个掌握开发特大型超深高含硫气田核心技术的国家。中国石油长庆油田苏里格气田位于鄂尔多斯盆地北部，已提交探明和基本探明地质储量 4.64 万亿 m^3，是我国首个探明储量超万亿立方米的大气田，也是目前我国陆上最大的整装气田，日产天然气突破 1 亿 m^3。除陆上气田外，我国在海上天然气勘探开发方面也取得显著进展，2021 年 9 月，中国海油宣布由全球首座十万吨级深水半潜式生产储油平台承担开发的我国首个自营超深水大气田——“深海一号”大气田全面投产，其天然气探明地质储量超千亿立方米，是我国迄今为止自主发现的水深最深、勘探开发难度最大的海上超深水气田。

目前，中国非常规天然气以页岩气和煤层气开采为主。2012 年中国石化焦页 1 井获得突破，成为中国第一口工业气流的页岩气井，拉开了中国页岩气商业化开发的序幕。随后我国相继建成百亿立方米产能的涪陵页岩气田、綦江页岩气田、长宁页岩气田和威远页岩气田等生产基地。随着页岩气开采技术的逐步成熟，页岩气产量从 2015 年的 45 亿 m^3 增至 2022 年的 240 亿 m^3（表 2-3），成为国产天然气的重要组成部分。我国煤层气资源丰富，但受制于赋存地质条件复杂、煤岩品质较差，开采难度很大。近年来，煤层气开采取得一定突破，2022年实现产量114亿m^3。随着技术的突破和更多有利政策的发布，预计煤层气产量在未来也将快速增长。

表2-3　2015~2022年中国分类型天然气的产量　亿m^3

天然气	年份							
	2015	2016	2017	2018	2019	2020	2021	2022
常规气	1271.41	1368.3	1474.2	1610.2	1736.2	1888.5	2051	1762
煤层气	63.39	74.8	70.2	72.6	88.8	102.3	89.5	114
页岩气	45	79	90	109	153.8	200.4	230	240

数据来源：中国天然气发展报告（2023）

二　国内天然气市场消费情况

（一）国内天然气消费现状

2015~2021年我国天然气消费量由1931.8亿m^3增至3690亿m^3（图2-7），年均增速10.3%，2022年，我国天然气消费下滑1.2%，达到3646亿m^3，天然气在一次能源消费总量中占比8.4%，较上年下降0.5个百分点。

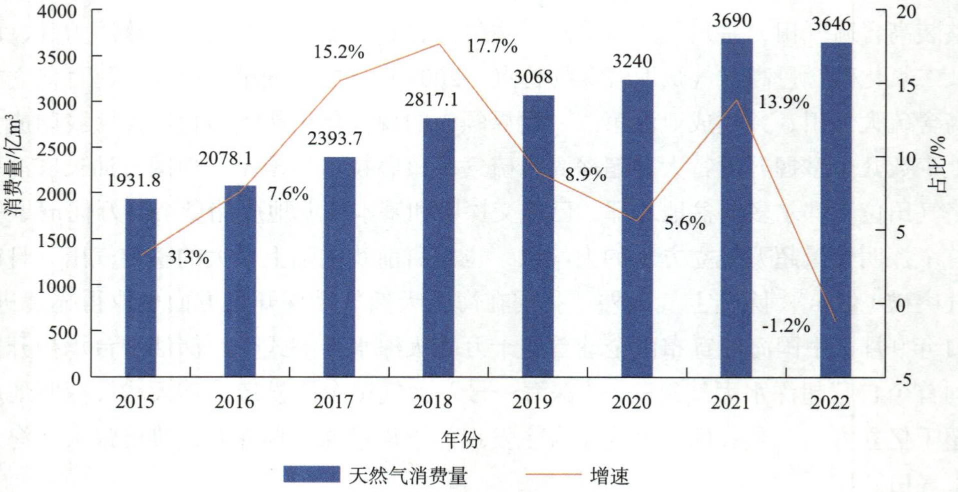

图2-7　2015~2022年中国天然气消费情况
数据来源：中国天然气发展报告（2023）

从消费区域看，2022年消费量超过100亿m^3的省份共有13个，全国10个省区市天然气消费量保持增长，以国产气为主的西北和西南地区保持增长态势，21个省区市出现不同程度的下滑，以进口气为主要气源的华南、华东、华中和东北地区均同比回落。2022年，天然气消费规模排名前五的地区为广东、江苏、四川、山东和河北，广东和江苏消费量均超300亿m^3，增速分别为25.5%和2.2%；四川、山东和河北消费量均超200亿m^3。

（二）国内天然气消费结构

从天然气消费结构（表2-4）来看，2022年工业用气同比增长14.4%，占天然气消费总量的40%；发电用气同比增长13.4%，占比18%；城市燃气同比增长10.5%，占比32%；化工化肥用气同比增长5.8%，占比10%。

表2-4　2022年中国天然气消费结构

消费结构	消费量/亿m^3	消费占比/%
城市燃气	1166.7	32
工业燃料	1458	40
天然气发电	656.3	18
天然气化工化肥	364.6	10
合计	3645.6	100

数据来源：中国天然气发展报告（2023）

三　国内天然气市场进口情况

（一）国内天然气进口情况

根据BP统计年鉴（2023），2015~2021年中国天然气进口量持续增长，从594亿m^3上升到1631亿m^3，2022年天然气进口量有所下滑，达到1516亿m^3。伴随中国天然气进口量的不断上升，中国天然气对外依存度也持续上涨，从2015年的30.5%上涨到2021年的43.0%，2022年中国天然气对外依存度有所下降，但依然超过40%（图2-8）。

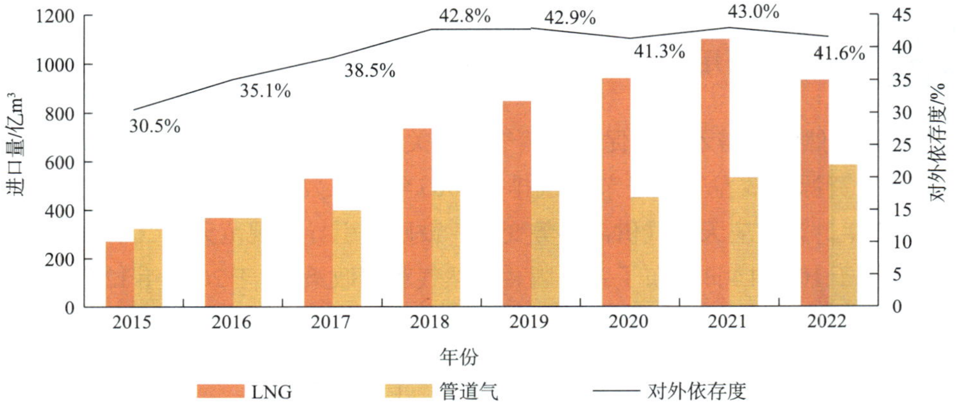

图2-8　2015~2022年中国天然气进口与对外依存度情况

数据来源：BP统计年鉴（2023）

（二）国内天然气进口结构

从天然气进口结构（图2–8）来看，中国管道气进口量稳定增长，从2015年的324亿m^3上升到2022年的584亿m^3，但在2015~2021年，管道气进口量占天然气进口总量的比重一直下降，从2015年的55%一直下降到2021年的33%，2022年由于LNG进口量的下滑，管道气在天然气进口总量中的比重有所上升，达到39%。中国LNG进口量增长迅猛，从2015年的270亿m^3上升到2021年的1099亿m^3，在天然气进口总量中的占比也从45%上升到67%，2022年LNG进口量有所下滑，达到932亿m^3，相应在天然气进口总量中的占比也降到了61%。

第三节 中国天然气行业相关政策

一 政策背景

为满足社会发展需要，持续优化我国能源结构，促进产业发展，国务院、国家发展和改革委员会（以下简称“国家发改委”）陆续颁布了一系列推动天然气体制改革的相关政策，以期充分调动并发挥市场配置作用，统筹协调天然气行业发展。“十三五”到“十四五”期间天然气行业相关政策在总结前期发展经验的基础上，围绕产供储销各方面开展更深层次的改革，引导行业进一步市场化，营造更加公平开放的行业环境。

二 天然气利用政策

为缓解天然气供需矛盾，促进天然气供求关系协调、优化天然气使用结构，充分发挥天然气资源的效益、促进节能减排，2007年国家发改委颁布了《天然气利用政策》。2012年，为适应天然气供需形势变化，鼓励、引导和规范天然气下游利用领域，国家发改委于10月14日颁布了新一版《天然气利用政策》，于2012年12月1日施行。2017年为加快推进天然气利用，提高天然气在我国一次能源消费中的比重，稳步推进能源消费革命和农村生活方式革命，有效治理大气污染，积极应对气候变化，国家发改委等13部门出台了《加快推进天然气利用的意见》，首次从国家政策的高度明确了天然气的战略定位。

天然气利用各领域发展形势发生较大变化，城镇燃气领域北方清洁取暖特别是农村“煤改气”产生较大用气需求，交通领域特别是乘用车领域天然气燃料面临电、氢燃料等竞争，新能源发电波动性对燃气发电等灵活调节和支撑电源提出了新的需求，氢能等新业态发展对天然气的利用方式和发展方向产生影响。为推动天然气行业高质量发展，结合形势变化，2024年5月29日，国家发改委修订了《天然气利用政策》，并将名字调整为《天然气利用管理办法》，以“规范天然气利用，优化消费结构，提高利用效率，促进节约使用，保障能源安全”为目标，明确天然气利用总体原则、适用范围、管理部门及支持方向，进一步引导天然气市场规范有效发展。办法中明确了“优先类、限制类、禁止类、允许类”天然气利用方向内涵及具体工作要求，强化了政策指导性和可操作性。优先类主要为鼓励或优先保障的天然气利用方向；限制类主要为禁止新增用户、新建扩建产能的天然气利用方向；禁止类主要为不符合有关法律法规规定和《产业结构调整指导目录》，需要采取政策措施予以淘汰的天然气利用方向；允许类作为兜底条款为“在本办法优先类、限制类、禁止类之外，且符合国家有关法律、法规和政策规定的天然气利用方向”，同时允许类中单列了技术成熟、市场可预期且与可替代能源相比具有竞争优势的天然气利用方向。

三 天然气产业改革政策

（一）天然气产业体制改革关键政策

2017年5月，中共中央、国务院印发了《关于深化石油天然气体制改革的若干意见》，要求深化石油天然气体制改革要坚持问题导向和市场化方向，体现能源商品属性，发挥市场在资源配置中的决定性作用。同时，该政策还部署了改革油气管网运营机制提升集约输送和公平服务能力，改革油气产品定价机制，有效释放竞争性环节市场活力，完善油气储备体系提升油气战略安全保障供应能力等八个方面的重点改革任务。

2018年8月，国务院发布《关于促进天然气协调稳定发展的若干意见》，正式启动天然气“产供储销”体系建设，提出了促进天然气产业上、中、下游协调发展，构建供应立足国内、进口来源多元、管网布局完善、储气调峰配套、用气结构合理、运行安全可靠的天然气产供储销体系的基本原则。从供应端角度，该政策提出加大国内勘探开发力度、健全天然气多元化海外供应体系、构建多层次储备体系、强化天然气基础设施建设与互联互通。从需求端角度，该政策提出建立天然气供需预测预警机制、建立天然气发展综合协调机制、建立健全天然气需求侧管理和调峰机制、建立完善天然气供应保障应急体系、理顺天然气价格机制。

2019年5月，国家发改委等四部门联合发布《油气管网设施公平开放监管办法》，明确鼓励和支持各类资本参与投资建设纳入统一规划的油气管网设施，提升油气供应保障能力，鼓励和支持油气管网设施互联互通和公平接入。同时强调油气管网设施运营企业应当无歧视地向符合开放条件的用户提供油气输送、储存、气化、装卸、转运等服务；并提出油气管网设施运营企业应当通过国家能源局或其派出机构指定的信息平台和本企业门户网站等途径，公开设施基础信息、剩余能力、服务条件、技术标准、价格标准、申请和受理流程等。这传递出政府构建公平、公正、开放市场环境的积极态度，国家政策导向开始由“鼓励开放”向“强制公平开放”转变。在此政策背景下，2019年12月9日，国家管网公司正式挂牌成立，标志着我国石油天然气管网运营机制市场化改革迈出了关键的一步。

（二）天然气销售环节价格改革政策

按照天然气价值形成的顺序，可将天然气价格划分为天然气井口价格、天然气出厂价格、天然气门站价格和终端燃气价格等类型。中国的天然气价格改革从最初的计划管理价格演变到国家指导价格，再到如今的“市场净回值法”定价，大致经历了以下四个阶段。

1. 早期计划经济体制下的天然气定价

新中国成立后至1982年4月，我国的天然气价格实行高度集中的计划体制，由国家统一定价，生产企业没有自主定价权。我国最初的天然气价格分为计算产值的价格和调拨价格两类。从1952年开始，工业生产资料调拨价格（又称“出厂价格”），由原国家计划委员会及有关工业部委负责管理，其中天然气价格由原燃料工业部管理。在这段时期，受当时天然气勘探开发特别是输送技术条件的限制，且产量较少，天然气价格结构相当简单，只有天然气井口价格，1964年后增加了管输费，而且实行的是低价政策，价格非常低。这一时期天然气价格管理的主要特征：一是天然气定价职能由行业主管部门转移至国家综合管理部委和价格管理专业部门；二是由于我国天然气生产主要集中在四川盆地，天然气价格管理具有明显的地域性；三是在国家物价稳定的情况下，天然气价格保持总体稳定。

2. 价格双轨制下的天然气定价

1982年5月至2005年12月，是我国天然气价格双轨制时期，即对天然气实行计划垄断性定价和市场定价两种不同的定价机制。1982年4月，国务院对四川天然气实行了商品量常数包干政策，规定每年商品气指标为50亿m^3，商品率88%，包干内计划天然气由国家分配和定价，包干外天然气由企业自行销售，自行定价，实行“以气养气”政策。同时决定自1982年5月1日起，四川天然气价格在原有价格的基础上每千立方米提高30元，提价收入作为天然气的勘探开发基金。这一政策成为我国实行天然气价格双轨制的标志，为四川天然气勘探开发提供了有力的资金支持。

天然气价格双轨制作为我国从计划经济向市场经济转型过程中所采取的特殊定价安排，是我国实施渐进式增量改革战略的一个重要举措。根据市场需求和天然气生产企业开采成本上升的实际情况，国家频繁上调天然气价格，并允许油气田生产企业拥有一定的定价自主权。

3.政府指导下的天然气定价

为理顺天然气价格，促进节约用气，保证国内天然气市场供应，2005年12月，国家发改委出台了改革天然气出厂价格形成机制的相关政策措施，对天然气统一实行政府指导价。

实行政府指导价后，天然气价格变得比较复杂。一方面，少数油田仍实行价格双轨制，政府定价与企业定价两种定价机制并存；另一方面，中亚天然气开始进入我国，且进口价格较高。在此情况下，国家发改委决定进一步规范天然气价格，自2010年6月1日起，全面取消天然气价格双轨制，并适当提高国产陆上天然气出厂基准价格。

4.门站基准价下的天然气定价

2011年12月，国家发改委在广东、广西开展天然气价格形成机制改革试点，将以“成本加成”为主的定价方法改为按“市场净回值”方法定价。

“市场净回值”定价法综合考虑我国天然气市场资源流向、消费和管网分布现状，选取上海市场（中心市场）作为计价基准点，并建立中心市场门站价格与可替代能源价格挂钩机制，同时放开页岩气、煤层气、煤制气等非常规天然气出厂价格，实行市场调节。中心市场天然气门站价格按照略低于等热值可替代能源价格的原则确定。可替代能源品种选择燃料油和液化石油气，权重分别为60%和40%。价格管理形式上，门站价格不再分类，实行政府指导价，供需双方可在不超过最高门站价格的范围内协商确定具体门站价格。自此之后，我国天然气定价不断优化。

2013年，国家发改委在总结广东、广西天然气价格形成机制试点改革经验的基础上，在全国推行门站价，并对门站基准价持续优化。

2014年9月，国家发改委下发通知上调了非居民用存量天然气价格。2015年4月，国家发改委发布《关于理顺非居民用天然气价格的通知》，实现了存量气和增量气价格并轨。

2015年11月，国家发改委颁布了《关于降低非居民用天然气门站价格并进一步推进价格市场化改革的通知》，非居民用气最高门站价格每千立方米降低700元，同时要求着力做好天然气公开交易工作。

2016年11月，国家发改委再次下发通知，以福建为试点，开展天然气门站价格市场化改革，西气东输供福建省天然气门站价格由供需双方协商确定。

2017年，国家发改委对非居民用气基准门站价格每千立方米再次下调100元。

2018年5月，国家发改委出台《关于理顺居民用气门站价格的通知》，将居民用气由最高门站价格管理改为基准门站价格管理，价格水平按非居民用气基准门站价格水平安排，供需双方可以基准门站价格为基础，在上浮20%、下浮不限的范围内协商确定具体门站价格，实现了居民与非居民用气价格机制衔接。

2019年3月，国家发改委再一次调整天然气基准门站价格，增值税税率调整为现行的9%。

2020年，《中央定价目录》将定价项目“天然气”移除，同时注明：海上气、页岩气、煤层气、煤制气、液化天然气、直供用户用气、储气设施购销气、交易平台公开交易气、2015年以后投产的进口管道天然气，以及具备竞争条件省份天然气的门站价格，由市场形成，统称为“非管制气”。其他国产陆上管道天然气和2014年底前投产的进口管道天然气门站价格，暂按现行价格机制管理，统称为“管制气”，视天然气市场化改革进程适时放开，由市场形成。

通过一系列政策调整，国内天然气价格改革蹄疾步稳，理顺了非居民用气价格，且大部分价格实现了由市场主导形成，政策效果逐步显现。

（三）天然气储气环节相关政策

1. 应急调峰政策

为加快推进天然气产供储销体系建设，2018年4月，国家发改委、国家能源局联合出台了《关于加快储气设施建设和完善储气调峰辅助服务市场机制的意见》，提出供气企业应当建立天然气储备，到2020年拥有不低于其年合同销售量10%的储气能力，满足所供应市场的季节（月）调峰以及发生天然气供应中断等应急状况时的用气要求。县级以上地方人民政府指定的部门会同相关部门建立健全燃气应急储备制度，到2020年至少形成不低于保障本行政区域日均3天需求量的储气能力，在发生应急情况时必须最大限度保证与居民生活密切相关的民生用气供应安全可靠。城镇燃气企业要建立天然气储备机制，到2020年形成不低于其年用气量5%的储气能力。

2. 储气价格政策

地下储气库的建设和运营需要巨额投入，这必然要增加建设方和运营方的成本。通常这部分成本是要传递给用户的，但在我国现行天然气价格体系中还没有储气库价格科目，也未构建清晰的价格形成机制。2016年10月15日，国家发改委发布了《关于明确储气设施相关价格政策的通知》，明确储气服务价格由储气设施（不含城镇区域内燃气企业自建自用的储气设施）经营企业根据储气服务成本、市场供求情况等与委托企业协商确定。从企业实际运营来看，由于供气企业的天然气生产与管输捆绑，储气服务设施更多的是从保障管网运行安全的角度，起着平衡天然气季节性供需差异“安全阀”的重要作用。因此，在国家管网公司成立前，储气服务设施用于企业内部使用，其定价模式主要是企业考虑固定投资收益。随着国家管网公司的成立，文23等大型储气库已实现公平开放，储气服务设施不再局限于供气企业内部使用，储气服务设施对外有偿、公平开放将是大势所趋。

天然气基础设施收费价格的基本方法包括服务成本法和现金流量折现法，其共同特点是通过限制被监管企业回报率来达到价格监管目的，也被称为规定回报率方法。现阶段储气库定价主要有管制定价、协商定价和市场化价格三种定价方式，储气库成本是决定价格水平的主要因素。

（四）LNG接收站相关政策

1.LNG接收站建设政策

2018年，国家发改委、国家能源局印发《关于加快储气设施建设和完善储气调峰辅助服务市场机制的意见》，明确将LNG接收站储气与地下储气库作为主要调峰方式。

2019年4月，国家发改委、交通运输部等部委联合发布《关于全国沿海与长江干线液化天然气接收站码头布局发展的意见》，提出统筹规划、体系衔接、科学布局、相对集约等基本原则。

2020年4月，国家发改委等五部门印发了《关于加快推进天然气储备能力建设的实施意见》，要求突出规模效应，优先建设地下储气库、北方沿海LNG接收站和重点地区规模化LNG储罐。鼓励现有LNG接收站扩大储罐规模，鼓励城市群合建共用储气设施，形成区域性储气调峰中心。

2.LNG接收站加工价格政策

2022年5月，国家发改委发布了《关于完善进口液化天然气接收站气化服务定价机制的指导意见》，将接收站气化服务价格由政府定价调整为政府指导价，鼓励一省（自治区、直辖市）制定一个最高气化服务价格，实行天花板价格管理。各接收站可在不超过最高气化服务价格的前提下，结合自身建设运营成本和市场供需情况，自主确定具体服务价格。最高气化服务价格按照“准许成本加合理收益”的方法制定，即通过核定气化服务成本、监管准许收益确定准许收入，再除以气化量进而核定气化服务价格。准许成本和准许收益的计算，由省级价格主管部门通过成本监审方式确定。

准许收益按有效资产乘以准许收益率计算确定，准许收益率由省级价格主管部门统筹考虑区域经济发展水平、行业发展需要、用户承受能力等因素确定，原则上不超过8%。接收站气化量据实核定，实际气化量低于政府核定气化能力60%的，原则上按政府核定气化能力的60%确定。最高气化服务价格原则上三年校核一次，如遇重大变化，可提前校核。监审后的成本较上一监管周期变动较大的，可调整价格水平。

根据上述原则，各省区市结合区域特点相继出台液化天然气接收站气化服务价格的相关规定，如广东省规定“除广东大鹏进口液化天然气接收站一期合同气外的各接收站（含新建接收站）最高气化服务价格为每立方米0.26元（含税）。各接收站可在不超过最高气化服务价格的前提下，结合自身建设运营成本和市场供需情况自主确定具体价格，并报省发展改革委（价格处）”；山东省规定“中国石化青岛液化天然气有限责任公司经营的青岛LNG接收站气化服务价格调整为每立方米0.16元（含税），国家管网公司南山（山东）天然气有限公司龙口南山 LNG接收站一期工程气化服务价格暂按每立方米0.18元（含税）执行。此价格为试行价格，试行期两年；试行期满经成本监审，制定正式价格”；天津市则规定“中石化天津液化天然气有限责任公司进口液化天然气接收站气化服务价格为每立方米（下同）0.20元，国家管网公司天津液化天然气有限责任公司进口液化天然气接收站气化服务价格为0.30元。北京燃气集团（天津）液化天然气有限公司进口液化天然气接收站气化服务价格为0.32元”，并强调“上述价格为最高气化服务价格，各接收站可在不超过我委制定的最高气化服务价格的前提下，结合自身建设运营成本和市场供需情况，自主确定具体服务价格”。

（五）天然气输配环节相关政策

1. 长输管道输气价格政策的演变

（1）行业主管部门核定管输费。20世纪60年代中期到1991年3月，中国天然气管输费由行业主管部门统一核定，天然气生产、管输企业没有定费标准自主权。由于行业主管部门核定管输费的时间跨度较长，长输管道输气价格先后采取了一线一价、按输气里程收费、按用户类别收费等多种收费形式。表2–5展示了20世纪70年代中国输气里程收费标准。

表2–5　20世纪70年代中国输气里程收费标准

运输距离 /km	收费标准 /（元 /m^3）
≤ 50	0.030
51~100	0.035
101~200	0.040
＞ 200	另行约定

（2）政府价格主管部门统一核定管输费。1991年3月至2013年5月，中国天然气管输费由政府价格主管部门统一核定。主要特征表现在：一是将原来的“天然气管输费”改称“天然气管输价格”，实现了由“费”到“价”的转变；二是管输价格仍高度集中管理，企业无定价权；三是因管输成本上升，国家三次上调天然气管输运价率，导致管输价格不断提高；四是将天然气管输价格纳入政府定价目录管理，价格调整受政府严格控制。

（3）天然气管输价格与出厂价格合并。2013年6月以后，国家将天然气价格管理由出厂环节调整为门站环节，即天然气管输价格与出厂价格合并后作为门站价格，天然气生产销售企业不再单独向用户收取管道运输费。2016年10月，国家发改委印发了《天然气管道运输价格管理办法（试行）》和《天然气管道运输定价成本监审办法（试行）》，这两个文件明确界定跨省（自治区、直辖市）输气管道运输价格按照“准许成本加合理收益”原则制定。表2–6展示了中国部分省（自治区、直辖市）天然气基准门站价格（含9%增值税）。

表2–6　中国部分省（自治区、直辖市）天然气基准门站价格（含9%增值税）元/千m^3

省份	基准门站价格	省份	基准门站价格	省份	基准门站价格
北京	1860	浙江	2030	重庆	1520
天津	1860	安徽	1950	四川	1530
河北	1840	江西	1820	贵州	1590
山西	1770	山东①	1840	云南	1590

续表

省份	基准门站价格	省份	基准门站价格	省份	基准门站价格
内蒙古	1220	河南	1870	陕西	1220
辽宁	1840	湖北	1820	甘肃	1310
吉林	1640	湖南	1820	宁夏	1390
黑龙江	1640	广东	2040	青海	1150
上海	2040	广西	1870	新疆	1030
江苏	2020	海南	1520		

注：①山东交气点为山东省界。
不包含西藏及港、澳、台地区。

（4）准许成本加合理收益确定运输价格。国家管网公司成立后，实现了运销分离和管网基础设施剩余能力对第三方的公平开放。国家发改委于2021年6月发布了《天然气管道运输价格管理办法（暂行）》（以下简称《价格管理办法》）和《天然气管道运输定价成本监审办法（暂行）》，于2022年1月1日实施，有效期为8年，原试行办法随即废止。

《价格管理办法》明确了跨省天然气管道运输价格采取"准许成本加合理收益"的方法（准许收益率首次核定时取8%，后续动态调整），按照四大价区、同价区同运价率、按距离形成管道运输价格的设计办法，以宁夏中卫、河北永清、贵州贵阳三个管道物理枢纽作为关键节点，将国家管网公司经营的管道划分为西南、西北、东北及中东部四个价区。价区间和价区内均采用路径法确定区域定价；服务成本分配方式采用"一部制"，不区分容量费和使用费，计量方式是体积计量。此外，将管道折旧年限由现行的30年延长至40年，体现了从严监管要求，也有助于降低当期运价率。《价格管理办法》保留了准许收益率和管道负荷率等定价参数的调整空间，相关政府部门可在以后的监管周期内通过降低准许收益率和提高管道负荷，进一步降低天然气管输价格。

2. 城镇燃气配气价格政策

按照"管住中间、放开两头"的总体思路，为加强城镇燃气配送环节价格监管，促进天然气行业健康发展，2017年6月国家发改委印发了《关于加强配气价格监管的指导意见》，要求地方价格主管部门厘清供气环节，核定独立的配气价格，并可在合理分摊成本的基础上，制定区分用户类别的配气价格。配气价格按照"准许成本加合理收益"的原则制定，即通过核定城镇燃气企业的准许成本，监管准许收益，考虑税收等因素确定年度准许总收入，制定配气价格。核定价格时，全投资税后内部收益率不超过7%，经营期不低于30年。

大力推进天然气产业发展，是我国加快建设现代清洁高效能源体系的必由之路，也是化解环境约束、实现绿色低碳发展的有效途径。国家按照"管住中间、放开两头"、建立"X＋1＋X"市场体系的改革路径，陆续出台了一系列改革政策，天然气产业发展取得了实质性成果。

第四节

天然气交易方式

我国的天然气市场基本处于三级购销模式，包括国内外资源生产商→国内资源供应商→地方城燃企业→终端用户三个购销环节。随着市场化改革日益深入，天然气产业链向上中下游一体化的趋势发展，国内外资源生产商→国内资源供应商→大型终端用户，国内外资源生产商→地方城燃企业→终端用户的两级购销模式也愈加普遍。下面分别从采购和销售两个方面做简要介绍。

一 资源采购模式

目前，我国天然气资源主要有国产天然气、进口管道气与进口LNG三大来源。国产天然气一般由资源生产商和资源供应商协商定价，进口管道天然气基本来自苏联加盟国，价格主要由供采双方谈判决定，进口LNG价格则与国际原油或天然气价格指数挂钩。

（一）国内天然气

自2013年以来，国产气由生产商与采购商协商定价，具有一定的市场化特性，三大石油公司一般内部定价。交收点一般为产气区到长输管道的上载站点。

（二）进口管道气

进口管道气包括中亚气、俄罗斯气和缅甸气，资源交收点分别为霍尔果斯首站、黑河首站和瑞丽首站，上述资源的采购方均为中国石油，且合约时间一般在20年以上。由供采双方谈判定价，交收价格与某时段的国际能源价格指数挂钩。

（三）进口LNG

传统LNG贸易按照权责界面主要分为DES（delivered ex-ship）和FOB（free on board）两种方式，分别为指定目的港交货和装运港交货。按合同期限分为长期合同、中短期合同及现货合同等，长期合同量在LNG贸易量中占有绝对份额，但现货和短期合同（合同期限≤2年）量近年来呈现稳步增长的态势。

长约LNG资源基本采取与国际油价指数挂钩的公式定价。以亚太地区为例，东北亚（中国大陆、中国台湾、日本、韩国）的LNG贸易定价体系源自日本，因此在长期合同中采用了与日本进口原油加权平均价格（Japan Crude Cocktail，JCC）挂钩的定价公式，并通过引入S曲线等封顶价格和托底价格的机制来规避风险。随着当前市场形势的变化，部分LNG长约资源已开始采用与布伦特（Brent）原油价格挂钩等多种定价机制。总体来看，LNG长约价格因与国际油价高度相关，所以价格趋势易于推断，在一定时期内价格也相对稳定。亚太地区现货LNG资源大多参考普氏日韩标杆指数（Platts Japan/Korea Marker，JKM），采用市场化定价，价格受市场供需影响波动较大。

二 产品销售模式

按销售产品的形态分为LNG销售和管道气销售。

（一）LNG销售

液化工厂或接收站将LNG充装到槽车中，再由槽车送到具体用气地点。LNG销售实行市场化定价，根据交付点的不同分为出厂价和送到价（含槽车运费）。

（二）管道气销售

国内主流的管道气销售为托运交付方式，由托运商（资源供应商）指定运输方将管道气送至其与用气方约定的站点进行交付。

按气源性质管道气销售可以分为管制气销售和非管制气销售两种类型。管制气价格由政府管控，以各省份门站价为基准上下浮动定价，最高上浮20%，下浮不限；非管制气价格实行市场化定价，由购销双方协商确定。

按用气类型管道气销售可以分为居民用气（现又称“政府指导价”用气）销售和非居民用气销售。居民用气销售受政府管控，执行固定价格；非居民用气销售则可根据气源性质定价。

三 托运商购销模式

当前天然气购销主要分为三种模式，即分购分销、统购分销和统购统销。

（一）分购分销

天然气经营企业下设若干销售公司，各销售公司在总部的指导安排下签订并执行天然气采购合同，再对外销售。此模式采购和销售的纳税主体相同，均为下设的销售公司。

（二）统购分销

所有的资源采购均由天然气经营企业总部负责，采购的多种资源汇集到资源池后分配给下设的销售公司进行分销（内部配置一般无须签订合同）。该模式的采购和销售的纳税主体不同，采购主体为天然气经营企业，销售主体为下设的销售公司。

（三）统购统销

天然气资源的采购和销售结算均由天然气经营企业总部负责，统一采购资源并销售给不同客户。下设区域性经营机构仅负责市场调研、客户关系维护等工作，采购和销售的纳税主体相同，均为天然气经营企业。

中国石化天然气分公司在2020年9月30日以前实行的是分购分销模式，由区域销售中心独立执行采购和销售，该模式有利于中心单独核算、实施差异化营销，但不同销售单位的盈利情况有很大差别，各自之间的盈亏不能相抵、税负不能统筹，难以实现整体协同。2020年10月开始，中国石化天然气分公司实行统购分销的经营模式（中国石油、中国海油也采取同样的经营模式），该模式主动适应国家油气体制改革，建立统一的“资源池”、实现资源的统筹调度；建立统一的“资金池”、通过顶层价税务设计优化资金流向。统购统销模式利用全国“一张网”规划市场发展格局，有利于经营企业全面掌控销售业务，但在市场开拓、发掘客户上存在不足。上述几种购销模式之间可以相互组合、互为补充。

四 天然气交易模式

天然气交易具体方式分为现货交易和期货交易两种。

（一）现货交易

天然气现货，指可供出货、储存和使用的，并在近期或远期均可进行交割付款的天然气实物商品。天然气现货主要发挥其市场配置作用，一般通过价格的浮动来调节市场的供求。目前国内天然气交易均属于现货交易，由于现货价格反映市场变化存在滞后性，往往难以及时起到市场调节作用。

现货交易特点：一是交易对象就是商品本身，有标准、有实物、以货定价；二是现货交易的目的就是获得商品本身；三是现货交易一般是一对一谈判签订合同，具体内容由双方商定，交易受到法律约束。目前我国进口管道气、LNG，国内上下游之间签订的购销合同、天然气交易中心促成的线上交易均属于天然气现货交易。

（二）期货交易

天然气期货与现货相对应，并由现货衍生而来，期货通常是指以天然气为标的可交易的标准化合约而非商品本身。期货投资者可以在合约到期时进行实物交割或者现金交割。就实物交割来说，一方交纳现金，另一方交出合约中约定的规定规格的商品，这和远期交易是相同的。不同之处在于期货合约可以在到期前采用平仓的方式冲销原来的交易，所以期货交易的流动性也相对较强。由于天然气期货交易透明度高、流动性强、合约信息公开，因此，期货交易价格基本可反映真实的供需关系，具有较强的指导意义。鉴于天然气期货价格具有贸易的基准标杆属性，可为现货交易价格提供参考，促进现货交易的顺利进行。

期货交易特点：一是期货合约的商品品种、交易单位、合约期限、保证金、数量、质量、等级、交货时间、交货地点等条款都是既定的，是标准化的，唯一的变量是价格，期货合约的标准通常由期货交易设计。二是期货合约是在期货交易所组织下成交的，而价格又是在交易所里通过公开竞价方式产生的，因此期货合约的履行由交易所担保，不允许私下交易。三是期货交易的目的一般不是到期获得实物，而是通过套期保值对冲现货市场的价格风险，或利用价格波动套利。四是期货合约可通过交收现货或进行对冲交易来履行或解除合约义务。

第三章

天然气用户特性

PART 3

本章导读

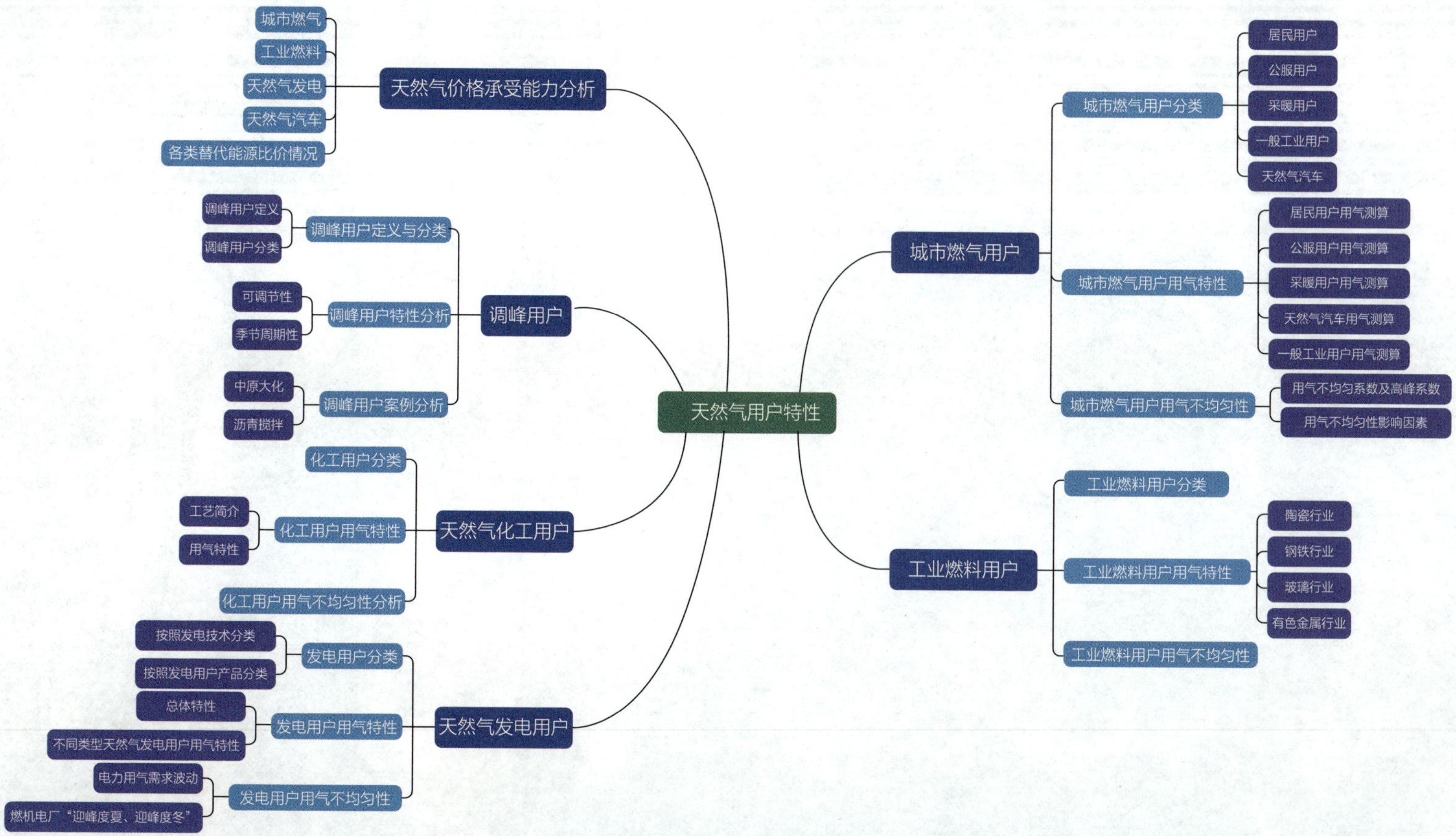

天然气用户特性
天然气价格承受能力分析
城市燃气
工业燃料
天然气发电
天然气汽车
各类替代能源比价情况
调峰用户
调峰用户定义与分类
调峰用户定义
调峰用户分类
调峰用户特性分析
可调节性
季节周期性
调峰用户案例分析
中原大化
沥青搅拌
天然气化工用户
化工用户分类
化工用户用气特性
工艺简介
用气特性
化工用户用气不均匀性分析
天然气发电用户
发电用户分类
按照发电技术分类
按照发电用户产品分类
发电用户用气特性
总体特性
不同类型天然气发电用户用气特性
发电用户用气不均匀性
电力用气需求波动
燃机电厂"迎峰度夏、迎峰度冬"
城市燃气用户
城市燃气用户分类
居民用户
公服用户
采暖用户
一般工业用户
天然气汽车
城市燃气用户用气特性
居民用户用气测算
公服用户用气测算
采暖用户用气测算
天然气汽车用气测算
一般工业用户用气测算
城市燃气用户用气不均匀性
用气不均匀系数及高峰系数
用气不均匀性影响因素
工业燃料用户
工业燃料用户分类
工业燃料用户用气特性
陶瓷行业
钢铁行业
玻璃行业
有色金属行业
工业燃料用户用气不均匀性

第一节

城市燃气用户

一 城市燃气用户分类

城市燃气是用气量最大的领域之一，主要满足居民家庭、宾馆、酒店、学校、医院等公共服务业炊事、热水、采暖、制冷用气，以及市内一般工业（小工业）生产、汽车用气。城市燃气用户分为以下几种类型。

（一）居民用户

居民生活用气、学校教学和学生生活用气、养老福利机构用气等，不包括集中供热用气。

（二）公服用户

包括医院、机关单位、宾馆、餐饮、供热水等使用天然气的公服用户。

（三）采暖用户

为居民、公服中使用天然气采暖和空调的天然气采暖用户。

（四）一般工业用户

包括建材生产、陶瓷、五金、玻璃、钢材生产等，主要用于生产工艺，可使产品产量及质量有较大提高。

（五）天然气汽车

使用压缩天然气（compressed natural gas,CNG）、LNG的所有汽车和使用LNG的船舶。

二 城市燃气用户用气特性

（一）居民用户用气测算

各类用户的年用气量是进行燃气供应系统设计和运行管理的重要依据，以人口数量在500万的地级城市为例，城市总年用气量等于各类用户年用气量与未预见量之和（未预见量一般按照总用气量的5%考虑）。

1. 居民用户用气量

居民用气量是指每人每年消耗的天然气量，居民年用气量可以通过用气量指标、居民人口数、居民天然气气化率及燃气低热值来计算，如式（3–1）、式（3–2）所示。

居民用气量＝人口 × 城镇化率 × 居民天然气气化率 × 居民用气指标　　（3–1）

居民天然气气化率＝城市中使用天然气的常住人口/常住人口总数　　（3–2）

居民分为常住居民及暂住居民两类，两种居民的用气量指标要有所区别，一般来说，暂住居民按照常住居民的50%~70%来对用气量进行测算。表3–1给出了中国不同类型城市城镇居民天然气气化率范围参考值。

表3–1　中国不同类型城市城镇居民天然气气化率范围参考值

城市类型	气化率范围 /%	适用范围
省会及以上	>90	适用一般城市，个别城市需结合实际情况调整数值
地级城市	70~80	
县级及以下	50~60	

数据来源：实地调研

2. 居民用户用气指标

居民用气量指标是指城镇居民每人每年平均天然气的用气量。影响居民生活用气量指标的因素很多，如地区的气候条件、居民生活水平和饮食生活习惯、居民每户平均人口数、住宅内用气设备的设置情况、燃气价格等。上述各种因素错综复杂、相互制约，因此对居民生活用气量指标的影响无法精确确定。由于生活习惯的不同，不同地区的居民用气指标不尽相同。

气源充足、价格便宜地区居民用气指标高达110m^3/（人·年）（如川渝地区用气历史长，天然气普及率较高）；特大城市、生活质量要求高，指标通常在70~80m^3/（人·年）；其他城市指标通常在50~60m^3/（人·年）。不同省份由于经济发展水平、生活习惯等差异明显，居民用气量指标也不尽相同。中国不同地区城镇居民生活用气量指标见表3–2。

表3–2　中国不同地区城镇居民生活用气量指标　　MJ/（人·年）

地区	有集中供暖的用户	无集中供暖的用户	地区	有集中供暖的用户	无集中供暖的用户
东北	2303~2721	1884~2303	成都		2512~2931
华东、中南	—	2093~2303	上海	—	2303~2512
北京	2721~3140	2512~2931			

注：MJ为热值单位，天然气的热值与其组成和产地有关，一种天然气可能具有不同的热值区间。以中国生产的城市燃气为例，1m^3 的燃气热值通常在35.17~39.48MJ。

值得注意的是，在不同国家和地区，天然气具有不同的组成和热值区间，因此具体的热值范围可能会有所不同。

数据来源：实地调研

（二）公服用户用气测算

1. 公服用户用气量

公服商业用气主要是指医院、学校、政府机关、宾馆、酒店、企事业单位、商业服务设施等部门在炊事、生活热水等方面的用气。影响公服商业用户用气量指标的因素主要有城市天然气的供应情况、用气设备性能、热效率和地区的气候条件等。

2. 公服用户用气量指标

公服商业用气量指标一般应根据当地公服商业用气量的统计数据分析确定。各类公服商业用气指标统计如表3-3所示。在测算公服用户用气量时，可以采取以下两种方法：一是按照各类公服用户用气定额分类测算用气量；二是根据公服用户用气量和居民用气量比例进行估算。在实际工作中，可根据资料收集和目标市场实际情况选择使用。

（1）按照公服用户用气定额分类测算。

表3-3　各类公服商业用气指标统计

类别		单位	用气指标	备注
职工食堂		m^3/（人·年）	53~65	指机关、企业、医院事业单位的职工内部食堂
饮食业		m^3/（座·年）	220~260	指中小级餐馆
幼儿园	全托	m^3/（人·年）	65~70	用气天数按270天测算
	半托	m^3/（人·年）	35~57	
医院		m^3/（床位·年）	82~118	按医院床位测算
招待所	有餐厅	m^3/（床位·年）	200~260	指仅提供普通设施，条件一般的旅馆和招待所
	无餐厅	m^3/（床位·年）	94~140	
高级宾馆		m^3/（床位·年）	480	不含洗浴中心用热
		m^3/（床位·年）	850	
大中专院校		m^3/人次	75	用气量按300天测算

数据来源：实地调研

（2）利用公服用户用气量和居民用气量比例进行估算，如式（3-3）所示。

$$公服商业用气=居民用气量\times公服商业用气所占比例 \tag{3-3}$$

公服用户的用气量，参照居民用气负荷预测，以居民用户的用气量为基数，对商业用户与居民用户的用气比例进行计算。用气比例要参照居住用地与商业用户规划用地的比例关系及相似城市（地区）的值，不同省份根据经济、产业结构有所差别；预测公共建筑综合用气量时，一般以工业项目为主的地区规划和综合性地区规划等为参照；商业用户主要指宾馆、饭店、医院、学校等，根据各类商业用户用气量指标及商业建筑设施标准，参照当地第三产业发展趋势及毗邻地区相关标准，可计算出各类商业用户的年用气量。

省会及中心城市公服商业发达，天然气基础设施完善，公服用气通常比例相对较高，如北京市为居民用气的60%~80%；地市级城市市场经过多年发展，相对成熟，公服用气比例相对稳定，为40%~60%；中小型城市处于市场发展初期，受气源供应、管网等因素影响，公服用气比例相对较低，一般在30%左右。

（三）采暖用户用气测算

1. 采暖用户用气量

采暖用户包含城区居民采暖用户、农村“煤改气”用户、集中采暖用户、商服采暖用户。采暖用户用气量是指采暖时单位建筑面积每年消耗的天然气量，该指标受采暖方式和建筑物是否采用节能措施、所处地区的气候条件等影响。

2. 采暖用户用气指标

采暖用户用气指标主要受冬季外部环境温度、维护结构的保温性能、住户的外墙面积、相邻住户的采暖水平、朝向和通风量、供热系统的运行效率、调节度等因素影响。此外，热电联产用气还与发电和供热的比例有关。

天然气采暖方式主要有分户燃气采暖和集中燃气采暖两种，集中燃气采暖包括热电联产和区域燃气锅炉两种热源形式。不同采暖方式的特点不同，在用气定额和用气不均匀性等用气特性方面存在一定差异。表3–4展示了不同采暖方式的主要特点和适用范围。

表3–4　不同采暖方式的主要特点和适用范围

<table>
<tr><th colspan="3">采暖方式</th><th>主要特点</th><th>适用范围</th></tr>
<tr><td colspan="3">分户燃气采暖</td><td>以壁挂炉为多，用户可自主控制，很大的调节灵活性</td><td>新建小区使用较多</td></tr>
<tr><td rowspan="3">集中燃气采暖</td><td colspan="2">热电联产</td><td>热电厂利用天然气作为能源同时供热和发电，热电联产能源利用效率比区域燃气锅炉高，但相同供热量下的天然气消耗量比区域燃气锅炉高</td><td>在同时有供热和发电需求的地区使用</td></tr>
<tr><td rowspan="2">区域燃气锅炉</td><td>小型锅炉</td><td>单个建筑或多个建筑使用一个锅炉房采暖</td><td>新建小区、公服企业单位、城市大供热系统没有覆盖的区域</td></tr>
<tr><td>大型锅炉</td><td>采用二次热网，为一个小区或几个小区的多个建筑供暖，还可以接城市供热系统，设有中间换热站，外热网规模较大</td><td>较多地用于城市的煤改气工程中</td></tr>
</table>

数据来源：实地调研

（四）天然气汽车用气测算

1. 天然气汽车用气量

天然气汽车用气量是指天然气汽车行驶时所消耗的天然气量，受汽车种类、车型和性能等因素影响，应根据当地天然气汽车种类、车型和用气量的实测统计数据分析确定。天然气汽车保有量是指使用天然气的汽车数量，主要受政府政策、基础设施完善程度（加气站建设）、与替代能源价格竞争力、改装（购置）费用、新能源汽车等五方面因素影响。图3-1展示了2010~2022年中国LNG汽车及CNG汽车保有量的变化情况，受新能源汽车等影响，2021年后我国天然气汽车保有量有所下滑。

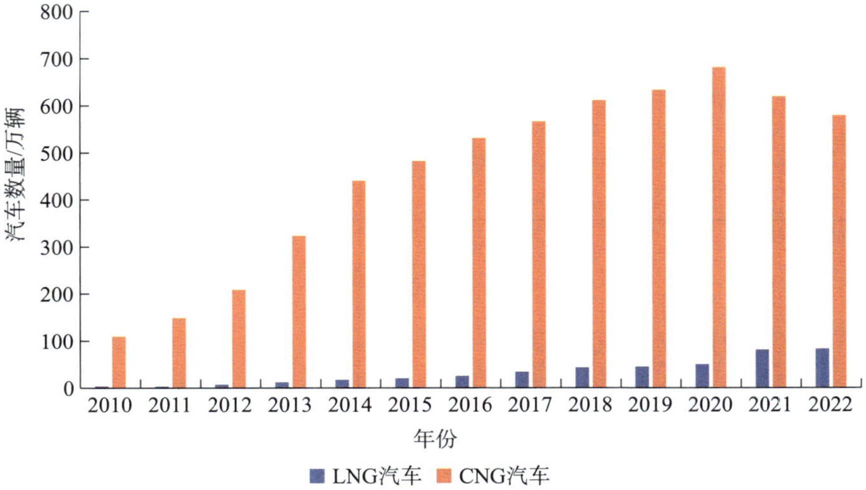

图3-1 2010~2022年中国LNG汽车及CNG汽车保有量的走势
数据来源：华经产业研究院公司年报

2.天然气汽车用气指标

天然气汽车用气指标是指汽车每行驶百千米时所消耗的天然气量。车用CNG的对象主要为使用汽油的公交汽车、出租车和社会改装车辆。天然气汽车用气指标以山东省某市城区车辆实际运行情况为例，如表3-5所示。公交车平均日行程280km，每百千米消耗天然气25m^3；出租车平均日行程300km，每百千米消耗天然气8m^3；社会改装车平均日行程100km，每百千米消耗天然气10m^3。车用LNG的供应对象主要为营运性客车、货车及部分公交车。长途载客汽车年平均行驶12万km，每百千米消耗天然气25m^3；长途载货汽车年平均行驶7.5万km，每百千米消耗天然气30m^3。

表3-5 山东省某市天然气汽车用气指标

车辆类型	用气类型	用气指标/（m^3/百km）	日均行程/km
公交车	CNG	25	280
出租车		8	300
社会改装车		10	100
长途载客汽车	LNG	25	328
长途载货汽车		30	205
部分公交车		25	260

数据来源：实地调研

表3–6列出了天然气汽车用气指标范围参考值。

表3–6 天然气汽车用气指标范围参考值

车辆类型	用气类型	用气指标 / (m^3/ 百 km)	日均行程 /km	
公交车	CNG	22~28	中等及以上城市	200~300
	LNG	18~26	小城市及县城	180~260
出租车	LNG	8~13	中等及以上城市	280~330
			小城市及县城	260~310
社会改装车	CNG	8~12	80~120	
长途载客汽车	LNG	20~30	300~350	
长途载货汽车	LNG	25~35	180~230	

数据来源：实地调研

（五）一般工业用户用气测算

1.一般工业用户用气量

一般工业用户的燃气用量，可以参照居民用气负荷预测，将居民用户用量作为基数，确定工业用户与居民用户的用气量比例来计算。确定用气量比例，既要参照相似城市（地区）的值及工业用户规划用地与居住用地的比例关系，也要考虑单位用地用气量指标和用地性质。

2.一般工业用户用气量指标

一般工业用户用气量指标可由产品的耗气定额或其他燃料的实际消耗量进行折算，也可以按照同行业的用气量指标分析确定，如表3–7所示。

表3–7 部分一般工业用户用气量指标 MJ

序号	产品名称	加热设备	单位	耗气定额
1	熔铝	熔铝锅	t	3100~3600
2	洗衣粉	干燥器	t	12600~15100
3	黏土耐火砖	熔烧窑	t	4800~5900
4	石灰	熔烧窑	t	5300
5	玻璃制品	熔化、退火等	t	12600~16700
6	白炽灯	熔化、退火等	万只	15100~20900
7	织物烧毛	烧毛机	万 m	800~840
8	日光灯	熔化退火	万只	16700~25100
9	电力	发电	kW · h	11.7~16.7
10	动力	燃气轮机	kW · h	17~19.4
11	面包	烘烤	t	3300~3350
12	糕点	烘烤	t	4200~4600

数据来源：实地调研

三 城市燃气用户用气不均匀性

用气不均匀性是确定城镇燃气输配系统燃气调度气总容量、燃气输配管网、储气容积和设备能力的重要因素，它与城市性质、地域气候、供气规模、用户结构、流动人口状况以及居民生活水平和生活习惯、节假日等有密切关系。因此，合理确定用气的不均匀系数对城市燃气输配系统的设计、运行和经济性都具有十分重要的意义。一般用用气不均匀系数和高峰系数进行用户用气不均匀性衡量。

（一）用气不均匀系数及高峰系数

用气不均匀性通常表现为月不均匀性、日不均匀性和小时不均匀性。

1. 月不均匀系数

月不均匀系数计算公式如式（3–4）所示。

$$K_m=\frac{\text{该月的日平均用气量}}{\text{全年的日平均用气量}} \tag{3–4}$$

将一年中逐月平均的日用气量最大月的不均匀系数，称为月高峰系数，用$K_{m,\max}$表示。

居民生活及商业用户用气月不均匀性的主要影响因素是气候条件，用气量有明显的季节性，一般用气高峰都出现在气温较低的冬季，而气温较高的季节用气量较少。不同地域之间差异也较为明显，北方地区不均匀系数高于南方地区，特别是采暖用户越多，冬夏季用气不均匀性就越大。

2. 日不均匀系数

分析日不均匀性时，以日不均匀系数表示，即一个月中某日的用气量与该月平均日用气量的比值。计算公式如式（3–5）所示。

$$K_d=\frac{\text{该月的某日用气量}}{\text{该月的日平均用气量}} \tag{3–5}$$

日高峰系数$K_{d,\max}$：将该月中用气量最大日的不均匀系数，称为日高峰系数。

城市燃气用户日不均匀性的主要影响因素是居民生活习惯、单位工作和休息制度、室外气温变化、节假日等。在大部分城市，星期一到星期五用气量变化不大，星期六、星期日用气量有所增加，还有节假日用气量也会增多（人口流出型城市除外）。

3. 小时不均匀系数

分析小时不均匀性时，以小时不均匀系数表示，即一日中某小时的用气量与该日的平均小时用气量的比值，如式（3–6）所示。

$$K_h=\frac{\text{该日的某小时用气量}}{\text{该日的平均小时用气量}} \tag{3–6}$$

$K_{h,max}$为该日中用气量最大小时不均匀系数，称为小时高峰系数。

城市燃气用户小时不均匀性的主要影响因素是居民生活习惯、作息制度、气化住宅的数量和居民职业类别。每日有早、午、晚三个用气高峰，如图3-2所示。由于生活习惯和工作作息制度不同等情况，有的城市晚高峰高于午高峰，有的则相反。

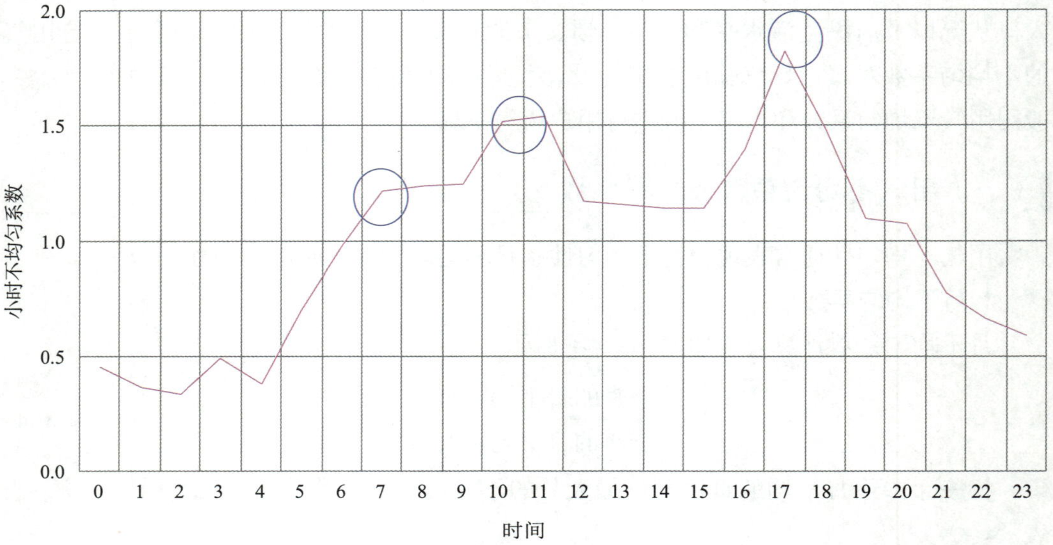

图3-2　某城市燃气用户小时不均匀系数
数据来源：实地调研

（二）用气不均匀性影响因素

1. 气候条件

影响居民生活及商业用户用气月不均匀性最显著的因素是气候条件。一般用气高峰都出现在气温较低的冬季，而气温较高的季节用气量较少。

2. 作息习惯

日用气量的波动主要取决于居民生活习惯、工业企业的工作和休息制度以及室外气温变化等。

3. 节假日

一周中各日的气温变化没有规律性，根据实测的用气数据，在一周中从星期一至星期五用气量变化较小，而星期六、星期日用气量明显增加。特别是在春节前几天居民的日用气量为平均日用气量的数倍；居民及商业用户的小时用气不均匀性在各类用户中最为显著，其不均匀性主要与用气户数、居民生活习惯、居民的燃具种类及数量、居民的职业类别有关。用气户数越多，小时不均匀系数相对越不明显、小时高峰系数相对越小，反之则越大。一般早、中、晚会出现三个用气高峰，而大多数城镇又以晚高峰为最大。

第二节 工业燃料用户

一 工业燃料用户分类

根据对相关用气用户的统计，天然气作为燃料在工业方面主要运用于陶瓷、有色金属、钢铁及化工领域等，因此，工业燃料用户主要包括陶瓷用户、有色金属用户和钢铁用户等。我国天然气在工业方面的利用经过多年的发展，具备一定的区域化、行业化、集约化的特点，天然气工业用户区域性非常明显。川渝地区是我国最早利用天然气的地区，已建成包括玻璃、陶瓷、钢铁、有色金属等行业在内的产业集群，是全国最大的天然气消费区域之一；珠三角地区以天然气发电为主，相应发展了汽车、电子、陶瓷等行业；长三角地区工业用气为大型石化、钢铁行业；华北地区是重工业和化学工业行业集中的地区，以石化、钢铁、玻璃等行业为主；东北地区工业用气主要集中在石化行业，中部地区有汽车、陶瓷、机械等行业，用气相对分散。本章主要以陶瓷、钢铁、玻璃和有色金属行业为例。

二 工业燃料用户用气特性

（一）陶瓷行业

1. 行业简介

陶瓷是陶器与瓷器的统称，传统陶瓷又称普通陶瓷，是以黏土等天然硅酸盐为主要原料烧成的制品。传统陶瓷制品包括日用陶瓷、建筑卫生陶瓷、工业美术陶瓷、化工陶瓷、电气陶瓷等，种类繁多，性能各异。随着高新技术工业的兴起，各种新型特种陶瓷获得较大发展，陶瓷已日趋成为卓越的结构材料和功能材料。它们具有比传统陶瓷更高的耐温性能、力学性能、特殊的电性能和优异的耐化学性能。

陶瓷行业工艺流程如图3-3所示。陶瓷用气主要集中于烧成环节，即对原料制模—烧制—上釉—再烧制等工艺流程中，用气环节繁复，用气量较大且用量集中。截至2022年，全国建陶生产线有约3000条，年产量约80亿m^3，年销售额约4300亿元。

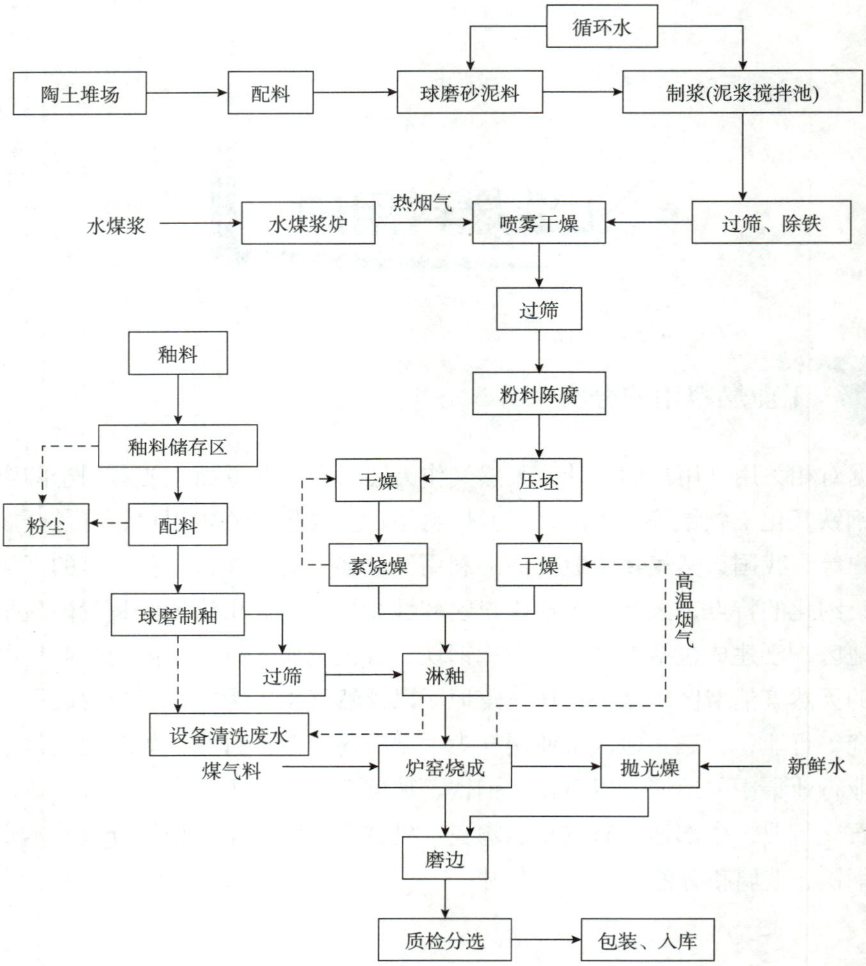

图 3-3　陶瓷行业工艺流程

资料来源：根据实地调研情况绘制

2. 用气特性

陶瓷行业用气总体稳定，其用气波动主要受以下因素影响。

（1）相关行业发展。陶瓷产品中的系列产品受房地产行业或电力建设影响较大，具有周期性。当市场经济形势向好时，地产等行业开工建设，导致陶瓷需求剧增，天然气需求高，负荷大，反之亦然。此外，一年中的产品市场淡、旺季也对天然气负荷产生一定的影响。

（2）气温。气温一旦降低，加热同等产量陶瓷所需热值自然升高，导致天然气消耗量增加。根据对陶瓷企业的调研，通常冬天的天然气负荷比夏天高5%左右。

（3）节假日。节假日对陶瓷企业天然气负荷影响体现在：由于春节、劳动节、国庆节等节假期放假，使得企业的生产负荷降低，甚至设备停产，导致天然气负荷降低；由于陶瓷窑炉一般连续生产，因为停产时间少，检维修一般在节假日进行，造成天然气负荷减少。

（二）钢铁行业

1.行业简介

钢铁行业主要生产生铁、钢、钢材、工业纯铁和铁合金。钢铁工业是庞大的重工业部门。它的原料、燃料及辅助材料资源状况，影响着钢铁工业规模、产品质量、经济效益和布局方向。目前，我国钢铁行业的整体产业链产值超过全国GDP的8%。受国家政策影响，近年我国钢铁工业产值基本稳定，无显著增长，基本维持缓增长态势。2021年全国生铁产量86856.8万t，同比下降2.1%；2022年全国生铁产量86382.8万t，同比下降0.5%。2022年，累计进口钢材1056.6万t，同比减少25.9%，为1993年以来年度最低水平；2022年，累计出口钢材6732.3万t，同比增长0.9%。

钢铁行业工艺流程如图3-4所示，其中天然气用气环节主要有焙烧、熔铸、压延、热处理、切割、退火、酸洗、干燥，以及作为加热炉、保温炉、表面处理炉、退火炉、蒸汽锅炉等的燃料使用。

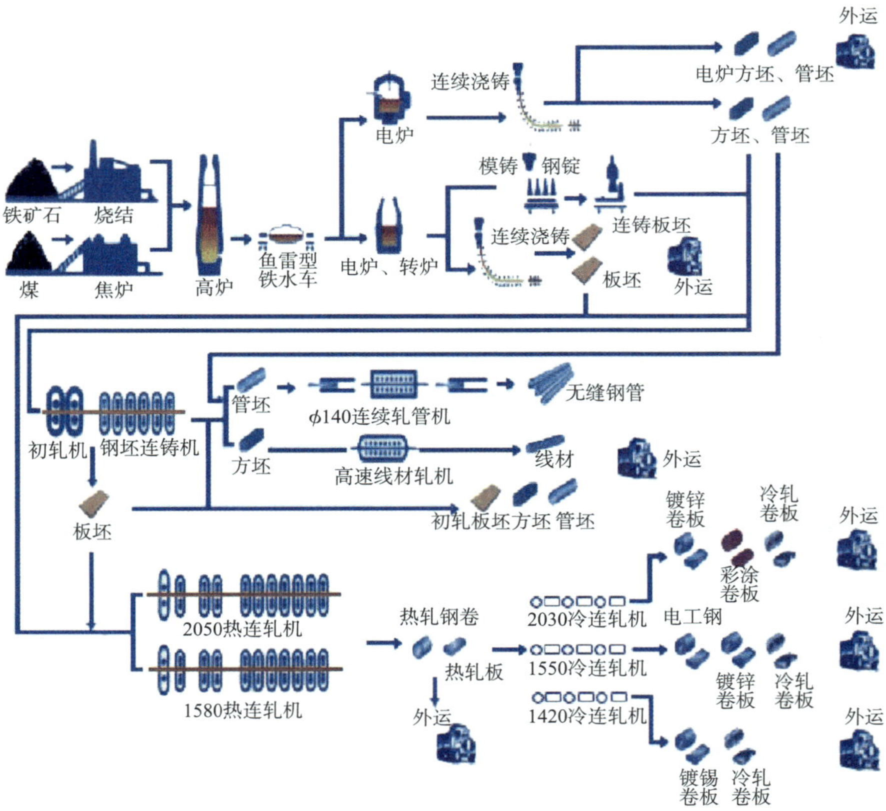

图3-4　钢铁行业工艺流程

资料来源：根据实地调研情况绘制

2.用气特性

（1）连续性。在所有钢铁生产工艺环节中，钢铁生产企业基本保持全年连续生产的模式，天然气在钢铁行业中主要用于各类热加工环节，在线生产容量在万吨级别，天然气供应中断将导致大批钢材原料报废，甚至熔炉也将报废，损失十分巨大。

（2）特种钢材对天然气气质、气压要求较高。一些高端不锈钢生产中需使用特殊加热装置，这些设备大多对天然气气质、气压有一定的特殊要求。如果天然气气质不稳定或气压低于设计要求，不仅会对生产设备效率造成影响，增大天然气耗气量，而且会降低或破坏产品品质，影响企业经济效益。

（3）产品和工艺决定不同耗气量。不同钢铁企业生产的产品品种和类别不尽相同，采用的生产线不同，决定了所需生产工艺环节、所要达到温度，以及为此而需要的生产时间的长短等都不一样，从而导致不同钢铁企业产品耗气量存在较大差别。

（三）玻璃行业

1.行业简介

玻璃是非晶无机非金属材料，主要由石英砂、硼砂、硼酸、重晶石、碳酸钡、石灰石、长石、纯碱等，加入少量辅助原料制成的。它的主要成分为二氧化硅和其他氧化物，主要有平板玻璃和特种玻璃两种类型。平板玻璃按材料分为普通平板玻璃和浮法玻璃两种。其中，浮法玻璃依靠其产品良品率高、劳动生产率高等因素，成为平板玻璃制造方式的主流。玻璃作为国民经济建设中的基本建材，应用广泛，但受运输距离影响，生产与销售存在一定的地域性。

玻璃企业用气负荷与生产工艺、加工温度、生产产品种类密切相关。图3–5展示了玻璃行业工艺流程。

产品生产工艺要求越复杂，需要使用的天然气量越多；加工温度越高，天然气负荷越大。此外由于产品种类不同，同等情况下，对产品质量要求越高（如高端玻璃），能源替代性越小，天然气负荷也越高。

2.用气特性

玻璃用气负荷总体稳定，波动性小。其影响天然气负荷的因素主要有以下几个方面。

（1）相关行业发展。玻璃产品中的浮法玻璃等产品与陶瓷等相关产品相同，其受房地产行业影响较大，具有一定的周期性。当市场处于繁荣期时，相应玻璃企业生产需求量大，天然气需求高，负荷大；反之，当产品处于衰退期时，天然气需求减少，负荷降低。

（2）国家基本建设计划。由于玻璃产品生产特殊性，即生产具有高度计划性，受国家基本建设计划影响较大。玻璃酒瓶生产的天然气需求则与白酒、葡萄酒等行业的行情相关。

（3）气温。由于玻璃企业基本使用天然气进行窑炉加热，由于气温降低，加热同等产品需要天然气提供的热值更高，相应地天然气消耗量也会增大。根据对玻璃企业相关数据的计算，全行业受气温影响的用气波动较小，冬天的天然气负荷比夏天高1%左右。

（4）节假日。节假日对玻璃企业天然气负荷影响体现在：由于春节、劳动节、国

浮法玻璃及在线镀膜玻璃生产工艺流程图

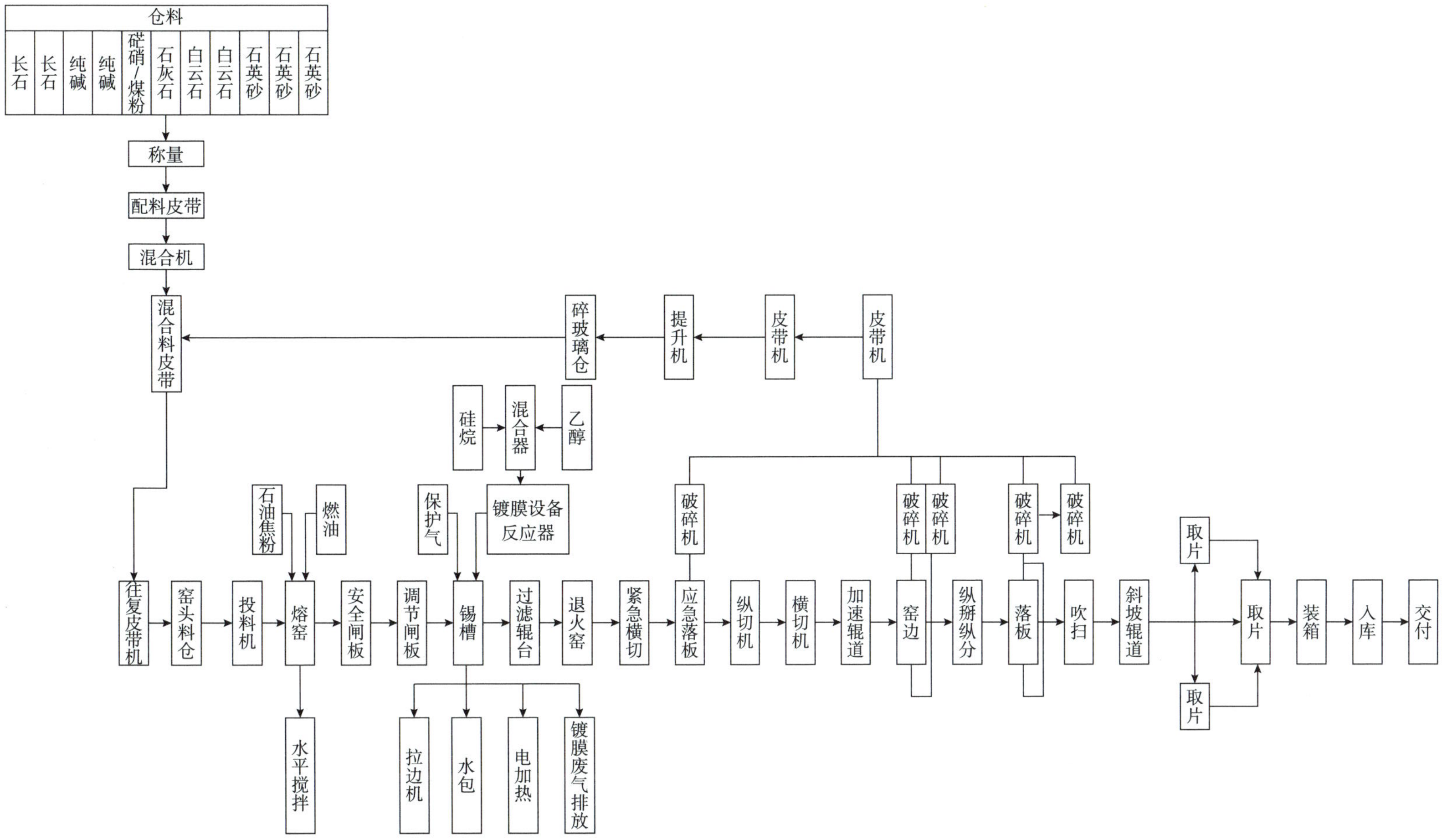

图 3-5 玻璃行业工艺流程
资料来源：根据实地调研情况绘制

庆节等日放假，企业的生产负荷降低，甚至设备停产，导致天然气负荷降低：由于玻璃窑炉一般连续生产，因此停产时间少，检维修一般在节假日进行，造成天然气负荷减少。

（四）有色金属行业

1.行业简介

有色金属是指除铁、锰、铬以外的所有金属的统称。广义的有色金属还包括有色合金。有色合金是以一种有色金属为基体（通常大于50%），加入一种或几种其他元素而构成的合金。有色金属通常指除去铁（有时也除去锰和铬）和铁基合金以外的所有金属。有色金属可分为重金属（如铜、铅、锌）、轻金属（如铝、镁）、贵金属（如金、银、铂）及稀有金属（如钨、钼、锗、锂、镧、铀）。有色金属是国民经济发展的基础材料，航空、航天、汽车、机械制造、电力、通信、建筑、家电等绝大部分行业以有色金属材料为生产基础。随着现代化工、农业和科学技术的突飞猛进，有色金属在人类发展中的地位越来越重要。它不仅是世界上重要的战略物资，重要的生产资料，而且也是人类生活中不可缺少的生活资料的重要生产材料。

2.用气特性

有色金属企业用气负荷与生产工艺、气温、节假日等密切相关。

（1）生产工艺。产品生产工艺要求越复杂，需要使用的天然气量越多；加工温度越高，天然气需求越大。此外由于产品种类不同，在同等情况下，对产品质量要求越高的（如贵金属），能源替代性越小，天然气负荷也越高。有色金属用气负荷与钢铁行业较为类似，有较高的延续性，波动性小。

（2）气温。气温对天然气需求影响体现在：由于有色金属行业主要运用天然气进行窑炉加热，因气温降低，加热同等的有色金属产品需要消耗更多的天然气。

（3）节假日。节假日对天然气需求的主要影响体现在放假期间相应企业的停产，使得企业的生产负荷降低，甚至设备停产，导致天然气需求降低。检维修造成的需求下降与之同理，由于焙烧与煅烧设备一般连续生产，因此停产时间少，检维修一般在需求淡季进行。

三　工业燃料用户用气不均匀性

工业各类用户的用气情况是不均匀的，随月、日、时而变化。影响用气月不均匀性的主要因素是气候条件、节假日。一般用气高峰都出现在气温较低的冬季，而气温较高的季节用气量较少。一个月中日用气量的波动主要取决于工业企业的工作和休息制度以及气温变化等。

以某陶瓷企业为例，如表3-8所示。

表3-8　某陶瓷企业月不均匀系数

月份	1	2	3	4	5	6	7	8	9	10	11	12
月不均匀系数	0	0.06	0.7	1.44	1.73	1.89	1.31	1.08	1.24	1.17	1.18	0.43

数据来源：实地调研

从表3-8可以看出，该陶瓷企业4~11月为生产高峰期，同时由于该段时间也为天然气价格相对较低的时段，其用气量明显高于12月和1~3月。实际上，陶瓷的销售旺季一般为当年的4~11月，这个时期为地产行业建设旺季，对建筑陶瓷产品的需求量较大，充分拉动了陶瓷企业的产量。

以某镀锌板加工企业为例，如表3-9所示。

表3-9　某镀锌板加工企业月耗气量与月不均匀系数

月份	1	2	3	4	5	6	7	8	9	10	11	12
月耗气量 / 万 m^3	2.16	1.50	2.25	2.00	2.08	2.12	1.66	1.64	1.97	1.59	1.86	1.47
月不均匀系数	1.16	0.81	1.21	1.44	1.08	1.14	0.99	0.98	1.17	0.94	1.11	0.88

数据来源：实地调研

从表3-9可以看出，钢铁企业用气量较为平稳，除春节期间因为节假日停产，其余月用量大体接近，主要原因为钢铁企业生产具有连续性，除日常检维修外，并不会由外界因素导致用气量下滑。

第三节
天然气发电用户

一　发电用户分类

根据天然气发电机组循环方式，天然气发电可分为燃气发电和燃气轮机—蒸汽轮机联合循环发电。

（一）按照发电技术分类

传统上按照发电技术可将发电用户分为单纯的燃气发电用户和联合循环发电用户，其中联合循环发电由于采取两级发电模式，其发电效率更高，是目前天然气发电领域的常用技术，故本节接下来重点介绍联合循环发电用户。

天然气联合循环发电是将天然气燃烧时产生的高温烟气，推动燃气轮机，进行一级发电，然后利用燃气轮机排出的高温烟气加热水，产生蒸汽推动汽轮机，进行二级发电。这种发电技术的主要装备包括燃气轮机、余热锅炉、蒸汽轮机和发电机等四部分，是燃气发电技术的最主要利用形式，如图3-6所示。燃气轮机—蒸汽轮机联合循环机组主要分为两大类：一类是单轴机型，多用于大容量燃机；另一类是多轴机型，多轴机型经常被用于小容量燃机。燃气轮机—蒸汽轮机联合循环调峰能力介于70%~100%。

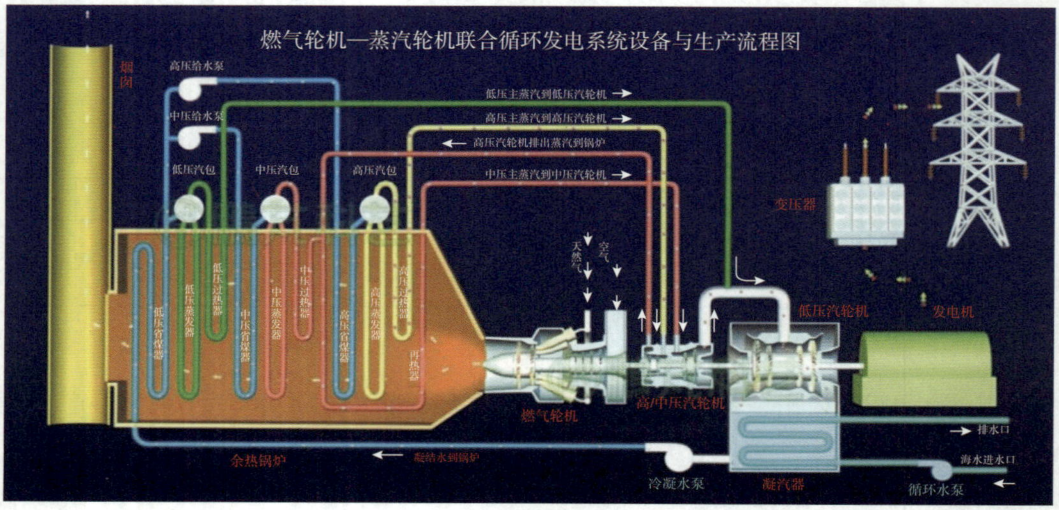

图 3-6　燃气轮机—蒸汽轮机联合循环发电流程
资料来源：实地调研

目前天然气联合循环发电的技术已相当成熟，已进入商业运作，且规模很大。一般来说，燃气发电站可以分为以下两种类型。

1. 简单循环燃气轮机

简单循环燃气轮机，也称开式循环燃气轮机，热气驱动燃气轮机发电。这种类型的发电厂建设成本相对较低，并且可以很快启动，但是由于效率较低，作为调峰发电厂最多每天只能运行几小时。

2. 联合循环燃气轮机

联合循环燃气轮机，如图3-7所示，由热回收蒸汽发生器和蒸汽轮机组成。最常见的配置是支撑一台蒸汽轮机的两台燃气轮机。它们比简单的循环电厂发电效率更高，效率可略高于60%，调度时间约为半小时。

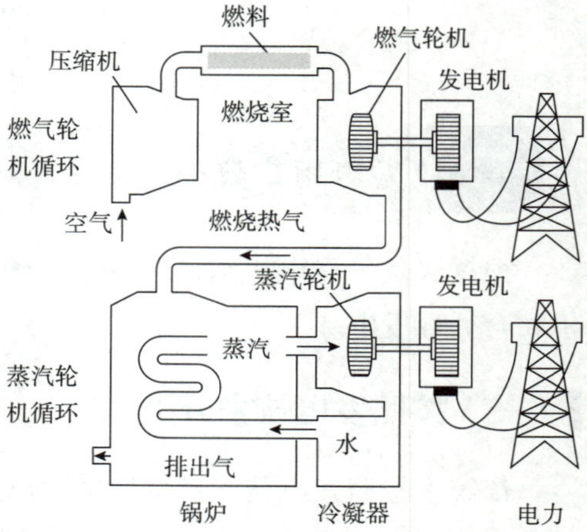

图 3-7　常见联合循环燃气轮机发电图
资料来源：实地调研

（二）按照发电用户产品分类

1. 单纯发电的天然气发电用户

单纯发电的天然气发电用户只生产电能这一种产品。按照用户的负荷情况，这类用户可以分为基荷电厂和峰荷电厂两类。

（1）基荷电厂。对于一个电力系统来说，总是有相当大的基本负荷量，因此，有一些电厂是按系统基本负荷的要求而设置的，这就是系统的基荷电厂，基荷电厂一般在接近全负荷条件下连续运行，运行小时较高，可达到电厂和电网最佳经济运行模式。

（2）峰荷电厂。那些配置用于在峰值负荷期间分担基荷电厂所不能承担的负荷的电厂称为峰荷电厂。峰荷电厂又可分为腰荷电厂和调峰电厂。腰荷电厂是为满足最小负荷与平均负荷之间的电力需求而发电的电厂；调峰电厂则是为了满足电网负荷需求而发电的电厂，由于该类电厂经常需要适应电网尖峰功率的变化，不得不时开时停，因此其连续运行时间短。

2. 热电联产的天然气发电用户

热电联产的天然气发电用户不仅产出电能，还有热能（热水或者蒸汽）。将燃气轮机发电厂装配上余热锅炉，将燃气轮机排出的余热烟气引入锅炉，从而利用高温余热烟气产生蒸汽和热水。用联合循环发电中蒸汽轮机发电后的低压蒸汽来供热，也可以实现热电联产。

3. 冷热电联产的分布式发电用户

近年来，国家发改委等相关部门陆续印发了推进分布式气电建设政策［《电力发展“十三五”规划（2016—2020年）》《天然气利用管理办法》］，鼓励发展天然气分布式能源。主要分为热电联产和冷热电联产分布式能源系统，是以天然气清洁能源为燃料，应用燃气轮机、燃气内燃机、微燃机等各种热动力发电机组和余热利用机组的能量转化设备，为用户提供冷、热、电的各种负荷需求的分布式供能系统。一般建设在用户附近，通过采用能源的综合多级利用技术，能使综合能源利用率达到80%。图3-8展示了各类发电技术的发电效率。

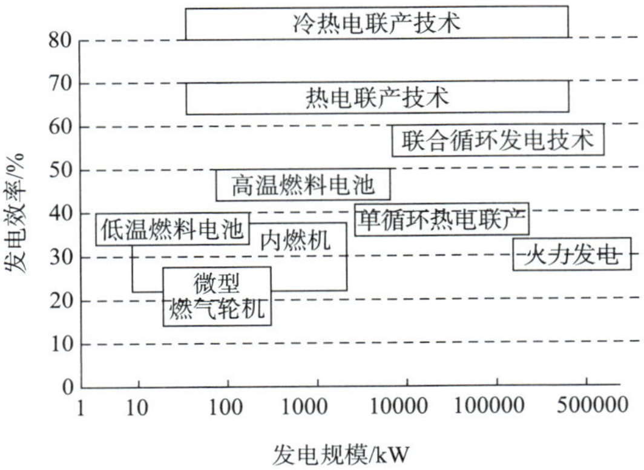

图3-8　各类发电技术的发电效率
资料来源：实地调研

二 发电用户用气特性

一方面，气电作为稳定的基荷电源，在能源保供中意义重大。另一方面，由于风电、光伏发电具有波动性、间歇性等弊端，随着我国新能源的大规模投产，电力调峰需求上升。天然气发电具备启停灵活、爬坡速率快等优势，可以有效且迅速地调节出力水平，且与煤电相比，响应速度更快、负荷变化能力更强，是电网调峰最为优质的电源之一。此外，从碳、氮、硫、烟尘等污染物排放来看，燃气机组相较于燃煤机组更加低碳清洁。

（一）总体特性

总体上，发电用户用气不如城燃用户用气增长稳定，天然气发电受下游工业用电需求、政府政策支持、国家电网调配、气候、天然气价格等多重因素影响。

（二）不同类型天然气发电用户用气特性

1. 天然气基荷电厂

天然气基荷电厂通常运行小时数较高，连续运行时间较长，因此天然气基荷电厂用气表现出如下特性。首先，用气连续。其次，用气负荷变化频率小。最后，用气比较稳定，用气量变动较小。

2. 天然气调峰电厂

天然气调峰电厂经常需要适应电网的尖峰功率变化，时开时停，因此，其用气量表现出如下特性。首先，用气不连续。其次，用气量变化巨大，不需要开机时用气量为零，需要紧急发电时，用气量飙升。最后，用气难预测，由于天然气良好的调峰能力，是目前最好的调峰手段，经常被用于调峰，所以何时天然气调峰电厂会被调发电，以及连续运行多长时间，均具有难以预测性。

3. 天然气腰荷电厂

天然气腰荷电厂与天然气调峰电厂类似，在运行过程中也存在频繁的时停时开现象，但是用气负荷的变化频率和用气量的变化幅度均小于天然气调峰电厂。

三 发电用户用气不均匀性

（一）电力用气需求波动

1. 气电机组发电用气需求弹性大

气电机组主要起到电力调峰作用，因此其发电用气需求弹性空间大。例如广东省地处亚热带，具有长夏短冬的特性，在30℃以上时，气温每变化1℃影响发电出力可达300万kW左右，用电需求稳定度低。并且省内外清洁能源电量占比超过50%，电力出力波动频繁。

2. 电力现货交易影响

电力现货交易模式下，电厂发电量计划性降低。受其他机组报价水平和电力日前需求预测与实时市场需求偏差等因素影响，电厂无法准确预测发电量，实际用气计划与提报计划偏差较大。因此，发电用气不可预测性与天然气销售运行需要的高度计划性和平稳度之间存在着严重不匹配的现象。

如图3-9所示，以广东某电厂用户为例，该客户在12月份电力现货交易时期全月用气量271万m^3，但用气日仅有9天且不连续。最低日用气量4万m^3、最高日用气量78万m^3，波动幅度大，给天然气日常销售计划安排、资源调度以及管网安全运行造成较大影响。

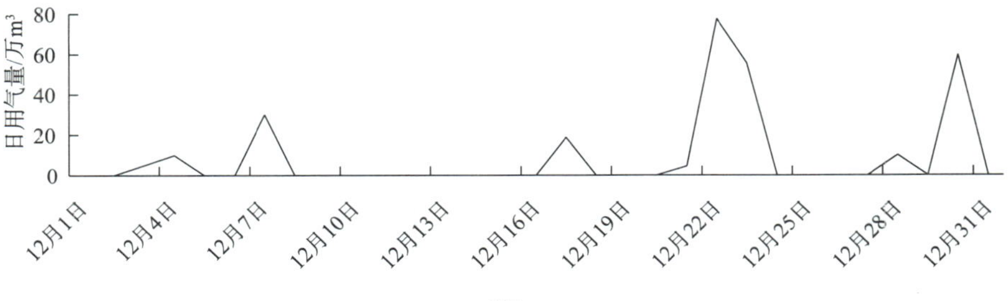

图3-9 广东某发电厂用户12月份日用气量
数据来源：实地调研

（二）燃机电厂"迎峰度夏、迎峰度冬"

燃机发电受气温条件影响较大，夏季和冬季是天然气发电需求的高峰期，表3-10展示了江苏省2021~2022年"迎峰度夏、迎峰度冬"用气情况。每年的7~8月、12月~次年1月是电力供应最为紧张、供电缺口最大的月份。进入11月份，北方地区陆续进入取暖季，能源电力需求不断增加，能源电力保供重点转为"迎峰度冬"。面对冬季容易出现的冷空气、大风、大雪、冰冻等极端天气，不仅电力需求将大幅攀升，电力系统的安全稳定运行也面临挑战。

表3-10 江苏省2021~2022年"迎峰度夏、迎峰度冬"用气情况

万m^3

类别	政府保供资源分配量		
	中国石油	中国石化	中国海油
2021年"迎峰度夏"	—	5000	0
2021年"迎峰度冬"	0	6000	10000
2022年"迎峰度夏"	27400	14700	0

数据来源：实地调研

以江苏省为例，图3–10展示了2022年中国石化江苏销售燃机电厂用户各月份用气量。2021年1月7日，江苏电网最高用电负荷超过夏季用电高峰，达1.17亿kW，创历史新高，成为全国冬季用电负荷最高的省份。2017年以来，江苏电网夏季用电最高负荷均出现过突破1亿kW的情况。2022年夏季，我国出现了最近几十年来持续时间最长、影响范围最广的极端高温天气，叠加经济恢复增长，拉动用电负荷快速增长。全国有21个省级电网用电负荷创新高，华东、华中区域电力保供形势严峻，浙江、江苏、安徽、四川、重庆、湖北等省份电力供应形势尤为紧张。2022年6月17日，江苏电网调度最高用电负荷1.036亿kW，首次在6月“破亿”，由于高温天气范围大、持续时间长、强度强、极端性强，江苏用电负荷持续攀升，8月5日全省用电负荷达1.31亿kW，用电量增长迅猛，最大缺口达到1068万kW，全省发电日供气量达到5000万m^3。

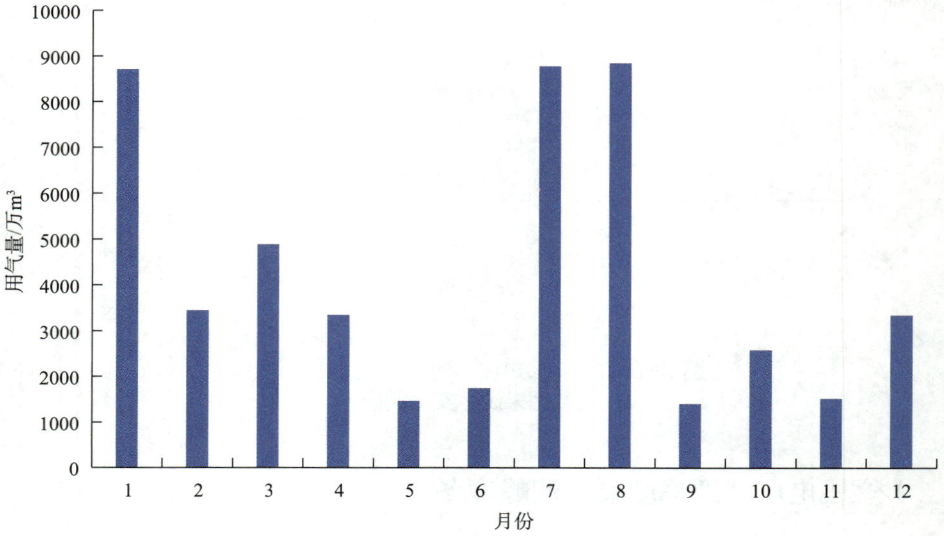

图3–10　2022年中国石化江苏销售燃机电厂用户各月份用气量

数据来源：实地调研

第四节 天然气化工用户

中国天然气化工产业起步较晚，经过近60年的发展，目前已建成了一批规模较大、实力较强的天然气化工企业，例如渝天化、川维化工、云天化等化工企业。该类企业主要集中在东北、西南等油气资源较为丰富的地区，以制甲醇、合成氨、制氢、制化肥以及其他化工原料为主要业务。图3–11展示了中国近年来该类企业的天然气用气量。

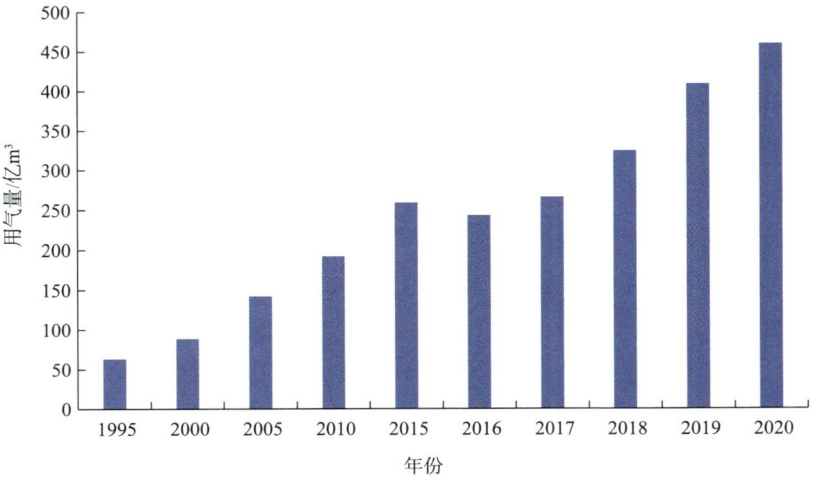

图 3-11　中国近年来化工原料和化学制品制造业天然气用气量
数据来源：《能源统计年鉴》

一　化工用户分类

随着天然气化工技术的发展与完善，当前天然气化工利用方式主要可分为直接转化与间接转化。

（1）直接转化：利用天然气中的烷烃组分，通过催化剂，天然气可以直接转化为甲醇、甲醛、乙炔、芳烃等。采用不同的催化剂，甲烷的转化率不同。直接转化法所需反应条件过于苛刻，在进行化学反应后很难获得相应的产物，依旧处在初级研发阶段中，并没有得到较大范围的应用。

（2）间接转化：先将天然气转化为合成气（$CO+H_2$），再通过相关工艺流程转化或者合成相关化工产品。间接转化法的工艺流程更加复杂、转化环节更多，生产成本也更高。像合成氨、氢气、甲醇及其衍生物等。

本节主要以天然气制甲醇、天然气制氢气、天然气合成氨为例。

二　化工用户用气特性

（一）工艺简介

1. 天然气制甲醇

生产甲醇的原料可以是天然气、焦炉煤气、煤、渣油、石脑油以及乙炔尾气或其他含有氢和一氧化碳的废气等。从20世纪50年代起，天然气逐步成为合成甲醇的主要原料。目前全世界有90%以上的工厂采用天然气作为原料，以天然气制取甲醇的工艺流程短、投资省、生产成本低、“三废”排放少，是应大力推广的清洁能源。

天然气制甲醇是一种重要的化学工业过程，甲醇是一种重要的化工原料，可以用于制造许多化学品，如塑料、合成纤维、涂料、溶剂等。天然气制甲醇的化学方程式如下：

$$CH_4\text{（甲烷）} + H_2O\text{（水蒸气）} \longrightarrow CO\text{（一氧化碳）} + 3H_2\text{（氢气）}$$

$$CO\text{（一氧化碳）} + 2H_2\text{（氢气）} \longrightarrow CH_3OH\text{（甲醇）}$$

这个过程是通过催化剂的作用来实现的。首先，CH_4和H_2O在高温高压下反应，生成CO和H_2，这个反应称为水煤气反应。其次，CO和H_2再次反应，生成CH_3OH，这个反应称为甲醇合成反应。天然气制甲醇工艺流程如图3–12所示，以天然气为原料，经压缩、脱硫净化、造气得到合成气（主要成分H_2+CO）。合成气进一步压缩后进入甲醇合成塔，在催化剂作用下合成甲醇。合成后的粗甲醇，经预精馏脱除杂醇，精馏而得成品甲醇。

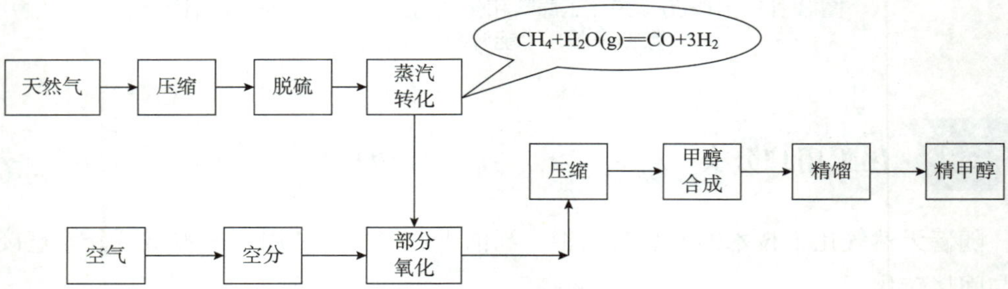

图 3–12 天然气制甲醇工艺流程
资料来源：根据实地调研情况绘制

首先，天然气制甲醇的过程需要在高温高压条件下进行，需要消耗大量的能量。其次，甲醇的制备过程需要使用催化剂，这增加了生产成本。最后，甲醇的使用也存在一些安全隐患，需要注意安全问题。

2. 天然气制氢气

与天然气相比，氢气具有更高的能量，排放更清洁，因此它被用于产生可再生能源，改善电力和燃料消耗等方面。天然气制氢气是一种从天然气获取氢气的绿色技术，它可以在不破坏环境的情况下获得大量清洁、安全的氢气，能够帮助减少污染物排放、提高能源利用效率，同时可以有效减少能源成本，因此被越来越多的国家采用。

氢气主要由碳氢化合物组成，如天然气、煤气，这种物质可以在较低温度下分解，形成氢气。天然气制氢气方程式如下：

$$CH_4\text{（天然气）} + H_2O\text{（水蒸气）} \longrightarrow CO\text{（一氧化碳）} + 3H_2\text{（氢气）}$$

该方程式表明，当在低温环境下将天然气和水蒸气混合，就可以获得大量的氢气。除了利用该方程式中的主要原料，还可以从其他天然气凝析物中获取氢气，如煤气中的沼气、汽油类物质，或者蒸发馏分等。

如图3–13所示，天然气制氢气是先对天然气进行预处理，然后在转化炉中将甲烷和水蒸气转化为一氧化碳和氢气等，余热回收后，在变换塔中将一氧化碳变换成二氧

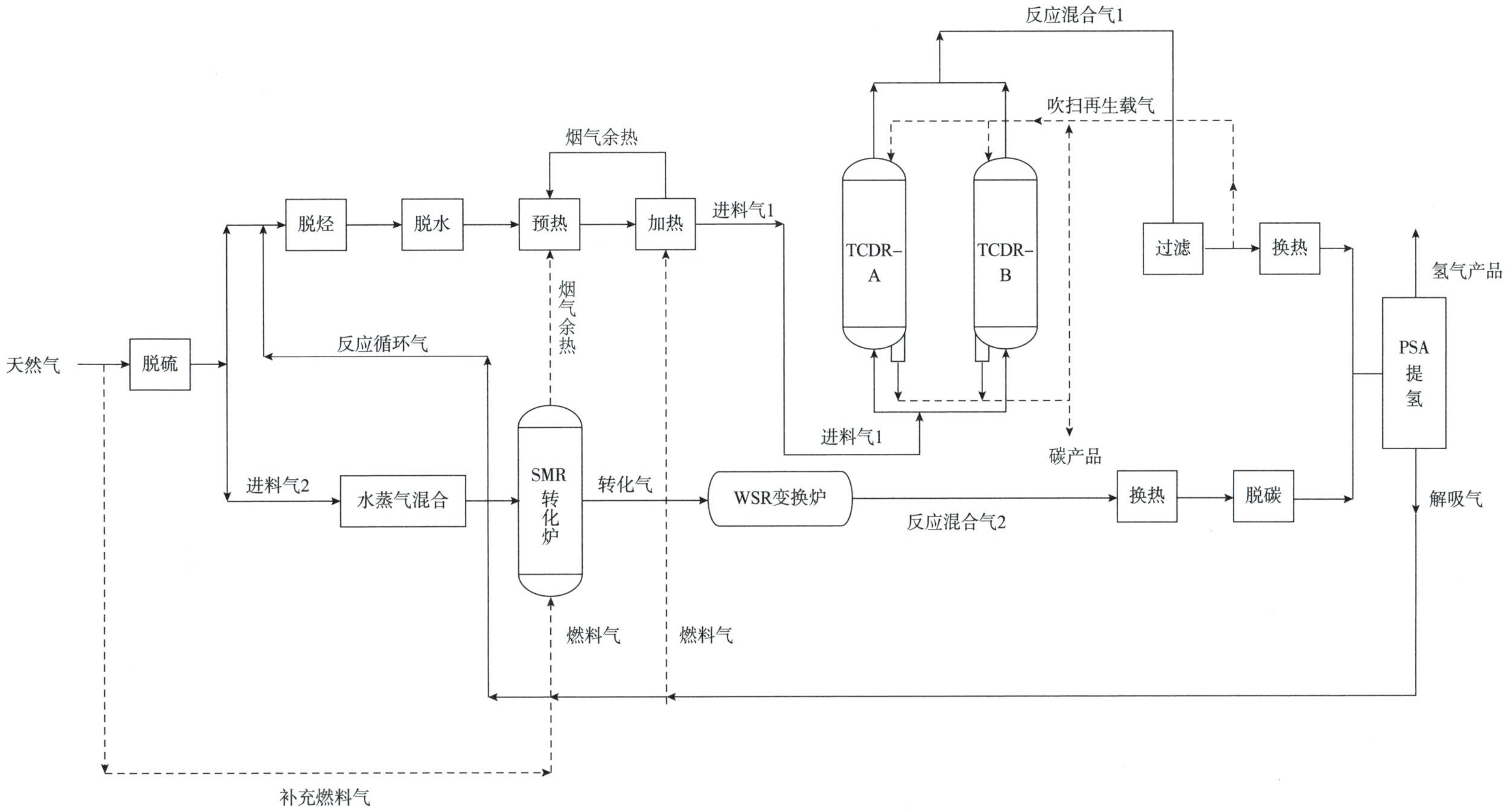

图 3-13　天然气制氢气工艺流程
资料来源：实地调研

化碳和氢气的过程，这一工艺技术的基础是在天然气蒸气转化技术的基础上实现的。在变换塔中，在催化剂存在的条件下，控制反应温度，使转化气中的一氧化碳和水反应，生成氢气和二氧化碳。

天然气制氢气的成本主要由天然气价格决定，天然气原料成本占比较高，为70%~90%。同时，在天然气制氢气过程中，镍是主要固体催化剂，催化剂的活性是影响化学反应过程的重要因素。在天然气制氢气装置的长期使用过程中，催化剂被消耗，催化剂的活性逐渐降低，这会对化工生产的效率产生较大影响。为了防止重整催化剂中毒，天然气制氢气的生产过程需要将原料气的硫含量降至百万分之一以下，因此制得氢气的杂质浓度才能相对较低。在我国，国内天然气资源供给有限且主要分布在西部，含硫量较高，预处理工艺复杂，导致国内天然气制氢气的成本相对较高。

3. 天然气合成氨

合成氨在化工产业中处于重要地位，主要用于农业，合成氨可直接作为氮肥使用，也可以加工成尿素和各种铵盐肥料。在工业领域方面，主要用于生产铵、合成纤维和合成树脂等产品。

如图3-14所示，天然气先经脱硫，然后通过二次转化，再分别经过一氧化碳变换、二氧化碳脱除等工序，得到的氮氢混合气，经甲烷化作用除去后，制得一定氢氮比例的纯净气，经压缩机压缩而进入氨合成回路，制得产品氨。

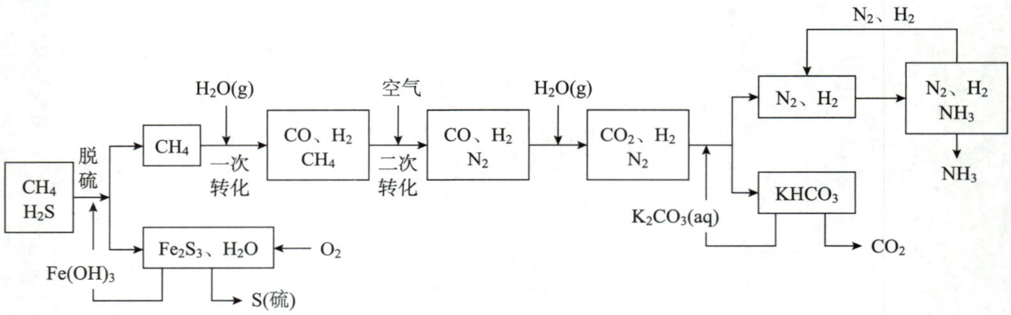

图3-14　天然气合成氨工艺流程

资料来源：实地调研

根据目前合成氨技术发展的情况分析，未来合成氨的基本生产原理将不会出现原则性的改变，其技术发展将会继续紧密围绕“降低生产成本、提高运行周期，改善经济性”的基本目标，进一步集中在“大型化、低能耗、结构调整、清洁生产、长周期运行”等方面进行技术的研究开发。在这种大环境下，最理想的原料气就是天然气，也是下一阶段合成氨的清洁技术方面发展的重点。

（二）用气特性

天然气化工用户由于其工艺特征，基本上全年不间断生产，这导致该类用户在用气上呈现出比较稳定的特性。除此之外，该类用户用气还存在如下特征：首先，月度用气受下游产品市场行情的影响比较大。一旦出现化肥、甲醇等产品市场行情不景气的情况，该类用户会进行减产甚至停产，从而导致用气量变化。其次，其用气量还易受装置检修的影响。化工用户其生产运行装置必须在一定的时间内开展系统的检修工作，以保证安全生产，检修时间也比较长，在此期间，生产是暂停的，从而导致用气量的变化。

三 化工用户用气不均匀性分析

由于工艺和产品特点，天然气化工企业生产用气量相对较稳定，如表3-11所示。

表3-11　中国主要地区天然气化工企业运行情况

地区 / 全国	开工率 /%	环比变化 /%
全国	72.49	-2.15
西北	63.70	0.00
华北	84.48	0.00
西南	88.85	0.53

数据来源：清能咨询（2023 年 5 月 22 日）

此外，天然气化工企业全年生产基本不停产，如图3-15所示，展示了齐鲁石化2022年的全年用气情况。冬季和夏季气温变化、环保及限电等因素引起的用气波动性都比较轻微。

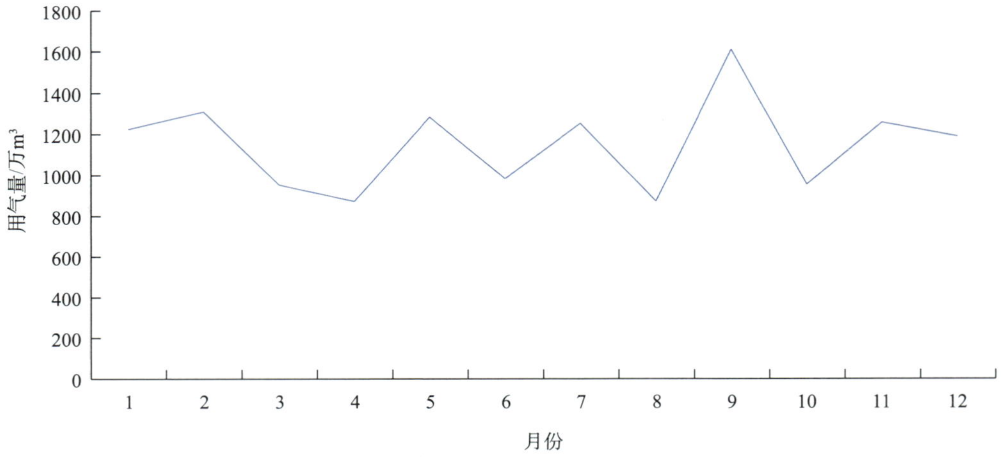

图 3-15　齐鲁石化 2022 年全年用气量曲线
数据来源：实地调研

第五节 调峰用户

一 调峰用户定义与分类

（一）调峰用户定义

在市场经济活动中，供给与需求的关系是各类市场关系中关键的两个方面。在理想状态下，通过市场的自发调节机制，人们希望供应和消费达到平衡或相对平衡状态；但是由于原料供给、产能、运输、储存、市场信息等各相关环节存在的限制或不确定因素，供给和需求往往会出现不平衡。在能源领域中，受需求波动大、储存条件受限等因素影响，电力、天然气等能源存在较为显著的淡旺季供需矛盾。

在天然气行业中，调峰用户是指在一定时期和地域内当天然气市场供需处于不平衡状态时，能够通过调节用气负荷起到反向调节作用，促使供需恢复平衡或降低不平衡程度的下游消费端用户。在国内市场中，由于冬季采暖期天然气紧缺情况发生概率和社会关注度高，一般情况下行业内将调峰用户定义为在冬季采暖期能够通过调节自身用气负荷，采取减产、停产等方式减少用气量，在一定时间和区域内对市场紧缺起到缓解作用的终端用户。目前，中国石化对用户参与调峰统一采取合同约定的方式开展相关工作，通过年度及采暖期合同与下游就是否成为调峰用户、应急调峰启动条件、调峰气量安排、定价优惠等方面达成一致约定。为解决在不同时期、不同地域内出现的天然气供需矛盾，保障民生及关键领域用气安全，近年来我国不断加强了上游产能、进口通道和储气库建设，在上游生产、采购和中间储存环节增强国内天然气调节能力。在下游消费环节，根据国家发改委、国家能源局印发的《关于加快储气设施建设和完善储气调峰辅助服务市场机制的意见》和国家发改委联合五部门下发的《关于加快推进天然气储备能力建设的实施意见》，县级以上人民政府和城市燃气企业均需按要求形成调峰储备能力。

（二）调峰用户分类

与本章前四节按照天然气用途分类不同，本节根据调峰用户用气可调节（含可中断）的特点进行分类研究。现实中工业、发电、化工等用户均可能成为调峰用户，本节重点研究此类型用户用气特性及在现阶段对市场供需调节起到的积极作用。

除各级政府强制性要求“压非保民”参与调峰外，我国天然气市场发展的过程中，经过市场选择和上下游磨合，出现了一批调峰、可中断用户。根据调峰成因、调节方向、时间期限等调峰作用发生条件，可以对调峰用户进行多样分类，具体如下：

1. 按照调峰成因分类

按照成为调峰用户原因，主要指是否自愿、主动参与调峰活动，可将调峰用户分为主动调峰、自然调峰和被动调峰三类。例如，北方地区从事道路铺设的沥青搅拌站用气，受冬季低温下无法作业影响，主要用气时段为非采暖期，天然成为优良的调峰用户。

此外，被动调峰用户多与上游以购销合同等协议方式明确调峰期限及相应价格政策，此类以大型工业、化工企业为主，能够起到明显的削峰填谷作用。主动调峰用户近年逐步增多，主要是此类用户根据常年用气经验，为避免企业的行业高峰时段用气成本增加，主动采取跨季节产能、产量谋划，通过错峰生产、替代能源使用等方式，降低企业经营成本。

2. 按照调节方向分类

按照调峰用户调节作用发生时用气量增减情况，可将其分为压减型调峰和填谷型调峰。其中，填谷型调峰是指在供大于求的市场条件下，通过增加生产负荷提高用气量，增加天然气消费的调节行为。

3. 按照时间期限分类

按照调峰用户发挥调节作用的时期或时间长短，可以将其分为季节性调峰、月度调峰、小时调峰，其中小时调峰、月度调峰用户多处于城市燃气用户终端。在国内市场中，季节性调峰因涉及范围广、时间长、效用明显，受到行业各方重视程度相对更高。我国北方地区受冬季清洁取暖政策影响，冬夏峰谷差距显著，北方调峰用户多在采暖季发挥作用；南方地区受夏季用电高峰影响，全年有冬夏双高峰。城市燃气企业因居民、餐饮等用气与居民作息时间、生活规律息息相关，除季节性调峰和月度调峰外，小时调峰需求和规律显著。

二　调峰用户特性分析

根据目前行业内调峰用户用气一般规律，其主要特性包括可调节性和季节周期性两个方面。

（一）可调节性

可调节性是指调峰用户能够根据政府、市场需要和与上游合同约定在用气高峰期发挥调节作用，这也是调峰用户最本质的特点。根据调峰用户调节用气量是否具备自主性，可以分为主动性调节和被动性调节。主动性调节一般有两种方式：一是自身具备可替代能源，调峰时减停天然气使用，增加替代能源使用量，如山东某铝业公司，具备重油和天然气两种能源供应条件，在采暖期或天然气高价时可切换使用重油；二是产品生产具备一定可调节性，即调峰用户可以通过淡季增产、提高库存储备、推迟订单交付、检修安排等方式错峰生产，在高峰期减用或停用天然气，如山东某地市部分陶瓷企业，为达到地方政府节能减排要求的每年停产60天要求，根据企业市场情况，选择在采暖季高峰期的12月及次年1月停产。被动性调节多发生在民生应急保供和重污染天气情况下，一般为各级政府发起，纳入政府要求减停范围的行业、企业在应急状态下，按照政府指令被动调节生产安排，发挥调节作用。

（二）季节周期性

季节周期性是指受国内天然气行业现阶段储气调峰能力不足影响，调峰用户在历年采暖期需减停产的概率高、次数多，具有重复发生的周期性。近年来，随着北方地区清洁取暖推进，农村“煤改气”规模不断扩大，北方各省份冬季峰谷差不断加大。采暖需求的快速攀升超过了国内天然气资源供给增速，在采暖季尤其是气温偏低时，我国北方地区容易产生供应紧张的局面，进而影响全国市场波动。国家管网公司成立后，“全国一张网”逐步形成，跨区域调配更加便捷，但由此也扩大了局部市场供应短缺对全国市场的影响范围。

2017~2018年采暖期，由于各地2017年“煤改气”加速，集中完成的“煤改气”项目在冬季需求量猛增，在需求远超预期的情况下，部分地区出现居民停气、采暖中断、LNG价格高企等问题，促使各级政府及行业内上下游更加重视调峰和应急储备问题。2020~2021年采暖期，受极寒天气影响，采暖季供应紧张局势再现，在政府和上下游的高度重视下，虽然紧张程度不及2017~2018年，但依旧给用气终端和行业内企业造成了巨大压力。2022年，受俄乌冲突影响，欧洲地区出现天然气短缺，逐步扩大至煤炭、石油等能源领域影响全球，形成了全球性的能源危机，国外资源价格高企对我国天然气进口产生了深远影响。根据近年来的市场情况，国内天然气市场供需形势变化频率加快，形势反转时间差缩短，局部市场对全国市场的影响程度也更快、更深。目前国内天然气行业仍处于快速发展阶段，储气调峰能力也在快速提升，消费端的调峰用户仍将是未来一段时间内国内市场调峰的重要组成部分，行业内对调峰用户的定价优惠机制也将逐步完善。

三　调峰用户案例分析

（一）中原大化

某化肥企业主要装置有：年生产规模为30万t合成氨、52万t尿素、50万t甲醇、6万t三聚氰胺、10万t复合肥、15万m^3三胺泡绵等。

1. 尿素市场概况

我国尿素生产原料以煤和天然气为主，以煤为原料的尿素（煤头尿素）产能占比约72%，以天然气为原料的尿素（气头尿素）产能占比约25%，此外还有少量尿素以焦炉气为原料。当前尿素市场行业集中度偏低，整体产能富裕。尿素采取市场化定价，价格透明，单一厂家无法对尿素价格产生较大影响。与煤炭价格波动影响相比，天然气价格调整对尿素整体市场价格影响较小，但对部分气头尿素企业的生产成本影响较大。

2. 用气分析

某化肥企业属于气头尿素生产企业，每生产1t尿素约需700m^3天然气，天然气采购成本约占其生产总成本的70%~80%，其对天然气价格波动较为敏感。装置设计满负荷用气量约115万m^3/d。

图3-16展示了该化肥企业2020~2022年各月用气情况。该化肥企业在每年采暖季高峰月参与调峰，停车时间约60天，调峰气量约110万m^3/d，能够起到明显的削峰填谷作用。同时，该化肥企业参与调峰也可调节自身生产经营活动。由于尿素需求在农业领域呈现出一定的淡旺季特征，每年二三月份起逐步进入春耕备肥期，尿素市场需求显著上升，10月下旬以后农业需求大幅减少，尿素销售的旺季主要集中于3~10月，其余月份尿素消费量相对偏低，并且受物流发达、原料价格波动等因素影响企业淡季储备的积极性在降低。因此，部分化肥企业淡季维持低生产负荷，以降低财务成本和产品的周转成本，并减少损耗。特别是采暖期天然气价格上调，在尿素行情低迷时气头尿素生产企业易产生价格倒挂。在冬季减停用气可降低企业经营成本和风险。同时，企业可利用调峰停产的时间对设备进行年度例行检维修。

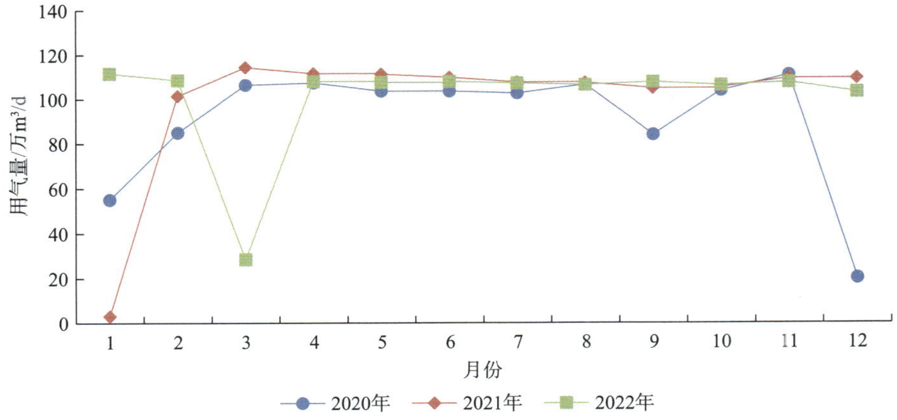

图3-16　某化肥企业2020~2022年各月用气情况
数据来源：实地调研

该化肥企业2020~2022年，非调峰期正常用气为107.9万m^3/d，调峰期用气量约为3万m^3/d，仅保留厂区生活及采暖用气。

3. 调峰合同签订

自2020年起，该化肥企业与销售企业签订了《管道天然气可中断调峰用户购销合同》，合同中约定了年度合同量、用气价格、计量、结算等具体事宜，并单独增加了调峰条款。合同约定："××××年11月至××××年3月期间，买方作为卖方可中断调峰用户，根据天然气供应情况及买方要求参与调峰，调峰期间减供资源不再补充供应。"

（二）沥青搅拌

以某路桥建设公司为例，该路桥建设公司主营业务为市政、高速等道路施工、建设、维护，天然气在其路面施工中作为沥青搅拌设备的燃料而广泛应用。如图3-17所示，天然气在整个沥青搅拌工艺流程中为沥青加热、骨料烘干、旧料加热提供充分而稳定的热能。

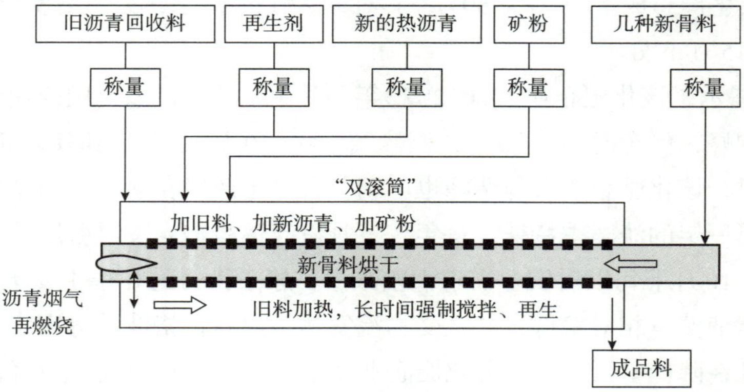

图 3-17　双筒连续式再生搅拌流程
数据来源：实地调研

在整个沥青路面施工工艺流程中，沥青混合材料的稳定性受气温、降雨等气候条件因素影响较大，路桥建设公司为了提高沥青路面的良好性和耐久性，保证路面施工有效进行，往往会避开降雨和冬季寒冷天气，因此路桥建设公司为城市燃气公司的主要调峰用户。

通过图3-18对该路桥建设公司2021年的用气数据分析可以看出，5月至10月为其进行道路施工建设使用天然气的主要时间段，在采暖季期间停车天数约为120d，对城

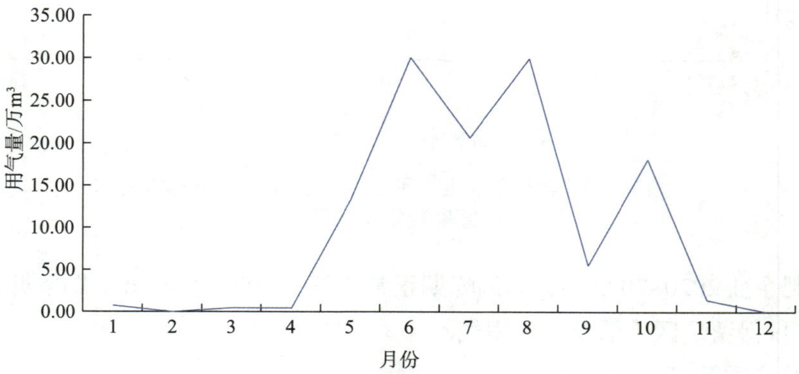

图 3-18　某路桥建设公司 2021 年度用气量曲线
数据来源：实地调研

市燃气公司而言起到了明显的削峰填谷作用。在2021年非采暖季5~10月期间，日均用气量达到1万m^3，高峰日可达到2万m^3，而在采暖季期间，因环境温度、作业条件等多方面原因，仅在部分道路路面小规模修复工程中使用天然气，用气量日均100m^3。

第六节

天然气价格承受能力分析

国内多采用替代能源价格法对天然气价格承受能力进行理论分析。天然气价格与可替代能源价格相挂钩，按有效热值等价原则，通过测算出在等热值条件下的可替代能源价格，即可测算天然气的等热承受价格。当天然气的等热承受价格越高，用户对天然气价格的承受能力越强。

天然气等热承受价格按式（3–7）计算：

$$P_{替代}=\frac{H_{替代}}{H_{天然气}}\times P_{天然气} \tag{3–7}$$

式中 $P_{替代}$——相同单位热值所折合成的天然气价格；

$P_{天然气}$——天然气市场价格；

$H_{替代}$——替代能源的单位热值；

$H_{天然气}$——天然气的单位热值。

基于替代能源价格法，按地区和用户类型分类，对天然气价格承受能力进行理论值分析。如上述章节，我国天然气消费领域主要包括：城市燃气、工业燃料、天然气发电、天然气汽车等领域。当存在多种替代能源时，选择转化后的最低替代能源价格作为天然气等热承受价格。

一 城市燃气

在我国，民用天然气是城市天然气消耗的主要部分，包括居民炊事和采暖用气等。城市中民用天然气可替代能源为电力和LPG，根据目前的价格水平，替代能源法计算得到的全国主要区域民用天然气等热承受价格见表3–12。

表3-12 全国主要区域民用天然气等热承受价格

项目	热值	燃料价格	单位价格 /（元 /MJ）	等热天然气价格 /（元 /m^3）
华北				
天然气	38.44MJ/m^3	2.63 元 /m^3	0.068	2.63

续表

项目	热值	燃料价格	单位价格 /（元 /MJ）	等热天然气价格 /（元 /m³）
电力	3.60MJ/（kW·h）	0.50 元 /（kW·h）	0.139	5.33
LPG	47.96MJ/kg	6.73 元 /kg	0.140	5.4
华东				
天然气	38.44MJ/m³	2.96 元 /m³	0.077	2.96
电力	3.60MJ/（kW·h）	0.56 元 /（kW·h）	0.156	5.99
LPG	47.96MJ/kg	6.78 元 /kg	0.141	5.44
华南				
天然气	38.44MJ/m³	3.31 元 /m³	0.086	3.31
电力	3.60MJ/（kW·h）	0.59/（kW·h）	0.163	6.25
LPG	47.96MJ/kg	6.91 元 /kg	0.144	5.54

数据来源：各地物价局，RIM，2022 年 3 月 31 日

由表3-12可知，每个地区的天然气价格都低于其等热承受价，反映了在价格政策管控下居民用气价还存在一定空间。在替代能源方面，华北地区等热值价格最低为电力，该地区天然气等热承受价为5.33元/m³；华东、华南地区等热值价格最低为LPG，分别为5.44元/m³及5.54元/m³。其中，华南地区天然气价格相对较高，现有价格更接近于市场上的供需价格。

表3-13　某省某市居民用天然气等热承受价格

项目	热值	价格	单位热值 /（元 /MJ）	折合天然气后气价 /（元 /m³）
天然气	38.44MJ/m³	2.26 元 /m³	0.0158	2.36
电力	3.6MJ/（kW·h）	0.497 元 /（kW·h）	0.138	5.39
LPG	47.96MJ/kg	5.1 元 /kg	0.106	4.21

数据来源：实地调研

从替代能源的历史价格走势来看，由于国内价格管控2021年以来民用电价保持平稳，LPG替代价格呈上涨趋势，由低于3元/m³升至约5.5元/m³。综上可以看出，国内电价、LPG等热值价格均高于民用天然气价格。

二　工业燃料

天然气作为工业燃料主要用于工业锅炉和工业炉窑。工业锅炉主要用于工业生产和集中采暖，而工业炉窑主要用于冶金、炼钢、陶瓷、玻璃建材等的炉窑加热。

工业锅炉主要分为燃煤锅炉和燃气锅炉。燃气锅炉结构紧凑，散热损失较小，没有排渣损失，供暖热效率可达90%，燃煤锅炉由于外形较大，散热损失、排烟损失、

排渣热损失较为严重，热效率一般在68%左右，表3-14列出了目前华北、华东和华南的工业锅炉煤气对比情况。

表3-14　全国主要区域工业锅炉等热承受价格

燃料名称	燃煤锅炉	燃气锅炉
热效率 /%	68	90
燃料热值 /（MJ/kg，MJ/ m³）	20.00	38.44
华北		
燃料单价 /（元 /kg，元 /m³）	0.8252	3.0100
单位价格 /（元 /MJ）	0.0607	0.0870
等热天然气价格 /（元 /m³）	2.0992	3.0100
华东		
燃料单价 /（元 /kg，元 /m³）	0.8252	3.5733
单位价格 /（元 /MJ）	0.0607	0.1033
等热天然气价格 /（元 / m³）	2.0992	3.5733
华南		
燃料单价 /（元 /kg，元 / m³）	0.8252	3.5050
单位价格 /（元 /MJ）	0.0607	0.1013
等热天然气价格 /（元 / m³）	2.0992	3.5050

数据来源：金凯讯，郑商所，2022 年 3 月 31 日

由表3-14可知，每个地区的天然气价格都高于其等热承受价，按等热值原理进行比较，华北、华东、华南天然气等热承受价均为2.0992元/m³，与煤炭单位价格比分别为1.43∶1.00，1.70∶1.00，1.67∶1.00，说明通过单位热值比较，煤炭价格远低于天然气价格。

从工业锅炉替代能源的历史数据看，除了在2021年10月煤价异常波动燃煤锅炉成本显著提升外，近一年工业锅炉煤炭成本价格多数时间低于天然气价格，说明燃煤锅炉经济性优于燃气锅炉，两者价差在0~1.5元/m³波动。综上所述，在工业锅炉方面天然气相对煤炭没有经济性。

用于工业炉窑的燃料主要为煤炭、LPG和天然气，以陶瓷炉窑为例，由表3-15可知，从燃料费用比较，目前使用天然气比LPG便宜，比煤炭贵。华北、华东、华南地区天然气等热承受价均为1.5860元/m³，以煤炭为燃料生产1t陶瓷炉窑用耐火砖的费用比使用天然气平均节省297.60元，比LPG节省560.39元。由此可见，仅从经济角度考虑，在陶瓷生产中使用天然气是不划算的。从工业炉窑替代能源价格历史数据看，近年陶瓷炉窑的燃料费用呈上升趋势，其中煤炭价格偏低，其次是天然气，LPG价格高且上升趋势最明显。天然气价格较煤炭价格平均高约0.5元/m³，较LPG价格平均低约1元/m³，反映了工业炉窑用户天然气使用成本较高。

表3-15　生产1t陶瓷炉窑用耐火砖耗用燃料和费用

燃料	煤炭	LPG			天然气	
		华北	华东	华南	华北	华东
热效率 /%	55	70			70	
燃料单价 /（元 /kg，元 /m^3）	0.8252	6.7330	6.7820	6.9140	3.0100	3.5733
燃料耗量 /（kg，m^3）	260	113.8			152.3	
燃料成本费用 / 元	214.5520	766.2154	771.7916	786.8132	458.4230	544.2187
燃料热值 /（MJ/kg，MJ/m^3）	20.00	47.96			38.44	
单位价格 /（元 /MJ）	0.0750	0.2006	0.2020	0.2059	0.1119	0.1328
等热天然气价格 /（元 /m^3）	1.5860	5.3965	5.4358	5.5416	3.0100	3.5733

数据来源：郑商所，各地物价局，RIM 报告，2022 年 3 月 31 日

综上所述，天然气与煤炭的价格竞争力相比依旧较弱，部分低端陶瓷企业价格承受能力较低；但在不考虑其他环保效益的情况下，使用天然气较之使用煤气，成品率提高2%以上，差价率提高50%。在中高端陶瓷生产企业中，附加值上升0.48元/m^3以上，基本可以弥补天然气较之煤炭的差价。

钢铁生产工艺流程中采用天然气的多个环节都可以采用煤炭、燃料油等替代能源，但是相对于其他替代能源，天然气对用户生产成本、产品质量和节能减排等方面都具有较大优势。天然气在钢铁精制产品成本占比相对较小，整个生产线都使用天然气作为燃料的钢铁企业较少，基本上大量使用煤、电等替代能源，天然气用气成本占产品总成本比例一般为3%~6%，高端不锈钢生产企业天然气使用成本占产品总成本10%左右，特殊的如镀锌板加工等企业天然气成本基本占到总成本的20%，是企业成本的重要组成部分，但天然气有利于企业产品质量稳定，并且在如今“碳中和”的政策要求下，天然气节能减排成效明显。煤、焦炉煤气、燃料油等替代燃料虽然价格较低，但其使用会产生大量一氧化硫、二氧化碳等对环境造成污染。

三　天然气发电

我国天然气发电的主要替代能源为煤炭发电，因此煤转换气价可以用式（3-8）测算。

煤转换气价＝煤炭价格 ×0.0573t/mmBtu（million British thermal units，百万英制热单位）+碳价格 ×0.0762GJ/mmBtu　（3-8）

使用目前全国碳市场碳价格作为发电的碳成本，取值为50元/t。当天然气价格高于煤转换气价时，煤炭发电比天然气更有吸引力；当天然气交易价格低于煤转换气价时，天然气比煤炭更具吸引力。

从历史数据看，煤炭价格、煤转换气价相对平稳，天然气交易价格呈上涨态势。交

易所数据显示，2022年3月华北地区平均交易价格为5.91元/m^3，华东地区平均交易价格为7.01元/m^3，华南地区平均交易价格为8.57元/m^3；据郑商所煤炭价格、全国碳价格计算，3月煤转换气平均价格为1.65元/m^3，比当前交易所交易价格低4.26~6.92元/m^3，说明当前气价水平下，煤炭发电成本远低于天然气发电成本，天然气发电用户成本压力较大。

以江苏省为例，其电价政策在全国各省区市中对天然气发电的支持力度是相对较大的，电价为“天然气发电调峰机组含税上网电价为0.563元/（kW·h）；热电联产机组含税上网电价为0.571元/（kW·h）”。即按照“全网平摊”的模式来支持天然气发电电价，在全省电力消费中每度电收取一定量的附加费，作为天然气发电的电价补贴。

江苏省物价局发布了《关于完善天然气发电上网电价管理的通知》，指出江苏省天然气发电上网电价自2018年11月1日起执行两部制电价，并将天然气发电厂的电价分为容量电价和电量电价两部分，如表3-16所示。实行两部制电价后，电网在不需要电厂供电时，只向电厂支付容量电费，需要电厂供电时，则同时支付容量电费和电量电费。上海、浙江是最早实施两部制电价的省市，江苏这次实行的电价无论是容量电价还是电量电价都是最低的。

表3-16　江苏省不同机组的容量电价与电量电价

机组分类	容量电价/[（元/（kW·月）]	电量电价/[元（kW·h]
调峰机组	28	0.436
热电联产机组		
40万千瓦级机组	28	0.449
20万千瓦级机组	32	0.484
20万千瓦级机组	42	0.469

数据来源：实地调研

电厂发电成本分析：

江苏省大部分燃机为20万千瓦级，依据上述因素，推算发电可接受的气价为：

热电联产机组：0.484元/（kW·h）/0.2026m^3/（kW·h）❶=2.39元/m^3。

调峰机组：0.436元/（kW·h）/0.1882m^3/（kW·h）❷=2.32元/m^3。

新办法同时建立气电价格联动机制。当天然气价格出现较大变化时，天然气发电上网电价做适度调整。调价幅度按照天然气发电机组电量电价与气价联动计算公式。综合考虑天然气价格变动值、税收调整因素（取值1.055，天然气税率10%、电力税率16%）、发电气耗确定上网电量电价调整水平。在2.04元/m^3门站价格基础上气价每上涨1元电价上涨0.1923元/（kW·h）。

新的两部制电价，电厂即使不发电也能靠容量费补贴兜底维持正常运营，因此在天然气价格较高、电价与气价联动机制反映滞后时，发电意愿不强。

❶ 20万千瓦级机组气耗。
❷ 40万千瓦级机组气耗。

四 天然气汽车

车用LNG的替代能源主要是柴油，目前国内研究普遍认为，在节能环保、运行和维护成本、提升车辆的安全性方面，LNG重卡优于柴油重卡，但在基础设施建设、燃料价格波动性、燃料供给稳定性等方面弱于柴油重卡。若重卡的日行驶里程为300km，柴油重卡百千米消耗柴油为32L，每千克LNG的热值相当于1.33L柴油，则LNG重卡百千米消耗LNG约24kg。假设燃气发动机和柴油发动机的热效率相同，计算得出LNG重卡与柴油重卡使用成本对比见表3–17。LNG重卡比柴油重卡每日燃料费节省80.64~207.12元，按1年运行300天计算，使用LNG重卡较柴油重卡可节省燃料费24192~62136元/年。

表3-17　LNG重卡与柴油重卡使用成本对比

燃料	百千米能耗	日消耗量	华北		华东		天然气	
			单价	日燃料费/元	单价	日燃料费/元	单价	日燃料费/元
车用LNG	24kg	72kg	8.27元/kg	595.44	9.40元/kg	676.80	10.00元/kg	720.00
0# 柴油	32L	96L	8.36元/L	802.56	8.31元/L	797.76	8.34元/L	800.64

燃料经济性是影响LNG重卡需求量的核心因素之一。从价格走势看，近年车用LNG、柴油价格均呈上涨态势，LNG价格低于柴油价格，但波动性相对较大。虽然LNG重卡燃料呈现出一定的成本优势，但燃料价格波动较大、终端加注站有限等因素限制了LNG重卡的使用，压缩了LNG卡车的市场需求。

车用CNG终端可承受气价如表3–18所示。

表3-18　车用CNG终端可承受气价

项目名称	可替代能源终端价格/（元/m^3）	可承受气价（终端）/（元/m^3）
煤炭/（元/kg）	0.60~1.05	1.10~1.83
燃料油/（元/kg）	1.97~3.62	1.83~3.30
工业用电/［元/（kW·h）］	0.65	3.96

数据来源：实地调研

五 各类替代能源比价情况

参考近年目标市场各类替代能源价格的变化情况，各种能源的比价关系见表3–19。

表3-19 各种能源的比价关系

序号	能源种类	价格	热值		单位热值价格/(元/MJ)	同等热值天然气的价格①/(元/m³)	备注
			数量	单位			
1	煤炭/(元/kg)	0.60~1.05	20934	kJ/kg	0.03~0.05	1.10~1.83	
2	燃料油/(元/kg)	1.97~3.62	39632	kJ/kg	0.05~0.09	1.83~3.30	
3	液化气/(元/kg)	4.81~5.60	46054	kJ/kg	0.10~0.12	3.67~4.40	
4	用电/[元/(kW·h)]	0.65	3600	kJ/(kW·h)	0.18	3.96	工业
5	用电/[元/(kW·h)]	0.55	3600	kJ/(kW·h)	0.15	3.30	居民②
6	柴油③/(元/kg)	6.54~7.60	42705	kJ/kg	0.15~0.18	5.50~6.60	
7	汽油/(元/kg)	7.88~9.20	43124	kJ/kg	0.18~0.21	6.60~7.70	

注：①天然气热值按 36.68MJ/Nm³ 计算；

②因居民用电的便捷性，天然气替代居民用电时价格按同热值的 60% 计算；

③柴油密度及价格按 0.83kg/L，汽油密度及价格按 92 标号计：0.73kg/L。

数据来源：实地调研

由表3-20可以得出，各种能源按热值换算后比较，天然气相对于液化气、汽柴油车辆价格优势是比较明显的；对于燃料油、电能作为能源的工业用户和用电居民用户，天然气的价格承受能力较强；以煤炭为燃料的工业用户天然气价格承受能力相对较差。

表3-20 山东省某市各类用户门站可承受价测算 元/m³

类别	可替代燃料	终端可承受气价	中间费用	门站可承受气价
城市燃气	电力	3.30	0.7	2.60
	液化气	3.67~4.40		2.97~3.70
车用 CNG	汽油	6.60~7.70	1.5	5.10~6.20
	柴油	5.50~6.60		4.00~5.10
工业用户	电力	3.96	0.7	3.26
	燃料油	1.83~3.30		1.13~2.60
	煤炭	1.10~1.83		0.40~1.13

数据来源：实地调研

一般情况下，居民和商业用户、汽车用户均有较好的价格承受力；天然气采暖价格承受力较差，往往需要政府财政补贴才能正常运营。天然气分布式能源系统由于实现了能源的梯级利用，运行灵活且易于调节，降低了燃料成本，对天然气价格也有一定的承受力。此类系统适用于负荷集中、用能时间长、环保要求高、能源购置占运行成本比例较大的项目，如城市中心商业区、中小型工业园区以及机场、酒店、医院等大型公服用户，是天然气高效利用和下游市场开拓的一个重要途径。

天然气价格承受力主要与替代能源价格和用户用能方式有关。工业用户的情况较为复杂，其价格承受力与生产工艺对天然气的依赖程度及其生产产品的附加值有关。一般玻璃、纺织、医药等工艺上必须使用燃气的企业和冶金、制造、搪瓷、食品等使用燃气后能够有效提高产品质量、附加值较高的企业价格承受力较强，而主要以煤为燃料、附加值较低的初级产品加工行业价格承受力较差。因此，工业用户的发展应有选择性，燃气企业在发展用户时应充分考虑其用气经济性与成本相关性，通过一企一策，最大化经济效益。

第四章

天然气市场开发

PART 4

本章导读

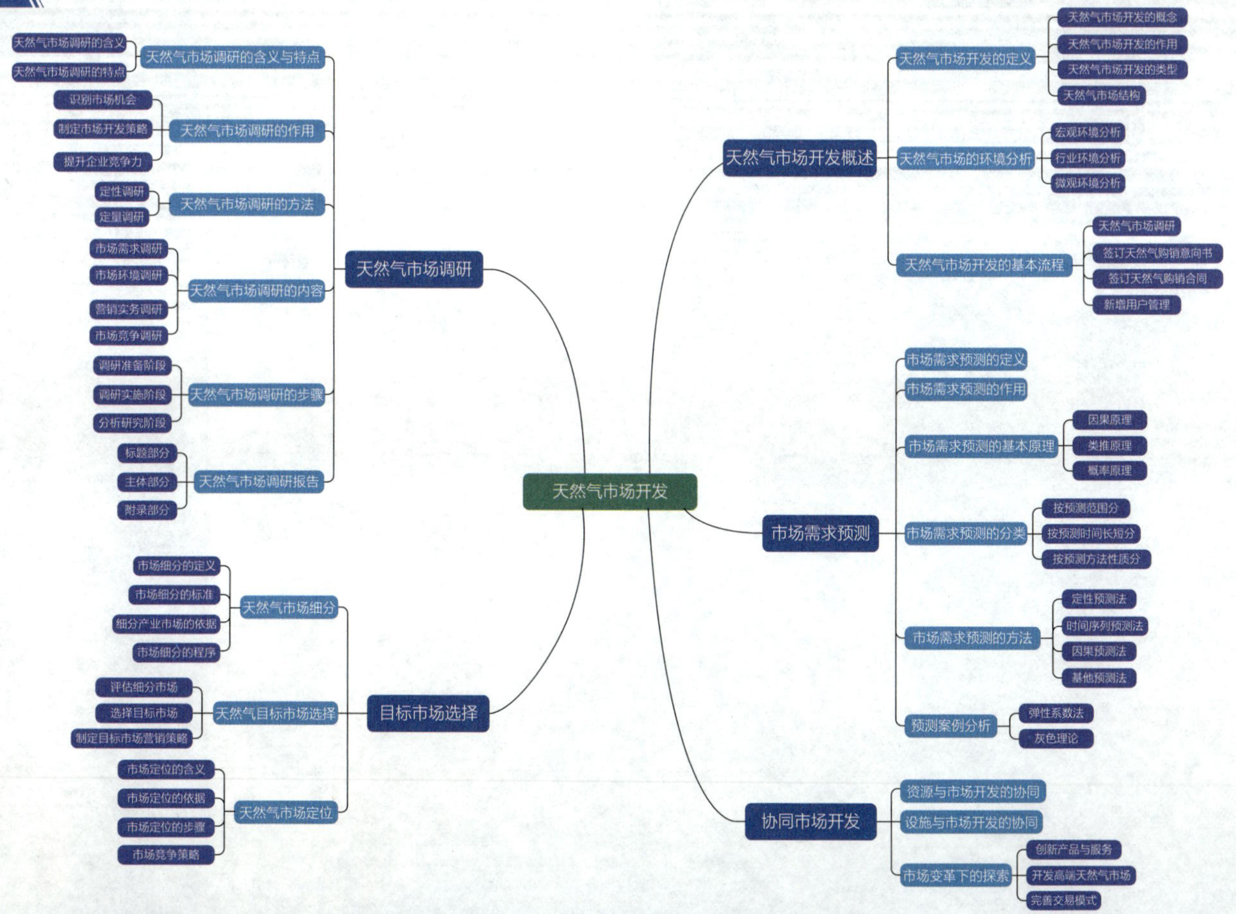
天然气市场开发
天然气市场调研
天然气市场调研的含义与特点
天然气市场调研的含义
天然气市场调研的特点
天然气市场调研的作用
识别市场机会
制定市场开发策略
提升企业竞争力
天然气市场调研的方法
定性调研
定量调研
天然气市场调研的内容
市场需求调研
市场环境调研
营销实务调研
市场竞争调研
天然气市场调研的步骤
调研准备阶段
调研实施阶段
分析研究阶段
天然气市场调研报告
标题部分
主体部分
附录部分
目标市场选择
天然气市场细分
市场细分的定义
市场细分的标准
细分产业市场的依据
市场细分的程序
天然气目标市场选择
评估细分市场
选择目标市场
制定目标市场营销策略
天然气市场定位
市场定位的含义
市场定位的依据
市场定位的步骤
市场竞争策略
天然气市场开发概述
天然气市场开发的定义
天然气市场开发的概念
天然气市场开发的作用
天然气市场开发的类型
天然气市场结构
天然气市场的环境分析
宏观环境分析
行业环境分析
微观环境分析
天然气市场开发的基本流程
天然气市场调研
签订天然气购销意向书
签订天然气购销合同
新增用户管理
市场需求预测
市场需求预测的定义
市场需求预测的作用
市场需求预测的基本原理
因果原理
类推原理
概率原理
市场需求预测的分类
按预测范围分
按预测时间长短分
按预测方法性质分
市场需求预测的方法
定性预测法
时间序列预测法
因果预测法
其他预测法
预测案例分析
弹性系数法
灰色理论
协同市场开发
资源与市场开发的协同
设施与市场开发的协同
市场变革下的探索
创新产品与服务
开发高端天然气市场
完善交易模式

第一节
天然气市场开发概述

广义的市场开发主要指发现潜在用户，开发潜在客户。天然气市场开发指不断发现潜在的天然气用户并进行有效开发，使潜在客户变成现有客户。本节主要介绍使潜在天然气用户使用上天然气，从而达到销售天然气的过程。通常天然气市场开发的工作流程包括天然气市场调研、选择目标用户、锁定目标用户；对目标用户市场进行市场预测；与意向用户签订天然气购销意向书；做好销售准备，包括签订天然气购销合同、新增用户开户及管理等环节。各环节紧密相连、顺序推进，最终实现新市场的开拓。

一 天然气市场开发的定义

（一）天然气市场开发的概念

天然气市场是指“所有天然气交易发生的场合，包括交易场所和交易本身”，可分为有形市场和无形市场。天然气的有形市场主要是指天然气交易中心，目前国内运营上线的交易中心包括重庆石油天然气交易中心、上海石油天然气交易中心、中亚商品交易中心、深圳天然气交易中心、天津国际油气交易中心、浙江天然气交易市场等。天然气交易中心一般涵盖多个市场中心，市场中心通过天然气管道枢纽形成反映区域市场内供需关系的枢纽价格，各区域市场再通过枢纽价格的动态平衡实现整个国家天然气市场化的定价。无形市场是指天然气生产和使用双方按照市场经济法则确定买卖的价格和数量的交易，这种交易不需要在固定的场所进行。

天然气市场开发是指企业利用现有的天然气及相关产品识别和开发新的市场以获得增长。在本书中，天然气市场开发的类型包括两种。一种是在现有细分市场上发掘新的客户，例如，以城燃公司为主要客户的资源方，为了获得进一步的市场增长，可以发展其他类型的客户，如工业用户、发电用户。另一种是开发新的细分市场，例如，资源方可以依托新建的基础设施开发新的区域市场。

（二）天然气市场开发的作用

1. 拓宽产品销路和提高产品销量

天然气市场开发可以使企业得到新的、可靠的、经济的和高质量的销售渠道，对于企业的生存发展具有重要的意义。天然气的分销渠道开发是赢得目标市场的重要途径。通过天然气的市场开发工作，企业可以拓宽销售渠道，获取新用户，提高现有用户的销售，进而提高企业整体的销量和利润。

2. 提高产品和服务质量

新的市场可能对于产品和服务有新的要求，市场开发工作能够为企业提高产品和服务的质量提供驱动力，促使企业不断优化产品和服务，进行质量管理。天然气产品具有一定的同质性，必须达到统一的行业质量标准。因此，天然气市场开发更多的是驱动企业提高服务质量。

3. 提升企业品牌形象和知名度

品牌是企业的核心竞争力。品牌服务于市场开发，而市场开发的不断成功又能够进一步提升品牌。通过好的市场开发策划方案、优秀的市场开发团队以及成功的领导，可以扩大企业的市场占有率，提高品牌影响力。

（三）天然气市场开发的类型

天然气市场按照不同的划分标准可以细分为不同的市场类型，相关标准包括基础设施建设情况、用户类型、应用、地理位置、价格等，详细内容将在本章第三节阐述，这里重点概述两种天然气行业常见的市场划分：依据基础设施建设情况和用户类型划分。

1. 依据基础设施建设情况划分

天然气基础设施是支撑天然气市场开发行为的媒介，天然气市场行为离不开基础设施的依托。常见天然气基础设施包括长输管道、油田集输管道、城镇燃气管道、LNG接收站、天然气液化厂等。一般来说，大规模的天然气市场开发工作（开发大批量的天然气客户）通常伴随着新建基础设施的开展，其开发流程和管理理念与已有基础设施的市场开发工作略有不同。因此，市场开发工作还可分为新建设施的天然气市场开发工作和已有设施的市场开发工作两大类，这两类市场开发工作的工作差异如表 4–1 所示。对于气源地周边的市场开发工作，可根据下载点设施是否建成，分别参照新建设施和已有设施的天然气市场开发流程开展相关工作。

表 4–1　新建设施和已有设施天然气市场开发工作差异

市场划分	特点	主要工作	上级机构职责	属地机构职责	调研工作与需求	其他要求
新建设施	批量型用户	1. 可行性研究； 2. 客户谈判； 3. 合同签订	1. 设定目标； 2. 组织评估市场调研报告； 3. 审查购销方案和合同； 4. 协助解决其他问题	1. 市场调研； 2. 签订购销意向书与合同； 3. 管理新增用户； 4. 关注新建设施与用户接气设施建设匹配	1. 编制市场开发工作方案； 2. 编制市场调研报告； 3. 新增用户管理	1. 工作质量和进度计划管理； 2. 数据信息化； 3. 建立交流反馈机制

续表

市场划分	特点	主要工作	上级机构职责	属地机构职责	调研工作与需求	其他要求
已有设施	个别新增用户	1. 市场调研客户谈判； 2. 合同签订	审批客户资质、协调解决其他问题	1. 提出新增用户需求； 2. 开展市场调研； 3. 签订购销合同； 4. 关注用户接气设施建设进度	1. 编制市场调研报告； 2. 新增用户管理	1. 立项审批； 2. 审查购销合同

（1）新建设施天然气市场开发。新建设施天然气市场通常面对的是批量型客户，市场开发工作具有规模性、批量性的特点。营销人员需要面对全新的市场，很多工作都是从头做起，不仅管理范围广，管理难度也较大，需要完整的市场开发流程。面对这种市场的开发工作，主要目的是配合新建天然气设施开展前期工作和签订天然气购销合同。通过主动开展大规模的市场调研工作，确定新建设施配套下游市场和目标用户。一方面要关注重点管道新建设施与下游用户设施建设进度匹配，为供气做好准备；另一方面要积极与客户谈判，商洽签订天然气购销合同，为下一步开展天然气销售工作奠定基础。

营销人员需要编制市场开发工作方案和市场调研报告。天然气市场开发工作方案是指导新建设施市场开发工作的总体纲领性文件，贯穿市场开发工作全过程，一般包括“新建设施项目概况、市场开发工作细分、市场开发工作进度计划、市场开发工作组织”等四部分内容，方案中需要标出市场开发工作的重要节点和里程碑事件。《市场调研报告》是下一步继续开展市场开发工作的基础，属地机构应有专门管理程序和标准对《市场调研报告》成果予以确认和验收。属地机构应持续开展市场调研工作，根据市场变化定期更新和完善《市场调研报告》相关数据，直到新建设施的合同用户全部通气投产。在编制市场调研报告的过程中，企业应加强与地方政府有关部门的沟通，开展现场调研工作，充分了解潜在客户的用气需求，分析目标市场用气需求，提出合理的天然气配置方案。另外，企业还需定期跟踪和更新市场调研报告，主动与新建设施单位加强沟通和协作，及时获取最新的可研方案相关数据。

与此同时，营销人员需要注意加强工作质量和进度计划管理、加强市场数据的信息化工作、形成市场开发信息资料库（数据库），各相关企业和部门还应建立定期沟通交流机制，互通工作进度，提高协作效率。

（2）已有设施天然气市场开发。已有设施天然气市场开发主要着眼于新增用户的发掘，涉及现有市场范围内老用户的变更和新用户的出现。不同于新建设施，已有设施要特别注重新增用户管理，营销人员主要在新增用户与基础设施运营方之间起到桥梁作用，其管理流程如图4-1所示。签订购销合同后，由基础设施运营方负责项目投资、建设的相关部门组织实施新增开口相关工程前期工作和工程建设。

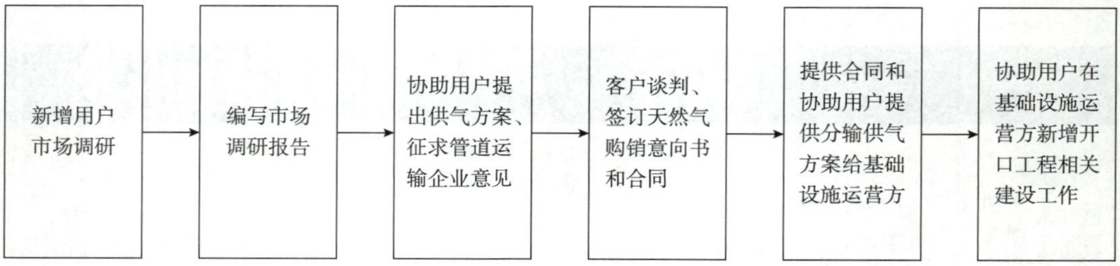

图 4-1　天然气销售和管道运行分开模式新增用户管理流程

新增客户相关工程应按照基础设施运营企业相关投资管理办法立项审批。属地机构将天然气购销合同报送上级机构审查时，应将基础设施运营方书面意见作为合同签约依据。

2. 依据用户类型划分

天然气市场开发实际上是发掘新用户的过程，需要企业了解不同的用户类型、用户需求和相应的市场开发工作要点。依据用途划分，可将天然气市场划分为工业用气、商业用气和民生用气。一般而言，商业用气的价格最高，民生用气的价格最低。

（1）工业用气。工业用户用于工业生产制造的使用气量，包括陶瓷、玻璃、钢铁和有色金属等工业。工业用气市场往往所需天然气规模大，具有生产资料市场的特征，价格承受能力较强，天然气销售企业需要重点关注工业用气市场，使用专业的分析方法分析用户的价格承受能力。企业所在地的政府政策、能源消费结构、经济发展状况、基础设施的建设程度也会影响工业用气的使用气量。天然气销售企业需要充分调研以上相关因素，结合组织市场分析开展市场开发工作。需要注意，面对企业用户的时候更需要注重市场开发过程的规范性和科学性。

（2）商业用气。商铺、宾馆锅炉、餐馆使用的天然气。商业用气主要用于商业广场、写字楼、综合体和各种公共设施，与民生用气类似，但批量更大。商业用气对火焰燃烧的温度要求比民生用气更高，且价格也更高，且随着国家的宏观调控而改变。商业用气市场一般设置了特许经营权，垄断性较强，市场开发发挥的作用较低。

（3）民生用气。用于居民家庭炊事及制备热水所使用的燃气。民生用气的增长主要受气源保障程度、基础设施完善程度、现有老用户改造速度、城市城镇化进程、房地产市场发展情况和每年新竣工建筑面积等因素影响。在进行民生用气市场的开发过程中，营销人员需要考虑市场的前期培育程度。培育程度较高的市场具有一定的用气基础和相对完善的管网系统，用户数量和用气量可以实现跨越式增长。同时，民生用气受到当地的生活习惯和气候条件影响，并呈现出季节性的特点。一般而言，气温较低的1~3月、11~12月是用气高峰期；且北方地区用气量波动相较于南方大。在民生用气市场的开发中，企业需要对当地居民的消费观念、生活习惯、当地用气人口变化趋势和气候条件进行充分的调查，以评估该市场的开发潜力。需要注意的是，国家发改委往往会多措并举以保供稳价，确保民生用气稳定供应。天然气销售企业在开发民生用气市场时，除了考虑市场效益外，还需要关注国家保供政策和企业社会责任。

（四）天然气市场结构

根据行业内企业对市场上产品数量和价格的影响能力大小将行业市场结构划分为完全竞争、完全垄断、完全寡头垄断、不完全寡头垄断、垄断竞争五种类型。如图4–2所示。

	一个销售商	少数销售商	许多销售商
无差别产品	完全垄断	完全寡头垄断	完全竞争
有差别产品		不完全寡头垄断	垄断竞争

图 4–2　市场结构类型

1. 完全竞争市场

完全竞争市场是指竞争不受任何阻碍和干扰的市场结构，行业内竞争企业多，规模小，提供无差别产品。

2. 完全垄断市场

完全垄断市场是与完全竞争市场相对的另一种情形，即行业内只有一家企业，该企业提供行业内的所有产品，且没有替代产品，企业可以自由决定供给数量和价格。

以上两种竞争类型在天然气行业的某些环节或情形中存在。例如，天然气的管输环节和政府授予某个企业天然气产品和服务的特许经营权的区域市场属于完全垄断，LNG销售则属于完全竞争。

3. 垄断竞争市场

垄断竞争市场是指许多企业生产和销售有差别的同类产品，各个企业可以在市场中获得比较完全的信息，在较小范围内决定价格，自由地进出市场。

4. 寡头垄断市场

寡头垄断市场是指某一行业内少数几家大公司提供的产品或服务占据绝大部分市场份额并相互竞争，常被分为完全寡头垄断和不完全寡头垄断。中国天然气行业的上游环节为完全寡头垄断市场，主要由中国石油、中国石化、中国海油等大公司占据大部分市场份额，且由于受到政府统一管控和标准化，天然气的相关产品差异不大，属于无差别产品。

为了提高天然气资源的配置效率和保证国家能源供应安全，政府对天然气行业的市场结构和价格进行调控。近年来，国家对天然气行业进行市场化改革，提出“管住中间、放开两头”的总体思路，即放开上游气源和下游销售环节，政府只对中游管输环节进行管制。在这样一个行业环境中，天然气销售企业竞争的焦点是降低成本，完善服务体系，提高服务质量。

二　天然气市场的环境分析

市场环境是指与企业市场营销活动有潜在关系的所有外部力量和相关因素的集合。对市场环境进行分析研究，可以了解和把握市场环境变化发展趋势；从市场环境变化中发掘市场机会，帮助企业抓住市场机遇，得以更好地发展；同时还可以及时发现环境可能给企业带来的威胁，让企业提前采取积极应对措施，以避免或减轻企业损失。中国天然气行业对外进口依赖度高，市场环境更趋复杂，加之能源发展改革的新形势和新要求，企业需要定期关注宏观环境的变化。

（一）宏观环境分析

宏观环境，又称为一般环境，是指对企业的营销活动造成市场机会或环境威胁的主要社会力量和因素。对企业而言，宏观环境是不可控的因素，企业只能适应、加以利用。企业的宏观环境主要包括人口环境、经济环境、自然环境、政治法律环境、技术环境和社会文化环境等，如图4-3所示。宏观环境分析是为了确认和评价政治、法律、经济、技术、社会等宏观因素对企业战略目标和战略选择的影响，营销人员可以使用PESTLE[1]分析模型进行宏观环境分析。

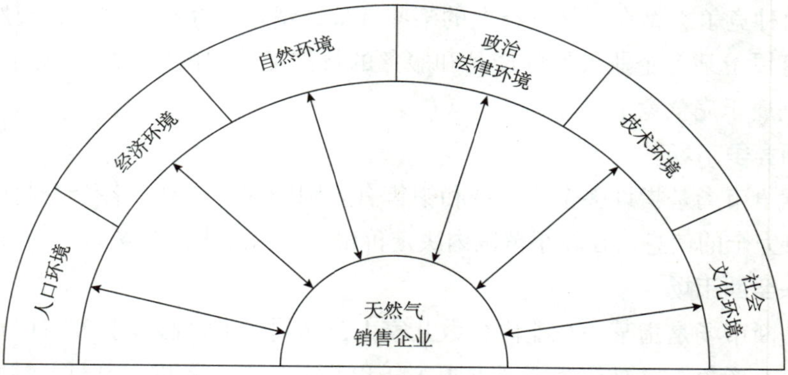

图4-3　企业的宏观环境构成

1. 人口环境

人口状况是企业市场开发活动的主要环境因素。人口环境分析即分析人口发展的主要趋势及其对企业市场开发活动带来的影响。常规的人口环境分析内容包括人口规模、人口结构、家庭、地理分布和流动趋势等。天然气行业的人口环境分析除了人口基本情况分析外，重点在气化人口和人口城镇化趋势分析。

2. 经济环境

经济环境是指影响企业市场营销活动的经济因素，包括消费者的收入、支出、经

[1] PESTEL每一个字母代表一个因素，共有六大因素：政治因素（Political）、经济因素（Economic）、社会因素（Social）、技术要素（Technological）、环境因素（Environmental）和法律因素（Legal）。

济发展状况及人均GDP的长远预期等。天然气销售公司需要了解目标市场的经济发展环境。既要从整体角度了解市场的经济发展情况，了解人均GDP、人均收入与可支配收入；也要了解市场的能源消费结构、产业经济发展情况，包括区域产业集群分布，集群内的经济活力、生产总值、产业结构、能源供给成本等。

3. 自然环境

自然环境主要是影响企业生产和经营的物质因素。企业的市场活动不可忽略自然环境的影响，特别是对于天然气销售公司而言，管理者尤其需要关注自然环境面临的难题和趋势，如资源短缺、环境污染严重、能源成本上升等。

4. 政治法律环境

天然气行业关系着民生和工业经济的发展，受到政策宏观调控，因此，政治法律环境对企业市场活动的影响很大。详细的政策分析请见本书第二章第三节内容。

5. 技术环境

技术指代应用科学或工程技术研究的发明或革新。每一项新技术都可能是一种创造性破坏的力量。企业需要密切注意技术环境的新变动并进行适应性调整。天然气销售公司需要了解天然气开采、运输的相关技术，重点关注天然气利用技术，特别是了解客户在利用天然气过程中涉及的相关技术手段，针对客户的技术需求开展营销活动。

6. 社会文化环境

社会文化环境指在一种社会形态下已经形成的语言、教育水平、宗教信仰、风俗习惯和价值观念等。社会文化通过影响用户的思想和行为来影响企业营销活动。营销人员针对不同文化环境制定相应的营销策略。在天然气行业，企业需要了解的社会文化主要包括消费习俗和价值观念两方面。例如，营销人员不仅需要了解当地居民烹饪常用的燃料类型、主要取暖方式，还需要了解人们对使用天然气的认知、态度，对不同能源的看法。

（二）行业环境分析

天然气行业是指为客户提供天然气及与天然气相互替代的产品的企业群。行业环境分析旨在通过了解行业的基本竞争情况及潜在发展机会，帮助企业建立行业观念，在明确行业现状和行业趋势的基础上确定企业的竞争战略，同时帮助准备进入市场的企业做出正确的决策。

企业可以利用五力模型（Five-Force Model）[1]分析行业环境。根据五力模型，决定市场长期内在吸引力的力量包括同行业竞争者、潜在的进入者、替代品、用户和供应商五种，如图4-4所示。

[1] 五力模型是迈克尔·波特（Michael Porter）于20世纪80年代初提出的，对企业战略制定产生全球性的深远影响。用于竞争战略的分析，可以有效地分析客户的竞争环境。五力分别是：供应商的讨价还价能力、购买者的讨价还价能力、潜在竞争者进入的能力、替代品的替代能力、行业内竞争者现在的竞争能力。

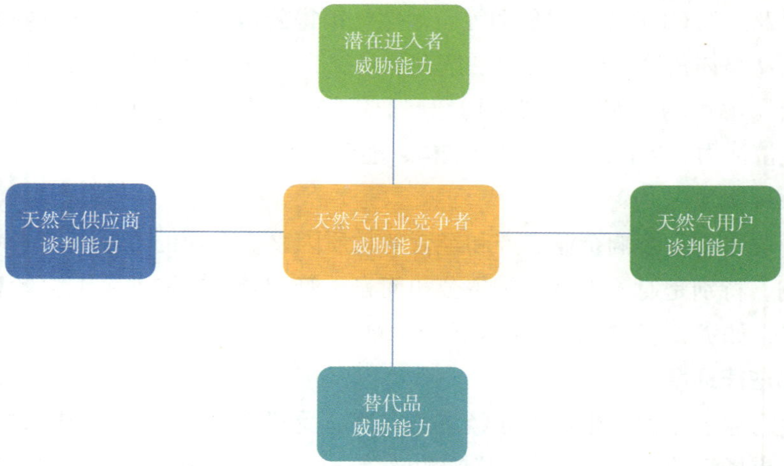

图 4-4　五力模型分析

1. 天然气行业竞争者的威胁

同行业企业之间相互依存，共同竞争。一旦市场内有了众多、强大或竞争意识强烈的竞争者，市场内的激烈竞争会使企业遭遇威胁。未来，天然气行业的竞争程度将会加剧。这是因为，自国家提出构建“X+1+X”体系以来，天然气行业的勘探开采和直销分供环节市场化程度加深，将会有更多的企业进入这两个环节，市场竞争日趋激烈。这导致市场上的天然气资源方企业增多，用户可以选择多个供应来源。同时，国家管网公司的成立使得天然气管网正式从“三大石油公司”剥离，管道开口权发生转移，天然气大公司传统的以管道占据市场的优势减弱，用户转换资源方的成本降低，进一步加剧市场竞争。市场开发人员需要明确企业在产业链中的位置，了解本企业的主要竞争者，分析行业内的竞争程度。

2. 天然气行业潜在进入者的威胁

新竞争者是指未进入行业的潜在竞争对手，它们可能受到行业利润的吸引而进入行业。新竞争者进入行业的方式一般为设立新企业或并购行业内企业。目前天然气行业的潜在竞争者威胁不高。

3. 天然气替代品的威胁

替代品是指给客户提供相同或类似效用的产品。天然气替代品的威胁程度未来可能提高。目前，天然气替代品主要包括两类。一类是作为主要能源产品的其他化石能源，如石油、煤炭等。由于这些化石能源不可再生，对环境污染较大，再加上政府和社会对环境污染问题的重视，此类替代品的威胁程度会逐渐下降。另一类是可再生能源，包括风能、太阳能、水能、核能等，由于供应不稳定和难以储存的特点，其对天然气的威胁程度暂时不高。随着未来可再生能源生产、运输相关技术的发展成熟，加上其可再生、更环保等特点，可再生能源的竞争性威胁逐步提高。

4. 天然气相关供应商的威胁

供应商包括行业所有的外购投入，如技术、设备、资金、原材料、劳动力、信息等供应商。天然气供应商主要是指从事天然气相关生产的企业。企业需要关注行业的主要资源方企业是否有一体化的倾向和能力。实际上，随着天然气直销分供环节的放开，天然气资源方企业可以向下游市场拓展，对现有的天然气销售企业而言，具有一定的威胁性。

5.天然气用户的威胁

天然气用户主要包括城市燃气用户、工业用户、化工用户、发电用户等。由于政府的价格管制，用户议价能力很低；随着天然气价格逐步走向市场化，组织用户供应渠道增加，天然气用户的威胁程度可能提高。

（三）微观环境分析

1.客户需求分析

客户的需求是指在广泛和深入地了解客户的实际需求，从而帮助天然气企业做出正确的决策。不管是经济低迷还是高涨，企业的生存发展都应该始终以客户需求为导向，不断完善业务发展方向，这样才能获得客户的青睐，提高客户满意度。在分析客户需求前，企业需要先明确主要客户有哪些。从下游消费结构来看，中国天然气的主要应用领域为城市燃气、工业燃料、发电用气和化工用气。

天然气销售企业面向的客户主要是组织用户，其中最主要的是城市燃气用户和工业用户。组织市场客户需求分析是天然气市场客户需求分析的重点。然而，消费者需求分析仍然是天然气销售企业需要关注的。这是因为，作为主要客户之一的城燃用户主要面向消费者市场，分析消费者需求有助于掌握城燃用户的需求。而分析天然气客户需求可以结合第三章不用的用户特性进行，研究天然气用户购买天然气的目的、决策思路、利用过程和天然气给他们创造的价值等。

2.渠道成员

渠道成员是独立并且追求个体利益最大化的经济组织。通过生产商、销售公司和其他对成功分销起重要作用的专业公司的合作而形成的渠道可以看作一个关系系统。从天然气的产业链条来看，天然气的渠道成员包括天然气交易中心、管道运输公司（国家管网和省级管网）、资源方、用户和其他相关企业。其中资源方主要包括中国石油、中国石化和中国海油。天然气销售企业需要根据自有销售渠道进行渠道成员分析，且注重维护与重要渠道成员的关系。

3.营销资源

在天然气市场中，营销资源主要是指在天然气营销中企业所拥有的核心技术、经验积累、产品及个人声誉、客户关系、市场网络等资源。营销资源可分为人力资源、物力资源和财力资源。人力资源是指企业为了促进营销而投入的人力，包括天然气销售人员、售后服务人员、日常业务人员及各级营销管理人员。物力资源是指为完成天然气销售目的而必须投入的各种物力消耗。财力资源是指各项营销费用支出，如营销人员工资、差旅费、运输费、广告费、服务费等。

营销资源的投入讲究适配，并不是投入越多回报率越高，天然气销售企业需要结合市场竞争情况和企业自身优劣，优化配置天然气营销资源。优化营销资源配置不仅能提高企业的预测能力，从而提高企业营销资源的决策质量，也有利于企业在营销活动中统筹兼顾各目标市场，重点培育新开发市场。同时，优化营销资源配置还能使人尽其才、物尽其用，充分发挥人的主观能动性。

三　天然气市场开发的基本流程

天然气市场开发基本流程包括四个步骤，如图4-5所示。企业在进行市场开发工作时需要结合市场实际情况灵活调整工作步骤，多步骤交叉并行推进。

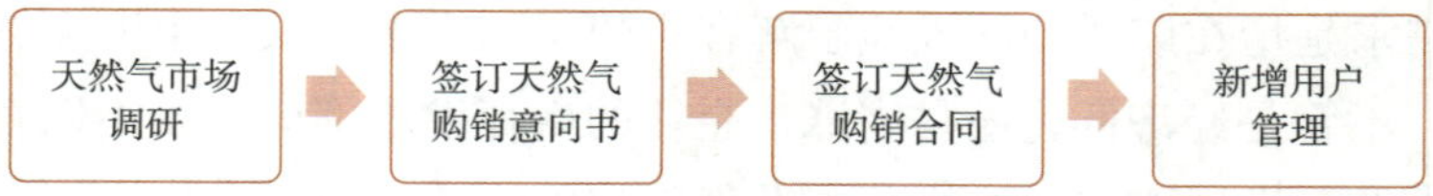

图4-5　天然气市场开发基本流程

（一）天然气市场调研

天然气市场开发首先需要对目标市场进行系统调研，包括案头调研和现场调研。案头调研是指二手资料的收集，是市场调研最基础的工作。调研人员可以借助电话、电子邮件、网络等方式进行案头调研。现场调研是指通过与相关人员面对面访谈的方式收集一手信息，帮助市场开发人员更为直观和准确地判断市场。市场调研的重要成果是完成市场调研报告的编写，相关内容在本章第二节“天然气市场调研”中阐述。

市场调研是为制定具体的营销决策而对市场信息进行系统的收集、分析和汇报的过程，包括确认调研问题和目标、制订调研计划、实施调研计划和形成调研汇报等内容。市场调研工作有助于为企业提供做出市场开发决策的客户信息和市场洞察，帮助市场开发人员评估市场潜力，了解客户需求，识别营销机会。

（二）签订天然气购销意向书

与潜在客户签订天然气购销意向书是市场开发工作环节中的重要一环，标志着市场开发工作初见成效。销售企业与潜在客户签订天然气购销意向书是市场开发的需要。作为新建管道项目的市场支撑条件，这项工作一般在可行性研究报告评审之前进行。

在选择签订购销意向书的客户时，销售企业通常应从用气项目是否符合国家天然气利用政策、用气需求是否落实、气价承受能力是否强、地方政府是否支持、是否符合公司整体利益等多个角度进行综合分析，最终选择适合的客户签订天然气购销意向书。

对于天然气购销意向书的编制，并无固定格式，通常遵循以下原则：向客户销售的气量应符合已落实的总体资源规划和安排，可以实现；客户对天然气价格具有一定承受能力，气价应能适应未来天然气价格改革的要求；开始供气时间应充分考虑管道工程所需的建设周期；应防范新建设施项目核准或其他原因导致推迟建成或最终无法建成的风险；应明确意向书的有效期限，以不超过一年为宜。

由于新建基础设施的新增客户通常较多，因此，在与客户签订购销意向书前，通常应考虑编制总体的意向书签订方案。该方案主要包括各客户的天然气供气时间、交付点、购销气量、供气价格、供气质量和其他相关的关键参数。

（三）签订天然气购销合同

与潜在客户签订天然气购销合同作为市场开发工作环节中的最重要节点，对市场开发工作具有里程碑意义。购销合同的签订意味着市场开发工作获得关键性成果。通常合同的工作时间期限应与基础设施建设时间的长短结合。对于新建基础设施，一般应在该设施项目核准后的三个月内完成。与编制购销意向书类似，在与客户签订购销合同前，也应编制总体合同签订方案。该方案主要包括各客户的合同期限、天然气数量、购销计划、交付与计量、质量与价格、价款结算、减供或停供等关键指标。

（四）新增用户管理

在签订购销合同后，除了需要按照合同要求开展市场营销工作，还需要做好新增用户与管线的衔接工作。受到市场需求变化或其他原因影响，如果向新增用户供气需要在管道上新增开口或者变更供气设施设计方案时，应对新增用户制定供气调整方案。新增用户与管线的衔接工作所遵循的原则：在不影响新建设施按期投产的情况下，在设施建设过程中实施；如影响新建设施按期投产，原则上应在设施建成投产后实施。对于市场变化或其他原因导致新增用户将不再从已设计的分输站接气，销售企业应及时通知管道运营公司，协商调整设计方案。

企业在进行市场开发工作时，应与客户建立定期沟通机制，在跟踪客户下游市场需求变化的同时，也要关注客户接气工程和用气工程的前期工作进展情况，协助解决用户同步投产过程中出现的问题。

第二节 天然气市场调研

市场调研是把营销企业、用户和市场联系起来的特定活动，通过调研所获取的信息能够识别和界定营销机会和问题，对营销活动改进和评价。本节主要介绍天然气市场调研的含义与特点、作用、方法、内容、报告，并结合不同调研对象形成标准化内容模板，根据调研目的、内容、对象等方面综合考虑选择合适的调研方法，以提高市场营销人员调研工作水平，增进和提高对市场形势的认知和分析研判能力。

一 天然气市场调研的含义与特点

（一）天然气市场调研的含义

天然气市场调研是指天然气销售企业采用科学的方法和合适的手段，目的明确、计划清晰地对目标市场的相关信息进行系统的收集、分析和汇报的活动，以帮助企业准确地识别市场机会、发现存在的问题。它包括对市场信息的调查和对调查数据进行研究以支持企业决策两部分。具体而言，天然气市场调研包括天然气市场环境分析（包括宏观、中观和微观环境）、市场参与主体分析（包括资源方、运输商、用户和其他利益相关者）、市场需求分析（包括消费市场需求、组织市场需求）等部分。

（二）天然气市场调研的特点

1. 目的性

市场调研不能解决所有的营销问题，必须围绕某个具体营销问题展开，因此市场调研的第一步工作是要明确本次调研的问题和目的，并围绕该目的展开工作。根据目的不同，市场调研可分为探索性调研、描述性调研、因果性调研和预测性调研四种。

2. 计划性

天然气市场调研一定是一个有组织、有计划的过程，在明确调研的问题和目的之后，企业要制订明确的调研计划，进行周密的计划和组织，包括明确调研对象（具体到哪个公司的哪个岗位）、调研方法、调研时间、调研内容等。

3. 客观性

天然气的市场调研工作要求采用科学的调研方法，反映真实、客观的市场情况，以确保调研结果的有效性。市场调研人员要善于学习、引入先进研究技术，并将之创造性地应用到调研实践中去。

二 天然气市场调研的作用

天然气市场调研是天然气市场开发工作的基础。市场调研可以帮助企业了解关于目标市场或目标客户的相关信息，为企业决策提供支持。具体而言，市场调研的作用如下：

（一）识别市场机会

市场机会与市场环境的变化密切相关。及时、全面的市场调研可以帮助企业掌握环境的变化，并从中识别和抓住市场机会。例如，通过市场调研，天然气企业可以了解企业所面临的市场环境，如掌握当地能源相关政策变化、了解目标客户的需求变化，进而帮助企业在变化的环境中选择进入市场的时机。

（二）制定市场开发策略

市场开发策略的制定建立在对市场环境的了解上，企业需要结合市场环境选择相应的市场开发策略，全面掌握市场环境变化和客户需求变化的信息，而这些信息多从企业市场调研工作中获取。例如，企业要结合目标市场的基础设施建设情况、潜在客户的需求规模来确定具体的市场开发措施。

（三）提升企业竞争力

信息是现代企业重要的资源之一，掌握重要信息能够帮助企业获得先机，提高企业的竞争力，但是由于信息的流动性不强，往往需要企业主动进行收集、分析、研究。而充分的市场调研可以帮助企业随时掌握市场变化、目标客户需求和竞争者动态，使得企业能够及时采取措施满足客户需求，应对竞争者威胁，进而有利于企业提高竞争力。

三　天然气市场调研的方法

市场调研需要借助科学的方法，按照合理的程序展开。不得章法的市场调研工作无法反映市场的实际情况和用户的真实需求，既是对营销资源的浪费，也会降低企业的决策质量。科学的市场调研方法包括定性调研和定量调研两类，如图4-6所示。定性调研是一组定性资料收集方法的统称；定量调研是一种针对需求进行数量估算的调研，通过对有关调查数据的收集、处理和统计分析，得出调研结论或问题解决方案的调查与研究活动。

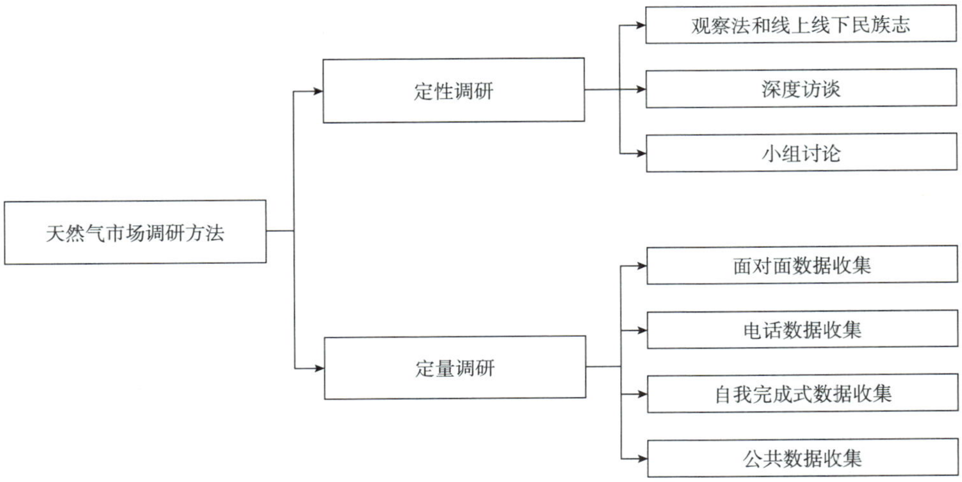

图 4-6　天然气市场调研的方法

（一）定性调研

1. 观察法和线上线下民族志

观察法是调研人员采取不引人注目的方式来观察相关人员的行为、状况以收集原始资料。调研人员在现场通过感官或借助影像摄录器材观察、记录调研对象的行为、言论等以获取第一手资料。观察法的主要优点在于客观，能如实反映问题，不足之处则是很难捕捉到被观察者的内在信息，比如收入水平、受教育程度、心理状态、购买动机以及对产品的印象等。

一些公司采用民族志研究方法来进行观察实验。民族志研究包括派遣那些受过专门培训的观测者去观察消费者在自然状态下的消费活动。采用这种方法的目的是通过深入调研对象的生活，以揭示用其他研究方法难以表示的调研对象无法言传的需要。除了在实际环境中进行民族志研究，很多公司还定期进行线上民族志调研——在网络的自然环境中进行调研。

2. 深度访谈

深度访谈是通过深入交谈来获取有关个人的经历、动机和情感方面的信息。深度访谈通常由有经验的调研人员对单个调研对象进行一对一的面谈，访谈时间一般在30分钟至一个多小时。深度访谈前，调研人员应该围绕调研目的拟定访谈提纲；在访谈中，调研人员可以灵活调整提问的措辞和顺序，巧妙的追问对于得到有意义的答案、挖掘潜在的解释非常重要。

根据谈话方式，访谈通常分为结构化访谈和非结构化访谈两大类。非结构化访谈的调研人员没有事先设计好的固定问卷，但通常都会列出大致的访谈提纲。整个调查过程包括：

（1）问候与说明。向访谈对象介绍调查的目的、要求与大约需要的时间，请求其配合。

（2）一般性问答。就有关问题展开一般性讨论，收集有关信息。

（3）情景式提问。在某一特定情景下展开讨论。

（4）致谢与告别。向调研对象致谢并告别，必要时赠送一些小礼品。

结构化访谈通常采用开放性问卷，以便被调查者根据自己对问题的理解回答，而不受事先设计好的答案的限制。具体提问方法如下：

（1）搭梯子式提问。提问线索从产品特征到使用者特征，以便发现调研对象对产品及使用者的看法。

（2）隐蔽式提问。目的是让调研对象说出对敏感问题的真实想法。

（3）象征性分析。分析事物的象征意义，例如使用某公司产品或某品牌的象征意义。

由于互联网的普及和发展，还可以利用在线访谈法开展定性研究。在线访谈法是指调研人员利用微信等社交媒体软件与调研对象讨论问题、获取有关信息。调研人员与调研对象无须见面，能够节约时间成本。

3. 小组讨论

小组讨论是通过有组织的座谈方式围绕特定的问题展开讨论，收集所需要的信息。该方法的最大特点就是通过主持人与调研对象之间、调研对象相互之间的互动获得新的想法和发现。小组讨论邀请6~10人组成一个小组，在专业主持人的指导下，就天然气相关产品、服务或者组织进行交流讨论。调研人员则在一旁进行观察，讨论内容以书面或录像的形式记录下来以备日后研究。

调研人员也可以组织在线小组讨论，从合适的网络社区成员中招募、挑选调研对象，邀请他们参加小组讨论。在线的方法打破了时间和空间的限制，适合那些时间繁忙、难以面谈的调研对象。由于互联网的自由开放，调研对象参与讨论时更少顾虑，容易得到真实的答案。同时，在线小组讨论具有方便快捷、经济成本低和记录易保存的优点。另外，在进行在线小组讨论时，需要注意提醒调研对象寻找安静、封闭的环境，并对调研内容保密。

（二）定量调研

1. 面对面数据收集

面对面数据收集是调研人员当面根据调研对象的回答填写问卷来收集数据的调研方法。常用的面对面数据收集方式包括入户访问、拦截访问和计算机辅助面访。

入户访问是调研人员与调研对象取得联系后登门拜访，当面询问调研对象问题并记录答案的方式。拦截访问则是调研人员在调研对象经常出现的地方拦截，然后现场进行访问并填写问卷。计算机辅助面访是指在前两种方法的基础上，调研人员借助内置计算机辅助面访系统的笔记本电脑，让调研对象在屏幕上浏览调研问题并输入答案的访问形式。

2. 电话数据收集

电话数据收集是调研人员通过电话对调研对象按设计好的问卷进行提问并记录答案的数据收集方式。其优点在于速度快、费用低、回答率高，缺点则是不适宜复杂、深入的调研。

3. 自我完成式数据收集

自我完成式数据收集是指由调研对象自己填写问卷的调研方法。自我完成问卷传统的方式是邮寄问卷调查，调研人员将问卷、填写说明寄给调研对象，由调研对象填写并寄回问卷。其主要优点是成本低、操作简单、无调研人员偏差、私密性好、答案比较准确，缺点则是问卷回收率低、速度慢、信息不完整。

随着互联网的发展，成本低且速度快的电子邮件调查和在线调查更为常见。电子邮件调查是通过电子邮件将问卷发给调研对象，由调研对象填写后返回的数据收集方式。在线调查是一种在合适的网站上投放问卷，请调研对象在线填写的数据收集方式。

4. 公共数据收集

公共数据是政府部门、非营利组织（例如商会）、行业协会和专业组织、商业出版社以及专业的市场营销研究机构公开发布的数据，例如：

（1）统计出版物。包括《中国统计年鉴》《中国经济年鉴》《中国高新技术产业统计年鉴》《中国商品交易市场统计年鉴》等。可以在国家统计局官方网站上（www.stats.gov.cn）查找由该局正式发表的各种统计出版物和数据，还可以在商务部、海关总署等政府部门的网站上搜索官方正式发布的数据。

（2）期刊、报纸、通讯和目录。这些来源发布的数据内容庞杂，需要借助中国知网、万方数据知识服务平台就特定主题在天然气行业相关出版物中查找，如《天然气工业》《国际石油经济》《天然气技术与经济》等期刊。

（3）企业简介、年报等。调研企业的简介和年报为调研工作提供有用的二手数据。可以登录公司官网、证券交易所搜索相关信息。

（4）新闻媒体、咨询公司和市场研究公司。一些媒体（如《经济日报》）提供一些公开数据。另外，专业的市场研究公司出于宣传和招揽客户的目的也会免费提供一些有用的数据和报告。

（5）在线数据库。随着计算机和互联网的不断普及，数据库的数目以及提供这种服务的供应商的数量激增。相对于印刷数据而言，计算机数据库有许多优点，包括数据及时、更新快、容易检索和获取、成本相对较低。

四 天然气市场调研的内容

市场调研的应用领域十分广泛，根据不同的目的，市场调研的具体内容和侧重点也将有所不同。

（一）市场需求调研

天然气的市场需求调研是指对目标用户的需求进行调查分析，是企业营销调研最重要的内容。它主要包括：用户需求数量调研、用户结构调研、用户需求时间调研、用户购买力调研、用户支出结构调研、用户行为调研，以及用户满意度调研等。进行市场需求调研的主要目的是更好地满足用户的需求，及时调整经营管理决策来适应不断变化的市场。

（二）市场环境调研

企业的经营活动在复杂的社会环境中进行，环境的变化，既可以给企业带来市场机会，也可以形成某种威胁，例如京津冀地区受“煤改气”环保政策等影响，天然气消费量持续增长。因此，市场环境调研是天然气销售企业有效开展经营活动的基本前提。它主要包括宏观环境调研、中观环境调研、微观环境调研、市场细分调研、市场现有规模和潜在规模调研、市场定位调研等。市场环境调研的目的是通过对总体市场需求和变化趋势的调研，例如社会经济情况、能源供应和消费、燃气供应和利用等，使企业趋利避害，发现理想的目标市场，并准确地进行市场定位。

（三）营销实务调研

营销实务调研围绕天然气销售企业的营销活动开展，它涉及产品调研、价格调研、销售渠道调研、促销与广告调研等内容。产品调研的目的是为企业进行产品决策提供依据。价格调研研究价格在品牌选择中的重要性及定价对产品销售的影响等，主要目的是寻找有利于促进产品销售的价格策略。销售渠道调研包括流通渠道结构调研、供应商与分销商调研、流通渠道关系调研、渠道效果调研及仓储和运输调研等，主要目的是为天然气销售企业寻找最佳的渠道组合策略。促销与广告调研的主要目的是实现促销组合的最佳化，达到最好的促销效果。

（四）市场竞争调研

市场竞争调研侧重于本企业与竞争对手的对比研究，包括两个方面：一是对竞争形势的一般性调研，如不同企业的市场占有率、经营特征、竞争方式、行业的竞争结构和变化趋势等；二是针对某个具体竞争对手的调研，如企业与竞争对手在产品种类、质量、价格、销售渠道、促销方式、服务质量等方面态势的调研。市场竞争调研的主要目的是做到在竞争中知己知彼，更好地发挥企业优势。

五 天然气市场调研的步骤

一般情况下，天然气市场调研的程序可分为三个阶段六个步骤：调研准备（明确目标、编制方案）；调研实施（走访目标、收集数据）；分析研究（分析处理数据、撰写报告并保持更新）。

在实际调研过程中，不同步骤之间可能交错并行，同步展开。天然气市场调研往往也是一个反复进行的过程，如图4-7所示。研究人员需要考虑不同步骤之间的相关关系。

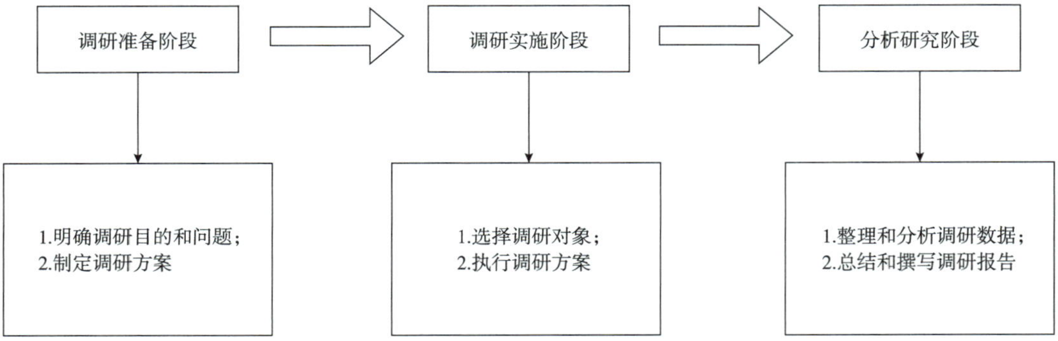

图 4-7 天然气市场调研的步骤

（一）调研准备阶段

调研准备阶段是对公司现有的资料进行初步的分析，找出问题存在的征兆，明确调研的关键和范围，以选择最主要也是最需要的调研目标，制定市场调研方案。

1. 明确调研目的和问题

调研人员要明确本次调研的主要目标和问题是什么：企业是要对某个目标市场进行调研，针对某类或某个用户的需求进行调研，还是针对某个项目的可行性进行调研。如果企业要调研某个区域市场时，则需要了解目标区域经济社会发展状况、产业布局特点，以及能源生产与消费情况，对区域能源利用市场建立基础认识，全面了解目标市场天然气行业的发展情况，从气源构成、消费现状、竞争格局、基础设施布局、未来规划等方面分析目标区域天然气市场特点，汇总梳理基础信息与数据，研究重点市场与领域、市场发展方向与空间，制定发展规划，为公司天然气在目标区域内市场的发展提供参考与指导。如果是要针对具体企业开展调研，则需要了解企业历年的生产经营情况、能源使用情况、能源供应结构、需求分析与预测等。

2. 制定调研方案

调研方案的编制是为实现调研目标而制定的调研计划书，是调研项目实施的行动纲领。调研人员需要建立一个回答具体调研目标的框架结构，包括明确调研的主要内容、确定调研的范围和主要方法、明确调研的时间和人员分工、现场调研的具体实施措施和其他细节。在这个过程中，调研人员需要权衡调研成本和调研结果的质量，决策的时间限制和调研的核心目标。一般来说，调研结果要求越精确，时间越紧迫，成本就越高。总之，调研人员必须在各种条件的约束下，尽可能向决策者提供优质的信息。

（二）调研实施阶段

调研实施阶段包含选择调研对象和执行调研方案两部分内容，是调研过程中最为重要的部分。调研实施情况关系收集数据的有效性，并最终影响整个调研项目的质量。

1. 选择调研对象

调研对象的选择需要结合调研目标进行。一般来说，天然气市场的调研对象既包括目标市场的行政管理部门，如发改委、公用事业局、主管行业部门的相关管理人员，也包括目标市场用户的生产经营管理人员。若调研对象是城市燃气公司，调研对象还应包括城市燃气公司的下游终端用户。

2. 执行调研方案

调研方案确定之后，调研人员应该按计划执行，完成数据收集。尽管收集数据的方法很多，但一般情况下，这些方法都包括预备调研和正式调研两个过程。预备调研是指正式调查之前进行的小规模的调查活动，从而确定正式调研方案的可行性，在预备调研通过后，再进行大规模的调研活动。虽然事先拟定了调研方案，但是在执行调研方案时，调研人员注意以终为始，围绕调研的核心目标，灵活应对调研现场可能出现的问题。

（三）分析研究阶段

分析研究阶段是将调研过程中收集到的数据资料进行分析、整理，并形成报告的过程，包括整理和分析调研数据、总结和撰写调研报告工作。

1. 整理和分析调研数据

整理和分析调研数据包括数据整理、数据分析两方面工作。数据收集上来后，首先，调研人员应检视所有答案，不完整的答案应考虑剔除，或者再访问调研对象，请求对方补充完整。调研人员要注意将原数据资料分类整理，妥善保存。其次，调研人员需要对数据格式进行整理，从而为进一步的分析工作做准备。完成数据整理后，就可以对数据进行分析了，其间将可能需要大量地应用数理统计或计量经济学模型与计算机技术，以帮助发现调研对象的内在行为规律。

2. 总结和撰写调研报告

分析研究阶段的第二项工作是对研究结论进行整理和总结，得出相关的理论解释或相应的预测结论，撰写调研报告，并向管理者提交。调研报告一般要写清楚调研的对象、时间及情况。关于撰写调研报告的详细要求在本节最后部分将详细阐述。

在花费了可观的精力和资金开展市场研究工作之后，重要的是衡量本次调研是否达到了预期的调研目标。对于一些重要的、长期的市场调研活动，保持跟踪并及时更新调研报告是非常有必要的。跟踪调研是对原调研活动的结论进行求证，以确定或修正原调研结论的过程。跟踪调研在数据修正、模型修正的基础上，对原调研结论进行修正，并提出相应的决策建议。该调研项目完成后，所有有关文件必须保存归档，以便决策者查取信息或为将来的研究提供参照。

六 天然气市场调研报告

天然气市场调研报告没有固定的格式，调研人员可以根据调研项目的需要进行灵活调整。一般情况下，完整的天然气市场调研报告大体上包括标题、主体与附录三大部分。

（一）标题部分

标题部分包括扉页、内封、目录等内容。

1. 扉页

主要包括天然气调研报告的标题、报告提交的日期、单位名称，且需要在右上角放置公司的LOGO。

2. 内封

内封包括调研报告的标题、版次、项目负责人、主管总工程师、报告审定人、编制单位、日期。如果编制报告团队人员较多，编制工作较为复杂，可在随后一页附上编制人员的姓名和分工表，按照章节、编制人、校对人、审核人罗列清楚。

3. 目录

主要包括天然气调研报告正文部分的构成情况，一般呈现两级目录；为了方便阅读和使用，还可呈现索表目录、索图目录、附件目录等。

（二）主体部分

1. 调研报告概述

概述主要是对整个天然气调研报告的基本内容与整体情况进行概括说明。概述部分起到提纲挈领的作用，帮助读者快速把握整个调研报告的基本状况和重点内容。具体来说包括以下几个方面：

（1）调研背景。调研背景主要是阐明调研对象的发展现状、开展调研的意义和必要性等。内容可以包括结合目标地区的发展现状说明开展本次调研的意义和必要性等，例如在调研某个区域市场的天然气发展环境时，可以介绍目标市场人口经济发展情况、能源消费情况、气源现状、基础设施建设现状、天然气市场现状、天然气相关政策等，说明目标市场天然气未来的需求潜力，但要开发该目标市场或开展该项目，仍有哪些问题需要调研清楚。因此，需要市场调研来了解相关问题并提出市场开发建议。

（2）调研目的。调研目的主要阐明本次调研想要实现的具体目标，不同的调研项目的目的有所差异，可以分为以下几类。第一，了解目标市场的经济社会发展状况，产业布局特点，能源生产、消费情况，对目标市场的能源利用情况建立基础认识；第二，了解目标市场的天然气发展情况，从气源构成、消费现状、竞争格局、基础设施布局、未来规划等方面分析目标地区天然气市场特点，汇总梳理基础信息与数据，并提出天然气市场开发的建议；第三，分析目标市场的天然气发展现状，发现现存的问题，并为解决问题寻求解决方案；第四，对重点市场与领域、目标地区市场发展方向进行研究，判断空间规模，制定规划方向，为天然气销售企业的市场开发工作提供参考与指导；第五，针对某项目的可行性市场调研，调研目的则是多为结合项目、政策、所在区域经济发展情况和天然气发展情况证明项目的可行性与必要性。此外，调研目的往往紧接着调研背景阐述，编制人员也可以根据篇幅、重要程度等考虑是否需要将调研背景和调研目的合并。

（3）调研原则。调查研究必须有一些基本原则来规范、指导调研者的思想和行为，最常遵循的原则包括坚持客观、真实，保证调查研究的结论独立；坚持以科学理论为指导，选取合理的调研方法；坚持问题导向、求真务实，易于指导工作和思考等。

（4）调研人员及调研对象。天然气市场调研工作需要明确调研团队组成和调研对象的单位或部门，调研对象则需要明确参与本次调研的主要个人，包括具体的姓名、职务、联系方式，以方便调研工作展开。

（5）调研方式及范围。调研方式也可称为调研方法，主要是阐明调研数据的来源途径。天然气市场调研的方式主要分为四类：一是现场调研，通过与能源主管部门、天然气主管部门、规划主管部门、企业用户等接触，收集地区经济、社会、能源现状以及天然气用户的用气情况，掌握第一手资料；二是网络收集，通过官方网站或者社交媒体的公开发布/报道进行第二手资料的收集；三是案头资料，对现有或者市场开发和销售工作中第三方提供的资料进行整理，如果已有的资料则不再重复收集或者获取；四是电话咨询，对无法通过现场调研以及网络收集完成的调研工作，可以通过电话会议咨询的方式进行了解。但电话咨询更适用于调研一些简单、结构性的问题，对于深度调研，电话咨询不及现场的面对面调研深入，难以根据对方的反应挖掘更深入的信息。

调研范围主要涉及如下几个方面：

①时间范围：明确到调研开始时间、结束时间。

②区域范围：明确到本次调研覆盖的具体省（自治区、直辖市）、市区。

③内容范围：明确调研所涉及的内容，包括目标市场宏观环境数据（经济发展现状、城镇化与气化人口数据、天然气相关技术情况、能源相关政策），相关数据可以从当地统计局或政府公开网站获取；目标区域天然气市场发展情况，行业或地区的燃气、终端客户分布情况，相关天然气产业的生产、销售情况等。

（6）数据来源与编制说明。数据来源一般包括现场调研、统计年鉴/统计公报、相关数据库、地方政府网站等；如有编制的相关说明，也可附在本部分内容中。

（7）调研主要结论。将调研结果分点进行概括性总结，可以与调研目的相对应，例如目标市场的能源消耗类型、用气水平、现存问题、未来相关的政策趋势以及为当地市场开发提供的相应建议等。当调研的目标市场范围较大，例如针对某个省份的市场调研，相关地级市众多，这时候，调研主要结论可以是全省（自治区、直辖市）的天然气市场概要，包括社会经济及能源发展情况（人口及经济发展情况、能源生产与消费）、全省（自治区、直辖市）天然气发展现状（资源方供应现状、基础设施现状、消费现状、天然气能源替代情况、天然气相关政策分析、市场存在的问题）、全省（自治区、直辖市）天然气市场分析和发展建议（天然气需求分析、重点目标市场分析、本企业当下在该市场的发展规划、发展建议）。

2. 调研结果

调研结果是调研报告的主体部分。概述的调研结论更多是总论，这里的调研结果则需要结合具体的细分市场（如按照地级市划分）详细展开。一般来说，主要包括以下几个部分：

（1）目标市场的经济能源消费基础。包括人口及经济发展情况和能源消费情况两部分。其中，人口及经济发展情况包括目标市场的地理位置，下辖市/区、县、乡镇，总面积，人口总量，城镇化率及其趋势，人均可支配收入及趋势，地区生产总值以及产业结构（包括三大产业的GDP占比、区域内的重点产业）。能源消费则主要包括目标市场的能源生产总量和能源消费量、能源结构、能源消费总量变化趋势和各类能源消费变化趋势等。该部分内容的撰写注意用数据说话，可根据数据形成历年经济及城镇化率变化趋势表、GDP变化及增速图、各地区人口及经济发展情况表、历年能源消费量汇总表等。

（2）天然气市场发展现状分析。天然气市场发展现状分析可以先分析资源、基础设施和市场的情况，再进行天然气相关政策分析，最后结合上述分析该市场存在的问题。首先，分析目标市场的资源供应情况，包括市场主要的天然气供应来源、各大资源方企业市场占比和覆盖区域及供气价格。其次，分析目标市场的基础设施建设情况，包括气源管道情况（具体管道、管网性质、所属企业、站点、管道参数指标和建设情况、站点分输能力）、城市管网布局情况、加气站布局、LNG调峰设施布局。最后，分析目标市场的市场情况，包括历年天然气消费量及变化趋势、天然气月度消费量及月不均匀系数、天然气消费结构、市场主要经营者情况（供应主体、燃气经营主体、LNG液态分销主体等）。

天然气相关政策需要分析目标市场内地方政府颁布的与天然气相关的政策，这部分内容请参照第二章第三节展开。调研人员在对调研数据进行分析的基础上，分析目前天然气市场开发方面可能存在的问题，并分点罗列。

（3）天然气市场分析与发展建议。天然气市场分析包括识别区域市场内的重点目标市场、重点产业、重点客户，对重点市场、产业或客户的需求进行预测分析，并结合客户的需求给出本企业在该目标市场的发展规划和相关建议，以更好地指导实践。

3. 风险及防范措施

对调研过程中可能出现的风险进行预测，并提出相应的防范措施，分点罗列。

（三）附录部分

附录是对正文内容的进一步说明和补充，一般按顺序排列在正文后，便于使用者直接查看原始数据，更好地理解写作内容。附录通常包括背景资料、收集的调研问卷、图表、分析过程与结果以及参考文献等。

第三节 目标市场选择

在通常情况下，一个企业不可能为某一较大规模的市场中的全体消费者提供服务。为了与现有的竞争者竞争，企业必须确定和选择最合适的细分市场，而目标营销正是企业选择有效的细分市场的重要方法。在进行目标营销时，企业需要区分出主要的细分市场，从中选择一个或者几个细分市场作为目标市场，并为每个细分市场制订不同的营销计划和方案。该过程需要经过三个主要步骤，如图4-8所示。市场细分，按照消费者需要，将一个市场分为若干不同的消费群体，并描述这些群体的特征。目标市场选择，选择一个或几个准备进入的细分市场作为目标市场。市场定位，确定和选择与目标市场相符合的定位。

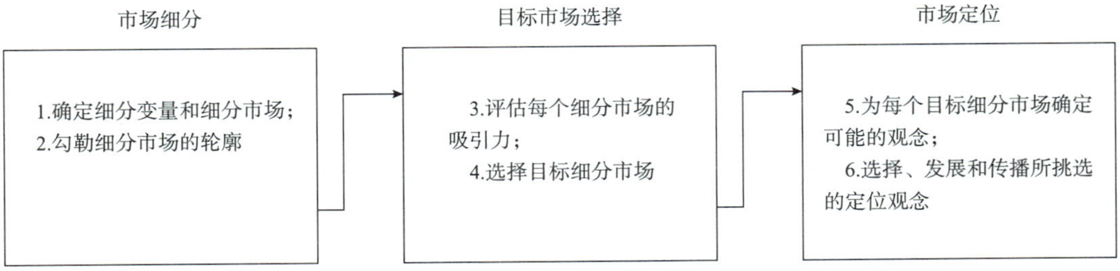

图 4-8　目标营销的步骤

对于天然气营销而言，市场上存在各种各样不同类型的用户，其用气需求、用气特性也不尽相同、各有特点，企业不可能吸引市场上所有的用户或者说至少不能以唯一方式吸引所有的消费群体，而且企业在不同的细分市场的能力也有差异。因此，根据STP理论[1]，通过准确选择目标用户可以实现精准营销和资源优化配置，企业将更有效地满足用户需求和实现经济效益最大化。本节主要介绍天然气企业如何对市场调研中的用户群体展开分类、分析、评价并明确目标用户，对不同类型目标用户如何准确定位，制定出具体的营销策略和计划。

一　天然气市场细分

（一）市场细分的定义

1. 市场细分的基本原理

市场细分是将企业按照一定的标准和变量，将某一整体市场划分为大大小小的“子市场”的过程。划分之后，每个子市场的客户和其消费需求有很大相似性，与其他子市场的消费者具有较大的异质性，并且每个细分市场需要采取不同的营销方案和战略。

2. 天然气市场细分定义

天然气市场细分是指天然气企业通过市场调研，按照天然气消费主体的需求、购买行为和购买习惯等方面的差异，将整个天然气市场细分为若干个子市场的过程。通过天然气市场细分，企业不仅可以掌握整个天然气市场的概况，还可以把握每一个天然气细分市场的优缺点，为天然气企业从中选择目标市场提供有效的参考，并基于此制定有效的营销策略，有针对性地开展营销活动，更灵活地应对天然气市场需求变化。

[1] STP理论指企业在一定的市场细分的基础上，确定自己的目标市场，最后把产品或服务定位在目标市场中的确定位置上。STP分别代表市场细分（Market Segmentation）、目标市场（Market Targeting）、市场定位（Market Positioning），是营销学中营销战略的三要素。

（二）市场细分的标准

天然气市场细分是在分析天然气市场消费特点的基础上，根据不同的细分标准对当前市场进行细分。天然气市场常见的细分标准有：地理位置细分标准、应用分类标准、规模细分标准、价格细分标准、交易层次细分标准和买卖双方交易方式细分标准。

1. 地理位置细分标准

地理位置细分标准包括国家、区域、州、县、市、社区、人口密度（城市、郊区、乡村）、气候等。最常见的划分标准是行政区划，我国天然气市场可以划分为七个区域，西北地区、西南地区、华北地区、华南地区、东北地区、华东地区、华中地区，如表4–2所示。

表4-2　天然气市场地理位置细分

划分标准	地区	省（自治区和直辖市）
地理位置和行政区划	西北地区	陕西、宁夏、新疆、青海、甘肃
	西南地区	四川、重庆、贵州、云南、西藏
	华北地区	河北、北京、山西、天津、内蒙古
	华南地区	广东、海南、广西、香港、澳门
	东北地区	黑龙江、吉林、辽宁
	华东地区	台湾、上海、江苏、福建、安徽、江西、浙江、山东
	华中地区	河南、湖北、湖南

根据地理位置细分天然气市场比较容易，但也可能过于简单。各地区的天然气供应量和需求量并不在地理位置上呈现出一致，处于同一地理位置的消费需求仍然会有很大差异。如果企业只是以某一地理特征细分市场，那么就可能无法完全地反映各个细分市场之间的异同，所以企业必须综合其他细分变量考虑如何进行合理的市场细分。比如，按照地理区域相邻、经济发展程度、区内经济结构以及天然气产品类别、属性和使用类型，还可将我国的天然气市场划分为八个地区市场：环渤海地区的城市清洁型和发电型天然气市场；长江三角洲地区的城市清洁型、化工型和发电型相交织的混合型天然气市场；西南地区的化工型天然气市场；西北地区的发电型、化工型和城市清洁型天然气市场；东南沿海地区的发电型天然气市场；东北地区的工业燃料替代型天然气市场；长江沿岸地区的化工型天然气市场；晋豫蒙地区的工业燃料替代型和城市清洁型天然气市场。

2. 应用细分标准

根据应用行业的不同，可将天然气消费市场细分为四大行业及其行业下的具体应用，主要包括城市燃气（城市和乡镇居民用气量、公共福利供气、商业用气量等）、工业用气（制造业用气、工业燃料等）、发电用气（热电联产、调峰电站和分布式能源项目等）、化工化肥用气（以天然气为原料的化工产业用气），如表4-3所示。

表4-3 天然气应用结构细分

划分标准	行业	应用	具体应用
应用结构	城市燃气	居民	居民
		公共服务	学校、医院、公共设施
		商业	商业用气
		天然气汽车	CNG 汽车、LNG 汽车
		采暖	集中采暖、分户式采暖
	工业用气	工业燃料	玻璃、陶瓷、石化等工业燃料
	发电用气	天然气发电	燃气调峰发电、热电联产、分布式能源
	化工化肥用气	天然气化工	合成氨、制甲醇、制氢气等

3. 规模细分标准

用户对天然气需求量决定了天然气用户规模，用户规模是细分天然气市场的重要依据。具体以多少用气量作为划分的标准，不同的供应商其标准也是不一样的。对于一般上游供应商而言，年用气量5000万m^3及以下属于一般用户，年用气量5000万m^3及以上属于大用户，年用气量5亿m^3及以上属于特大用户；对于城燃企业而言，年用气量100万m^3以下属于一般用户，年用气量100万m^3及以上属于大用户，年用气量1000万m^3及以上属于特大用户。

4. 价格细分标准

在天然气市场中，市场营销人员在市场营销活动中，出发点不同，以价格划分的标准也不同。目前天然气价格细分标准主要包括三个：①替代品价格，即根据天然气的可替代能源产品的价格进行定价并进行市场划分；②价值链再分配，例如天然气发电、制氢等不具备可替代能源，根据使用产品情况（数量、频次）倒推用户天然气价格承受力，并基于此进行细分；③政府管控价格，完全不具备价格测算条件无可替代能源的产品受到政府管控定价的市场将根据具体的价格政策和规定进行细分，例如居民用气。

5. 交易层次细分标准

按天然气交易层次可将天然气市场划分为一级、二级、三级等多级市场。一级市场指的是天然气生产企业直供用户的销售市场；二级市场就是通过城市天然气供应公司转供用户的销售市场，按转供次数类推为三级、四级市场等。

6. 买卖双方交易方式细分标准

按天然气买卖双方交易方式可分为现货交易市场（交易中心线上交易）、合同交易市场和期货交易市场。

7.细分标准的综合使用

天然气市场细分可以单一标准为基础，也可以几个变量为基础。单一标准细分市场比较简单、方便，但是可能无法精确地反映细分市场的特征；多标准细分市场更为准确，并适用于不同时机、不同地区、不同文化的复杂又相关的市场标准，如图4–9所示。在实际的市场开发过程中，企业究竟是采用一种还是多种细分标准来细分，还要根据地理位置、供气条件、天然气供应商的目标、用户的不同需求及企业的具体情况来决定，才能获得较好的机会和效果，有助于达到目的。

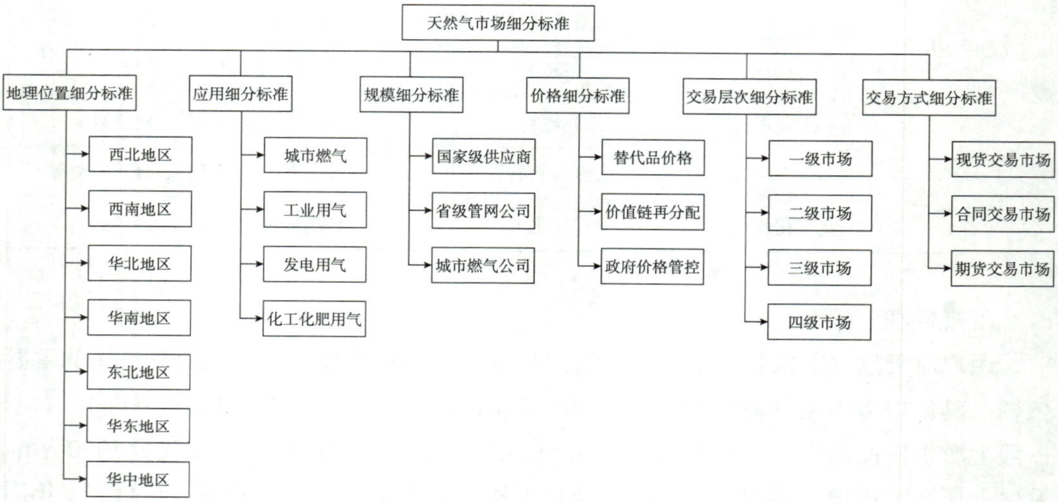

图 4–9 天然气市场细分标准

（三）细分产业市场的依据

细分消费者市场的变量和标准也可以作为产业市场细分的标准，但这两者之间还是存在很大的不同。与消费者市场细分不同，产业市场细分的是企业，产业市场中的购买者是企业，其购买目的是再生产、再销售，或为消费者提供服务，并最终获得更多的利润。常见的产业市场细分标准：企业行业类别、企业追求利益、企业规模、企业购买行为特征等。

“最终用户”变量是细分产业市场最常见的方法之一。根据最终用户的不同利益要求，企业对不同类型的最终用户要制定不同的市场营销方案。例如，天然气公司最终用户包括城燃公司、城镇居民、化工厂等多种类型，他们对天然气的需求和追求利益各不相同。“顾客规模”是产业市场细分的另一重要标准。许多企业为了应对不同规模的市场需求，分别建立了联系和接待大顾客与小顾客的制度。以某天然气公司为例（图4–10），该公司按照最终用户细分变量将产业市场分为四个行业，然后选择其中一个该企业能最有效服务的细分市场作为目标市场，随后基于顾客规模细分，进一步细分顾客追求的不同利益（价格、服务、质量等）。由于大、中、小顾客的企业资源和能力各不相同，它们的利益追求也具有较大差异。有的追求价格合适，有的追求稳定（不可中断），有的侧重调峰服务（峰谷差大、日常沟通）。对于大顾客来说，配套服务的质量是尤为重要的，而该公司的销售和售后服务能力很强，因此该企业最终决定集中力量为大顾客提供服务。

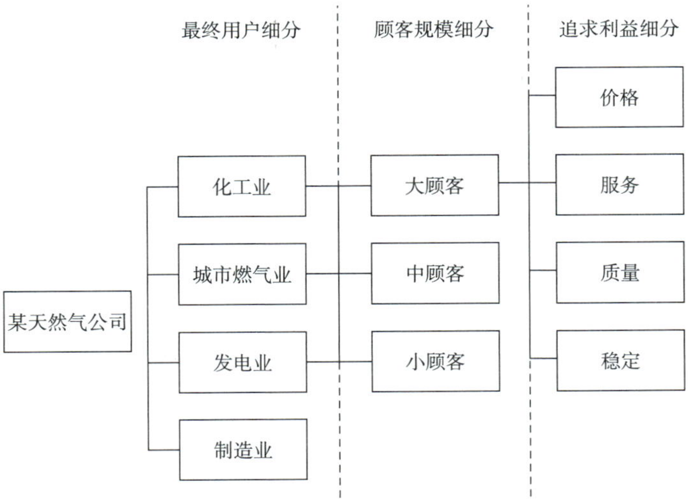

图 4-10　产业市场细分流程

（四）市场细分的程序

1. 市场调查阶段

要进行准确的市场细分，市场调查是必须执行的第一步程序。企业需要对整个天然气市场进行调查，掌握市场的整体情况和动向。调查的内容应该包括：

（1）整个天然气市场的消费发展趋势，包括市场范围内的天然气消费总量、增长率、地区供需分布等。

（2）市场范围内客户对天然气的数量、质量、供应等属性的要求。

（3）消费者对不同天然气企业品牌的态度和评估。

（4）被调查消费客户的人口、心理因素。

2. 市场分析阶段

在市场分析阶段，营销人员一般会对现有的一手和二手资料进行分析，并基于此划分出一些有较大差异的细分市场，具体包括以下步骤：

（1）天然气市场的范围选择。根据企业任务、企业目标，确定一定的天然气市场范围并进行进一步调查和研究。

（2）确定市场的细分标准。根据企业的经营目标和实力情况，选择一个或者多个细分标准对天然气市场进行细分。例如，一个天然气企业在营销过程中，如果强调经济性和效益，那么市场细分的标准必然选择价格标准；如果强调用气的稳定性和安全性，那么市场细分的标准可选择不均匀性和可中断性。

（3）找出可能的细分市场。在确定市场范围的基础上，按照确定的市场细分标准，选出天然气用户，分析这些用户和进行初步市场细分，进而排除那些次要的市场，保留重点需要分析的市场。例如，2007年的川气东送项目在选择目标市场时，对各个细分市场做了详细的调查。中国石化多次对管道沿线的四川、重庆、湖北、安徽、江西、江苏、浙江、上海等省（市）天然气利用市场进行了需求调查分析，通过分析细分市场的经济发展水平、需求总量等，最终将川气东送目标市场确定为苏、浙、沪、鄂、皖、赣六省（市）。

3. 市场细分阶段

在市场细分阶段，需要根据市场分析的结果明确各个细分市场的特征和赋予它们相应的名称，并进一步分析每个细分市场之间的异同，包括细分市场的竞争状况、大小和变化趋势，进而估量和测算每一个细分市场的规模，并在此过程中不断发掘新的细分市场。在川气东送项目中，中国石化对主要细分市场的天然气发展状况、天然气利用情况、价格、竞争态势、发展趋势及市场总规模进行了详细的调查和分析，并采用科学的预测分析方法，进一步明确了各细分市场的用户结构、天然气利用方向和对川气东送资源的需求量，最终估计整个市场的具体需求，天然气市场细分的基本程序如图4–11所示。

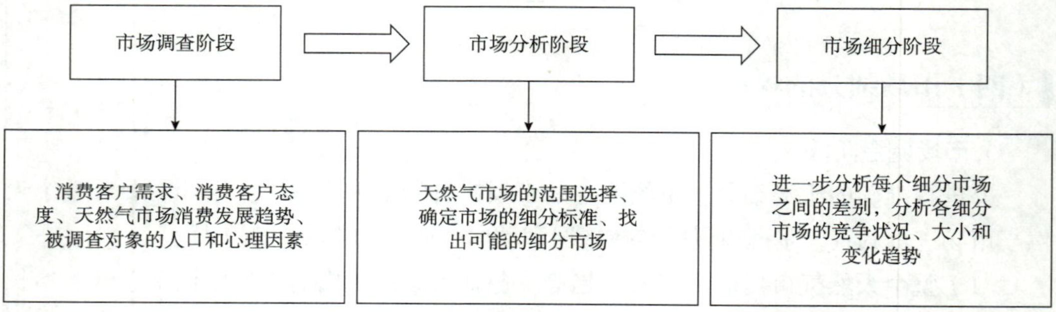

图 4–11　天然气市场细分的基本程序

二　天然气目标市场选择

企业在进行市场细分后，必须从其中选择要进入的一个或几个细分市场，并为其设计和实施不同的营销计划，这个过程称为目标市场选择。

（一）评估细分市场

在确定细分市场的有效性之后，必须对各个有效的细分市场实施进一步的评估，以确定值得企业进入的细分市场。具体而言，天然气细分市场评估主要包括以下三个方面：

1. 细分市场的规模和成长可能性

（1）细分市场的规模。天然气的细分市场规模指的是细分市场范围内的天然气需求总量。营销人员在评价细分市场时，首先要分析和预测天然气需求量。选择何种规模的细分市场则取决于天然气企业自身规模的大小。

（2）细分市场的成长可能性即细分市场的成长和待开发潜力。在天然气市场快速发展阶段，天然气市场中规模大、增长速度快的细分市场是天然气大型企业特别是上游企业最关注的领域之一，例如天然气发电、分布式能源；规模有限、新型的细分市场则是天然气中小型企业最关注的领域之一，例如LNG车船、工业直供等。

2. 细分市场的结构吸引力

细分市场的结构吸引力也是企业需要考虑的重要方面。任何一个细分市场的结构吸引力与该细分市场的五大力量密切相关：用户、供应商、替代品、产业竞争者、潜在进入者。就天然气企业来说，我国城燃企业处于天然气行业下游，面临着更激烈的竞争格局，包括上游油气企业的进入、城燃工程安装业务竞争、外资进入、现有城燃企业之间的竞争以及其他非气企业的进入，所以企业必须考虑细分市场的现有格局。

3. 企业的目标和资源

除了细分市场的规模、成长可能性和结构吸引力之外，企业还须综合考虑其目标和资源与所处细分市场的情况。尽管某些细分市场具有较大吸引力，但若与企业的长远目标不符，便需要放弃。这些细分市场可能会分散企业的关注和资源，妨碍企业实现主要目标；或从环境、政治或社会责任的角度考虑，选择这些细分市场并不明智。因此，评价天然气细分市场时，以下工作非常重要。

（1）天然气供需平衡。对于天然气企业来说，开展供需平衡研究是衡量一个细分市场是否能够匹配企业市场目标的重要步骤，只有天然气供需达到企业可承受范围内的平衡，才能选择作为目标市场。

（2）天然气供应价格与可承受价格对比。天然气企业需要比较不同细分市场的用户对天然气价格的承受能力与天然气的供应价格，以选择适合的目标市场进而实现盈利。

（3）企业的营销能力与细分市场的匹配性研究。企业的营销组织能力也是天然气企业需要考虑的重要因素，企业是否具有开发其选择的细分市场的能力直接影响其目标市场的选择。

（二）选择目标市场

目标市场选择是指在评估各个细分市场后，针对具有吸引力的细分市场，进行公司进入的具体目标市场的选择。在这一过程中，除了要考虑细分市场的规模、成长可能性和结构吸引力外，还需综合考虑公司及其产品的情况，以制定目标市场覆盖策略。天然气目标市场选择策略分为无差异营销和差异化营销。

1. 无差异营销

无差异营销是一种针对市场共性的营销策略，其核心思想是在市场中寻求共同点，同时接受差异。这种策略不将重点放在市场的细分上，甚至可能不进行市场细分，而是将服务对象设定为整个市场中的广泛顾客群体，并致力于满足他们的共同需求。这种营销方法忽略了个别差异，而是注重提供一种普遍适用的产品或服务，以获得大多数顾客的认可和满意。例如在天然气市场中，天然气供应公司针对整个市场采用相同的定价和服务策略，不考虑地理位置、行业特点或用户规模的差异。它们提供一致的天然气产品和服务（包括同样的价格、服务标准和市场推广策略），以满足大多数顾客的共同需求。

2. 差异化营销

差异化营销是指企业在多个细分市场中运营，并为它们设计不同产品和营销组合。但是，差异化营销会增加产品开发、生产运营和分销促销等方面的成本。因此，在采用差异化策略时，企业应考虑两个方面：差异化的有效性和针对细分市场的规模。例如，天然气供应公司根据不同行业的需求，为工业用户、商业用户和家庭用户设计不同的产品和服务。例如，它们可能提供高压天然气供应和定制的能源解决方案给工业用户，而为商业用户提供低压天然气供应和灵活的合同选项。

3. 选择目标市场策略应考虑的因素

（1）企业资源。如果企业的资源比较薄弱，能力不足以应付多个细分市场的差异需求，那么比较实际的选择是无差异营销策略；如果企业的实力雄厚，人力、财力、物力充足，那么就可以选择差异化营销策略。

（2）产品的同质性。如果天然气企业提供的产品和服务在特征上高度同质化，没有太大的差异，大多数消费者也感受不到明显差别，那么可以选择无差异营销策略；但是，如果天然气公司所提供的产品具有较高的异质性，则通常会采用差异化营销策略。

（3）市场的同质性。当顾客之间的需求、偏好和特征存在较大差异时，差异化营销策略是一种有效的选择方式。差异化营销策略旨在满足不同顾客群体的个性化需求，通过针对特定市场细分，提供独特的产品和服务来建立竞争优势。通过深入了解不同顾客群体的特点，企业可以针对性地开发定制化的解决方案，满足各个细分市场的特定需求。

（4）产品所处的生命周期。当企业推出新产品时，往往需要关注顾客的基本需求，通常需要采用无差异营销来满足所有顾客的需求；而当产品进入成熟期后，则需要满足不同顾客的不同需求，此时更适合采取差异化营销策略。

（三）制定目标市场营销策略

企业选择目标市场后，下一步就是根据目标细分市场的现状和特征制定市场营销策略，目前基于多气源市场格局下的供求关系，学者提出了新的营销策略。

1. 目标市场天然气供不应求情况下的营销策略

在天然气供需不平衡的情况下，营销策略选择的基本指导原则包括以下方面：追求更佳的经济效益、塑造良好的社会形象、提升企业在市场中的地位和做出战略性市场布局。

（1）远端和高端市场优先策略。发展天然气分布式能源、城市燃气业务、车船用天然气发展业务三大天然气高端市场；以自有资源进一步巩固和开拓市场，提高自有设施负荷率，延伸产业链，增强市场控制力，提升经营效益。

（2）社会和经济效益优先策略。企业在选择天然气市场时，不仅要关注经济效益，还要考虑社会效益。除了盈利能力外，企业应关注其产品和服务对社会的积极影响，如环保、可持续发展和社会责任等方面的贡献。选择那些能够实现经济效益和社会效益双赢的市场，可以提升企业的整体价值和声誉。

（3）有重要战略意义的区域优先策略。选择关键区域中心城市，包括经济发达地区和天然气需求量大的城市，这些城市具有较高的经济活力和天然气消费潜力。同时，这些城市的居民对天然气价格有较强的承受能力。

（4）有重要战略意义的行业优先策略。天然气企业可以在省会城市和重点城市兴建LNG储配调峰站，以满足城市天然气需求的峰谷调节和储备能力。这些储配调峰站可以采用独资或者与当地合作伙伴合资合作的方式建设，以确保天然气的供应可靠性和灵活性。此外，天然气企业还可以在这些城市建设大工业直供管道，为工业用户提供直接供气服务，以满足其大规模天然气需求。通过直供管道，天然气可以高效、稳定地输送给工业用户，提供持续的能源支持。另外，发展LNG车船利用是天然气企业在省会城市和重点城市的另一个重要举措。通过推广使用LNG作为车辆和船舶的燃料，可以减少传统燃油的使用和相关排放，实现环境友好型交通运输。除了上述设施建设，天然气企业还应与发电企业和终端燃气经营商加强合作。通过建立气、电、热、冷联供的合作模式，可以实现能源的优势互补和资源共享。例如，天然气企业可以与发电企业合作，在发电过程中利用余热生产热水、蒸汽等供热用途。同时，与终端燃气经营商合作，可以共享市场资源、提高运营效率，为用户提供全方位的能源解决方案。

2. 目标市场天然气供大于求情况下的营销策略

天然气市场供大于求模式主要出现在以下几种情况：在整体供不应求的局面下某一区域内出现供大于求或某一时段出现供大于求，整体市场出现供大于求。在天然气供大于求的情况下，营销策略选择的基本指导思想：维护和保持现有市场、寻机开发新市场、培育未来市场等。

（1）客户吸引策略。为了进一步完善目标市场的天然气供应体系，加快地面基础设施建设非常关键。特别是对于正在建设中或已经建设完成但尚未有企业入驻的工业园区，建议政府加大招商引资力度，积极吸引企业入驻该区域。

（2）增供吸引策略。对受管线瓶颈限制不能满足用气需求的工业园区，加快管网改造力度，同时引导部分新入驻企业入驻企业较少的园区，以满足用户需求。

（3）抢占市场策略。在气源多元化、竞争复杂化的市场，采用如合资合作、联合直供、价格联动、加强调峰服务等多种模式抢占市场。

（4）客户管理策略。完善用户回访制度，沟通信息，及时认真解决供用气中出现的问题；加强企业和客户之间的联系，及时反馈客户需求；加大宣传力度，在用户中树立良好的企业形象，提高客户忠诚度。

（5）顺价策略。天然气企业要重视上中下游产业链顺价工作，进一步完善联动机制，取得地方政府的支持，做好顺价配套准备工作，推进天然气价格市场化改革，维护天然气市场稳定。城市燃气经营企业要严格执行联动最高限价，按规定做好价格公示，并自觉接受相关部门和社会监督。

三 天然气市场定位

在确定目标市场后，企业为了与竞争产品区别开，并在目标市场上取得差异化优势，需要制定具体的市场定位决策以确定如何在目标市场中定位自己的产品。这涉及确定目标市场的核心需求、关键价值主张和定位陈述，并将其与竞争对手进行比较。

（一）市场定位的含义

市场定位是一个活动过程，旨在确定目标消费者，并在他们心目中确立独特的差异化竞争优势和位置。在天然气市场中，市场定位是指企业根据利益最大化原则，优选天然气消费的主要区域和利用方向。

（二）市场定位的依据

在营销实践中，天然气企业可根据目标消费者、产品、竞争者等多种因素进行市场定位。

（1）从目标消费者角度开发定位点。这是天然气公司如何选择目标客户群的问题。企业可从消费者群体、产品使用场合、消费者个性、生活方式和消费者情感等方面进行市场定位。一般来说将以下几种用户定为目标客户群：用量大、用气平稳、价格承受力强的用户；能配合调峰可中断的用户；受季节影响用气不均匀性大，愿意付出成本满足调峰需求的用户；用量大、不需要耗费太多营销时间的用户。

（2）从产品角度开发定位点。在天然气市场中，天然气公司需要考虑并扩展其所设计、创造和交付的产品和服务。具体而言，天然气公司需要努力在预期消费者的心智中占据有利位置，以塑造其产品形象和品牌。例如，天然气企业可从管道天然气、LNG、CNG；合同中短期、中长期、调峰服务、储气服务、代采、代储、代输等方面进行定位。

（3）从竞争角度开发定位点。竞争角度下的市场定位可以分为两种类型：首席定位和比附定位。首席定位，也被称为冠军定位，强调企业在同行业或同类产品中的领先地位，突显其在某个方面具有的特色。例如，中国石油、中国石化、中国海油等龙头企业在天然气领域具备品牌优势，它们拥有行业领导地位的特点。比附定位则是企业将竞争对手的产品作为参考，依附竞争对手进行市场定位。通常，企业选择比附定位的对象是行业中的领先者。比附定位的目的是通过与强势竞争对手进行有效对比，提升自身的价值、知名度和市场地位。无论是首席定位还是比附定位，都能够为企业带来不同的优势和机会，以实现市场份额的增长和盈利能力的提升。

（三）市场定位的步骤

市场定位的关键是企业要塑造优于竞争对手产品的特性。竞争优势指企业在一个或多个方面拥有竞争对手没有或者无法与之抗衡的能力。一般来说，市场定位的步骤如图 4–12 所示。

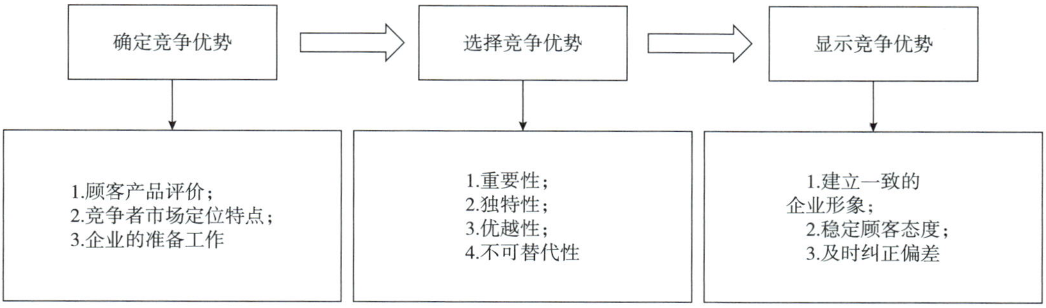

图 4–12　市场定位的步骤

1. 确定本企业的竞争优势

天然气企业要通过市场调查，研究、分析并确定企业在产品、服务等方面能与竞争者相区别的竞争优势。具体工作包括：第一，分析顾客对企业产品的评价，例如天然气产品供应量、质量、运输和价格等。第二，分析竞争者的市场定位特点，必须了解其他天然气竞争企业的市场定位选择，了解其产品特点以及市场营销策略。第三，分析针对竞争者的市场定位和潜在顾客的需求以及天然气企业可以做的工作内容。

2. 选择适当的竞争优势

对企业来说，在进行市场定位时，应鉴别并选择自己最重要的竞争优势。一般来说，企业在选择竞争优势时，应考虑下列因素（选择标准）：

（1）重要性。对目标市场的顾客来说最重要的因素，而不是无足轻重的定位，因此，如果营销中过分强调不相关的特点就会事倍功半。

（2）独特性。企业的产品能够与竞争产品相区别的重要特征。

（3）优越性。自己的产品明显比现有或者竞争产品优越的地方。

（4）难以替代性。此定位是其他竞争者难以模仿和替代的。

3. 向目标市场显示出竞争优势

企业在制定市场定位决策后，需要开展一系列创意丰富的促销活动来准确传达定位概念给目标顾客，并在顾客心中留下深刻的印象。为此，天然气企业需要采取以下措施。

（1）建立一致的企业形象。天然气企业应该在目标顾客的心中建立与其定位相一致的形象。这包括采用广告、品牌设计、宣传活动等方式，塑造企业的形象，使其与市场定位一致。例如，如果企业的市场定位是高效环保的天然气供应商，那么在宣传中强调天然气的清洁能源特点和环保优势，建立与这一定位相符的企业形象。

（2）稳定顾客态度。天然气企业需要通过各种渠道与目标顾客保持良好的沟通，并持续提供有价值的信息，使顾客对企业的定位和价值主张保持清晰的理解。这可以通过定期的客户反馈调查、社交媒体互动、客户服务等方式来实现。企业还可以通过提供个性化的解决方案和增值服务来巩固目标顾客的态度，使他们与企业保持良好的互动和忠诚度。

（3）及时纠正偏差。天然气企业需要密切关注目标顾客对其市场定位的理解，及时发现并纠正与市场定位不一致的形象。这可以通过监测顾客反馈、市场调研、竞争分析等方式来实现。如果发现目标顾客对企业的定位产生了偏差或误解，企业应积极采取措施进行解释和调整，确保顾客对企业的理解与企业的市场定位保持一致。

综上所述，天然气企业在做出市场定位决策后，通过建立一致的形象、稳定顾客态度，并及时纠正偏差，可以有效传达定位概念给目标顾客，并确保在顾客心目中留下深刻印象。这样有助于巩固企业的市场定位，提高顾客忠诚度，促进业务增长和成功。

（四）市场竞争策略

天然气市场的竞争策略可以采取多种方式，以下是两种常见的竞争策略：一种是产品差异化策略，即通过提供独特的产品特点和附加值，使企业的天然气产品与竞争对手区分开。这包括技术创新、环保特性、供应可靠性、服务质量等方面的差异化。通过不断改进和创新，企业可以吸引更多的顾客并建立竞争优势。另一种是成本领先策略，指企业通过降低生产成本、提高效率和优化供应链，使其能够在天然气市场上以更低的价格提供产品。这种策略能够吸引价格敏感的顾客，并获得市场份额。

当然，除此之外，天然气市场竞争中还存在众多竞争策略。这些竞争策略并不是孤立的，企业可以根据市场情况和目标客户需求的变化，采取综合的竞争策略来提升市场竞争力。同时，持续创新、进行品牌建设和良好的客户关系管理也是在天然气市场中获得竞争优势的关键。

第四节 市场需求预测

市场需求预测是开展天然气营销的重要环节，采用科学的方法准确预测市场需求，将有利于上游合理规划资源，提高营销工作的针对性，从而确保上下游购销各个环节连贯顺利。本节主要介绍市场需求测量与预测的定义和作用、常用方法及其基本原理，对比各种方法的优缺点以及应用场景，采用常用方法通过对过往数据的回测、与调研结果比对等方式对照验证，并通过案例预测对典型市场需求进行预测分析，以指导市场开发人员掌握有关方法并能灵活应用。

一 市场需求预测的定义

如图4–13所示，市场需求预测是指在充分掌握一定的市场信息和资料的基础上，运用科学的预测方法与数学模型，对影响天然气市场需求变化的各种因素进行分析，推测和判断未来一定时期内市场对天然气的需求量及其变化趋势，为天然气营销工作的开展提供依据，从而达到把握天然气市场真实需求、有效配置资源的目的。

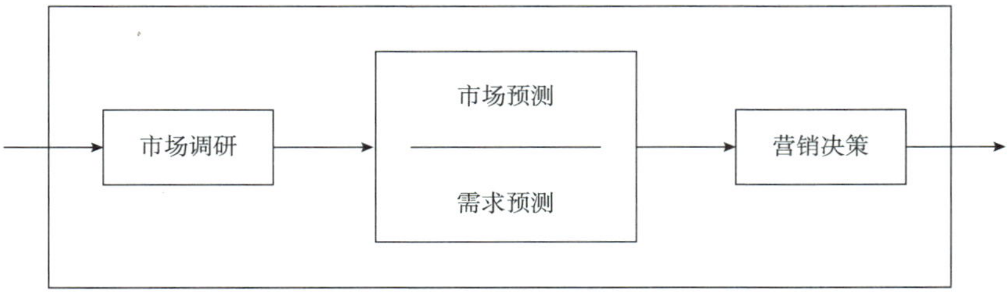

图4–13 市场需求预测在营销管理信息流程中的地位

二 市场需求预测的作用

市场需求预测是天然气企业市场研究的一个重要组成部分，它对加强天然气企业营销管理，提高企业经济效益具有非常重要的作用。天然气市场需求预测的作用主要表现在以下几个方面：

1. 有利于科学管理决策和提高经济效益

通过需求预测对天然气企业的生产经营环境及其外部环境未来发展做出变动趋势、变动方向、变动程度等方面的定性或定量的估计或判断，弄清市场变化的规律，从而为天然气企业的经营决策提供可靠依据，减少决策的盲目性，降低决策风险。同时，通过市场预测准确掌握市场需求的动态变化趋势，据以及时调整生产，避免出现计划与未来市场需求差距过大而造成资源浪费或错失市场机会的情况，是企业提高经济效益的重要手段。

2. 有利于实现资源的有效配置

市场需求预测能够向天然气企业反映天然气市场供求行情变化趋向，帮助企业根据市场调节信号，正确确定与调整天然气的开采能力分配以及天然气引进，合理安排人、财、物的比例和流向，实现资源的有效配置，避免出现天然气资源供不应求或供过于求的情况。

3. 有利于更好地满足下游用户的消费需求

天然气销售企业可以利用科学的市场需求预测来及时获取下游用户需求的变化信息。这有助于它们了解用户的天然气需求构成状况和差异，并使用相关预测方法或手段准确判断下游用户需求的发展趋势，使天然气资源的生产与消费紧密结合，引导天然气生产根据用户需求的变化进行相应调整，以满足用户的需求。

三 市场需求预测的基本原理

（一）因果原理

因果原理是指通过观察事物之间的相互联系来揭示事物发展的规律，从而预测事物未来发展趋势，因此，运用因果原理对天然气市场需求进行预测，就是通过揭示各种因素在未来天然气市场发展中的不同作用，从而做出判断和分析。投入产出分析法就是一种有效运用因果原理的方法。

（二）类推原理

类推原理是指通过利用预测对象与参照对象之间的某些相似或类同的情况，根据已知事物的基本结构和发展模式对预测对象未来发展的状况进行预测。例如，参照不同国家天然气市场发展过程中的变化规律，对具有相似发展规律的天然气市场的未来发展趋势进行预测。类推预测法就是类推原理的具体运用。

（三）概率原理

概率原理是指通过分析事物发展的偶然性揭示其内部的必然性，以此来推测事物未来的发展趋势。在天然气市场需求预测过程中，通过对天然气市场各种偶然性因素进行分析，揭示其内在的必然性，可以预测天然气市场未来需求的变化趋势。马尔可夫预测法、交叉影响法等方法就是概率原理的具体运用。

四 市场需求预测的分类

天然气市场需求预测是一个广义的概念，根据预测的任务标准、空间范围、时间长短、服务对象等不同，所采取的方法也不相同。为了有针对性地选择不同的预测方法，有必要先对市场需求预测本身进行分类。

（一）按预测范围分

市场需求预测根据预测范围可分为宏观市场需求预测和微观市场需求预测。

宏观市场需求预测是指从全社会出发，纵观整个天然气市场需求的发展变化和趋势，分析天然气在市场营销过程中的宏观影响因素，对天然气的总体需求规模与结构做出预测。微观市场需求预测是指天然气企业所进行的市场预测，主要表现为某类天然气产品所涉及地区的市场需求预测，其预测的过程及其内容更为具体和细致。通常来说，宏观市场需求预测与微观市场需求预测相辅相成。

（二）按预测时间长短分

根据预测的时间长短可分为短期市场需求预测、中期市场需求预测和长期市场需求预测三类，具体见表4-4。

表4-4　市场需求预测的时间分类及不同用途

类别	单位	预测内容	功能
短期市场需求预测	周或旬	对1年以内天然气市场需求变化趋势做出的预测	为天然气企业近期安排生产和营销计划提供科学依据
中期市场需求预测	年	对1年以上、5年以下的天然气市场需求变化趋势做出的预测	制定天然气行业中期经营发展战略及5年发展目标和计划的依据
长期市场需求预测	年	对5年以上的天然气市场需求发展变化趋势做出预测	制定社会和国民经济发展的长期规划，为统筹安排天然气行业长期的生产、分配和消费提供依据

（三）按预测方法性质分

根据预测的方法性质可分为定性市场需求预测和定量市场需求预测。

定性市场需求预测是指预测者根据其天然气行业发展的知识、经验和判断能力等对天然气市场未来的发展变化及其趋势进行的预测。一般用于市场缺乏完整的统计资料，难以进行定量分析的情况。定量市场需求预测则是从收集到的历史数据入手，运用相应的统计方法或数学方法建立数学模型，根据求解数学模型的情况来定量地研究和推测天然气市场发展变化趋势的预测。实际上，为了使天然气市场需求预测的结果更加科学、准确，通常是将定性市场需求预测和定量市场需求预测相结合，根据经验进行综合判断。

五　市场需求预测的方法

（一）定性预测法

定性预测法是指预测者根据个人知识、经验和综合分析决策能力，对影响市场变化的各种因素进行分析和判断，从而预测未来市场发展和趋势的一种预测方法。定性预测的具体方法有多种，但广泛使用的主要是专家意见法和类推预测法。

1. 专家意见法

专家意见法主要依靠天然气领域内专家的知识、经验和分析判断能力来对未来市场发展做出预测以及量的估计。该方法一般适用于需要进行质与量的分析，但与天然气消费相关的历史资料缺乏或不全面的情况。在具体运用过程中，根据获取专家意见的方法不同，具体可分为专家会议法、头脑风暴法和德尔斐法。

2. 类推预测法

类推预测法是根据类推原理，利用事物之间具有某些相似或相近的特征，将预测事物同已经发生的与预测事物相似或相近的事物的表现情况进行比较，从而推断事物未来发展变化趋势的一种预测方法，例如根据发达国家天然气来预测中国未来的天然气消费需求。常用的有产品类推法、地区类推法和行业类推法等。

（二）时间序列预测法

时间序列预测法是指将历史数据按其出现的顺序排列，得到一组时间序列，并对这个序列进行分析、计算，找出事物的发展趋势，并以此为基础预测下一时期能够达到的水平。时间序列预测法又分为平均预测法、指数平滑法、趋势延伸预测法和季节分析预测法等。

1. 平均预测法

平均预测法就是对天然气消费的历史数据进行平均化处理，排除历史数据中随机因素的影响，揭示出隐含其中的某种基本规律，在对历史数据进行“修正”的基础上预测未来。平均预测法具体可以分为简单平均法、加权平均法、移动平均法和加权移动平均法。

2. 指数平滑法

一般来说，下一期的预测值是介于本期实际值与本期预测值之间的一个数值。基于这个出发点，指数平滑法就是考虑用一个平滑系数，对本期的实际值与预测值进行调整，并根据本期预测值确定下一期的预测值。目前，根据中国天然气历史消费量长期呈现上升趋势的特征，适合采用二次指数平滑法进行预测，即通过两次指数平滑后建立数学模型进行预测。

3. 趋势延伸预测法

趋势延伸预测法是指通过构建一个数学模型，将适当的趋势线拟合到时间序列上，并对其进行外推或延伸，以预测未来经济现象的可能水平。趋势延伸预测法可以分为直线趋势延伸预测法和曲线趋势延伸预测法。

4. 季节分析预测法

季节分析预测法是根据具有季节性变化规律和特点的数据资料，建立适当的数学模型来描述其发展状态和估计未来发展趋势的一种预测方法。运用季节分析预测法时，时间序列的单位通常为一个季度或一个月，变化周期为四个季度或12个月。为了排除随机因素的影响，运用季节分析预测法需要具备三年及以上连续的季度或月份的信息，否则由于信息的缺乏，无法准确反映季节性变化的规律。

（三）因果预测法

因果预测法是指根据事物之间存在的因果关系，通过分析对需求预测目标有直接或间接影响的因素，找出其变化规律，并根据这一变化规律确定预测值，从而预测事物的发展或者变化。下面主要介绍回归分析法和弹性系数法。

1. 回归分析法

回归分析法对市场现象的自变量和因变量进行相关性分析，根据因果关系构建预测模型，根据预测期自变量数量的变化求解预测模型，依据求解结果确定预测期的因变量的一种预测方法。根据自变量的数量，可以分为一元回归分析、二元或多元回归分析；根据因变量的变化趋势可以分为线性回归分析和非线性（曲线）回归分析。

例如，天然气企业在做项目开发之前要对区域居民年用气量进行市场预测，这需要综合考虑该区域的居民人数、自然人口增长率、气化率、居民生活用气定额等相关因素，计算公式如（4–1）所示。

$$Q_{\mathrm{y}} = \frac{N(1+a)^{m} kq}{H_{\mathrm{i}}} \tag{4–1}$$

式中 Q_{y}——居民生活年用气量；

N——居民人数；

a——自然人口增长率；

m——与基准年份之间的差值；

k——气化率；

q——居民生活用气定额；

H_{i}——燃气低热值。

2. 弹性系数法

弹性系数法是一种间接预测方法，即在预测一个因素发展变化的基础上，用弹性系数预测另一个因素的发展变化情况。弹性系数被用来表示一定时期能源消费增长率与同期GDP增长率的比值，通常反映了能源消费与国民经济发展之间的关系，在能源领域应用较为广泛。其中，能源消费弹性系数分析法就是利用能源消费弹性系数来预测能源需求的总量。

（四）其他预测法

1. 灰色理论

灰色理论是在信息不完全或很少的情况下，通过建立数学模型并做出预测的一种方法，主要通过提取和分析“部分”已知信息来获取更有价值的信息，从而实现对系统行为趋势进行较为正确的描述和较为有效的控制。灰色理论模型（Grey Model，

GM）所需建模信息少，易于操作，且建模精度高，因此被广泛用于各种预测中，成为解决小样本量预测问题的有效工具。

2.投入产出法

投入产出法是指从数量方面考察国民经济或企业内各部门之间生产与分配的数量依存关系，建立投入产出综合平衡模型，据此进行经济分析、预测和计划综合平衡工作的一种方法。投入产出法是一种特殊的计量经济学模型，被广泛用于考察国民经济两大部门之间的比例关系以及各部门的投入和产出预测。以投入产出关系为基础的数学模型在预测分析中经常被用来研究国民经济各部门之间、部门内部或企业内部各组织之间生产和消费的相互依存关系，并根据综合投入产出平衡关系推测指标的变化方向和程度。

六 预测案例分析

（一）弹性系数法

运用能源弹性系数法来预测未来天然气市场的需求量，需要掌握能源弹性和天然气占能源结构中的比例现状数据。具体数据可在对应年份的《中国统计年鉴》中获取。

例如，采用能源弹性系数法对中国中长期一次能源消费总量进行计算，并通过设定天然气在未来一次能源消费中的占比，进而对天然气消费量进行预测分析。从《中国统计年鉴2021》获取了1997~2020年中国能源消费弹性系数如表4–5所示。

表4-5　1997~2020年中国能源消费弹性系数

年份	1997	1998	1999	2000	2001	2002	2003	2004
能源消费弹性系数	0.05	0.03	0.42	0.53	0.70	0.99	1.62	1.66
年份	2005	2006	2007	2008	2009	2010	2011	2012
能源消费弹性系数	1.18	0.76	0.61	0.30	0.51	0.69	0.76	0.49
年份	2013	2014	2015	2016	2017	2018	2019	2020
能源消费弹性系数	0.47	0.36	0.19	0.25	0.46	0.52	0.55	0.96

由表4–5可知，从2006年开始，中国能源消费弹性系数总体上呈现下降趋势，并且“双碳”目标设立后，中国能源利用效率将不断提高，单位GDP能耗持续下降，有理由相信该系数会继续保持稳定下降态势。根据趋势外推法，预测到2030年该系数下降为0.18，到2060年该系数下降为0.08。

同时，未来天然气在一次能源消费结构中的占比提升已成为普遍共识，主流预测在10%~12%，本次分析将天然气消费占一次能源消费的比值假定为12%。

此外，由于各国在未来将摆脱新冠疫情困境，贸易恢复进程加速，国内国际双循环持续发力，因此预计2021~2060年年均经济增速保持在3.5%左右，其中，前期2021~2030年年均经济增长率为5.5%，后期2031~2060年降低为2.83%。预测2030年一次能源总消费量从2020年的49.80亿tce（吨标准煤）增长至60.78亿tce，随后增速放缓，2060年达到62.23亿tce。以此计算得到2030年和2060年天然气消费量分别约为6006亿m^3和6150亿m^3，如表4–6所示。

表4–6　2030年和2060年中国天然气需求量预测

年份	能源消费弹性系数	能源消费量 / 亿 tce	天然气占一次能源比例 /%	天然气需求量 / 亿 m^3
2030	0.18	60.78	12	6006
2060	0.08	62.23	12	6150

（二）灰色理论

运用灰色理论预测未来天然气需求量，需要掌握历史天然气消费量的相关数据。其中，天然气历史消费量数据可在《中国统计年鉴》中获取。

灰色理论模型GM（1，1）的基本原理采用实例更易于表达。例如，运用灰色理论的建模思路，结合2011~2022年中国天然气消费量的历史数据（表4–7）对未来我国天然气消费量进行预测。

表4–7　2011~2022年中国天然气消费量的历史数据

亿m^3

年份	2011	2012	2013	2014	2015	2016
消费量	1341	1497	1705	1871	1932	2078
年份	2017	2018	2019	2020	2021	2022
消费量	2394	2817	3060	3340	3726	3663

首先将建立灰色模型GM（1，1），计算步骤如下：

根据2011~2022年全国天然气消费量得到以下数列：

$X^{(0)}=\{x^{(0)}(2011), x^{(0)}(2012), x^{(0)}(2013), x^{(0)}(2014), x^{(0)}(2015), x^{(0)}(2016), x^{(0)}(2017), x^{(0)}(2018), x^{(0)}(2019), x^{(0)}(2020), x^{(0)}(2021), x^{(0)}(2022)\}$
$=\{1341, 1497, 1705, 1871, 1932, 2078, 2394, 2817, 3060, 3340, 3726, 3663\}$

然后根据$X^{(1)}(i)$得到新数据序列：

$x^{(1)}=\{1341, 2838, 4543, 6414, 8346, 10424, 12818, 15635, 18695, 22035, 25761, 29424\}$

设$x^{(1)}$满足一阶常微分方程

$$\frac{dx^{(1)}}{dt}+ax^{(1)}=u$$

式中，a、u分别为常数。该方程满足初始条件$t=t_0$时，$x^{(1)}=x^{(1)}(t_0)$的解

$$x^{(1)}(t)=\left[x^{1}(t_0)-\frac{u}{a}\right]e^{-a(t-t_0)}+\frac{u}{a}$$

对等间隔取样的离散值（$t_0=1$）则为：

$$x^{(1)}(k+1)=\left[x^{(1)}(1)-\frac{u}{a}\right]e^{-ak}+\frac{u}{a}$$

最后可得：$$\begin{bmatrix}x^{(0)}(2012)\\x^{(0)}(2013)\\x^{(0)}(2014)\\x^{(0)}(2015)\\x^{(0)}(2016)\\x^{(0)}(2017)\\x^{(0)}(2018)\\x^{(0)}(2019)\\x^{(0)}(2020)\\x^{(0)}(2021)\\x^{(0)}(2022)\end{bmatrix}=\begin{bmatrix}-\frac{1}{2}\left[x^{(1)}(2012)+x^{(1)}(2011)\right],1\\-\frac{1}{2}\left[x^{(1)}(2013)+x^{(1)}(2012)\right],1\\-\frac{1}{2}\left[x^{(1)}(2014)+x^{(1)}(2013)\right],1\\-\frac{1}{2}\left[x^{(1)}(2015)+x^{(1)}(2014)\right],1\\-\frac{1}{2}\left[x^{(1)}(2016)+x^{(1)}(2015)\right],1\\-\frac{1}{2}\left[x^{(1)}(2017)+x^{(1)}(2016)\right],1\\-\frac{1}{2}\left[x^{(1)}(2018)+x^{(1)}(2017)\right],1\\-\frac{1}{2}\left[x^{(1)}(2019)+x^{(1)}(2018)\right],1\\-\frac{1}{2}\left[x^{(1)}(2020)+x^{(1)}(2019)\right],1\\-\frac{1}{2}\left[x^{(1)}(2021)+x^{(1)}(2020)\right],1\\-\frac{1}{2}\left[x^{(1)}(2022)+x^{(1)}(2021)\right],1\end{bmatrix}\begin{bmatrix}a\\u\end{bmatrix}$$

可表示为$y=BU$

可估算利用Matlab求可得$\hat{a}$=–0.0941，$\hat{u}$=1330.0。

将$\hat{a}$=–0.0941，$\hat{u}$=1330.0代入公式$x^{(1)}(k+1)=\left[x^{(1)}(1)-\frac{u}{a}\right]e^{-ak}+\frac{u}{a}$可得时间响应方程：

$$x^{(1)}(k+1)=15474.9001e^{0.0941k}-14133.9001$$

即$$x^{(1)}(k)=15474.9001e^{0.0941(k-1)}-14133.9001$$

采用该模型预测2023年全国天然气需求量为4301.3487亿m^3，2025年需求量为5192.5124亿m^3，2030年需求量为8313.9953亿m^3，见表4–8。

表4-8　2023~2030年全国天然气需求量

亿 m^3

年份	2023	2024	2025	2026
需求量	4301.3487	4725.9715	5192.5124	5705.1095
年份	2027	2028	2029	2030
需求量	6268.3095	6887.1078	7566.9929	8313.9953

第五节 协同市场开发

随着油气市场化改革的逐步深化，中国天然气市场进入改革窗口期，这要求资源、设施、市场间的多环节匹配与协同，以维持产销平衡。天然气资源方企业主要负责勘探、开采、生产和加工天然气，气源主要包括国产气田、进口管道气和进口LNG三种，大部分由中国石油、中国石化和中国海油掌控；天然气设施方企业负责天然气的储存和运输，包括国家管网和省级管网的运营；天然气销售企业则负责天然气的分销和应用。本节主要介绍天然气资源和设施与市场开发工作的协同，以及新市场格局下市场开发理念的变迁、市场开发工作的探索，以帮助市场开发人员从系统视角出发，最终实现市场开发工作与资源、设施的三方协同。

一　资源与市场开发的协同

天然气市场中现存的关于资源与市场开发的营销模式主要分为以产定销和以销定产两种类型。以产定销是指首先确定各供气单位的供气计划量，不设定各需求单位的需求计划量，然后根据供气指标制定天然气销售计划的营销模式。在天然气市场开发初期，由于储气库和管网等储运基础设施的不完善，加之天然气本身难以储存的产品特性，使得燃气公司必须依托天然气资源的供给情况，根据资源方的产量和产能水平进行市场开发，尽量保证即产即销、上下对应，在一定程度上实现产销平衡，避免因未能及时卖出而导致的资源浪费和经济损失。在这种模式下，天然气市场开发工作服务于资源生产，市场开发节奏的快慢将受制于天然气产能和相关基础设施建设的情况。

随着天然气行业的发展，天然气市场愈发成熟，管网在全国范围内的广泛铺设使得天然气资源能够接触到更多终端市场，市场规模不断扩大，从而进一步释放了天然气资源方的产能。“以产定销”的传统营销模式已经不能适应天然气市场的发展，取而代之的是“以销定产”这类以市场为中心的营销模式。以销定产又称“按需定产”，即设定各需求单位的需求计划量，不设定各供气单位的供气计划量，以销售合同为前提，依据市场的需求来安排生产。以销定产模式使得燃气公司可以根据终端用户的需求情况来决定天然气资源的产量和进口量，不断优化天然气资源的供给配置，从而在一定程度上实现产销平衡。

例如中国石化主导的川气东送项目，一方面需要位于四川省宣汉县境内的普光气田对产能进行整体的评估，另一方面需要中国石化市场调研部门对四川、重庆、湖北、江西、安徽、江浙、上海等沿途目标市场进行深入的需求分析和预测，并确定天然气管道的运输能力，从整体的角度在一定程度上实现产销平衡，保障项目的可持续性。在投产初期，由于设备故障率高，脱硫技术不成熟，使得产量波动巨大，难以预测，因此市场开发需要根据气田的生产缓慢进行，甚至将化肥厂等用户搬迁到周边，向其低价供给天然气，以保证项目的顺利投产。随着后续相应设施的建设完善，气田的产能和产量得到了加强，生产逐步趋于稳定，能够触及和满足更大范围的市场，开始根据市场需求调整资源的生产情况。面对突发情况带来的市场需求波动，燃气公司会与普光气田协调天然气供给情况，综合考虑储备调峰能力的预留情况以及天然气运输管道的伸缩性，最终对天然气的运输量和销售量做出决策。

二　设施与市场开发的协同

随着国家管网公司的成立，天然气管道将形成“全国一张网”，由国家管网公司和下属省级管网公司统一运营，现役管道总里程达到10.1万km，形成了“四大战略通道”和“三纵三横”管网布局，连接15座LNG接收站和14座地下储气库。我国将逐渐实现由天然气产业的“产、运、销”分离，向上游天然气资源多主体多渠道供应、中间统一管网高效集输、下游销售市场充分竞争的“X+1+X”天然气市场体系转变。

国家管网公司和省级管网公司的天然气管道、LNG接收站和储气库等天然气储气设施的建设主要考虑市场需求因素和政策因素。一方面管道和储气设施会努力满足市场需求，选择在市场需求大的地方建立分支管道，如京津冀、长三角和珠三角地区大量使用天然气用于发电、化工、新能源汽车等领域，国家管网公司和省级管网公司会在这类天然气需求量大的市场铺设管道，并连接相关区域的LNG接收站和地下储气库；另一方面管道和储气设施也会积极响应国家战略号召，例如先后建成中俄东线中段和南段等一批国家重点项目，推动陕京四线张家口支线等六条管线建设助力北京冬奥会成功举办，建成投产内蒙古首座天然气地下储气库苏东39-61储气库。

面对“管住中间，放开两头”的天然气改革思路，各地区的燃气公司需要以国家管网和省级管网覆盖区域为中心来进行市场开发，强调“管网管道在哪里，市场就发展到哪里”的市场策略，跟随管网管道的建设进度进行市场开发。同时，燃气公司也要注意LNG接收站和地下储气库的建设情况，以具备所在市场天然气需求波动下的储备调峰功能。例如普光气田的管道建设是分段投产的，先投产于四川达州，之后是重庆、武汉、安庆、嘉兴等地，最终到达上海。燃气公司的市场开发需要根据普光气田管道投产的节奏进行，LNG接收站和地下储气库的建设也需要以区域管道铺设情况作为依托。在管道建设不完善的情况下，燃气公司难以保障供给，从而无法及时满足终端用户的用气需求，因此天然气市场开发还需要与基础设施保持协同，从而确保产销平衡。

三 市场变革下的探索

目前，中国天然气行业正在经历市场化变革，政府通过引入竞争机制，鼓励民营企业参与天然气生产、供应和销售，不断完善天然气多元供应体系的建设；同时，国家管网公司不断推动天然气干线管网互联互通和与社会管道的联通，基础设施向用户公平开放，已经形成“X+1+X”的市场格局。与以往的以产定销不同，借助全国管网，天然气资源方公司能够通过市场开发实现产能的全部释放。市场变革给天然气销售企业的市场开发工作带来了新挑战和新机遇，市场开发发挥的重要作用将逐步体现。天然气市场化的不断深化和基础设施的逐步完善使得天然气销售企业的市场开发工作不再受制于资源端产能建设情况和基础设施端管道的分步投产，而是进入一个新的阶段，呈现出全国性。因此，天然气销售企业的市场开发人员必须积极采取措施，在市场变革下不断探索，创新发展以提升企业的竞争力，为企业的市场增长抓住新的机遇。

（一）创新产品与服务

随着社会和经济的发展，天然气市场需求也在不断演变。通过创新产品与服务，天然气企业能够及时捕捉市场的新需求，并提供相应的解决方案，满足客户的多样化需求。天然气企业的创新产品与服务不仅能够满足客户需求，还有助于推动整个行业的发展和技术进步。通过引入新技术、新工艺和新应用，天然气企业能够推动行业创新和转型，为整个行业的可持续发展做出贡献。市场变革下天然气企业创新产品与服务主要包括以下两个方面：

1.新型天然气产品开发

新型天然气产品的开发涵盖多个方面，常见的新型天然气产品开发领域包括：①清洁能源替代，即开发和推广可再生天然气（RNG）和氢能源等清洁能源替代方案，以减少碳排放和环境影响；②LNG应用，即开发LNG的储运技术和设备，以满足远距离运输和储存需求，如LNG加气站、LNG运输船舶和LNG储罐等；③天然气新材料，包括开发具有高性能和特殊功能的天然气相关材料，如天然气储存材料、密封材料、管道材料等，以提升天然气系统的安全性、可靠性和效能；④高效燃气设备，即开发高效节能的燃气设备，如高效燃气炉具、燃气锅炉、燃气发电机组等，以提高能源利用效率和减少能源浪费；⑤智能天然气应用，包括开发智能天然气应用，如智能家居系统中的天然气控制、智能燃气计量和监测设备等，提供更便捷、安全、节能的天然气使用体验。

天然气企业创新产品与服务的重要性在于满足市场需求、提升竞争力、打造品牌形象、推动行业发展和实现可持续发展目标。通过持续创新，天然气企业能够不断适应变化的市场环境，保持竞争优势，为客户提供更好的产品和服务。

2. 天然气存储服务升级

升级天然气存储服务可以增加储气设施的容量和灵活性，使得天然气企业能够更好地应对市场需求的波动，通过提高储气设施的调控能力，能够更好地平衡供需关系，确保天然气供应的稳定性和可靠性。此外，升级天然气存储服务可以提升天然气企业的市场竞争力，通过提供更加灵活、可靠的存储服务，能够吸引更多的客户和合作伙伴，增加市场份额。升级天然气存储服务的主要包括以下内容：

（1）代采服务。自进入2021年以来，国际天然气市场价格高企，有较大需求用户不具备采购国际现货或长约所需的资金、人力资源等实力，因此出现了“代采”这种模式，即用户可向中国石化这种具备国际现货采购实力的供应商签订代采协议，中国石化将现货采购回来后，将采购成本及中间费用全部顺导给用户，这样既可以满足用户市场需求，又能够规避资源采购商的风险。

（2）代储服务。对于用户非采暖季无法完全提取的气，中国石化这种规模比较大的资源商可以提供存储服务。由于中国石化的储备设施多、容量大，可为用户提供储存服务，使用户在需求增长的时候可以提取出来，这种模式可以规避用户储存能力有限的问题，同时能够为中国石化的储气设施创造效益。

（3）储气调峰服务。主要包括临时储气调峰和预先储气调峰。临时储气调峰是指，用户没有提前将天然气储存在天然气企业的储气库中，往往是临时需求剧增，对于这部分用户，天然气企业同样可以利用其储气设施中的资源提供调峰服务，这种服务价格往往比较贵，冬季需求旺盛时甚至可达到8~10元/m^3。预先储气调峰是在淡季时提供的服务，当用户觉得天然气紧缺时，可以预先同天然气企业签订单独的储气调峰合同，待使用天然气时，按照该合同提取天然气，但目前很少有用户采用这种方式，因为储气调峰量的价格往往较高，而对于未来几个月的天气都是无法确定的，处于公司经营的角度考虑，用户往往在短缺来临时前几天紧急筹措，即采用第一种方式临时调峰。

（二）开发高端天然气市场

高端天然气市场通常与高附加值的产品和服务相关，价格相对较高。通过开发高端市场，天然气企业可以提供高质量、高附加值的产品和服务，从而提高销售额和盈利能力。高端市场的客户更倾向于支付更高的价格以获取高品质的天然气产品，这对企业的盈利能力具有积极影响。高端市场通常是较为专业化和集中化的，竞争对手相对较少。通过在该市场取得成功并树立起行业领导者的形象，天然气企业能够在市场中占据更为有利的位置，引领市场发展方向，获得更多商业机会。开发天然气高端市场主要包括以下内容：

1. 高品质天然气供应

在高端市场，对天然气的品质要求更高。因此，天然气企业需要确保提供高品质的天然气，包括纯度高、低杂质、高热值等特点。这可以通过采用先进的提取、净化和处理技术来实现，以满足高端市场客户对纯净和高效能源的需求。

2. 环保和可持续发展

在高端市场，客户对环保和可持续发展的关注度较高。天然气企业应当致力于提供环保型的天然气产品和服务，以减少对环境的影响并提高可持续性。这可以通过采用清洁能源生产技术、推广低碳排放的天然气利用方式、建立环境管理体系等方式来实现。同时，企业还可以积极参与碳排放权交易市场和可再生能源发展项目，以满足高端市场客户对环保和可持续发展的需求。

3. 建立合作伙伴关系

高端市场的开发通常需要与其他相关行业的企业建立合作伙伴关系，共同提供综合解决方案。天然气企业可以与发电企业、工业用户、建筑公司等建立战略合作伙伴关系，通过共享资源、技术和市场渠道，提供一体化的能源解决方案。这种合作关系有助于提高市场竞争力和市场占有率，并促进行业的整体发展。

（三）完善交易模式

通过创新与完善交易模式，天然气企业能够在竞争激烈的市场中脱颖而出，提升自身的竞争力。新的交易模式可以帮助企业更好地满足客户需求、提供更灵活的服务和定价策略，从而吸引更多的客户和合作伙伴，扩大市场份额。具体而言，天然气企业交易模式的创新与完善主要包括以下内容：

1. 建立线上交易平台

天然气企业可以建立线上交易平台，促进天然气的交易和流通。通过线上平台，企业可以提供实时的价格信息、交易机会和市场数据，方便买卖双方进行交易。这种模式可以提高交易的透明度、效率和便利性，促进市场的竞争和发展。

2. 多元化的合作模式

天然气企业可以与其他能源企业、能源服务公司、金融机构等建立多元化的合作模式。例如，与电力企业合作推动天然气与电力的联合供应，与能源服务公司合作提供综合能源解决方案，与金融机构合作提供融资和保险支持等。这种合作模式可以整合资源、优化供应链、降低成本，并创造更多的商业机会。

第五章

天然气采购管理

本章导读

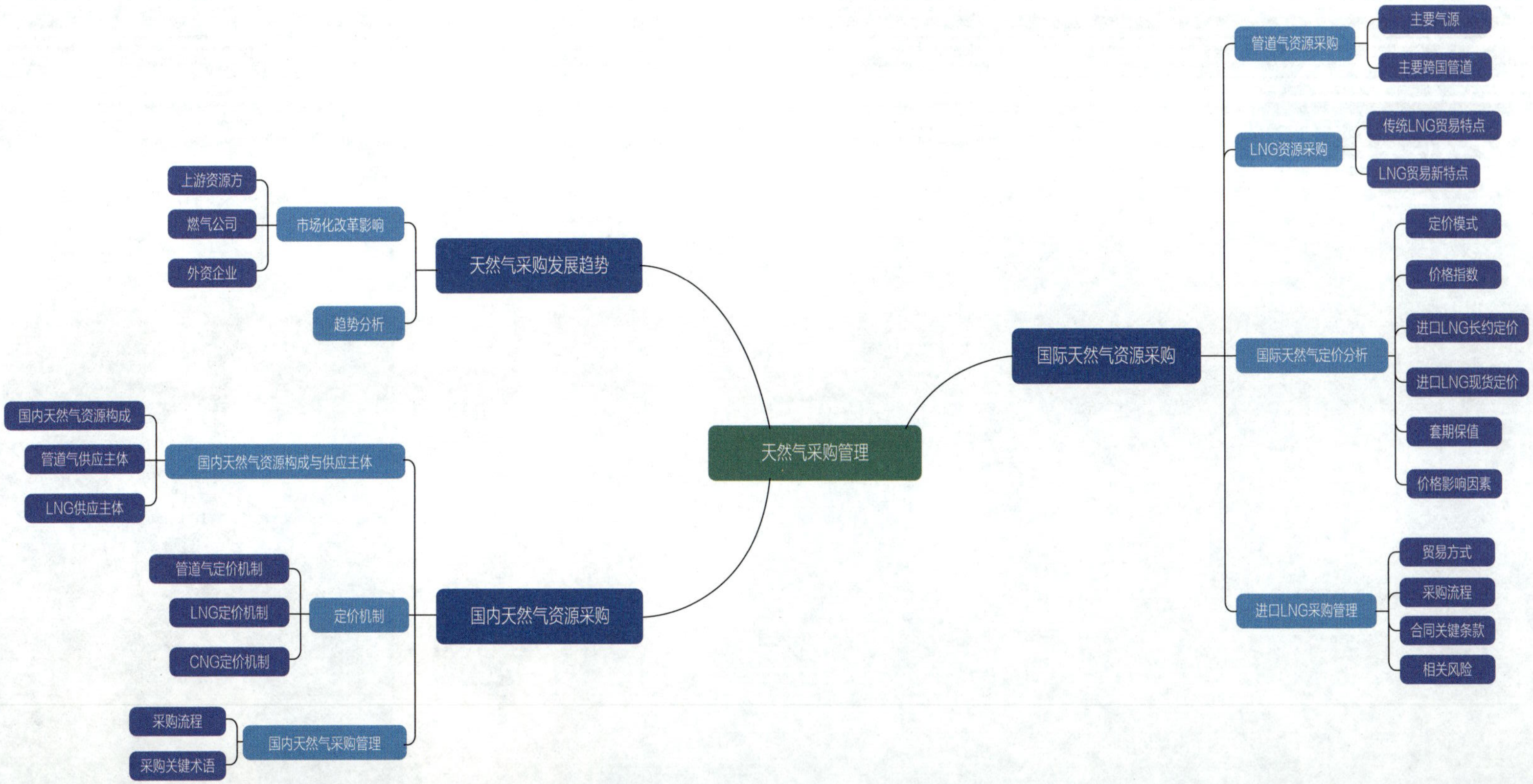
天然气采购管理
天然气采购发展趋势
市场化改革影响
上游资源方
燃气公司
外资企业
趋势分析
国内天然气资源采购
国内天然气资源构成与供应主体
国内天然气资源构成
管道气供应主体
LNG供应主体
定价机制
管道气定价机制
LNG定价机制
CNG定价机制
国内天然气采购管理
采购流程
采购关键术语
国际天然气资源采购
管道气资源采购
主要气源
主要跨国管道
LNG资源采购
传统LNG贸易特点
LNG贸易新特点
国际天然气定价分析
定价模式
价格指数
进口LNG长约定价
进口LNG现货定价
套期保值
价格影响因素
进口LNG采购管理
贸易方式
采购流程
合同关键条款
相关风险

第一节

国际天然气资源采购

我国天然气储量丰富，但人口众多，能源消耗巨大，每年均需从其他国家进口天然气。我国国际天然气采购主要包括管道气采购和LNG采购两种，主要进口国有俄罗斯、哈萨克斯坦、土库曼斯坦、缅甸，以及印度尼西亚、马来西亚、菲律宾、澳大利亚等。其中，管道气价格以长约谈判为主，LNG定价比较复杂，将在本节第三部分进行系统介绍。

一 管道气资源采购

（一）主要气源

我国管道气采购主要经由中俄东线、中亚管线和中缅管线进口。采购主体为中国石油，进口主体共5个，分别为缅甸、土库曼斯坦、乌兹别克斯坦、哈萨克斯坦、俄罗斯。其中，土库曼斯坦、俄罗斯、哈萨克斯坦为我国管道气进口量排名前三的国家，2022年进口管道气总量559.16亿m^3，占比87.16%。未来，伴随中俄东线增量及远东管线和西伯利亚2号管线建成投产，中国管道气进口增量将主要来自俄罗斯。

（二）主要跨国管道

（1）中亚天然气管道。该管道于2009年投产运行，设计输气能力600亿m^3/a，经由A、B、C三线并行输入我国，气源来自土库曼斯坦、乌兹别克斯坦和哈萨克斯坦。管道西起土库曼斯坦和乌兹别克斯坦边境，经乌兹别克斯坦中部和哈萨克斯坦南部，从霍尔果斯进入我国。其中土库曼斯坦境内管线长188km，乌兹别克斯坦境内管线长530km，哈萨克斯坦境内管线长1300km。此外，中亚天然气管道D段于2014年9月开工建设，气源为土库曼斯坦的复兴气田，该气田为世界第二大单体气田，天然气储量超过26万亿m^3[1]，途经乌兹别克斯坦、塔吉克斯坦、吉尔吉斯斯坦进入我国新疆南部，设计输气能力约300亿m^3/a。

（2）中俄天然气管道。该管道在俄罗斯被称为“西伯利亚力量”，于2019年投产

[1] 数据来源：兰州大学土库曼斯坦研究中心。

运行，合同期30年，按照中国石油与俄天然气工业股份签署的《中俄东线供气购销合同》，约定总供气量超1万亿m^3、年供气量380亿m^3。该管道境外段，由科维克金气田、恰扬金气田开始，途经伊尔库茨克州、萨哈共和国、阿默尔州，抵达布拉戈维申斯克（海兰泡），全长约3000km，随后进入中国的黑龙江黑河。从黑河往南分为三段，北段“黑龙江黑河—吉林松原”，中段“吉林松原—河北廊坊”，南段“河北廊坊—上海”。

（3）中缅天然气管道。该管道于2013年投产运行，设计输气能力为120亿m^3/a，管道起点为皎漂港，经若开邦、马圭省、曼德勒省，由云南瑞丽进入我国，终点为粤港澳大湾区。

二　LNG资源采购

天然气作为清洁能源越来越受到青睐，正以每年约12%的增速高速发展，成为全球增长最迅猛的能源行业之一。进口LNG有助于消费国实现供应渠道多元化，有效地保障地方能源安全；出口LNG则有助于激发天然气生产国的开发积极性，使得勘探开发技术不断提高，增加外汇收入，促进国民经济发展。因此，国际LNG贸易正成为全球能源市场的新热点。

（一）传统LNG贸易特点

传统LNG贸易特点：一是投资巨大，属于资本密集型产业；二是全球贸易量70%以上为长约供应，市场灵活度较低；三是定价模式通常采用挂钩油价或气价的价格公式；四是交易模式多采用“照付不议”或“照供不误”；五是“一体化”参与趋势明显。由于LNG产业链各环节衔接紧密的特殊性，使得上游勘探开发及下游生产销售安排灵活度较小，且产品装船后即开始挥发，装港、运输、卸货各个风险点形成串联，导致LNG项目在执行期间，需要各流程节点极为精准地契合。

（二）LNG贸易新特点

近年来，受地缘政治、经济社会发展及环保政策等因素影响，国际原油及天然气价格走势的不确定性增加，2019~2022年的价格走势分别如图5-1、图5-2所示。自2021年开始，伴随各国对新冠疫情政策的放宽，全球经济复苏快于预期，能源需求呈爆发式增长，天然气现货贸易占比不断增高，LNG价格走势向由传统的“亚洲溢价”演变为“欧洲溢价”，交易主体及定价机制愈加多样化，各国分散计价的风险意识不断增强。在全球LNG供需形势变化频繁的背景下，国际LNG贸易开始衍生出如图5-3所示的新特点。

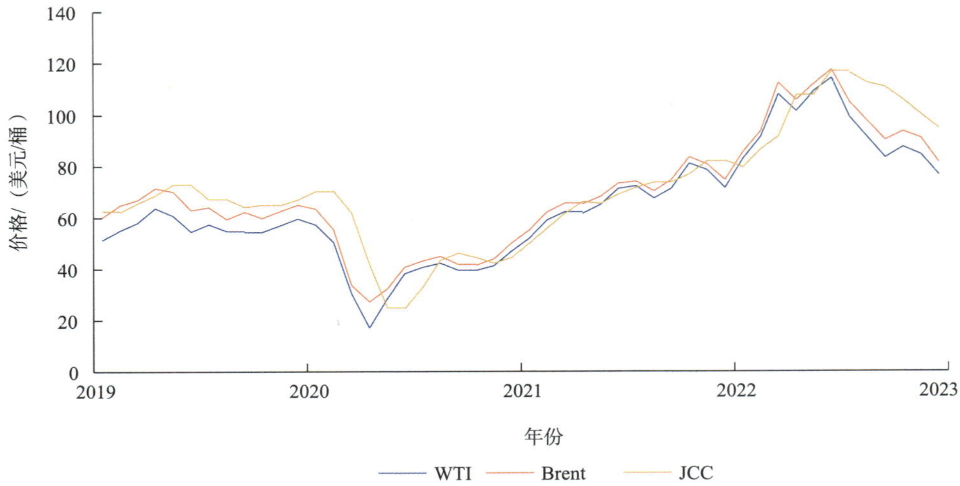

图 5-1　2019~2022 年国际原油期货价格走势
数据来源：金凯讯

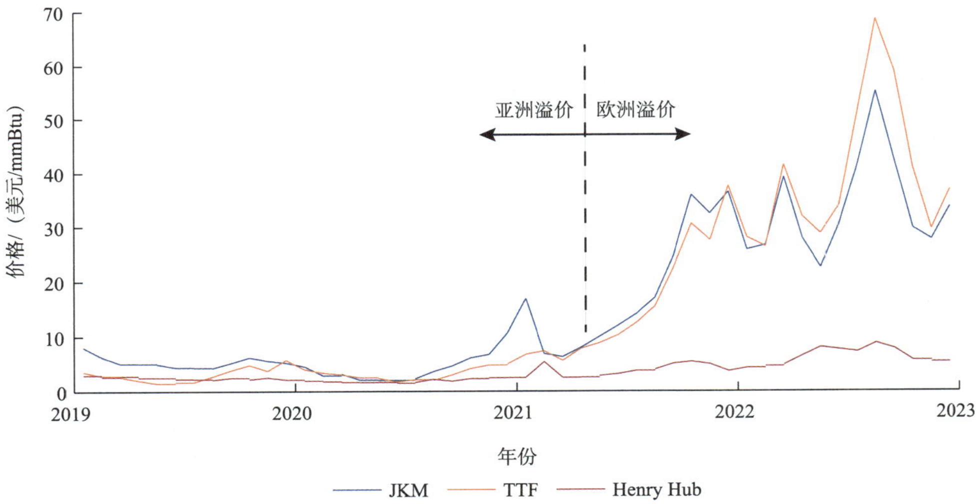

图 5-2　2019~2022 年国际天然气价格走势
数据来源：金凯讯

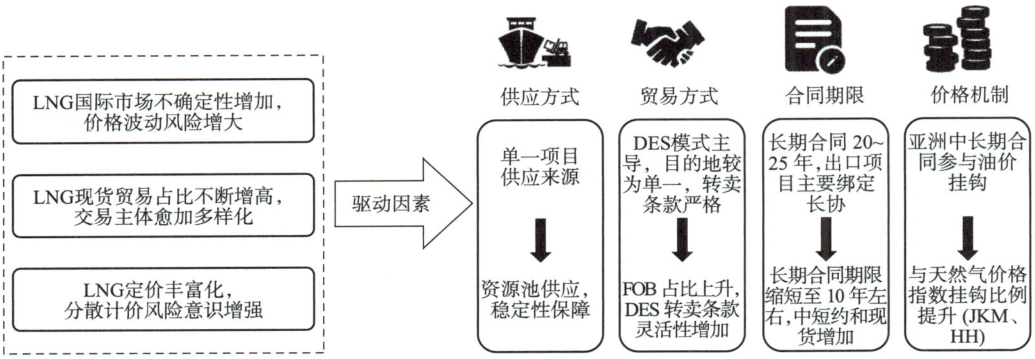

图 5-3　全球 LNG 贸易新特点

1. 供应方式多元化

供应方式由单一项目来源转变为“资源池”供应，资源稳定性得到保障。为有效应对国际能源价格大幅上涨的冲击，有力保障本国能源供应及价格稳定，进口企业正在积极构造自主天然气资源池，渠道不断增多。例如，国内天然气进口企业早期签订的LNG供应商多为巴布亚新几内亚、卡塔尔等传统能源国家，来源渠道单一、签订量较少。伴随天然气勘探开发技术不断进步，上游产量增长迅速，目前可选择资源渠道较为广泛，例如非洲、中东、美国、澳大利亚等LNG资源，从传统单一项目到多个项目，实现多渠道、多来源供应。在某一LNG产业链出现供应短缺时，其他资源商可及时进行补充。

2. FOB贸易方式占比上升

传统LNG贸易方式由DES模式主导，该模式为点对点交易，目的地较为单一，转卖条款严格。例如，进口卡塔尔LNG资源只能在国内某固定接收站接收，严禁在其他港口接收，若买方下游市场低迷，无法完全消纳，则参照合同照付不议条款执行。而FOB模式采取离岸交割，若买方下游无法完全消纳，可自行在资源市场开展二次转卖销售，采购及交易方式相对灵活。最早国内签订的进口合同多为DES模式，而近年几乎都为FOB模式，逐渐从卖方市场过渡到买方市场。

3. 中短约及现货增加

长约期限由20~25年缩短至10年，中短约及现货增加。2015~2020年，全球处于买方市场，卖方为刺激下游消费、增加销售灵活性，开始缩短签订周期。此举对买卖双方来讲，签订周期越灵活，可搭配其他资源种类越多，同时，长约难以预测复杂多变的市场形势，交易过程中买卖双方均存在一定风险，而中短期合作可适当降低市场波动的影响。

4. 价格机制发生变化

传统亚洲市场中长期LNG合同与油价挂钩，目前逐渐转变为与天然气价格指数挂钩。东南亚传统进口LNG长约挂钩日本JCC原油进口综合价格，近年开始挂钩荷兰天然气价格指数（Title Transfer Facility，TTF）指数、北美天然气价格指数或参考JKM指数。市场定价多元化，且并未将全部采购量与同一价格模式挂钩，从而降低气源价格风险。随着LNG国际贸易不断发展，供应灵活性和需求弹性不断增强，尤其是美国大量LNG项目投产，成为全球LNG市场动态平衡的调节器；同时，也促进了各区域性天然气市场的价格联动，国际LNG市场正逐步放开市场化。

三　国际天然气定价分析

当今全球天然气定价模式分为八类，如表5-1所示。其中与油价挂钩定价、气-气竞争定价、双边垄断定价、产品净回值定价为“市场化”定价模式，而政府定价、成本定价、低于成本定价、无定价模式为“受监管”定价模式。

表5-1 国际天然气定价模式分类

机制	中英文全称	基本要点
OPE	Oil Price Escalation（与油价挂钩定价）	根据基准价格和变化条款，天然气价格与竞争性燃料挂钩，通常使用的是原油、柴油、燃料油。通过基础价以及与竞争燃料挂钩的机制实现价格浮动
GOG	Gas-on-Gas Competition（气-气竞争定价）	天然气价格是由供需相互作用决定的，通过天然气与天然气的竞争，并在不同时期进行交易。由天然气供需双方力量决定的价格，多为交割枢纽价
BIM	Bilateral Monopoly（双边垄断定价）	天然气价格，由大型卖方和买方之间的双边讨论或协议决定，价格在一段时间内固定，通常为一年
NET	Netback from Final Product（产品净回值定价）	天然气供应商收到的价格，是买方得到的最终产品价格的函数。这种情况可能发生在天然气被用作化工厂的原料，如氨或甲醇，并且天然气是生产产品的主要可变成本
RCS	Regulation：Cost of Service（服务成本定价）	价格水平由规管当局确定，基本思路是以回收服务合理成本为主（包括投资、回报率以及其他可变成本）的定价机制
RSP	Regulation：Social and Political（政府定价）	价格水平由规管当局确定，基本思路是以社会和政治因素为主、经济商业因素为辅的定价机制
RBC	Regulation：Below Cost（低于成本定价）	价格水平由规管当局确定，政府有意将天然气价格定在天然气生产和运输的平均成本之下，作为国家对民众的一种补贴
NP	No Price（无定价）	免费提供给居民和工业，该情形下天然气作为其他能源的副产品进行处置，可作为化工原料，或用于提高石油采收率

（一）定价模式

1. 与油价挂钩定价

与油价挂钩定价，简称OPE，根据基准价格及条款的变化，天然气价格与竞争性能源燃料挂钩，通常参考原油、柴油或燃料油价格。

2. 气-气竞争定价

气-气竞争定价，简称GOG，价格由供需相互作用决定，通过天然气与天然气之间的竞争，并在不同时期进行交易，可发生在现实交易中心或虚拟交易中心，也可能会发生在发达的期货市场，如纽约商品交易所或洲际交易所，并非所有的天然气买卖，都是基于短期价格，也会有长期合同，这些合同通常使用天然气价格指数来确定分月价格。

3. 双边垄断定价

双边垄断定价，简称BIM，由买卖双方的双边讨论或协议决定，价格在一段时间相对固定，通常为一年，可能会有书面合同，但通常是在政府或国有企业级别的安排。通常情况下，在交易的过程中，至少一方有一个占主导地位的买家或卖家，以区别于气-气竞争价格，后者有多个买家和卖家进行双边交易。

4. 产品净回值定价

产品净回值定价，简称NET，天然气供应商收到的价格，是买方得到的最终产品价格的净回值函数。这种情况可能发生在化工厂以天然气作为原料，如制氨或甲醇，并且天然气是生产产品的主要可变成本。

5. 服务成本定价

服务成本定价，简称RCS，价格水平由规管当局确定，基本思路是足以回收服务合理成本，包括投资、回报率以及其他可变成本的回收机制。

6. 政府定价

政府定价，简称RSP，天然气价格是由一个监管机构确定，可能为部委正式确定或批准，其价格水平必须能够保证“服务成本”，包括投资回收和合理的回报率，以维持社会稳定。

7. 低于成本定价

低于成本定价，简称RBC，意指政府有意把天然气价格定在生产及运输的平均成本之下，往往是国家对民众的一种补贴。

8. 无定价

无定价，简称NP，意指政府将天然气免费提供给居民和工业，可以作为化工厂和化肥厂的原料，或用于炼油过程和提高石油采收率。

随着天然气能源综合价值提升，全球天然气贸易得到快速发展，市场化程度大幅提升，以上介绍的八种定价模式的发展应用也各不相同。目前定价模式使用最为广泛的为OPE和GOG。以2020年为例，全球各地区LNG进口定价模式占比如图5-4所示。

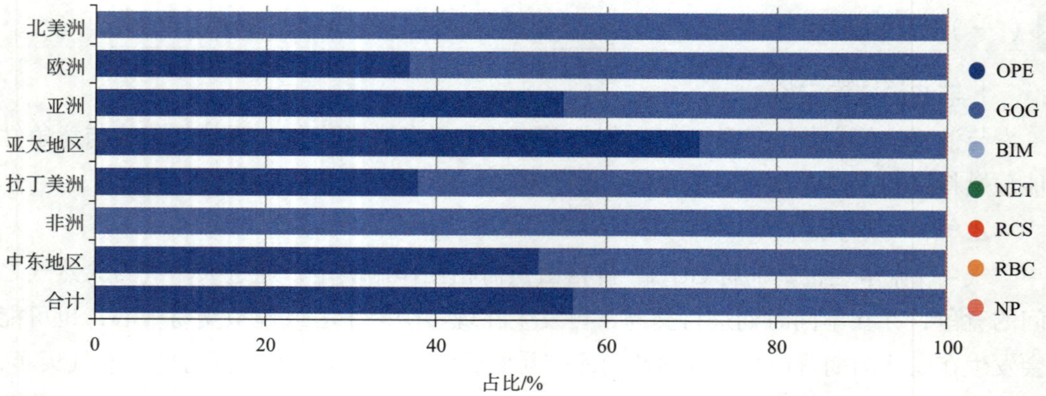

图5-4　2020年全球各地区LNG进口定价模式占比

（二）价格指数

因国际天然气市场尚未形成像原油那样的全球统一市场，目前天然气交易市场较为活跃的地区包括北美、欧洲和东南亚，各区域对应的主要的价格指数分别为HH、荷兰TTF，目前亚洲尚无反应区域市场价格的指数，仍然沿用以JCC、Brent油价为主的合约价格体系，现货价格偶尔参考JKM。全球主要区域的天然气定价特点如表5-2所示。

表5-2 全球主要区域的天然气定价特点

北美HH	欧洲TTF	亚太JKM
1. 气价受供需、天气和贸易影响较小，流动性好； 2. 国内标杆气价，完全的“气－气竞争”市场	1. 区域基础设施完善，贸易流动性较好； 2. 区域内标杆气价，完全的“气－气竞争”市场	1. 长约资源以挂钩油价为主，灵活采购现货资源； 2. 气价受油价影响较大，部分贸易挂钩北美或欧洲气价
南美洲	**俄罗斯**	**中国**
1. 政府管制价格； 2. 逐渐挂钩国际油价和气价	双边垄断定价模式	1. 政府管制气价； 2. 进口气挂钩油价或国际主流气价

1. 北美价格指数

北美天然气市场发展最为成熟，目前共有24个实体枢纽交易中心，其中最有影响力的为1988年成立的亨利枢纽，其价格HH（北美价格指数）是北美天然气交易的基准价。该枢纽临近墨西哥湾，连接九条州际管道和四条州内管道，其优势主要体现在优良的地理位置及完善的储存设施。地理位置上，亨利枢纽联通了得克萨斯州和路易斯安那州天然气运输，而得克萨斯州是美国天然气产量最大的州，占美国市场销量的27%，路易斯安那州占美国销量的7%。储运设施方面，包括亨利枢纽与杰斐逊岛、阿卡迪亚和索伦托在内的储存设施联通，每年可以有多个开采和注气周期，交付能力较强。

亨利枢纽价格主要以贴水或基差的形式反映市场状况、运输成本和各点之间的运输能力，由于其交易量大、定价透明度高、流动性强，部分天然气生产国（卡塔尔、澳大利亚）也将其天然气现货价格挂钩HH。2022年天然气交易均价为6.42美元/mmBtu，同比上涨了64%，创下2008年以来的最高水平。

2. 欧洲价格指数

欧洲天然气交易中心最早起源于20世纪90年代，英国开创了虚拟交易枢纽NBP（National Balancing Point），将全国范围的整个高压输气管网划定为国家平衡点，作为天然气市场的交易枢纽。2003年荷兰推出了TTF，并于2016年超过NBP成为欧洲21个交易枢纽中最活跃、影响力最大的一个。由于其位置更靠近各大天然气交易市场及管道储运设施，具备充足的存储空间，拥有更多LNG进口终端，目前荷兰TTF枢纽汇集了约3/4的欧洲天然气贸易，其他欧洲市场价格基本按照该价格指数升贴水定价。

2022年荷兰TTF天然气现货均价为37.7美元/mmBtu，同比上涨137%，受俄乌冲突影响，最高日价达93.81美元/mmBtu。

3. 亚太价格指数

由于日本天然气资源禀赋较差，为满足本国能源需求，自20世纪70年代开始进口LNG。由于主要用于替代原油发电，因此在长期合同中进口的LNG采用了与JCC挂钩的定价公式。随着亚洲地区LNG现货交易量的提升，石油指数定价模式的作用正在减弱，国际LNG采购逐渐克服了亚洲地区基础设施薄弱的限制，将亚洲各个区域市场连接成一个整体，促成了第一个亚洲天然气基准价格（JKM）的成立，该价格指数通常以DES方式交付到日本、韩国、中国的现货市场，且逐渐成为亚洲LNG现货交易的标杆价。

2022年亚太JKM天然气交易均价为34.11美元/mmBtu，同比上涨约80%，且一度飙升至69.955美元/mmBtu；但受地缘政治影响，该价格仍低于欧洲市场，此前亚太地区为了吸引LNG供应量的“亚洲溢价”已不复存在。

俄罗斯与中亚地区多采用双边垄断（垄断出口和垄断进口）的定价模式。通常采用政府间谈判来确定供给非欧盟用户的天然气价格。受俄乌冲突影响，俄罗斯与白俄罗斯签署政府间协议，确定在2022年底形成与俄罗斯卢布挂钩的天然气定价条件，白俄罗斯确定将使用卢布支付俄罗斯天然气。

（三）进口LNG长约定价

当前国际LNG市场已签署的长约定价仍主要与油价挂钩。此外，LNG定价已开始出现与欧美天然气枢纽价格指数、JKM指数挂钩等模式，日本甚至有买家签署了与煤炭价格挂钩的LNG长期合同。整体而言，各区域之间仍存在一定差异。

1. 北美市场

得益于页岩气革命的成功，2016年美国开始大量出口LNG，其项目定价采用成本加成模式（原料气成本+损耗气+管输/液化费），合同价格与美国亨利枢纽价格挂钩，合同模式全部为FOB模式，且无目的地限制，买家承担与亨利枢纽价格挂钩的天然气价格风险以及“照运不议”（ship or pay）或“照付不议”的义务。

2. 欧洲市场

天然气价格约28%与油价挂钩，约70%与当地各种指数（TTF、NBP等）或油气混合价格挂钩，约2%受政府管制。由于欧亚天然气市场价格联动性增强，部分亚洲国家新签LNG长期合同也有挂钩欧洲天然气枢纽价格的情况。

3. 亚太市场

日本LNG长约定价在经历了固定价、与产油国政府原油售价挂钩等方式后，当前多数LNG长约定价均与JCC挂钩，采用直线或者S曲线的价格公式。由于日本LNG贸易发展较早且贸易量大，亚太市场主要采取以JCC价格指数为基准的LNG长约定价方式。由于JCC不具有价格发现功能且一般滞后2~3个月，进口企业通常会参考Brent原油期货价格，预判进口LNG长约成本或进行套期保值锁定成本。

（四）进口LNG现货定价

为控制贸易风险及合同风险，进口LNG现货定价主要分为三种模式：固定价格、浮动价格和锁价/点价。

1. 固定价格

卖家与买家就某一时间段到达的现货LNG约定一个固定价格。该定价模式优点是

LNG进口成本确定，采购交易模式简单；缺点是在价格波动时，买卖双方购销成本及利润浮动较大，存在一定风险。

2. 浮动价格

使用某一时间段的价格指数（JCC、JKM）作为定价基准，以价格公式约定届时到达的现货LNG的价格。例如，使用12月到岸JKM均价（10月16日~11月15日JKM打点均价）作为12月到货的现货价格。该定价模式的优点是到货价格与现货价格成本差异不大，卖方一般愿意提供这样的价格方案；缺点是价格风险敞口较大，在价格上行时，成本不可控。

3. 锁价/点价

买家与卖家定价使用浮动价格，采用期货/互换等金融手段，将浮动价格转换为固定价格。例如，采购了一船现货LNG以12月JKM＋升贴水1，可以向提供期货服务的公司下单一定数量的12月JKM（可以锁一部分也可以锁全部），如果当时12月JKM价格为20美元/mmBtu，锁价部分的价格就能够锁定为20美元/mmBtu+升贴水1。该定价模式的优点是进口成本提前锁定，价格风险较小，卖方一般愿意提供浮动价格方案；缺点是买家锁价需要提前支付一定的金融成本。

综上所述，在选择定价模式时，买卖双方需谨慎考虑价格走势、成本控制、自身价格承受能力、风险控制等多方面因素，选择适合企业自身的采购方案。进口LNG的价格公式如表5-3所示。

表5-3　进口LNG价格模式

价格模式	定义	适用交易	价格公式
固定价格	买卖双方协商固定价格	现货交易 中长期交易	数值固定
以油价为基准	根据LNG的替代能源，如成品油或原油（Brent或JCC价格）制定的价格公式	现货交易 短期交易 中长期交易	一般：直接价格公式 $P=a\times oil+b$ ① 特殊：曲线价格公式 $P=a\times oil+b+S$ ②
以交易中心为基准	买卖双方同意参考价格透明的交易中心基准价格，如美国天然气交易中心、英国国家平衡点、荷兰天然气交易中心	现货交易 短期交易 中长期交易	$P=a\times HH+b$ $P=a\times TTF+b$
以评估价格为基准	以第三方评估价格为基准，如JKM	现货交易 短期交易	$P=JKM+b$

注：① a 为斜率，b 为常数。
② S 为调整数，当油价过高或过低时的曲线部分，导入S曲线是为了在油价剧烈动荡时起到平抑作用。

（五）套期保值

我国进口LNG长约中超过70%的合同数量与JCC或布伦特原油指数挂钩，现货中近80%合同数量与亚太JKM关联，各类指数的巨大波动给国内LNG进口企业控制成本带来严峻挑战。由于采购价格不能完全反映中国企业的实际承受水平，企业面临较大经营风险，需使用套期保值手段或各种金融衍生品工具，管控价格波动风险。例如掉期交易、期货合同、期权合同等，通过浮动价和固定价转换、计价基准转换和计价期转换实现价格风险的管理。

所谓套期保值，又称对冲，是指企业基于实现自身经营或投资目标的需要，对可能影响其经营绩效、资本负债的商品价格、汇率利率进行可承受性预测，并进行综合预算之后利用金融衍生品工具开展的保护性措施。其原理是期货和现货市场的走势趋同，这两个市场受同一供求关系影响，二者价格同涨同跌；在这两个市场上操作相反，因此盈亏相反。

企业进行套期保值操作，可以通过持有与其现货市场头寸相反的衍生品合约，或将衍生品合约作为其现货市场未来要进行的交易替代物，无论未来价格涨跌，总会出现一个市场盈利而另一个市场亏损的情形，盈亏对冲，就可以规避或减小价格变动给企业带来的风险。

根据进口LNG实货资源计价方式不同，企业套期保值（简称“套保”）业务主要分为中长约LNG套保、现货LNG套保两部分，两者保值仅买入的纸货产品有所不同，保值策略原理大致相同，主要为基础保值。

2022年国际油价及天然气价格一路高涨，给进口LNG企业采购实货端造成巨大压力，为降低采购成本，同年3月，某企业分别买入2022年6~12月Brent Swap合约1700万桶，锁定均价90美元/桶。2022年6~12月企业实际结算价格为Brent均价94.5美元/桶，保值后采购成本均价为90美元/桶。衍生品纸货端盈利4.5美元/桶，对冲减少采购成本约7650万美元。该操作实例的盈亏计算如表5-4所示。

表5-4　套期保值操作实例

美元/桶

项目	实货	纸货
实货采购成本	94.5	—
纸货买入价格	—	90
实货采购基准价格	94.5	
盈亏	—	4.5
总盈亏	4.5	
保值后采购成本	94.5–4.5=90	

（六）价格影响因素

近年来，受全球经济复苏、欧美货币政策及天然气市场供应紧张等因素影响，国际油气价格持续攀升，亚太JKM指数、Brent原油指数、北美HH指数年度平均价格同比涨幅均在60%以上，亚太JKM指数涨幅接近300%。基于国际天然气采购具有链条长、市场广、主体多等特点，其价格影响因素主要有：

1. 地缘政治

受地缘政治危机影响，国际天然气供需关系可能发生较大转变，全球能源格局变化不断，导致天然气价格难以预测。

2. 气候变化

极端天气带来的灾难会影响上游生产环节、中游运输环节及下游消费环节，例如，上游项目建设进度推迟、运输过程受台风天气影响，使得卖方交货延期；同时，因国内南方地区水电较为集中，如遇当地干旱加剧，或将推动买方短暂增加LNG现货采购。

3. 技术突破

上游天然气勘探开发技术的突破，导致LNG项目不断增加，采购资源增多的同时，销售价格逐步趋于市场化定价。

4. 能源转型

“十四五”期间，发展清洁能源成为“双碳”政策体系中的重要组成部分，政策导向将加速清洁能源使用，近期影响市场需求变化，远期影响上游企业投资。

四　进口LNG采购管理

国际LNG采购合同主要分为长期合同（15~25年）、中短期合同（10年以下）、现货合同。对比来看，中长期合同谈判周期较长，供应较为稳定；现货合同谈判周期相对较短，但稳定性较差。

（一）贸易方式

当前国际LNG贸易主要采用离岸价FOB、船上交货DES、到岸价CIF（Cost Insurance and Freight）三种交易方式，交接和结算通常以热值能量计量，价格以美元/mmBtu计价。

1.FOB方式

FOB是国际贸易中常用的一个贸易术语，代表着“离岸价”，是指卖方负责将货物交到指定的港口，并负担出口报关、装运等费用，但是一旦货物到达港口，所有的费用和风险就转移到买方。具体到国际LNG贸易，LNG卖方在出口终端码头，按照LNG价格和装船费用，将LNG资源交付买方；运输由买方负责，LNG的所有权和风险在接收站码头由卖方转移给买方。

2.DES方式

DES则是指在指定的目的港，货物在船上交给买方处置，但不办理货物进口清关手续，卖方即完成交货。具体到国际LNG贸易，LNG卖方在买方接收站码头，按照LNG价格、装船费用、运输费用和运输期间的保险费用，将LNG销售给买方；运输由卖方负责，LNG的所有权及风险在接收站码头由卖方转移给买方。

3.CIF方式

CIF也是国际贸易中常用的术语之一，意为“成本加保险费加运费”，指当货物在装运港越过船舷时，卖方即完成交货，货物自装运港到目的港的运费保险费等由卖方支付，但货物装船后发生的损坏及灭失的风险由买方承担。具体到国际LNG贸易，买方承担的费用与DES方式一样，但买方从出口终端码头处开始承担LNG风险，并且不控制运输，所以在LNG贸易中一般不采用该方式。卖方负责将货物运至指定的目的港，在目的港船上将货物交给买方。

（二）采购流程

国际LNG资源采购流程一般包括：贸易前期准备、上游资源商对接、区域消费市场调研、落实接收站窗口期、落实物流船舶、签订购销合同、进出口贸易资质办理、供货计划制订、项目发货执行、用户收货回执、开票结算。在具体采购业务中一般包括如下流程：

1.市场调研

在LNG贸易中，市场情况变化多端。因此，在对外洽谈气源供应商之前，应对区域市场做深入、细致、准确的调查研究，包括国内外天然气市场信息，测算进口LNG采购的投资收益率等。同时，对现有及潜在用户的资信情况、经营范围及经营能力进行调查，优选出合适的客户并签订相关合作框架协议。

2.落实气源

在企业对国内外供需市场形势做出全面分析后，企业应结合市场和客户需求，寻找稳定、可靠的资源供货商。对接上游气田产能安排，商定价格、数量、气质、采购模式、结算模式及运输装卸要求等事宜，并签订相关购销协议。同时，采购企业与国内接收站对接窗口期使用权，落实可利用罐容，并签订接收站使用协议TUA（Terminal Use Agreement）

3.资质办理

首先，采购企业需向中国海关申请《液化天然气进口许可证》，待获批后，方可开展进口LNG采购业务。其次，评定国际供应商的信用、资质，并向银行获取授信，了解开证流程、汇率套保计算、财务成本核算。再次，对接国际LNG物流公司，做好接卸方式、物流模式、船代和货代公司SGS[1]（通标）服务安排，核算运输成本。最后，对接海关船舶接卸流程手续，包括报关报检、纳税、计价方式、进口税的返还、船期接卸安排等。

4.项目执行

买卖双方根据上游产能、下游市场销售情况，按照天然气买卖协议（Sale and Purchase Agreement，SPA）的规定，在合同年开始前双方协商制订出合理的年度供货

[1] SGS（Societe Generale de Surveillance S.A.），意为“通用公证行”。SGS关务作业是指货物进口国政府或政府授权海关当局与SGS签署协议，由SGS在货物出口国办理货物装船前的验货、核定完税价格。

计划（Annual Delivery Plan，ADP），排定装卸船期，作为每合同年“照付不议”的依据。根据每月实际情况，以90天计划的形式对ADP船运接卸计划进行微调，以保证LNG项目整条产业链的平稳运行。

一旦ADP计划发布，即表明买方对卖方做出了该合同年接货义务的承诺。上游将根据ADP计划对上游气田及液化厂进行排产。收货方原因引起ADP调整（在SPA条款允许范围之外）并导致年度接货量发生变化的，接货方需以“照付不议”的形式对卖方进行赔偿。每合同年结束后，买卖双方对本合同年已经交货的数量对照ADP数量进行清算或“照付不议”。

具体实施环节包括：项目ADP年度交货计划制订→供应商发布90天到货计划→买卖双方协调计划→船舶到货前10个工作日通知企业进行税保金备款→供应商装港完货→买方准备代理协议、报关发票、合同等报关单据→买方向海关缴纳报税金→船舶到达计划指定接收站→正式报关→船舶靠泊→接卸货计量→买方收到卖方发票→买方制作国内付汇发票，通知付款→正式合同价格发布后，收到买方货款调整发票→根据调整发票，制作最终结关发票→货代赴海关开展结关转税工作→海关开具税单→货代将税单送达企业→企业办理后续退税手续。

LNG采购过程对买卖双方均具有一定挑战，各方需及时关注LNG产业链执行进度，提前预估并控制潜在风险，避免因链条上某一方的问题而影响其他各方。其中，卖方需对其所属范围内的上游气田及液化厂产能、装港装船靠泊能力以及装港存储能力实时监控，确保上游资源充足；买方需对其所属范围内的接收站靠泊接卸能力、储罐罐容、外输气化率、下游市场销售情况进行实时管控，保证下游顺利开展销售。

（三）合同关键条款

1. 长约关键条款

照付不议：买方的提气量未达到合同要求，仍须按约定量付款，并有权在约定的期限内补提气量，而供气方的供气量在未达到合同约定量时，则要对购买方做相应补偿。

价格参考基准：谈判的核心内容，包括计价方法、定价方法等。

价格回顾条款：设定一个触发事件或者某个周期，例如，当油价超出某一约定的范畴时，买卖双方可以重新开始讨论新的定价公式，或者在固定的周期内进行价格重定。

不可抗力事件：合同履行过程中发生人为控制以外的重大事件，买卖双方事先约定遭受不可抗力事件时当事方的责任范围。

目的地条款：合同中是否有明确的目的地条款限制。

上浮与下浮宽限量：在SPA合同中，以年合同量为基准，卖方根据收集到的用户用气计划进行分析，通过与上游谈判协商，争取一定比例的弹性调节量。

除此之外，LNG长约中还有其他的调整机制，如常见的调量机制包括照付不议与补提、下浮灵活性和回提、上浮灵活性和额外量、渐增期、不可抗力回调机制等。这些机制均能通过灵活的方式维持合同执行和LNG供应稳定。当然，在商业和法律谈判的过程中，LNG长约买卖双方对于这些机制的选择必须经过严格的设计，方能实现理想的效果。

2. 现货关键条款

LNG购销和购买主协议（Master LNG Sale and Purchase Agreement，MSPA）：在贸易发生前，先签订以锁定现货贸易的各项通用商务条款。

确认通知（Confirmation Notice）：实际交易即将发生时，买卖双方提前签订，明确LNG现货交易的价格、数量、供货时间、质量、装载港、卸载港、LNG运输船以及针对此协议的特殊要求。

（四）相关风险

LNG进口过程中主要面临政策、项目、运输、销售等环节的风险，针对不同的风险类型，进口企业应提前做好准备，采取控制风险的举措。

1. 政策风险

政策风险主要体现在地缘政治、战争、暴力事件、财产没收、资产国有化等，导致资源中断。针对该类风险，进口企业应建立气源地的项目风险评估系统，选择信誉好、地缘政治稳定且与中国关系好的国家作为气源进口国，尤其是长期货源。

2. 项目风险

项目风险主要体现在基础设施因安全生产等导致停工、延期，引发资源中断。针对该类风险，进口企业自身需建立项目风险评估系统，选择信誉好且与有灵活性气源的进口合作商。

3. 运输风险

运输风险主要体现在船舶运输由航线、船舶事故等导致LNG运输的中断、延迟等。进口企业在采购中应明确对该类风险的赔偿条款约定，同时控制好下游销售的预期和赔款风险。

4. 销售风险

销售风险主要体现在：第一，合同定价挂钩标的物价格上涨，导致采购成本上涨，同时买卖双方缺少价格回顾条款约定；第二，汇率变化带来的成本影响，如美元大幅升值，会提高进口成本；第三，下游市场销售环境发生变化，比如定价政策、用气政策、下游需求突减等。

因此，为顺利开展LNG采购，首先，买方需要获得有竞争力的气源，在看涨的周期中“逆市拿气”，妥善处理价格回顾条款，特别是高油价、高气价的特殊条款。同时，合理运用“照付不议”、不可抗力条款的免责设置，探寻对自己有利的灵活性条款。其次，资源采购要以市场落地为前提，最好能够与下游用户签订部分销售合同，过程中对下游市场进行科学的预判和跟踪，合理确定采购时机，保证盈利空间。最后，由于国际LNG贸易和国内销售计价货币不同，采购企业需准确把握汇率走势，准确预测汇率，可以有效避免经济损失。

第二节

国内天然气资源采购

一 国内天然气资源构成与供应主体

（一）国内天然气资源构成

国内天然气供应来源主要有国产天然气和进口天然气，其中国产天然气以常规天然气为主、非常规天然气为辅，进口天然气则以LNG为主、管道气为辅。国内天然气的销售及采购形式大多为管道气，其次为液化天然气，最后为压缩天然气。虽然在过去几年，国内天然气供应能力稳定增长，但仍然无法满足日益增长的需求，因此，每年仍需大量从国外进口天然气，2018~2022年连续五年对外进口依存度超过40%[1]。

不同气源类型的参与企业存在一定差异，交易及采购模式也有所不同。从供应主体来看，管道气市场目前供气主体较少，采购模式较简单且相对固定。但自2020年中国天然气长输管网等基础设施开放后，LNG及CNG供气主体逐渐增多，市场化程度不断提高，采购模式较为灵活且贴近市场变化，未来也将实现多元化供气格局。

（二）管道气供应主体

国产天然气供应以中国石油、中国石化、中国海油、延长石油集团等国有企业为主，2022年供应占比超过90%。

从三大石油公司气源结构来看，彼此之间存在明显差异。以2022年为例，中国石油总供应量约2242亿m^3，其中，国产气占64%、进口气占36%；中国石化天然气总供应量约549亿m^3，其中，国产气占63%、进口气占37%；中国海油天然气总供应量约653亿m^3，其中，国产气占32%、进口气占68%。由于国产气对比进口气有明显的成本优势，因此，国产气占比较高的中国石油气源综合成本最低。

除常规天然气之外，还有部分煤制天然气供气企业供应管道气，包括伊犁新天煤化工有限责任公司、内蒙古汇能煤化工有限公司、内蒙古大唐国际克什克腾煤制天然气有限责任公司，由于供气量及市场份额均较小，目前煤制气企业销售政策多参考三大石油公司确定。

[1] 根据BP能源统计年鉴计算获得。

（三）LNG供应主体

相比管道气供应，中国LNG的供应主体趋于多元化，且民营企业参与程度较高，这使得LNG成为高度市场化的一种产品，采购及交易方式异常灵活。总体上中国LNG供应主体可以分为三个梯队，以中国石油、中国石化和中国海油为主的第一梯队，以已经建成LNG接收站并投运的燃气公司和大型民企为主的第二梯队，以及以尚未建成LNG接收站采取拼船方式购买资源的国内大中型贸易商为主的第三梯队。

截至2022年底，中国已投国产LNG工厂有200余座，总产能为1.5亿m^3/d，主要分布在西北地区，产能占比达57.6%。从国产LNG产量排名前十的企业来看（表5–5），民营企业占比高达五成。

表5–5　中国十大国产LNG供应主体

序号	企业简称	企业类型	产量 / 万 t	设计产能 /（万 m^3/d）
1	陕西延长	国营	114	550
2	内蒙古汇能	民营	100	420
3	宁夏哈纳斯	国营	68	300
4	广汇淖毛湖	民营	52	200
5	陕西瑞尔	国营	45	300
6	陕西杨凌	国营	40	200
7	宏基亿泰	民营	39	170
8	内蒙古兴圣	民营	44	200
9	黄冈新捷	国营	27	500
10	中煤图克	民营	28	240

从LNG贸易来看，第一梯队LNG接收能力仍占主导地位，但第二梯队进口队伍逐步扩大，广汇能源、九丰能源、新奥能源、深圳燃气、申能、杭燃集团等不断新增LNG建设能力，并且北京燃气、浙能集团、广州燃气等进口商也在计划投产新的LNG接收站，第二梯队的接收能力大幅提升。

同时，由于近年来LNG价格持续高企，生产原料气呈现多渠道、多种类等特点，价格也在不断上升，常规液厂由中国石油、中国石化所属的油气田提供原料气，经液化产出LNG，气源获取方式主要有线下结算、线上竞拍及线上摘单等；非常规液厂气源类型、成本不一，包括焦炉煤气制LNG、煤层气制LNG、煤制气制LNG及页岩气制LNG等。

二 定价机制

（一）管道气定价机制

1. 政府指导价

总体上看，为保障民生，根据《中央定价目录》的规定，我国天然气明确划分为管制气与非管制气，并进行区分定价。管制气主要采取政府定价或政府指导定价模式。非管制气由市场供需双方协商决定，非管制气主要包括页岩气、液化天然气等。在此基础上，天然气供应方根据气源结构和成本制定各公司的气价。自国内管道气执行“一省一价”的基准门站价政策后，各供应企业管道气定价主要在各省（自治区、直辖市）基准门站价格基础上进行浮动。由于我国天然气消费季节性波动较大，近年来，国内主要天然气供应企业销售定价多区分淡旺季调整价格。合同周期为当年4月1日至次年3月31日，通常情况下，旺季价格高于淡季价格。同时，因终端零售环节居民气价与非居民气价差异较大，导致上游资源方区分居民及非居民定价。

2. 中国石油定价机制

中国石油将其供应的管道气数量分为“存量气”和“增量气”两部分。其中，“存量气”是指用户上一年度同期的管道气提气量，“增量气”则为用户当年申请的超出“存量气”的管道气量。根据用户属性的差异，“存量气”又被分为“居民”气量、“非居民管制”气量和“非居民非管制”气量三部分，每一部分气量均分别规定了淡季和旺季的基于各省份门站价格的浮动比例。“增量气”部分主要考虑月度东北亚现货LNG均价、采购交易成本、进口合理税费、接收站气化费、管网管输费等因素综合定价。此外，2021年以来，为了提高销售灵活性，中国石油推出了部分合同量二次转让销售机制，即用户可以将合同量中的10%在中国石油各大区公司范围内进行二次转让交易，中国石油对转让价格设置一定条件。该举措提高了用户平衡合同量的灵活性，也促进了管道气贸易业务的发展。

3. 中国石化定价机制

相比中国石油，中国石化定价模式则更为灵活。自2021年以来，中国石化将年度管道气合同量划分为“基础量”“定价量”“顺价量”“额外量”四部分。其中，“基础量”类似中国石油的“存量气”，是指用户上年同期提气量，该部分管道气量根据用户性质不同分为“居民”气量和“非居民”气量两部分，并根据淡旺季分别规定了基于各省份门站价格的浮动比例。“定价量”“顺价量”“额外量”均为当年用户新增气量，在合同签订时由用户根据年度用气情况预测决定是否签订以及具体数量，给用户提供了比较灵活的数量选择。三种新增气量的差别主要体现在价格上，“定价量”主要参考APLNG项目签订的长协实际到岸价格，逐月滚动发布三个月执行。“顺价量”参照普氏能源资讯发布的当月JKM打点价格，逐月滚动发布执行。“额外量”参照顺价量的

1.05倍，或通过交易中心交易形成。通过采用这种多样化的定价方式，中国石化将用户新增气量进口资源成本联动，管道气合同量定价方案愈加趋向市场化。

4. 中国海油及其他企业定价机制

中国海油及其他企业管道气大都为LNG、页岩气、煤制气等，故其定价一般不受国家价格政策的管控，基本由市场供需决定，但由于其市场份额较小，因此其定价相对灵活，其价格制定和调整多参考中国石油管道气价格。中国海油除部分管道气由总部销售外，大部分管道气资源由其全资公司中海石油气电集团有限责任公司（简称“气电集团”）负责销售。根据其在当地市场的份额，气电集团将其市场分为市场份额较小区域和市场份额较大区域。在市场份额较小的地区，气电集团一般结合自身成本、国际油价、人民币汇率等相关因素，参考中国石油、中国石化分淡旺季调整价格；在市场份额较大的地区，气电集团根据其对当地市场的影响力，采取不同的定价和调价办法。另外，对市场影响力较大的地区，气电集团针对大直供用户采取年度定价机制；对气源供应多，且竞争较为激烈的地区，气电集团采取与用户协商月度或季度定价的方式。

大唐克什克腾煤制气有限公司将管道气销售分为合同量内及合同量外资源。合同量内资源通常参考北京基准门站价浮动，分淡旺季区别定价；合同量外资源则为市场化定价，一般通过自有平台线上交易确定。

新疆庆华能源集团管道气销售价格由固定价格与市场化价格组成。固定价格根据自身生产成本确定；市场化价格通常参考销售地LNG送到价格及中国石油管道气合同量外价格。

（二）LNG定价机制

1. 总体定价机制

从LNG产业链各环节定价机制来看，除上游资源方及下游用户涉及的输配环节价格由政府监管确定以外，其他环节均已放开，并由市场确定。各环节定价机制如图5-5所示。

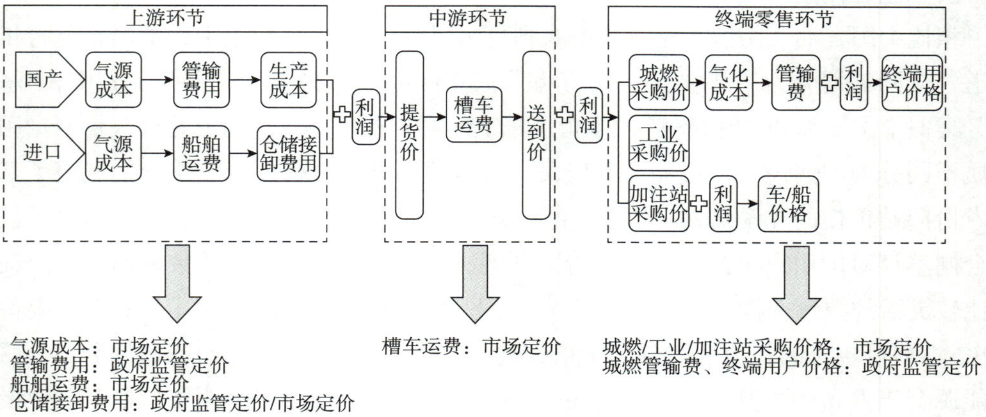

图5-5　中国LNG产业链各环节定价机制

2. 国产LNG定价机制

国产LNG定价方面，市场化改革主要体现在原料气定价上。2013年，国家发改委发文明确放开国产LNG气源价格，自此中国国产LNG原料气市场化定价有了政策依据。2017年，中国国产LNG项目原料气价则与直供大工业定价方式相同，即参考项目所在省份基准省级门站价浮动调整，一般全年区分淡旺季定价。2018年，以中国石油为代表，在西北部分地区尝试针对直供液厂实行原料气价与液厂LNG销售价格联动的定价模式，且调价频率提高到了半月度。至此，中国国产LNG项目原料气市场化定价真正开始实施。2019年，中国石油针对西北部分直供液厂原料气开始在重庆石油天然气交易中心实时线上挂牌交易，同年7月开始竞价交易，并延续至今，调价最高频率达到了周度。

3. 进口LNG定价机制

进口LNG定价方面，2022年，国家发改委发文确定进口LNG接收站气化服务价格实行政府指导的最高气化服务价格，明确了液态装车、储气服务和船舶转运等衍生服务价格，在依法合规的前提下通过协商、竞拍等市场化方式确定。

据此，中国进口LNG产业链各环节定价也基本实现市场化。同时，由于进口资源成本多与国际油价或气价挂钩，因此，进口气源价格及其槽车LNG销售价格受国际油价及气价影响较大。

（三）CNG定价机制

CNG母站气源价格大多依照气源企业非居民用气合同年度价格政策，参考门站基准价浮动调整。根据市场形势变化，分为非采暖季价格和采暖季价格。下游零售价格方面，除加气站零售价格受政府监管外，其他价格均为市场化定价。

三 国内天然气采购管理

目前，国内天然气采购主要分为管道天然气采购、LNG采购及CNG采购。从具体流程来看，由于管道气尚未实现完全市场化，其定价及用户群体与LNG、CNG存在明显差异，且多用于保障民生用气领域。而LNG、CNG采购群体多为中小型企业，以补充调峰为主，交易方式相对灵活。

（一）采购流程

1. 管道天然气采购流程

管道天然气采购主要分为合同量内资源采购及合同量外资源采购。

合同量内资源采购于每年12月份上游资源方组织收集下游用户全年用气需求；次年3月底前，根据用户提报需求，资源方结合自身可筹措资源量制定年度销售方案，向用户公布全年销售量价政策；3~4月买卖双方签订年度供气合同，合同周期为当年4

月1日至次年3月31日，其间根据市场形势及供需变化，买卖双方可签订相关补充协议。管道天然气合同量内采购流程如图5-6所示。

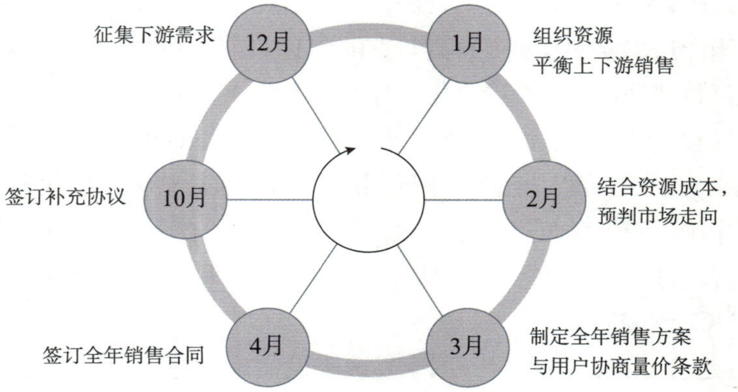

图5-6　管道天然气合同量内采购流程

合同量外资源采购分为线上采购和线下采购两种方式。线上采购依托国内现有的两大交易平台（重庆石油天然气交易中心、上海石油天然气交易中心）进行线上竞拍，每月月底前线上交易次月合同量外气量；线下采购则根据交易中心线上竞拍最高价格一定倍数进行结算。此外，也有部分企业在企业内部交易平台开展管道气交易。

2.LNG采购流程

LNG采购环节分为上游、中游、下游，涉及国产LNG项目、进口LNG接收站、运贸企业及下游用户，资源采购市场化程度较高。从投资主体性质来看，民营企业采购流程相比国有企业更为灵活、便捷，尤其表现在接收站方面，民营接收站的审批流程简捷，耗时较短。

具体来看，LNG资源大多由中间商或LNG运贸企业采购并销售。运贸企业与上游供应商达成采购合作，签订购销合同、完成车辆备案，然后根据下游用户需求计划，采购并配送给用户，目前多为一票配送。除此之外，下游用户可直接与上游气源企业建立联系，实现直接采购。无论采用何种方式，在开展LNG采购之前，除完成合同签订、车辆备案以外，在提货前一天，买方须根据后期提货量提前支付货款，方可实现顺利提货。LNG的采购流程如图5-7所示。

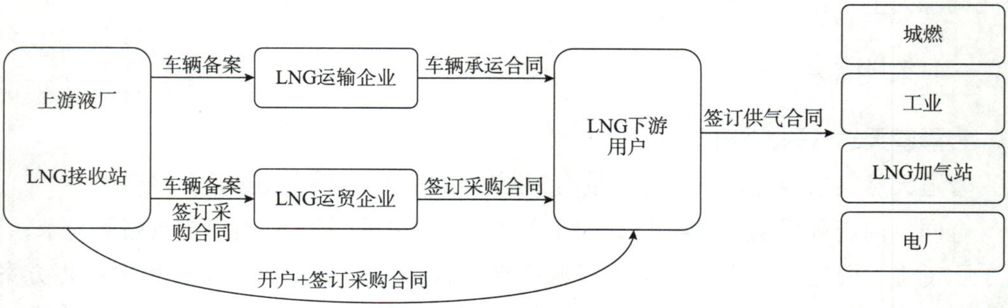

图5-7　LNG的采购流程

CNG供应主体多为油气田单位及城燃企业等，采购主体为加气站、工业企业、城燃企业、液厂等，其采购流程与LNG采购流程类似。

（二）采购关键术语

管道天然气购销合同条款与LNG、CNG有明显差异，合同期限、下游用户、付款方式等均有所不同。

1. 管道天然气采购术语

（1）合同期。双方在合同项下销售和购买天然气的期限。以2021年为例，为从2021年4月1日至2022年3月31日（包括首末两日）。经双方协商一致，可通过签订补充合同的方式变更本合同的期限。

（2）交付点。指卖方管道交付天然气的法兰与其他设备的连接点，或合同双方另行约定的交付天然气的其他地点。除非双方另行达成一致，卖方在交付点向买方销售的天然气应为卖方所拥有的天然气。在交付点以前，合同项下卖方出售给买方的天然气的所有权和损失风险由卖方拥有和承担。在自交付点以后（包括交付点），合同项下卖方出售给买方的天然气的所有权和损失风险由买方拥有和承担。

（3）额外气。如果卖方选择线下供应获取任何超出分月合同量部分的气量，或买方通过由卖方组织的线上交易获取任何超出分月合同量部分的气量，则这部分超出的气量被称作额外气。

（4）偏差结算。双方约定月度合同照付不议气量比例，未完成的部分则执行照付不议条款。

（5）短提气量。指供气月买方实际提取气量少于最小月提气量的气量。因不可抗力、管道维检修或其他不可控原因无法提取的天然气量不计入月短提气量。

（6）短提罚则。除合同另行约定外，如果买方在某个供气月内未能提取合同规定的最小月提气量，则买方须向卖方支付短提气量的价款，短提气量按照该供气月约定综合价格的一定百分比计价。

（7）短供气量。指最小月气量与当月卖方实际供气量的差值。因不可抗力、可中断调峰、管道检维修或其他不可控原因无法供应的天然气量不计入月短供气量。

（8）短供罚则。除合同另行约定外，如果卖方在某个供气月内未能供应合同规定的最小月气量，卖方同意买方就该供气月内实际供应的天然气量中与短供气量相等的气量按照该供气月合同约定综合价格的一定百分比进行支付。

2.LNG采购合同

（1）计量交接。天然气计量及交接以供气方提供的出厂过磅单为准，用气方现场接收人应在出厂过磅单上签字确认接收数量并加盖卸货专用章。

（2）价格及价格调整。供气方向用气方供应的LNG采取市场定价模式，以供气方与用气方确定的价格确认函为准，如遇国家或区域行政性气源价格政策调整、上游气源单位价格调整或运费成本调整等情况，造成供气方实际采购成本变化，则供气方有权随之调整气费价格。双方以价格函盖章确定价格为准。

（3）价款及支付。双方采用“先款后气”方式，即用气方在用气前应向供气方预付天然气款，账户预存气款不得低于计划充装量价款。供气方收到预付气款后，按计划为用气方供气。

（4）计量。配送业务中若计量误差为+200kg/车（上游装气量－下游卸气量>200kg/车），由供气方承担超出200kg部分的气差损失。若由用气方责任（包含但不限于卸气不当、罐体压力高、地磅不准等因素）造成的气差损失，供气方不予承担。配送业务中若计量误差为–200kg/车（下游卸气量－上游装气量>200kg/车），由用气方支付供气方超出200kg部分对应的气费。

第三节 天然气采购发展趋势

管网基础设施对外开放之前，管道气供应主体处于寡头垄断局面，加之政府长期对天然气定价的管制，导致管道气交易模式固化，定价机制不灵活，下游企业无议价话语权。进入“十三五”时期后，中国天然气市场化改革逐渐提速，改革的目标为“放开两头，管住中间”，即形成上游天然气资源多主体、多渠道供应，中间统一管网高效集输，下游销售市场充分竞争的“X+1+X”的天然气市场体系。

具体表现：一是促进形成公平竞争的上游资源供应和下游销售市场；二是提高供应能力，促进气源多元化，保障天然气安全稳定供应；三是提高油气资源配置效率及基础设施运营效率；四是加快天然气价格市场化改革进程，激发市场活力；五是上下游企业业务互相渗透，衍生出多个有实力的、对行业有引导作用的龙头企业。

具体方式：国家组建国家管网公司，将部分原属于中国石油、中国石化、中国海油的LNG接收站、长输天然气管网、地下储气库划归国家管网公司，并由国家管网公司运营管理并对外公平开放，由国家管网公司作为载体，实现管住中间，在加大基础设施公平开放的同时，逐步实现天然气上下游充分市场化，进而促进中国天然气定价市场化。

一 市场化改革影响

从中国天然气市场化改革带来的影响来看，原有天然气市场体系将改变，上中下游企业机遇与挑战并存，将推动国内天然气上中下游企业互相渗透，上下游一体化成为发展趋势。

（一）上游资源方

三大石油公司原有长输管网纳入国家管网公司后，使其失去管道垄断优势，管输费由盈利来源变为成本，使其不得不加大上游勘探开发力度，细分区域市场，培育自有终端项目，与此同时，按照管输费参照运距核算的模式，三大石油公司开始进行销售体制改革，组建省级销售公司，管道气交易也逐渐向就近化、区域化的特点发展，直供用户将成为未来趋势。

（二）燃气公司

第三方天然气管网及接收站的公平开放，有利于燃气公司拓宽自身销售渠道及市场范围，具备引入多气源的条件，议价能力不断增强。满足自身用气的同时，一些规模较大的燃气公司和直供大用户，开始直接参与进口LNG资源采购，向上游市场不断延伸。而未来，伴随供应主体的增多也使得天然气平衡及保供难度加大。因此，对于肩负保供责任的城燃公司，签订中长期合同，保障基本用气需求则显得尤为重要。

（三）外资企业

开始参与国内LNG进口设施的投资建设，或直接使用国家管网公司的LNG接收站窗口期开展销售，整体不断向下游市场渗透。

二 趋势分析

未来几年，国际能源交易尤其是石油及天然气的商品属性已经弱化，取而代之的是国际政治、国际关系属性在增强，欧洲在能源领域致力于摆脱对俄罗斯的依赖，美国则大幅增加天然气出口量，由此逐渐改变国际能源供需格局。同时，伴随国内天然气市场化改革不断深入，供应主体、交易模式及定价机制的市场化程度将不断提高，在国内天然气采购方面体现得尤为明显。

1. 供需方面

在供给侧，主要产气国不断加速增产步伐，天然气产量未来上升趋势明显，尤其LNG产能持续攀升。而在需求侧，主要用气国天然气需求差异显著，未来天然气主要需求增量将在亚太地区，作为传统天然气需求地区的欧洲，需求则呈下降趋势。总体上，全球天然气供需将出现轻度供过于求的局面。

2. 定价方面

随着中国LNG进口主体增多及美国出口量的增加，国际LNG交易模式也在悄然生变。以亚洲市场为例，过去进口LNG长约合同以挂钩JCC为主逐渐转变为与JCC、Brent原油期货、北美HH挂钩等多种定价机制并行的定价模式。

从国内定价机制来看，供应主体多元化将倒逼天然气价格市场化，但短期在上游还无法形成充分竞争市场的条件下，上游企业多采取顺价销售原则。同时由于国产气销售价格受政府监管，因此顺价销售更多的为顺导进口气成本。鉴于我国进口天然气多与国际原油价格、天然气价格指数挂钩，国内天然气销售价格受国际油价、气价的影响程度将提高。远期，随着国内天然气供应主体增多，有望形成气–气竞争的局面，从而形成真正的市场化定价机制。

3. 采购模式方面

伴随国内LNG接收站新增项目的陆续投产，更多中国企业开始参与到国际LNG贸易当中，因此，近年来中国签订的LNG长约合同则以不指定目的地的合约（FOB）为主。国家管网公司推出的接收站窗口期5~20年的中长期服务产品，也为没有自主LNG接收站的企业提供了条件。

总体而言，国内天然气采购仍以管道气为主，资源采购模式将逐步多元化、市场化，而LNG、CNG等仍将是管道气的有效补充，彼此之间也存在竞争关系，主要体现在增量市场方面。

第六章

天然气运输

PART 6

本章导读

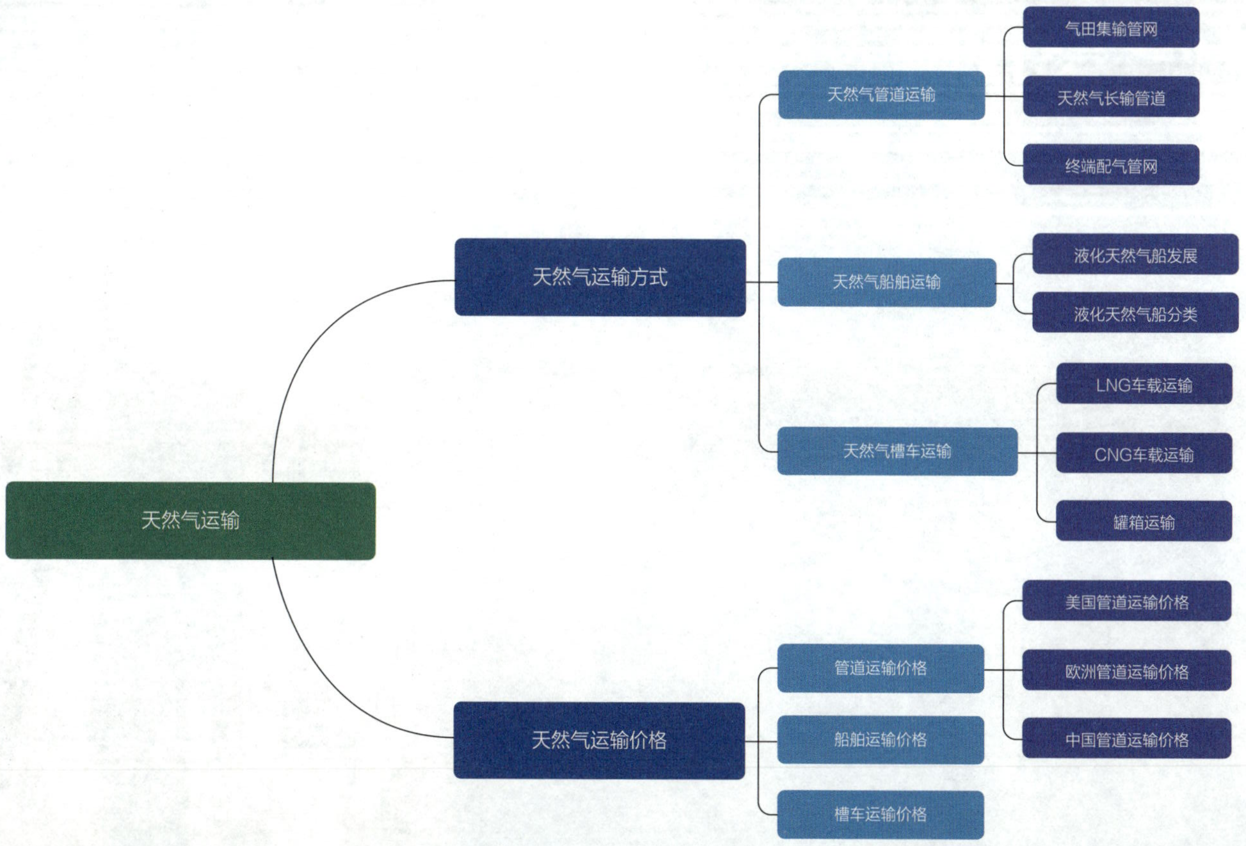

天然气运输
天然气运输方式
天然气管道运输
气田集输管网
天然气长输管道
终端配气管网
天然气船舶运输
液化天然气船发展
液化天然气船分类
天然气槽车运输
LNG车载运输
CNG车载运输
罐箱运输
天然气运输价格
管道运输价格
美国管道运输价格
欧洲管道运输价格
中国管道运输价格
船舶运输价格
槽车运输价格

第一节 天然气运输方式

随着世界经济的飞速发展和绿色低碳理念的深入人心，全球对天然气的需求量不断增加。天然气运输是天然气供气使用中不可避免的关键一环，它影响着天然气的后续使用以及其后续产生的经济效益和环境效益。天然气运输方式可以分为三大种类，分别是管道运输、船舶运输和槽车运输。其中，管道运输管网按照所处环节不同，主要分为气田环节的气田集输管网、远距离输送环节的天然气长输管网和末端配气环节的终端配气管网。船舶运输按照货物围护系统的不同，主要分为独立式和薄膜式两种。槽车运输按照运输方式不同，可以分为LNG槽车运输、CNG槽车运输和罐箱运输。

天然气运输的三种方式适用于不同的情景。管道运输适合遵循固定路线的远距离、持续不断运输，船舶运输适合跨洲跨洋运输，槽车运输相比前两种运输方式更加方便灵活，能够将天然气从产气区直接运送到终端用户，能够在各种地形上行驶，满足用户个性化需求。

一 天然气管道运输

公路运输、铁路运输、航空运输、水路运输和管道运输是五大运输方式，其中管道运输常常应用于运输气体、液体甚至非流体。对于天然气的运输而言，管道运输优势突出，主要表现在：第一，管道运输经济效益高，管道多建设在偏僻地区，具有一次性投资，运输损耗低，使用时间长，周转速度快，运输成本低的特点；第二，管道运输安全系数高，管道采用专业材料建设，全程密闭式运输，确保油气资源不挥发，具有极高的安全性；第三，管道运输稳定性强，不同于其他运输方式，管道运输已经实现自动化远程控制，全天不间断运输，及时满足市场需求。因此，对于天然气而言，管道运输是重要的运输方式。

（一）气田集输管网

1. 气田集输管网概述

气田集输管网是管道运输的第一个环节。气田集输管网，是指多条气田集输管道经过科学有效排列形成的网状结构。气田集输管道，主要作用是收集气井生产的天然气并汇集到天然气处理厂，或将天然气从处理厂输送到长输管道首站的管道。总之，气田集输管网是基础性、关键性、复杂性的地面工程，并且是天然气管道运输的首要环节。

目前，气田集输管网采用的是多级集输流程，主要分为三类，分别是放射状集输管网、环状集输管网和枝状集输管网。无论哪类集输管网，气田都包括四个单元，分别是气井、集气站、压缩机站和天然气处理厂。在三类气田集输管网中，放射状集输管网的特征是产气区内的气井比较集中，通过集气支线将天然气输送到集气站，而集气站位于产气区中心部位，整体呈放射状，接着通过集气干线将天然气从集气站输送到总集气站。环状集输管网的特征是产气区域面积大，气井多分布在产气区周边，集气干线首尾相连，整体呈环状，选择合适位置，找准最短路线，通过集气支线使得气井、集气站与集气干线相连。枝状集输管网的特征是气井相对集中，天然气处理厂处于中心位置，集气干线贯穿整个产气区，集气干线可以引出若干条集气支线，整体呈枝状。

2. 气田集输管网优化

气田集输管网形式多样，组合复杂，影响因素众多，因此，优化气田集输管网显得极为重要。优化气田集输管网主要是优化气井与集气站，确定气井与集气站最优从属关系、最优结构布局、最优管径组合。

气田集输管网运输必须坚持两大原则，分别是安全运行原则和经济效益原则。集输管网运输的天然气属于危险化学品，具有易燃易爆的特性，对于管道的材质、压力、温度、流速等有非常高的要求，因此，在气田集输管网优化过程中，一定要确保管道运输的安全可靠。得益于社会发展的需要，中国对于能源需求越来越旺盛，气田集输管网建设规模越来越大，涉及区域越来越广，面临的困难挑战越来越多。因此，在保证气田集输管网安全运行的前提下，应努力实现技术的更新，优化布局，以达到经济效益最大化。

气田集输管网优化的方法多种多样，包括优化气田选址、优化井组、优化集气站管网等。优化气田选址至关重要。优化气田选址是指依据地层构造以及探明的油气储藏状况，从而确定气井位置。优化井组是指产气区域范围较大，气井数量较多时，可以合理划分气井形成多个气井组，将气井燃气集中到组内集气站，使各组集气站气量实现相对均衡，统一向外运输天然气。优化集气站管网是指通过选择合适的天然气集输方式，高效连接集气站，避免集气线路某段输气量过高，确保集气管道输气量相对均衡，且使得集气干线流量之和最小。

通过气田集输管网优化，可以克服地形限制，降低投资成本，改善运行状况，同时，优化后的气田集输管网运输距离缩短，能源耗损降低，环境破坏减少，无论是经济效益还是社会效益都将实现最优。

（二）天然气长输管道

1. 天然气长输管道概述

天然气长输管道是指将天然气从上游气田、沿海LNG接收站、储气库等输送到下游用户互联互通的管道系统，在天然气运输中占据重要地位。

根据管道设计压力、管径可以将天然气管道进行分级，具体见表6-1。

表6-1 天然气输送管道级别的划分

管道类型	设计压力 /MPa	管径 /mm		
		508	508~914	914~1422
天然气管道	＜6.3	1	2	3
	6.3~8	2	3	4
	＞8	3	4	5

根据输气管道级别不同，管道技术的要求也存在差异，具体技术要求见表6-2。

表6-2 天然气长输管道用钢技术要求

管道种类	技术要求
1级、2级、3级输气管道	1. 制管用的钢材应采用吹氧碱性转炉工艺或电炉工艺冶炼。钢应为细晶粒的镇静钢，晶粒尺寸应为 ASTM E112（或 GB/T 4335—2013）No.7 级或更细； 2. 对于 3 级输气管道用钢管，钢中 A、B、C、D 类非金属夹杂物级别均不应大于 2 级； 3. 带状组织应不大于 3 级
4级、5级输气管道	1. 制管用的钢材须为吹氧转炉或电炉冶炼并经真空脱气、钙和微钛处理的细晶粒（X70 及以上钢级 No.10 级或更细，X70 以下钢级 No.8 级或更细）纯净镇静钢； 2. 制管用钢板须用热机械控轧工艺（TMCP）生产； 3. 钢中 A、B、C、D 类非金属夹杂物级别均不应大于 2 级； 4. 带状组织应不大于 3 级

资料来源：《压力管道规范 长输管道》（GB/T 34275—2017）

天然气长输管道途经各种地区，按照沿线人口及建筑物的密集程度可以将地区划分为四类，进行管道设计时也应考虑途经的地区级别。

（1）沿管线中心线两侧各200m范围内，任意划分成长度为2km并能包括最大聚居户数的若干地段，按划定地段内的户数应划分为四个等级。在农村人口聚集的村庄、大院及住宅楼，应以每一独立户作为一个供人居住的建筑物计算，具体见表6-3。

表6-3 天然气长输管道地区划分

地区等级	说明	强度设计系数 K
一级地区	户数在 15 户或 15 户以下的区段	0.72
二级地区	户数在 15 户以上、100 户以下的区段	0.60
三级地区	户数在 100 户或 100 户以上的区段，包括市郊居住区、商业区、工业区、规划发展区以及不够四级地区条件的人口稠密区	0.50
四级地区	地面四层及四层以上楼房（不计地下室层数）普遍集中、交通频繁、地下设施多的区段	0.40

（2）当划分地区等级边界线时，边界线距离最近一幢建筑物外缘应大于或等于200m。

（3）在一级、二级地区内的学校、医院以及其他公共场所等人群聚集的地方，应按三级地区选取设计系数。

（4）当一个地区的发展规划足以改变该地区的现有等级时，应按发展规划划分地区等级。

2.天然气长输管道的工艺流程

天然气长输管道顺利输送天然气需要复杂的工艺流程，常见的有阀室、输气站、过滤分离、计量调压、放空排污、应急流程等工艺流程。

（1）阀室。阀室是管道运输过程中比较简单的工艺设施，输气干线在20~30km范围应设置阀室，且阀室多为无人值守。阀室能够分节管控管道，阀室可为仅实现干线截断功能的阀室和带分输功能的阀室。实现干线截断功能的阀室是指阀室能够切断管道线路，阻止上游流体流向下游，从而防止管道事故扩大，其特点是便于维修；带分输功能的阀室是指阀室不仅能够实现截断，而且在截断室后接有去分输站的管道。

（2）输气站。输气站是天然气长输管道的重要环节，包括首站、末站、分输站和清管站。在生产运行中，常常将完成单一任务的过程称为工艺流程，如输气工艺流程、清管工艺流程、站内检维修工艺流程等。由于输气站分布在不同的位置，承担着不同的功能，有些场站承担功能多，同时具备多项工艺流程；有些场站承担功能少，工艺流程相对简单。各类场站主要有以下几种。

首站：自上游气田或LNG接收站而来的天然气进入首站后，常常通过场内设施分离气体中的杂质和水，完成计量调压排污放空后，输送至下游管道。首站的工艺流程包括正常流程和越站流程。正常流程即天然气自气源地而来，在首站中通过分离器分离、计量器计量、压缩机增压，最后出站，气体流向下游。

末站：末站建设在天然气长输管道的终点，多位于城市人口密集区域，与下游城燃或工业用户管网相邻，便于将长输管道的气体直接输送至用户。末站具有过滤分离、计量调压、清管接收等基本功能，根据接气用户需求，安装压缩机等设备，必要时建设储气罐、储气库等调峰设备。末站常见的工艺流程是上游气体通过集气汇管进入末站，经过站内工艺流程进入配送汇管，再输送至下游用户。

分输站：分输站在天然气输送过程中具有重要作用，承担着天然气过滤分离、计量调压、收发球清管、排污放空以及提供用户供气等功能。分输站的流程包括正常流程、越站流程、收发球流程。正常流程是天然气进站后，经过输气站场内工艺，经分离器分离、计量器计量、增压站增压，最后出站，向下游供气。

清管站：清管站作用是清理天然气长输管道。天然气长输管道清管既包括投产前清管，也包括投产后的定期清管。投产前清管的目的是清理长输管道，确保管道能够顺利投产，清除管道内杂质，如泥土、焊渣、水等；投产后定期清管的目的是保证管道的运输效率，避免杂质堆积腐蚀管道。清管站的流程包括正常流程、越站流程，正常流程是天然气进站后，经过输气站场内工艺，经清管器清理、分离器分离、计量器计量等最后出站，向下游供气。

3.我国长输管道

进入“十三五”时期后，我国天然气市场化改革逐渐提速，改革的目标为“放开两头，管住中间”，即形成上游天然气资源多主体、多渠道供应，中间统一管网高效集输，下游销售市场充分竞争的“X+1+X”的天然气市场体系。2019年，组建国家管网公司，将部分原属于中国石油、中国石化和中国海油的LNG接收站、长输天然气管网、地下储气库划归国家管网公司，并由国家管网公司运营管理并对外公平开放。由国家管网公司作为载体，实现管住中间，在加大基础设施公平开放的同时，逐步实现天然气上下游充分市场化，进而促进中国天然气定价市场化。

国家管网公司成立后，促进形成公平竞争的上游资源供应和下游销售市场；提高供应能力，促进气源多元化，保障天然气安全稳定供应；提高油气资源配置效率及基础设施运营效率；加快天然气价格市场化改革进程，激发市场活力；上下游企业业务互相渗透，衍生出多个有实力的、对行业有引导作用的龙头企业。目前，我国天然气长输管道主要包括跨国天然气管道、天然气主干管网、区域天然气管网和省天然气管网。

（1）跨国天然气管道。为了保障能源安全，我国积极展开国际合作，修建跨国天然气管道。我国跨国天然气管道主要包括中亚天然气管道、中缅天然气管道和中俄东线天然气管道。

（2）天然气主干管网。目前我国天然气长输管道覆盖面积越来越大，涉及全国多个省份，年输气量基本能够满足天然气市场消费需求。我国天然气主干管网空间布局基本架构是从气源地到消费市场，主要流向为西气东输、北气南下、川气东送、海气西进，国家主干管网主要包括传统的西气东输天然气管网、陕京天然气管网、川气东送天然气管网三大体系和中缅线、中俄东线等进口通道以及沿海LNG接收站配套的输气管网。

西气东输天然气管网现有三条管道，分别是西一线、西二线和西三线，是中国管径最大、运输距离最长的管道系统。陕京天然气管网现有四条管道，分别是陕京一线、陕京二线、陕京三线、陕京四线，主要保障首都北京天然气市场，确保能源供应安全；川气东送天然气管网起于四川止于上海，将川渝地区丰富的资源运输到东部地区，保障东部地区消费市场，促进经济发展。

（3）区域天然气管网。区域层面的天然气管网主要分布在京津冀、长三角、珠三角区域等重点地区。京津冀地区天然气长输管道建设完善，储运设施技术先进，既有国产气又有进口气，气源实现多元化；长三角地区以国家基干管网为基础，打造区域跨省份天然气管道系统，并投资建设江苏如东、上海、浙江等一系列LNG接收站及储气设施；珠三角地区经济发展程度高，邻近自贸区，天然气市场潜力巨大，应大力构建区域性管网设施。

（4）省天然气管网。省级层面的天然气管网系统受资源分布、经济发展、市场需求等因素影响，呈现出不均衡态势。

（三）终端配气管网

按照天然气利用业务种类，终端配气的用户性质可以划分为城市燃气、工业用气、化工用气和发电用气。在各类终端用户中，城燃用户占据重要地位。天然气来自上游气田或LNG接收站，经过长输管道运输，送至城镇用户。随着近年来城镇燃气管道不断增加，城市主要道路、人行路、居民楼、商业区的周边及地下布满城镇管道，因此城镇燃气管道的管理越来越重要。

1. 城镇管网分级

城镇燃气管道的设计压力（p）分为七级，并应符合表6-4的要求。不同压力燃气管道相互连接时，应该设置调压装备，必要时安装安全保护设备以防管道超压工作产生危害。

表6-4　城镇燃气管道设计压力（表压）分级　MPa

名称		p
高压燃气管道	A	$2.5 < p \leqslant 4.0$
	B	$1.6 < p \leqslant 2.5$
次高压燃气管道	A	$0.8 < p \leqslant 1.6$
	B	$0.4 < p \leqslant 0.8$
中压燃气管道	A	$0.2 < p \leqslant 0.4$
	B	$0.01 < p \leqslant 0.2$
低压燃气管道		$p \leqslant 0.01$

资料来源：《城镇燃气设计规范》（GB 50028—2006）

2. 城镇管网分类

城镇燃气管网途经各种地区，按照沿线人口及建筑物的密集程度可以将地区划分为四类。

（1）沿管线中心线两侧各200m范围内，任意划分成长度为1.6km并能包括最多供人居住的独立建筑物数量的地段，作为地区分级单元。

注：在多单元住宅建筑物内，每个独立住宅单元按一个供人居住的独立建筑物计算。

（2）管道地区等级应根据地区分级单元内建筑物的密集程度划分，并应符合表6-5规定。

表6-5　城镇燃气管网地区划分

地区等级	说明
一级地区	有12个或12个以下供人居住的独立建筑物
二级地区	有12个以上、80个以下供人居住的独立建筑物

续表

地区等级	说明
三级地区	介于二级和四级之间的中间地区。有 80 个或 80 个以上供人居住的独立建筑物但不够四级地区条件的地区、工业区或距人员聚集的室外场所 90m 内铺设管线的区域
四级地区	四层或四层以上建筑物（不计地下室层数）普遍且占多数、交通频繁、地下设施多的城市中心城区（或镇的中心区域等）

（3）二级、三级、四级地区的长度应按下列规定调整。四级地区垂直于管道的边界线距最近地上四层或四层以上建筑物不应小于200m。二级、三级地区垂直于管道的边界线距该级地区最近建筑物不应小于200m。

（4）确定城镇燃气管道地区等级，宜按城市规划为该地区的今后发展留有余地。

3. 城镇管网的运营

自2004年建设部颁布《市政公用事业特许经营管理办法》以来，我国城镇燃气采用城镇燃气特许经营模式，该模式是指政府通过招标、竞争性谈判等方式选定特许经营者，与特许经营者签订特许经营协议，规定经营范围，约定权利义务，顺利引入社会资本，投资建设城市燃气管网，推动城市燃气快速发展。总而言之，城镇燃气特许经营模式是一种基于行政许可的排他性燃气经营制度。

目前，我国的城镇燃气特许经营模式是一种垄断性经营。城镇燃气经营的基本业务是管道燃气输送和管道燃气销售，管道燃气输送属于自然垄断，管道燃气销售属于行政垄断。管道燃气输送业务是指在某一区域内，只能由某一家企业经营管道燃气输送；管道燃气销售业务属于城镇管道燃气特许经营的部分内容，因此管道燃气销售业务属于行政垄断。城镇燃气特许经营模式具备自身的特点。一是资格性，满足条件的申请人根据《基础设施和公用事业特许经营管理办法》按照既定的程序获得从事城镇燃气特许经营的资格；二是排他性，特许经营期间，仅允许一家城燃企业在划定区域内展开经营，其他企业不得进入该市场从事城镇管道燃气经营；三是区域性，由于经济发展水平、城镇用气需求、管道输气规模等限制，城燃企业只能在特定区域内从事生产经营活动。

随着我国城镇燃气需求的扩大，城镇管道燃气特许经营制度的问题逐渐凸显。

（1）政府层面掌握对所辖地市的中长期规划、燃气经营区域的划分，且目前已经划分并公布的经营区域有效期为20~30年不等，距离区域收回重新划分或发布废止经营区域政策还有很长一段时间，在漫长的特许经营有效期内，其他潜在投资者或经营者无法进入同一区域与特许经营者展开竞争。

（2）经营性用气主体面临用气需求无法满足的风险。当燃气需求上升后，如果特许经营者无力或者不愿花成本扩建燃气管输设施，而潜在经营者又无法进入市场，大量无法如居民用户那样获得用气优先权的经营者将可能因缺气而影响其经营。另外，经营性用气主体也始终面临承受不合理用气成本的风险。为增加利润，一些城镇管道燃气特许经营企业常常试图突破城镇管道燃气的政府指导价，变相抬高非居民用气价格。特别是一些城镇管道燃气特许经营企业要求非居民用气主体缴纳管道“开口费”，甚至突破国家指导价的上限销售燃气。

二 天然气船舶运输

（一）液化天然气船发展

液化天然气船是指运输液体天然气的特殊船型，简称“LNG船”，使用寿命一般为40~45年。天然气的主要组分是甲烷、乙烷、丙烷等，在-162℃条件下能够转化成液态存在，根据液化天然气特性建造的LNG运输船，便于LNG贸易。世界上第一艘LNG运输船是1959年由美国建造5100m^{2}的“甲烷先锋”号，其顺利航行标志着世界液化天然气工业的诞生。随后，英法等欧美国家纷纷建造出LNG运输船。进入20世纪80年代，日韩掌握LNG运输船建造技术并展开激烈竞争。21世纪以来，韩国凭借技术优势和价格优势占据LNG运输船绝大市场份额。

中国LNG运输船起步相对较晚，沪东中华造船厂（集团）有限公司自主研发、自行建造的“大鹏昊”LNG运输船是真正意义上的中国首艘LNG运输船，“大鹏昊”船长292m、宽43.35m、型深26.25m，装载量为14.7万m^3，时速为19.5海里，于2008年4月顺利交船，标志着中国LNG运输船行业进入新的阶段。自此之后，中国陆续制造“大鹏月”“闽榕”“闽鹭”“传奇太阳”等LNG运输船，中国LNG运输船设计建造技术逐渐发展。

（二）液化天然气船分类

LNG运输船种类繁多，以下从船舶尺度和货物运输围护系统两个维度展开叙述。

1. 根据尺寸划分

LNG运输船根据不同尺度可以分为五大类船型，如表6-6所示，主要分为Q-Max、Q-Flex、大型运输船、中型运输船和小型运输船，不同船型适应不同的航线线路和停泊码头要求。通常来说，LNG运输船舱容低于18万m^{3}称为常规型，超过18万m^{3}的船型主要是Q-Flex和Q-Max。

表6-6 LNG运输船按尺寸分类

分类	船长/m	船宽/m	舱容/万m^3
Q-Max	345	54	26.17~26.6
Q-Flex	315	50	21~21.7
大型运输船	280	45	15~18
中型运输船	270	42	12~15
小型运输船	250	40	9

在众多LNG运输船中，Q–Max和Q–Flex最为亮眼。Q–Max和Q–Flex是由卡塔尔石油公司和埃克森美孚联合设计打造的超大型运输船，凭借超常规船型，超大容量舱容，极大地拓展了亚洲市场，也深刻改变了液化天然气的国际市场。Q–Max和Q–Flex的“Q”均代表卡塔尔（Qatar），Q–Max代表着码头能够停靠的最大尺寸，Q–Flex更强调灵活敏捷。两种船型能够在世界绝大部分LNG接收站装卸货。Q–Max设计装载能力为26.6万m^3，舱容约为小型运输船的3倍，与常规船型相比，Q–Max和Q–Flex具有更大的舱容，更强的装载能力，能更好地提升码头效率，降低运输成本，提升经济效益。

2.根据液舱围护系统划分

LNG运输船关键技术在于LNG液舱围护系统。液舱围护系统主要由屏壁层、隔热层和支撑系统构成。屏壁层包括主屏壁和次屏壁，主屏壁是指货物围护系统用于装货的内部构件[1]，次屏壁是指货物围护系统能暂时容纳从主屏壁泄漏货液的外层构件。隔热层是由液舱围护系统的隔热材料组成，避免液化天然气受温度影响，防止气化产生闪蒸气（Boil off Gas，BOG）。支撑系统是指液货舱是否与船体独立，独立式液货舱自身具备液货舱，与船体分离，对船体强度要求低，薄膜式液货舱与船体相连，对船体强度要求较高。

液货舱围护系统可以分为独立式和薄膜式两种，独立式包括A型、B型和C型，薄膜式包括法国GTT公司的No.系列和Mark系列，如图6–1所示。独立式A型液货舱是应用传统船舶结构设计的液货舱，需要完全的次屏壁，典型代表为Conch方形液舱和ESSO双层壳液舱，要求高造价也高，使用范围相对较窄；独立式B型液货舱是考虑压力承受、裂纹扩展、疲劳破坏等因素设计建造的，需要部分次屏壁，典型代表是Moss球形液舱和IHISPB菱形液舱，Moss球形液舱以球罐为液货舱作为主屏壁，与船体相分离，滴盘作为部分次屏壁，避免因热胀冷缩或碰撞摇晃而变形，被认为是安全可靠的液舱；独立式C型液货舱是符合承压标准的液货舱，不要求次屏壁，典型代表为外保温层和真空罐，外保温层多应用在中小型LNG运输船，真空罐多应用于小型LNG储罐。薄膜式液货围护系统不需要独立的支撑系统，采用在–162℃下都不会变形

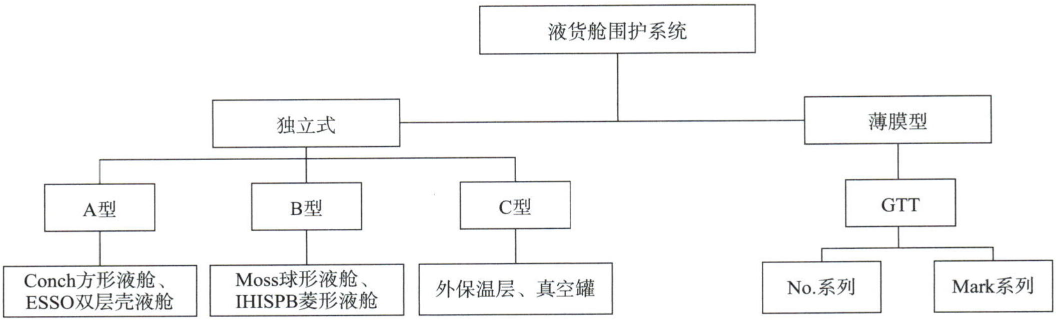

图6–1　液货舱围护系统分类

❶ 来源：《国际散装运输液化气船舶构造和设备规则》。

的镍铁合金“殷瓦钢”为原材料进行建造，确保船舱牢固不受损的同时，可以提高舱容利用率，缩减受风面积和视野盲区，但是装载有限制且不易维修。

三　天然气槽车运输

我国能源分布不均，自有产地多分布在西北西南地区，海外资源进口多集中在东部沿海，并采取一系列能源保障措施，如西气东输、川气东送、北气南进、海气上岸等；但是能源需求增长，产气地远离目标市场，管道建设周期长，供需矛盾难解决，天然气资源未得到充分利用。大力推进天然气槽车运输能够密切联系上游与终端市场，通过槽车或罐箱直接将气田资源输送到用户，避免长期大额投资，缩短工程工期，减少中间运输环节，用户范围扩大，覆盖面积更广，而且风险小、灵活性高、适应性强，与陆上管道运输相辅相成。

槽车是指运输压缩气体、液化气体等可移动式压力储运容器。国内槽车技术日趋成熟，逐步实现国产化。使用槽车运输天然气，安全稳定，整个运输过程中压力保持稳定，且较少产生能源消耗。槽车运输根据运输天然气状态不同可以分为LNG槽车和CNG槽车，LNG槽车主要利用低温储藏天然气，CNG槽车主要利用高压压缩天然气。

（一）LNG车载运输

LNG槽车采用低温储存液态天然气。目前我国LNG槽车容量最大规格超50m^3，运行压力为0.7MPa，气态天然气装车容量超3万m^3，运行压力为0.3MPa，行驶过程中压力上涨约0.2MPa，槽车平均行驶速度约60km/h。LNG槽车具备充装液系统、增减压系统、安全系统、仪表检测系统、抽真空及测量系统、紧急控制系统。充装液系统主要用来装卸LNG液体，确保液体顺利从槽车底部和顶部进入罐箱内部，由液相接口、紧急切断阀、气体排放阀组成；增减压系统是指气温升高，液体变为气体，储罐内压力增加，需要增减压系统释放压力，主要由气体排放阀、增压器组成；安全系统是槽车运输中极其重要的系统，天然气热值为52mmBtu，行驶的LNG槽车一旦出现交通意外，产生爆炸将会造成巨大破坏，因此设置安全阀、阻火器、防爆盖，保护储罐安全和管路稳定；仪表检测系统包括压力表和液位表，压力表可以直接读出观察储罐内压力变化，液位表可以计算出储罐内液体水平，仪表系统主要由压力表、液体计气相阀、液体计液相阀组成；抽真空及测量系统主要作用于内外罐之间，抽出两罐之间的气体，常处于空气状态内外罐已损坏，而处于真空状态能够更好地保温，维持罐内液体压力，减少能源消耗；紧急控制系统主要由紧急切断阀组成，紧急切断阀既可以自动开关，也可以手动开关，当有紧急情况，温度到达临界点75℃或压力达到0.3MPa，易熔塞升温熔化启动紧急切断阀。

在各组成中，储藏罐或大容积钢瓶是槽车最主要的部分。如LNG槽车，天然气在–162℃的情况下为液体，储存的LNG处于沸腾状态，一旦受到冲击或有外部热量时，气压变化将促使储存的LNG不断气化成气体，使LNG能量损耗，因此储罐一定要具有极强的隔热性，保证压力稳定。常见的LNG储罐分为内外两个套罐，内罐是主要的承压容器，采用特殊的耐低温不锈钢材质制作，使LNG始终保持液体状态，同时安装防波动板，确保内罐压力稳定，平稳运行；内罐与外罐之间缠绕由铝箔和绝热纸复合而成的隔热材料并且抽成真空，最后套上外罐，固定好支撑结构，确保罐体稳定，需要注意的是为扩大储容，多将支撑结构固定在外罐外壁，LNG储量确实增加，但是储罐稳定性会有所下降，存在一定的安全隐患。

（二）CNG车载运输

CNG槽车利用高压压缩气态天然气，可以用于储存运输CNG，槽车可装载的气瓶多为7管、8管和13管等组合，常见的CNG槽车有CNG长管拖车和CNG管束集装箱。CNG长管拖车是指在拖车上装有大容积气瓶的天然气运输设备，实现气瓶与半挂车的有机组合，具备方便灵活、便于维护等优点，CNG长管拖车由五部分组成，分别是框架、半挂车、大容积钢瓶、安全仓和操作仓。CNG长管拖车管理应满足《机动车运行安全技术条件》和《半挂车通用技术条件》要求，也应按照《气瓶警示标签》要求在每只气瓶上进行粘贴。大容积钢瓶两端瓶口有内、外螺纹，利用外螺纹安装法兰，接着利用螺栓将法兰安装在框架的支撑板上；利用内螺纹旋紧端塞，连接管件，前端组成安全舱，后端组成操作舱。前端安全舱设有爆破片装置，而且每个瓶口均有泄放口。后端操作舱设有进出气管路、温度计、压力表，同时设有球阀、排污阀等，便于气瓶与CNG加气站更好连通。除CNG长管拖车外，CNG槽车还包括CNG管束集装箱。CNG管束集装箱是通过主管线将内部连接的各个气瓶组装在集装箱内的移动式压力容器，CNG管束集装箱由四部分组成，分别是框架、大容积钢瓶、安全舱和操作舱。CNG管束集装箱和CNG长管拖车的储运原理一样，基础装置相似。

（三）罐箱运输

罐箱运输是一种包装运输方式，多用户运输LNG，将LNG充装在可移动式罐柜（亦称“罐箱”）中，通过船舶运输、公路运输、铁路运输，实现“门对门、一罐到底”多式联运。罐箱运输不同于传统运输方式，在物流业中属于包装运输，有较大发展空间。罐箱整体结构包括储藏罐、外部框架、操作箱等。储藏罐是罐箱中最为重要的结构，用于存放低温状态下的LNG液体，储藏罐是采用特殊材质建成的耐低温绝热储罐，由内罐和外罐嵌套组成，内、外罐之间呈真空状态。外部框架主要用于增强稳定性，是由纵梁、端梁、角件等结构焊接而成，能够有效传递运输产生的动力。操作箱内有一系列阀门及仪表盘，可以查看罐箱状态，做出科学判断，方便罐箱管理，确保安全可靠。总之，罐式集装箱是集装箱在天然气运输方面的新应用，既应用普通集装箱的尺寸外观，便于装卸堆放，又能够满足天然气运输，安全稳定保护能源不受损，能够满足海陆联运的要求。

中国罐箱运输逐渐发展。2020年国家发改委、财政部、自然资源部、住房城乡建设部、国家能源局等联合发布《关于加快推进天然气储备能力建设的实施意见》，要求增强储运设施的灵活性和便利性，开展罐式集装箱多式联运的试点工作，提高储气和调峰能力。2021年市场监管总局发布《移动式压力容器安全技术监察规程（第3号修改单）》公告，对罐式集装箱的性能、质量、规格做出细化规定。目前，我国罐式集装箱在陆海联运取得成功实践，进口LNG时，供应商或贸易商将LNG注入罐式集装箱内，如同普通集装箱排列在集装箱船上，到达目的港完成卸载，通过公路、铁路、海洋、江河等联合运输到达终端市场。

罐箱运输是行业未来发展方向。罐箱运输的操作简单，传统运输方式是从产油区或港口运输到输气站，进而转送至用户，流程相对复杂，所需资源更多，而罐箱运输可以直接输送到用户，适用于多种运输方式，简单便利，减少天然气容器换装流程，避免时间消耗和资源浪费，有效节约成本。操作安全系数高，可以独立装载天然气，与车体实现分离，一旦出现意外事故，可迅速拆卸将罐箱放置到安全区域。罐箱发展的基础牢固，罐式集装箱发展迅速，技术相对成熟，国内有多家企业从事罐箱制作，也已经开始应用罐式运输，市场基础好，行业接受度高。罐箱发展也存在一些缺点，相较于传统运输方式，罐箱容量小，运载能力低，天然气运输的单位成本高；罐箱可应用于多方联运，但是海路联运意味着多方组织协调，使管理难度加大。要想罐箱取得进一步发展需要发扬其优势，克服其弊端，进一步优化改善。

第二节 天然气运输价格

天然气运输方式多种多样，包括管道运输、船舶运输和槽车运输，不同的运输方式适用于不同的运输环境，成本收益各不相同。

一 管道运输价格

（一）美国管道运输价格

1. 美国管道运输价格的发展

美国高度发达的天然气市场离不开管输定价的改革，其改革过程经历了四个阶段。

第一阶段，开始阶段。美国发现天然气后，形成了简单的天然气市场，当时管输和销售模式是天然气生产商与消费者签订长期合同，委托管道运输公司将天然气从产气区输送到目的地。因为政治原因，管道运输会受多个州政府管理，天然气运输处于垄断状态，为改变局面打破州政府垄断，美国成立了联邦动力委员会（the Federal Power Commission，FPC），该委员会也是联邦能源管理委员会（Federal Energy Regulatory Commission，FERC）的前身。FPC的成立意味着由委员会管理天然气管道运输，并制定合理的运输价格。此举尽管打破了州政府垄断，但也造成管道公司对天然气的垄断。

第二阶段，发展阶段。FPC的成立使得管道公司处于天然气运输的垄断地位，不利于天然气及管道运输业持续发展。自此之后美国不断出台法律推动天然气管输的市场化，如表6–7所示。1938年颁布《体积法》并规定“全部固定成本分配给使用部分，全部变动成本分配给使用部分”。该法律的颁布在一定程度上起到了积极作用，固定成本与变动成本分离可以有效回收管道运输费用，规范了天然气管道运输收费细则，限制了管道公司的垄断权力。《体积法》的核心是无论是固定成本还是变动成本均由使用者承担，换言之，输气收费不输气不收费，又称“一部制”，操作简单好计算，但是给管输成本回收带来了不确定性，尤其是管道建设中的固定成本，抑制了人们投资建设管道的积极性。

表6–7 美国各阶段颁布法律法规

名称	年份	内容
《体积法》	1938	全部固定成本分配给使用部分，全部变动成本分配给使用部分
《固定变量法》	1942	全部固定成本分配给需求费，全部变动成本分配给商品费
《大西洋海岸法》	1952	50% 的固定成本分配给需求费，50% 的固定成本分配给商品费；变动成本全部分配给商品费
《联合法》	1973	25% 的固定成本分配给需求费，75% 的固定成本分配给商品费；变动成本全部分配给商品费
《修正固定变动法》	1983	除权益资本收益及相关的所得税外，全部固定成本通过高峰期需求费回收；权益资本收益及相关的所得税通过商品费回收，变动成本全部通过商品费回收
《直接固定变动法》	1992	全部固定成本通过高峰期需求费回收，变动成本全部通过商品费回收

第三阶段，改革阶段。应用“一部制”投入的固定成本回收不及时，有一定的局限性，影响了基础设施建设。因此美国在1942年提出《固定变量法》，规定“全部固定成本分配给需求费，全部变动成本分配给商品费”，又称“两部制”。根据双方事先签订的合同，明确用气量需求，全部固定成本由预计的用气量承担，确保了固定成本的全回收，变动成本由实际的用气量承担。此方法不仅提高了管道公司投资的积极性，也能够确保上下游按照计划完成用气量，避免资源的浪费。需要注意的是《固定变量法》规定“全部固定成本分配给需求费”给可中断用户提供“搭便车”机会，为了修

正不公平的分配方式，美国在1952年颁布了《大西洋海岸法》，1973年颁布了《联合法》修正了固定成本分配比例，目的在于费用承担与权利享受相匹配。

第四阶段，市场化阶段。为了改善“两部制”人为设定分配比例的不科学性，1983年颁布《修正固定变动法》，规定“除权益资本收益及相关的所得税外，全部固定成本通过高峰期需求费回收；权益资本收益及相关的所得税通过商品费回收，变动成本全部通过商品费回收”。该法更为科学合理地规定了成本与收益之间的关系，考虑了高峰期用气情况，也使下游用户按照真实的需求提报计划，完成用气量；但是由于权益资本收益及相关所得税是通过商品费回收，因此权益资本回收存在不稳定性。美国1992年颁布《直接固定变动法》规定“全部固定成本通过高峰期需求费回收，变动成本全部通过商品费回收”。该法案在《修订固定变动法》的基础上，将权益资本回收固定化，充分利用了管输容量，缓解了高峰期运行压力，制定管输费率表，设置收费等级，自此美国天然气管输市场进入了成熟发展阶段。

2. 美国管道运输价格改革的经验

美国天然气管道运输有近百年的发展历史，在全球范围内发展成为天然气高度发达的市场。美国天然气市场高度发展有以下几点经验值得借鉴。

（1）大力发展管道运输行业。天然气快速发展，与之相匹配的是成体系的管道运输业，管道技术的不断提升、管道里程的不断增长、管道覆盖范围的不断扩大都推动了美国天然气市场向着国际化、市场化、专业化发展。

（2）发挥市场的管理作用，避免政府直接干涉。由于美国制度的特殊性，天然气管道运输不可避免地出现跨州现象，需要州与州的协调。完全依赖于政府监管不利于管道天然气发展，因此FERC代表政府行使管理权并发布《天然气法》和《菲利普斯决议》，提高市场开放度。

（3）打破垄断，提高市场竞争力。美国天然气管道运输市场经历了漫长的发展过程，最初由管道公司完全垄断，供销一体化，管道公司掌握绝对话语权，通过颁布《天然气政策法》和第637号法令，逐渐解绑运输和销售，开展管输费率改革，不断过渡到市场化定价。

（二）欧洲管道运输价格

1. 欧洲天然气管道的发展

欧洲天然气管道设施健全，形成完善的管网体系。20世纪60年代，欧洲开始重视天然气发展，经过60多年的努力，欧洲形成了发达的天然气市场，全面的管道路线，制定了细致的管输费用管理方法。

当前欧洲存在多个天然气管输中心和分布广泛的管输干线。欧洲有十多个管输中心，如英国、法国、德国等均建设了本国管输控制中心，管输控制中心具备远程调控功能，预测管道流量流速，检测用户运输的气量，实时监测管道运输变化，保证管道运输压力平衡。欧洲经过多年发展，形成了分布广泛的天然气管网，包括干线管网、区域管网和配气管网。

2. 欧洲天然气管道的经营模式

欧洲各国天然气经营模式主要分为三大类，分别是国家垄断模式、私人经营模式、混合模式。国家垄断模式是指国家投资建设天然气基础设施，凭借国家垄断优势推动天然气市场发展，政府根据市场形势出台天然气法律法规，制定行业发展规范，代表国家是法国、意大利等。私人经营模式是指国家允许私营企业自由竞争，由私营企业融资建设天然气基础设施，拥有所有权并独立经营，政府仅提供税收优惠或财政补贴，不干涉天然气发展方向，代表国家是德国。混合模式是指国有资本和社会资本有机结合，放开市场，允许社会资本投资建设天然气基础设施，由双方共同经营天然气，确定发展方向，代表国家是荷兰、英国等。

3. 欧洲天然气管输费率

天然气管输费率是天然气经营模式的重要组成部分，欧洲各国在设定天然气管输费率时遵守经济性原则。一方面要保证管输费率的公平性合理性，确保管道投资建设者能够收回成本，管道运输使用者能够享受最优服务；另一方面也要激励管道运输公司不断地投资建设新管道，吸引更多用户使用天然气运输管道。因此，欧洲各国无论选择何种经营模式，天然气管输费率都有两大重点，分别是“入口/出口”管输费体系和管输平衡机制。

“入口/出口”管输费体系是指天然气管道公司在管输能力预订平台公开站场入口的进气能力和出口的分输能力，管道使用者根据实际需求在管道入口预订进气需求，在管道出口预订分输需求。而传统的天然气运输模式是“点对点”的管输费体系，管道公司与每家用户只签订一个合同，管道公司需要保证用户用气需求和调峰要求，用户需要按照合同约定的进气点、下气点和管道路线运输，新增下气点则需要新签合同，无论是管道公司还是用户都存在一定弊端。欧洲经过改革形成的“入口/出口”管输费体系允许用户自由组合，根据实际需求选择管道入口和出口，这意味着一份合同中可选择多个进气点和下气点，既能满足用户多元化气源需求，确保资源灵活稳定，又能使管道公司最大限度地利用管输容量，取得最优经济效益。“入口/出口”管输费体系允许用户选择多个入口和出口，因此在计算管输费用时应该分别计算入口费用和出口费用，各个入口输气能力对应的管输费用之和为入口管输费，各个出口输气能力对应的管输费用之和为出口管输费，入口管输费与出口管输费之和为管输总费用。

管输平衡机制是指确定管道系统的最佳状态，从而确保管道能够长时间安全稳定高效地运输。同一条管道的入口和出口压力差越大时，天然气在管道内的流速就越高，但是此时的储气能力会下降，因此要在管输速度和储气能力之间做好平衡，选定最优状态。满足管输平衡机制，可以延长管道使用寿命，提高管道输送能力，管道公司能够采取多种措施维持管输平衡，如要求用户提交管输计划量、组织输气量交易、实施经济性惩罚等。在管输平衡机制下，管道公司可以确定用户每天的管输平衡状况，若用户提交的入口输气量与出口输气量相等，则意味着该用户管输平衡；若用户提交的入口输气量与出口输气量差距过大，则意味着管道系统处于不平衡状态。管道公司可以根据不平衡状态计算输气量差值，根据低买高卖的原则向用户买气或卖气，从而实现管输平衡。当用户经常性出现不平衡或不平衡差值过大时，可采取罚款等方式，用以弥补管输维护和调峰服务。

（三）中国管道运输价格

为贯彻落实党中央、国务院关于深化石油天然气市场体系改革的决策部署，国家发改委于2023年12月5日印发《关于核定跨省天然气管道运输价格的通知》，首次分区域核定了国家管网公司经营的跨省天然气管道运输价格。其中，西北价区运价率为0.1262元/（千m^3·km）（含9%增值税，下同），东北价区运价率为0.1828元/（千m^3·km），中东部价区运价率为0.2783元/（千m^3·km），西南价区运价率为0.3411元/（千m^3·km）。上述价格自2024年1月1日起执行。表6-8展示了国家管网公司经营的跨省天然气管输价格，表中为国家管网公司经营的主要跨省天然气管道及其重要支干线和必要联络线，表中未注明的其他跨省天然气管道及重要支干线和必要联络线，按照所属价区运价率执行。省级管网融入国家管网后，鼓励国家管网公司立足“全国一张网”优化整合管输系统，具备条件的支干线等纳入所在价区统一定价。

表6-8　天然气管输价格

序号	所属价区	含税运价率（元/千m^3·km）	主要干线管道	重要支干线和必要联络线
1	中东部价区	0.2783	陕京一线	琉永支线
2			陕京二线	任丘支线
3			陕京三线	鄂安沧联络线
4			陕京四线	高西支线、宝香西联络线、马坊—香河支线、密云—马坊联络线、应张支线联络线、张北支线等
5			港清线	永京支线、港清复线、港清三线、汪庄子支线、京58管道、大港储气库管线
6			唐山LNG外输管线	丰南—宁和支线
7			西气东输一线东段（中卫以东）	南京—芜湖支干线、常州—长兴支干线、龙池—扬子扬巴支线、淮武支线、定远—合肥复线、泰兴—芙蓉支线等
8			西气东输二线东段（中卫以东）	平泰支干线（河南段）、平泰支干线（山东段）、南昌—上海支干线、广州—南宁支干线（广西段）、广州—南宁支干线（广东段）、广州—深圳支干线（广东段）、中卫—靖边支干线等
9			西气东输三线东段（中卫以东）	中靖联络线、闽粤支干线（广东段）、德化联络线、长沙支线、长沙联络线、福州联络线
10			川气东送	达化专线、川维支线、南京支线、江西支线、武石化支线、西一线联络线等

续表

序号	所属价区	含税运价率（元 / 千 m^3 · km）	主要干线管道	重要支干线和必要联络线
11	中东部价区	0.2783	忠武线	荆襄支线、潜湘支线、武黄支线
12			江苏 LNG 外输管线	
13			中缅线（贵阳—贵港段）	都匀支线、河池支线、桂林支线、钦州支线、防城港支线
14			榆济线	榆麻支线
15			广西 LNG 外输管线	柳东支线、粤西支线、桂林支线
16			安济线	
17			青宁线	
18			中贵联络线	天水支线、陇西支线、陇南支线、中贵江津站至重燃支坪支线、中贵线与元坝—普光互联互通输气管道
19			冀宁联络线	临沂支线、济宁支线、德州支线、武城支线、刘庄储气库支线、邳州—徐州支线、邳州—连云港支线
20			鄂安沧线	濮阳支干线、保定支干线、安平站—安济线联络线、南乐联络线、沧州站—天津 LNG 联络线
21			长宁线	
22			天津 LNG 外输管线	
23			兰银线东段	
24			新粤浙线	新气管道与西二线韶关联通管道、广西支干线
25			中开线	南寺线、濮范台管道
26			中俄东线南段	
27			蒙西管道	天津 LNG 联络线、廊坊分输支线
28			苏皖管道	滨海—盱眙段、安徽天长—合肥段、阜宁电厂专线、中俄东线南段与江苏滨海 LNG 外输管道互联互通管道
29	西北价区	0.1262	西气东输一线西段（中卫以西）	
30			西气东输二线西段（中卫以西）	轮吐支干线、独石化支线、嘉峪关市供气支线、武威分输支线、酒泉供气支线、张掖市供气支线、金昌分输支线
31			西气东输三线西段（中卫以西）	伊霍线
32			涩宁兰管道	西兰支线、兰定线、刘化支线、西宁支线、甘南支线、甘西南支线等
33			兰银线西段	景泰支线、白银支线
34			鄯乌线	

续表

序号	所属价区	含税运价率（元/千 m^3·km）	主要干线管道	重要支干线和必要联络线
35	东北价区	0.1828	中俄东线（黑河—永清段）	长岭—长春支线、明哈支线、大庆—哈尔滨支线、中段互联互通管道、武清站联通工程
36			秦沈线	葫芦岛支线、盘锦支线、沈阳支线、锦西石化支线、锦州石化支线、营盘联络线
37			大沈线	沈抚支线、大连支线
38			哈沈线	平山线支线
39			永唐秦管道	
40	西南价区	0.3411	中缅线（瑞丽—贵阳段）	丽江支线、玉溪支线、滇西天然气环网瑞丽至陇川段

此次核价是天然气管网运营机制改革以来的首次定价，也是我国首次按“一区一价”核定跨省天然气管道运输价格。价格核定后，国家管网公司经营的跨省天然气管道运价率由20个大幅减少至4个，构建了相对统一的运价结构，打破了运价率过多对管网运行的条线分割，有利于实现管网设施互联互通和公平开放，加快形成“全国一张网”，促进天然气资源自由流动和市场竞争，助力行业高质量发展。

二 船舶运输价格

除管道运输外，天然气船舶运输能够跨越大洲限制，充分整合全球天然气资源，2022年全球LNG贸易量近4亿t，LNG运输船队数量超过700艘，载容量1.07亿 m^3。由于涉及国际贸易，船舶运输的价格受全球市场影响大，国际化程度更高，已经形成成熟的船运价格体系。

中国天然气运输船起步较晚，直到2008年才交付首艘自制LNG运输船，但是后续发展迅速，2011年沪东中华接到埃克森美孚订单，国产LNG运输船走向国际；2022年江南造船集团有限责任公司与中国船舶工业贸易有限公司联手签订阿布扎比国家石油公司旗下两艘LNG运输船协定，是我国首次承接Mark Ⅱ型号订单。我国天然气运输船发展迅速，船运收费方式趋于国际化和规范化。

LNG运输船的收费模式采取航行天数与日租金乘积的方式确定总运输费用。航行天数可以根据租船合同约定的航海路线、装卸速度、服务水平等计算，日租金根据运输船的船舶类型不同有所差异。日租金的确定与船舶类型有关，根据LNG运输船建造目的不同可以划分为项目船和现货船。项目船是指对于某一LNG交易项目所配备的运输船，该LNG运输船专门运输此交易的天然气，这意味着长期合同、建造合同和租船合同同时签订，合同期限一般为15~27年，而且可以提前计算项目船的日租金。项目船日租金由资本租金和经营租金两部分组成，资本租金是以船舶建设成本、融资利率和预计收益为基础，折算到每天的固定支出，每天的资本租金都是相同的；经营租金是根据年初出租人和承租人协商确定的运营成本，折算到每天的经营性租金，因每年船舶损耗、航线规划、经营状况等差异，经营租金按年度调整。现货船是指LNG运输船不单单服务某个交易，而是根据市场需求提供普遍化运输服务，租期可以是一天、一月、一季度或一年，每次运输都需要签订运输协议。与项目船相比，现货船多为普通船型，应用范围更广。现货船的日租金受市场供求关系影响大，波动幅度较大。

LNG运输船租金受多方面影响。2022年底的现货市场上，LNG运输船运输费用高达45万~50万美元/d，比年初日租金上涨了约6~7倍[1]。供需关系影响LNG运输船价格，海运需求高于船舶运输能力，会推动LNG运输船租金价格上涨；海运需求低于船舶运输能力，LNG运输船租金价格下跌。LNG运输船供需关系与LNG价格、全球航运需求、LNG造船订单数量等因素密切相关。全球能源革命影响LNG运输船价格，随着《巴黎协定》生效，“双碳”目标提出，控制温室气体排放成为全球共识，改变能源结构，推动“煤改气”“油改气”进程，LNG将发挥重要作用，LNG运输船价格也将上涨。

三 槽车运输价格

天然气槽车的运输费用由以下几部分组成，槽车的购买成本或租赁费、日常维修保养费、燃料使用费、工作人员工资支出等。天然气槽车的运输收入受多方面因素的影响，槽车的储罐容积越大，可装载天然气越多，同等运输距离的单位成本越低；槽车运输距离越远，单位成本越低。

槽车运输主要包括LNG槽车运输、CNG槽车运输和罐箱运输。LNG槽车与CNG槽车运输费用计算方法一致，考虑折旧费、运输成本、人员工资等。LNG槽车适合长距离、大容量运输，多应用于沿河海的浙江、福建、湖北、山东等地，LNG槽车造价较高，目前经营方式是物流公司购入槽车，承运商租赁槽车经营。LNG槽车运输价格与运输区域、里程数相关，是里程数和单价的乘积，具体费用由企业根据市场情况协商制定，如表6-9展示了LNG槽车运输价格。CNG槽车运输距离较短，常常在150km以内，150km以内运费约为0.3~0.5元/m^3。罐箱运输应用范围更为广泛，能够实现多式联运，因此运输成本需要考虑罐箱成本、公路运输成本、堆场成本等多个方面，罐箱成本约为430~643元/t、公路运输成本约为200~300元/t，堆场成本约为50~65元/t，因此罐箱的运输价格大概在1000~2000元/t。

[1] 吕红星. LNG运输船费用继续飞涨市场火爆[N]. 中国经济时报,2022-10-26（002）.

表6-9 LNG槽车运输价格

地区	运距 /km	运费 /（元 /km）	地区	运距 /km	运费 /（元 /km）
华北	200 以内	0.70~1.10	华南	150 以内	1.00~1.30
	801~1000	0.50~0.90		301~500	0.80~0.85
	1001~1500	0.50~0.80		501~800	0.75~0.80
	超过 1500	0.50~0.75			
华东	100 以内	0.85~1.20	西南	500 以内	0.80~0.90
	201~300	0.70~1.00		501~1000	0.75~0.80
	501~700	0.65~0.85		1000 以上	0.70~0.75
	1001~1500	0.50~0.80			

第七章

天然气存储

本章导读

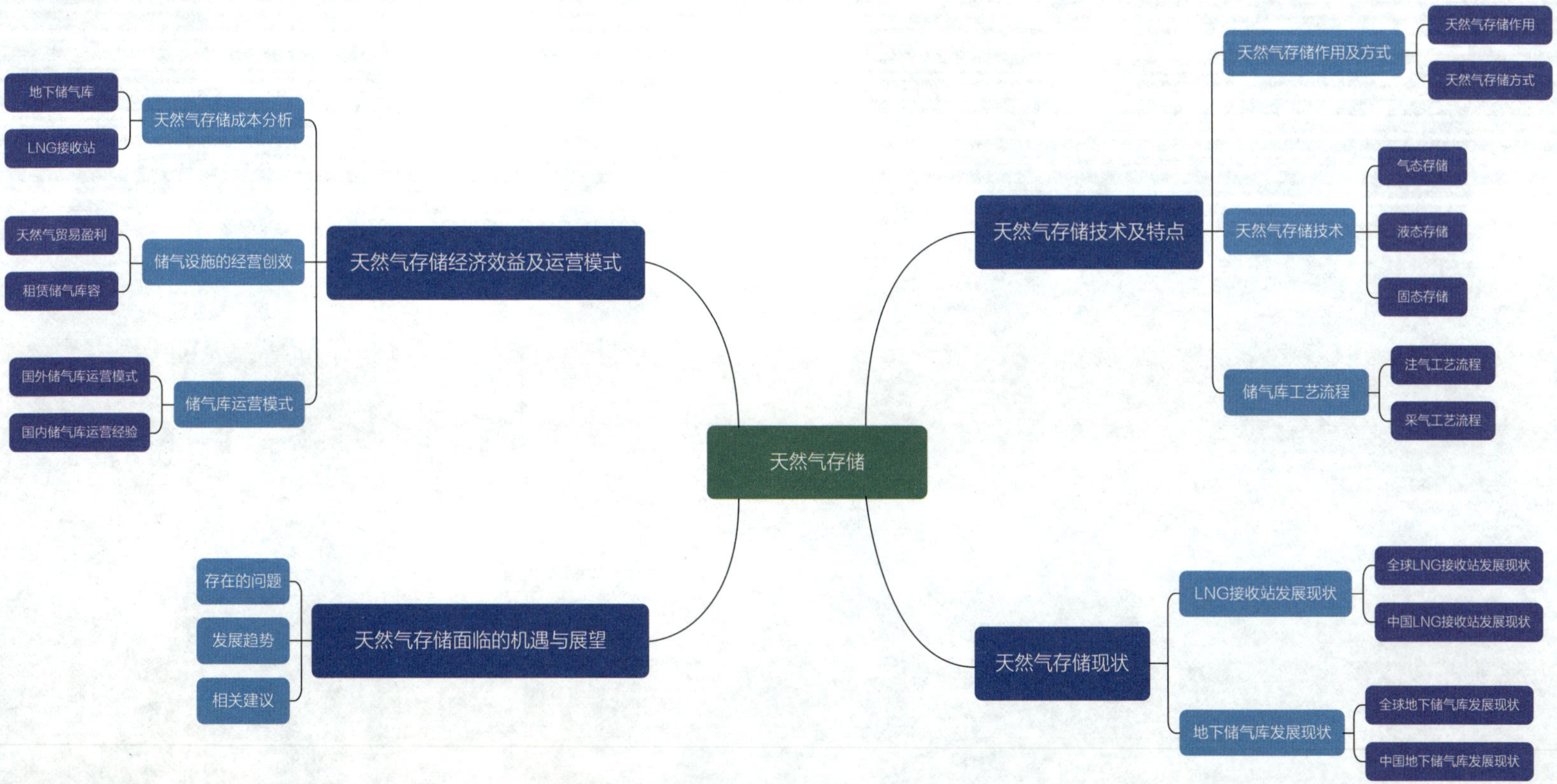
天然气存储
天然气存储技术及特点
天然气存储作用及方式
天然气存储作用
天然气存储方式
天然气存储技术
气态存储
液态存储
固态存储
储气库工艺流程
注气工艺流程
采气工艺流程
天然气存储现状
LNG接收站发展现状
全球LNG接收站发展现状
中国LNG接收站发展现状
地下储气库发展现状
全球地下储气库发展现状
中国地下储气库发展现状
天然气存储经济效益及运营模式
天然气存储成本分析
地下储气库
LNG接收站
储气设施的经营创效
天然气贸易盈利
租赁储气库容
储气库运营模式
国外储气库运营模式
国内储气库运营经验
天然气存储面临的机遇与展望
存在的问题
发展趋势
相关建议

第一节

天然气存储技术及特点

天然气的发展与利用受天然气价格波动、调峰需求、下游用户类型及上中下游用户设备检维修停产等影响，经常发生用气不均衡现象。为了解决以上问题，“削峰填谷”是最有效的办法，即将低峰时的天然气富余量储存起来，在用气高峰时补充供应。此外，我国对进口天然气存在较高的依存度，从国家战略储备层面考虑，存储天然气具有重要的意义。

一 天然气存储作用及方式

（一）天然气存储作用

天然气存储是指将勘探开发的天然气资源和引进的天然气资源储存起来待用，其作用主要体现在：一是满足天然气消费的不均衡性，即调峰作用；二是保证供气的可靠性；三是担负国家天然气战略储备。天然气的消费量随时间做周期性变化且消费峰谷差较大，不同于石油、煤炭等资源，天然气存储要求更高，为保证能源消费健康发展，天然气存储技术自天然气开发利用以来就一直在更新突破。

（二）天然气存储方式

天然气按存储方式可分为气态、液态、固态存储。其中气态存储主要包括地下储气库存储、管道存储、以压缩方式存储（如管束存储、储罐存储）、吸附天然气（adsorption natural gas，ANG）存储等；液态存储主要指采用液化天然气方式存储；固态存储主要指采用天然气水合物（natural gas hydrate，NGH）的形式存储。

二 天然气存储技术

（一）气态存储

1. 储气罐存储

天然气储气罐存储分为低压及高压储气罐存储两种方式。

（1）低压储气罐存储。低压储气罐压力稳定，有干式储气罐和湿式储气罐两种。湿式储气罐用水封来防止罐内的天然气逸出，以及外面的空气进入罐内。干式储气罐没有水封槽，减少了罐的基础负荷，干式储气罐结构上类似于内浮顶油罐，由于活塞（相当于浮顶）和罐壁间要求既能灵活地做相对滑动，又需有极好的密封性能，对罐体和活塞等部件的施工质量有很高的要求，已较少使用。

（2）高压储气罐存储。高压储气罐存储压力最大约16MPa，有球形和圆筒形两种，其没有内部活动部件，结构简单。存储容量大于120m^3常选用球形，球形储气罐的受力较好，节省钢材，应用广泛。小于120m^3则多用卧式圆筒形。圆筒形储气罐有立式和卧式之分，立式储气罐的优点是占地面积小，缺点是对基础、支柱要求高；卧式储气罐则具有支座、基础做法简单的优点。圆筒形储气罐制作方便，但是耗钢量大，一般用于小规模高压储气。

2.地下储气库存储

地下储气库存储是指在供气淡季将集输管线输送的天然气再次注入地下空间存储起来，形成一种人工气田或气藏，在用气高峰到来时再将其采出，以弥补管线供气的不足，满足用户需求。它具有注得进、采得出、存得住及短期高产、高低压往复变化、能长期使用的特点。常见的储气库有以下四种类型。

（1）枯竭油气田储气库。地下储气库的优选对象是枯竭油气田，半枯竭油气田也可转换为地下储气库。全球共有此类储气库逾400座，占地下储气库总数的75%以上。

主要优点：这类储气库具有储气空间大，储气压力高，储气量大，并具有良好的渗滤、圈闭条件，储气安全性、可靠性高，在使用过程中，气田中未采尽的天然气还可以作为垫层气利用起来。建设过程中无须开展地质勘探，原有部分气井和地面设施都可以直接利用，建库投资较低、风险小且建设周期较短。原始地质资料和开采过程中积累的动态资料都可直接运用到储气库优化运行中。

主要缺点：在建设过程中，部分油井需要被改造为天然气注/采井，天然气集输系统代替原油集输系统，采气过程中会携带出轻质油，需配套新建轻质油脱出及回收系统，部分天然气会溶解于储层中残余的原油中。

（2）含水层储气库。建设原理是用高压气体注入含水层的孔隙中将水排走，并在非渗透性的含水层盖层下直接形成储气场所。含水层储气库是仅次于枯竭油气田储气库的另一种大型地下储气库形式。目前，全球共有含水层储气库80余座，占地下储气库总数的15%左右。此类储气库寻找库址时的地理范围广，在找不到合适的枯竭油气田时，大型含水层可作为季节性调峰和战略储气库的一种可行选择。

主要缺点：勘察、选址难度大、工作量大、时间长，从开始勘探到完成首次注气可能需要长达15年时间；钻井工程量较大，且观测井所占比例比枯竭油气田储气库大；需要分阶段进行较长时间的试注、试采，以观察和检测水运移情况以及漏气对环境的影响程度；需配套建设注/采气、天然气净化、供水、供电、通信、道路等设施；

垫层气比例高，一般占总储气容量的50%~60%。

（3）盐穴储气库。利用地下盐层中由水溶解盐形成的空穴来储存天然气。世界上共有44座盐穴储气库，占地下储气库总数的8%。

主要优点：在容积方面，盐穴储气库远小于枯竭油气藏储气库和含水层储气库，盐穴储气的利用率较高，注气时间短，垫层气用量少，如有需要垫层气可完全采出。

主要缺点：单位有效容积的造价高，成本高，溶盐造穴需要花费数年的时间。

（4）废弃矿坑储气库。根据一定的储气条件利用废弃矿坑进行开发储气。这类储气库数量较少，主要原因在于大量废弃矿坑的技术经济条件难以符合要求。

3.高压管道存储及管束存储

在高压供气系统中，将低谷负荷时多余的燃气存储在高压供气管道内，当高峰负荷时自高压管道内输出，将输气和存储结合在一起，是一种比较理想的储气方法；但这种方式也有局限性，只有在具备高压输配供气条件下才能实现。

管束存储是高压储气的一种形式，它是把直径较小、长度较长的若干根钢管按一定的间距排列起来，压入天然气进行存储。管束存储的特点是结构简单，用钢量少，单位储气量的投资低于地上储气罐，且利于防火。因管径较小，其存储压力可比大直径圆筒形和球形高压储气罐的压力更高。

4.ANG储存技术

该技术是借助特定的吸附剂使天然气在相对较低的压力与接近常温的条件下，被大量地吸附并以较高的密度存储于钢瓶中，在需要时再通过降低存储压力使天然气释放出来。与压缩存储相比，吸附存储具有工作压力低、设备体积小、成本低等优点。近年来制约天然气吸附存储的两个关键问题是，高性能吸附剂的开发和吸脱附过程的热效应分析。

（二）液态存储

LNG即为天然气液态形式，LNG热值更大、性能更高，在运输过程中具有节省空间的巨大优势，但因为LNG需要低温储存运输，具有一定危险性，且对运输工具和接卸设备都有一定要求。目前天然气的液态存储一般采用低温常压存储的方法，即将天然气冷冻到其沸点温度（–162℃）以下，在其饱和蒸气压接近常压的情况下进行存储。储存方式按压力划分可分为带压储存、常压储存；按拦蓄方式划分为单容罐、双容罐、全容罐储存。

1.按压力划分

（1）带压储存。带压储存的压力一般为0.3~0.8MPa，压力控制相对容易，需防止超压；超压时BOG的排放量较少，能够在较高压力下迅速放空。高压储存适用于LNG的少量储存，高压储罐容积较小，承压能力较强，罐内LNG的蒸发率较低，可减少排放和液化设备成本；但是，高压储存罐大多为真空隔热结构，制作工艺比较复杂，制作难度较大，成本较高，容积较小，不适用于大量储存LNG的情况。带压储存的罐型有立式（或卧式）单罐、子母罐、球罐。

（2）常压储存。常压储存的压力一般为15~30kPa，LNG低温常压储存，明显优势为经济性较好、储存量大，是低温带压储存方法无法比拟的。容积一般较大，结构简单是常压低温储罐的优势，但承压能力较低，蒸发率较高，大型储配库常为此增设再液化设备，将蒸发气体再液化后重新储存。

缺点是将蒸发气体再液化，增加液化设备和储存成本。此外，蒸发气体再液化后，其密度小于储罐内原有LNG的密度，重新注入储罐后可能容易引起储罐内介质的分层、翻滚等不稳定性现象的发生，给LNG的安全储存带来危险。常压储罐的压力控制较为复杂，储罐既要防止超压又要防止失压（真空），需要依赖外部设备（如BOG压缩机）。

2.按拦蓄方式划分

（1）单容罐。此种罐为双层结构，内罐为低温钢，外罐为普通碳钢，因此外罐不能承受低温，当内罐有少许泄漏时，将可能导致外罐泄漏和破坏，规范要求安全距离大并须设防液堤。

单容罐的投资相对较低，施工周期较短，调峰站采用最多，施工技术成熟；但泄漏危险是它的一个较大问题。单容罐周围不能有其他重要的设备，安全检测和操作的要求较高。由于单容罐的外罐是普通碳钢，需要严格地保护以防止外部的腐蚀，外部容器要求长期防腐。

（2）双容罐。双容罐有两种：一是内、外罐均为低温材料；二是内罐为低温材料，外罐为钢筋混凝土（与全容罐的区别在于上部内、外罐之间有通大气的开口），无需防液堤，占地面积减少，安全距离较大。

（3）全容罐。全容罐是一种全封闭罐，安全性好，适合建设超大规模储罐；有金属全容罐、金属混凝土全容罐。

一般采用金属混凝土全容罐，外罐壁是钢筋混凝土，内罐壁9%Ni钢，中间采用膨胀珍珠岩、弹性玻璃纤维、泡沫玻璃砖等材料进行保温。罐顶是悬挂式铝合金吊顶，罐底采用短柱架空或基础加热带模式。

（三）固态存储

固态存储又称天然气水合物固态储存。天然气的主要成分甲烷生成水合物的条件比液化简单得多。水合物储运天然气是高压低温的条件下，按比例将天然气和水进行水合反应（尤其是甲烷、乙烷和丙烷与水分子相互作用），固化形成类冰状白色结晶物质后，进行存储与运输的方法。由于在标准状态下$1m^3$的天然气水合物理论上可以存储$150\sim180m^3$的天然气，因此可以在较低的温度（$-5\sim15℃$）和压力（$1\sim2MPa$）下以水合物的形式储运天然气。NGH技术对边缘油田（地理位置相对较为偏僻的零散油田）伴生气的利用具有广阔的发展前景，但目前尚未见大规模工业化运用。

三 储气库工艺流程

储气库的地面工艺主要是围绕着注气和采气两个生产过程进行设计，如图7-1所示，涉及的主要生产工艺包括天然气的分离工艺、压缩工艺、热交换工艺、节流制冷工艺、防冻工艺。

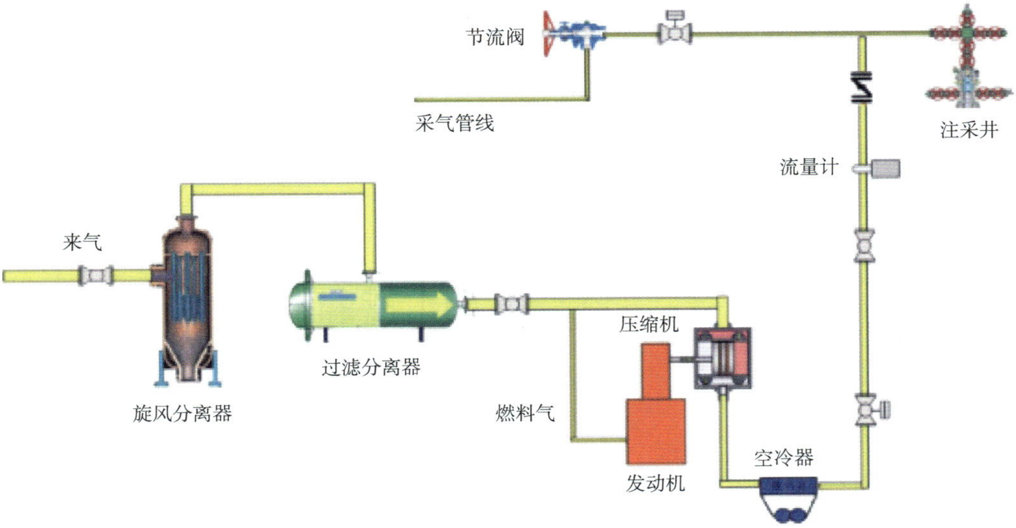

图 7-1 储气库工艺流程

（一）注气工艺流程

当上游长输管道供应的天然气流量大于天然气输配管网的用户使用量时，多出的天然气进入储气库工艺站场的加压机加压后，分别送各储气库储存，加压机出口设计压力一般等于地下储气库设计压力。

（二）采气工艺流程

下游天然气输配管网用气高峰期，上游供应量不足或出现事故时，将地下储气库储存的天然气经过净化、调压处理后，送天然气输配管网，供用户使用，以弥补上游供应量的不足。储气库工艺站场设置净化装置的作用，是净化、分离随天然气带出的杂质、水分、轻烃等物质，避免对管道输送产生不良影响。

从井口来的高压天然气经节流阀节流降压后，进入生产分离器除去游离水、凝析油和固体杂质后到达管道过滤器进一步除去固体杂质，之后天然气进入换热器进行热交换。温度下降天然气中的重烃组分由气态变成液态凝析油，在低温分离器中被分离出来。被除去凝析油的天然气从分离器的顶部出口进入换热器进行热量交换后进入天然气外输系统，向下游输出合格的天然气。图7-2展示了该采气工艺流程。

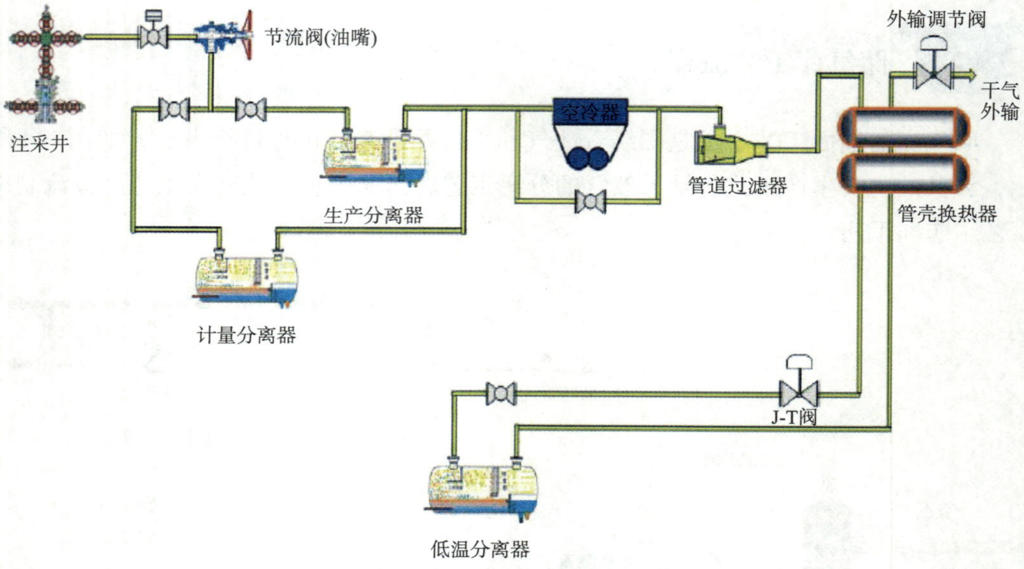

图 7-2 采气工艺流程

第二节
天然气存储现状

由于石油、天然气等能源具有特殊性质，关乎经济发展与国家能源安全。在环境保护意识逐渐增强，石油等能源供应逐渐紧张的态势下，天然气作为一种清洁能源，未来大力勘探与开发利用已是大势所趋。

一 LNG接收站发展现状

（一）全球LNG接收站发展现状

伴随LNG贸易的不断发展，全球LNG接收站发展迅猛。国际天然气联盟（International Gas Union, IGU）发布的*World LNG Report 2023*数据显示，截至2023年4月，全球液化天然气贸易网络已连接了20个出口市场和48个进口市场。2022年，全球22个市场的液化能力将达到每年1990百万t（Million Tons Per Annum, MTPA），总计478.4MTPA。美国市场的新增液化能力占2022年新增能力的75%。美国的萨宾帕斯液化天然气T6（5.0公t/a）和卡尔卡修帕斯液化天然气T1—T18（10.0公t/a）分别于

2022年2月和5月投入运营，使美国成为2022年全球运营液化能力最大的国家，总液化能力达到88.1公t/a。全球LNG贸易的发展极大地促进了LNG接收站的发展。

从区域来看，2022年，欧洲地区的新增产能最高，为14.5MTPA /a，其次是亚太地区的8.5MTPA /a、亚洲的6MTPA /a和拉丁美洲的2.2MTPA /a。在2022年新增的31.2公t/a再气化能力中，80%以上来自新终端。九个新终端已投入使用，另有三个扩建项目在荷兰、中国和克罗地亚上线。就项目而言，2022年最大的新增产能来自泰国的7.5MTPA Nong Fab陆上液化天然气项目，其次是荷兰的5.9MTPA Eemshaven FSRU和德国的5.5MTPA Wilhelmshaven FSRU。Wilhelmshaven FSRU是德国第一个液化天然气终端，另外三个地点的终端正在规划或建设中。

从不同国家的发展情况看，日本是最早建设液化天然气进口终端的市场之一，其首个再气化设施Negishi LNG于1969年投入运营。该市场一直是最大的再气化能力拥有者，截至2023年4月，拥有217.5公t/a的再气化能力，占全球能力的22%以上。日本在过去两年中增加了新的产能，3.2公t/a日立液化天然气扩建项目和1公t/a新浜液化天然气项目分别于2021年和2022年投产。日本再气化设施的平均利用率呈下降趋势，从2021年的近35%降至2022年的34%，原因是液化天然气现货价格高企和核能发电量增加限制了日本的天然气需求和液化天然气购买量。

韩国是第二大再气化能力市场，现有七个终端，共计138.6公t/a。在全球产能排名前五的进口终端中，有三个位于韩国，分别是仁川液化天然气（54.9公t/a）、平泽液化天然气（41.0公t/a）和统营液化天然气（26.5公t/a）。韩国于1986年开始进口液化天然气，并于2022年成为全球最大的液化天然气进口国之一，仅次于邻国日本和中国。2020~2022年，韩国没有新增产能，但有一个项目已于2023年初开工建设。韩国浦项制铁公司（POSCO）将在2025年之前把光阳液化天然气（Gwangyang LNG）一期终端的再气化能力从目前的3.1公t/a扩大到5.2公t/a。

在过去20年快速城市化、工业化和强劲经济增长的支持下，中国天然气需求高速增长。2006年以前，国内天然气生产是中国唯一的天然气供应来源，但由于生产增速低于需求增速，进口液化天然气已成为满足各行业日益增长的需求的重要供应渠道。因此，到2021年，进口液化天然气在中国天然气供应总量中的份额达到29%。同年，中国超过日本，成为全球最大的液化天然气进口国。为支持液化天然气流量的增长，中国一直在实施庞大的再气化建设计划。自2006年中国首个LNG进口终端广东大鹏LNG投产以来，截至2023年4月，中国的再气化能力已达到106.8公t/a。从2016年到2022年，中国已连续七年新增再气化能力，启动了十个新接收站和15个现有接收站扩建项目，使总再气化能力达到61.5MTPA /a。2022年有三个再气化项目投产，包括两个新接收站——嘉兴平湖LNG和江苏盐城滨海LNG一期，以及一个扩建项目启东LNG四期，共计新增6MTPA。随着19个新接收站和13个扩建项目的开工建设，预计到2026年底，中国将新增126.9公t/a的液化天然气进口能力。考虑到未来几年的大幅增长，中国的再气化能力将有可能超过韩国，并在短期内缩小与日本的差距。

2022年，法国取代印度，成为第四大液化天然气进口国，液化天然气进口量达到近27公t，创历史新高，几乎比2021年翻了一番。2022年2月受地缘政治影响促使欧洲市场以最大产能进口液化天然气，以减少对俄罗斯天然气供应的依赖。在法国，平均再气化利用率从2021年的50%飙升至2022年的104%。俄乌冲突爆发后，2022年4月和5月的再气化利用率分别增至128%和121%。2022年11月和12月的再气化利用率分别增至125%和136%，以满足冬季的高峰需求。再气化利用率之所以超过100%，是因为进口量超过了铭牌容量。再气化能力的瓶颈促使法国考虑部署更多的液化天然气进口终端。道达尔能源公司正计划在法国西北部的勒阿弗尔港安装一个基于FSRU的终端，其再气化能力为3.1公t/a。

（二）中国LNG接收站发展现状

2006年广东大鹏LNG接收站投产，开启了中国使用进口LNG的新纪元。经过十余年的发展，依托LNG接收站进口的LNG已成为中国天然气供应的主要来源之一，LNG接收站在保障供应和市场调节方面发挥了重要作用。近年来，国家聚焦解决储气能力建设和运营中统筹规划不足、行业标准不够完善、储气价值没有充分体现等瓶颈问题，从规划布局、政策支持等方面有针对性地提出了政策措施。形成大型LNG储罐设计系列化的成套技术。截至2022年10月，我国已建成LNG接收站24座，年设计接收能力达1.0957亿t。其中，国家管网、中国海油、中国石油、中国石化拥有18个，合计接收能力9477万t/a。全国建成LNG储罐96个，总罐容达到1398万m^3，最大可储存83.7亿m^3，具体数据见表7–1。

表7-1 中国LNG接收站概况

序号	LNG项目名称	设计能力/（万t/a）	储罐容积/万m^3	所属企业	投产年份
1	天津LNG一、二期	600	36.5	国家管网	2014
2	海南洋浦LNG	300	32		2014
3	粤东惠来LNG	200	48		2017
4	深圳迭福LNG	400	64		2018
5	广西防城港	60	6		2019
6	辽宁大连LNG	600	48		2009
7	江苏如东LNG一、二、三期	1000	108	中国石油	2011
8	河北曹妃甸LNG一、二期	650	128		2013
9	中油深南LNG	27	4		2014
10	山东青岛LNG一、二期	700	96	中国石化	2014
11	广西北海LNG	600	64		2016
12	天津LNG一、二期	1080	64		2018

续表

序号	LNG 项目名称	设计能力 /（万 t/a）	储罐容积 / 万 m^3	所属企业	投产年份
13	广东大鹏 LNG	680	64	中国海油	2006
14	福建莆田 LNG	630	96		2008
15	浙江宁波 LNG 一期	700	96		2012
16	珠海金湾 LNG 一期	350	64		2013
17	盐城绿能港 LNG	300	88		2022
18	新奥舟山 LNG 一二期	500	64	新奥	2018
19	深圳华安 LNG	80	8	深圳燃气	2019
20	上海洋山 LNG	600	89.5	申能 / 中国海油	2009
21	上海五号沟 LNG	150	32	申能	2000
22	九丰 LNG	150	16	九丰	2012
23	广汇启东 LNG	500	62	广汇	2018
24	杭嘉鑫 LNG	100	20	嘉兴燃气 / 杭州燃气	2022
合计		10957	1398		

数据来源：各地政府官网

二 地下储气库发展现状

（一）全球地下储气库发展现状

地下储气库是当今世界上最主要的天然气存储“容器”，由于其建设周期短、投资小等特性，一直被当作重要的调峰方式之一。从1915年加拿大利用衰竭气藏建成世界上第一个地下储气库以来，全世界地下储气库的发展已经历了百余年的历程。

截至2022年底，全球36个国家共建成地下储气库716座（含国内），总工作气量4230亿m^3。主要集中于美国、欧盟、俄罗斯等发达国家和地区。国际天然气市场通常划分为北美、南美、欧洲、独联体、中东、非洲和亚太等七大区域市场。除了非洲，其他六个地区均建有储气库，但是分布极不均衡。其中，美国在运储气库达414座，库容2620亿m^3，工作气量1373亿m^3，占天然气消费量的18%；俄罗斯的储气库建设以出口导向型的发展模式为主，共有地下储气库34座，其中境内有22座，在白俄罗斯、亚美尼亚、德国等境外独资或合资12座，有效工作气量722亿m^3，占消费气量的17%。

（二）中国地下储气库发展现状

中国地下储气库与国外相比发展较晚，20世纪60年代，大庆油田首次开展储气实验，1975年建成中国首座气藏型地下储气库—喇嘛甸地下储气库；1999年建成第一座商业地下储气库——大张坨地下储气库，2005年开建的金坛地下储气库成为中国第一座盐穴储气库。时隔半个多世纪的发展，中国在油气藏、盐穴储气库建库理论和技术层面已趋于成熟。2021年10月，冀东油田南堡储气库增注项目顺利投产，标志着中国储气库建设完成了从陆地到海上、从油气藏型到油藏型的成功转型，拓宽了中国储气库建库思路和积累了建库理论经验。

据华经产业研究院统计，截至2022年底，我国地下储气库已经从2011年的12座，上升到36座，地下储气库累计库容达到613.73亿m^3，同比增长9.09%。从省域分布看，天津市地下储气库数量处于全国领先位置，年底数量达九座；湖北省地下储气库数量为八座，排在第二名；此外，江苏、河南、黑龙江等地的地下储气库数量均在五座以下。从区域分布看，我国储气库地域分布不均，主要集中在中西部地区，而主消费城市位于东南部地区，对于此供需分离现状，国字号战略工程“西气东输”与储气库同步规划，实现了气能源供给与需求的无缝衔接。储气库在保障骨干管网安全平稳运行方面发挥了不可替代的作用。从运营主体看，中国石油及其附属公司是国内地下储气库最大运营主体，2022年其地下储气库设计库容388.2亿m^3，占国内总设计容量的一半，其次是国家管网公司和中国石化（表7-2）。

表7-2　中国地下储气库概况

序号	企业主体	储气库（群）	工程设计参数				调峰能力 / 亿m^3
			库容 / 亿m^3	工作气量 / 亿m^3	注气规模 /（万m^3/d）	采气规模 /（万m^3/d）	
1	中国石油	大港库群（6座）	70	30	1755	3400	20
2		京58库群（3座）	17.4	7.8	400	600	4
3		华北苏桥群（5座）	70.5	23.3	1300	2100	9.2
4		大港板南群（3座）	10.7	5.6	240	400	4
5		江苏刘庄	3.9	1.8	150	200	1.1
6		新疆呼图壁	107	45.1	1550	2800	35
7		西南相国寺	42.6	23	1400	2850	21
8		辽河双6	57.5	32.2	1200	1500	19.5
9		长庆陕224	8.6	3.3	220	420	3.3
10	中国石化	中原文96	5.9	2	180	245	2
11		中国石化金坛	11.8	7.2	450	1500	1.8
12	国家管网公司	国家管网金坛	26.4	17.1	900	1500	7
13		中原文23	84.3	32.7	1800	3000	13
14	港华公司	金坛	10	6	270	600	0.8
合计			526.6	237.1	11815	21115	141.7

第三节
天然气存储经济效益及运营模式

天然气的产供储销体系建设中的“储”，即天然气存储。地下储气库以储量大、成本低和更适合液化天然气的储罐成为世界各国天然气主流存储方式。

一 天然气存储成本分析

（一）地下储气库

1.投资费用和运营成本

建造一座地下储气库的资金投入是巨大的，储气库的投资费用及运行成本主要包含勘探费、钻井费、垫层气费、人工工资及附加费、压缩机站操作费用、气井折旧费、储气库装备费等。其中人工费占用运行费用的3%左右，而物质资源与技术资源费用占到了97%。因此，节约使用物质和技术资源是降低储气成本的关键。垫层气费用约占20%，用惰性气体（如氮气）替代天然气做垫层气，可以保持储层压力并保证气井产量，同时其又是降低储气库运行费用的主要途径之一。

从当前资料来看，国际上涉及储气库投资费用和运营成本的文献及数据极少。由于各国的地质条件、建库条件、管理模式及财务核算情况存在差异，目前统计发现的储气库单位投资和运营成本差异也很明显。同时，受时间、汇率等因素影响，国内外的数据存在不同程度的分散。

总体而言，从储气库的单位投资和运营成本分析排序，依次是盐穴型、含水层类、油气藏型。中国的投资和运营成本通常情况下高于国际平均水平。中国油气藏型、含水层类、盐穴型储气库的单位投资成本分别是美国地下储气库同比口径的2~6倍、3~4倍、1.5~2倍；中国储气库的单位运营成本与欧美相比，其差距在8倍左右，规模经济、生产负荷达标、年储转次数及运营管理均是影响因素，后续在生产负荷率和年储转次数等方面需要深化聚焦研究。

2.投资回收期

作为评价地下储气库经济性的重要指标之一，投资回收期尤为重要。地下储气库的服役周期一般可达20年之久，根据其规模大小，一般可在5~7年的时间收回投资。

3.经济效益

在天然气长距离输送中，建造地下储气库具有十分显著的经济效益，它能使输气管道的投资降低30%、输气成本降低15%~20%，压减输气压缩机功率的15%。将储气库单位费用和储气库中天然气相应的出厂价与输气管道交货的天然气价格进行比较是具体评价地下储气库经济效益的有效手段，其直接经济效益表现在高峰气和低谷气出厂价格的差距上。

（二）LNG接收站

1.投资费用和运营成本

针对LNG接收站，运营主要的成本为能源消耗、码头费用、人工成本、设备维修、管理费用等几个方面。

（1）能源消耗：外购电（主要用于接收站动设备、通信照明以及日常办公）、水（主要用于消防、生活、生产）、燃料气（主要用于浸没燃烧式气化器、火炬长明灯）、外购氮气（主要用于设备检修前吹扫置换、部分设备充氮保护）。

（2）码头费用：海域使用金、港池航道水深扫测费、码头及防波堤结构沉降观测费、港池航道维护性疏浚费、导助航设施维保费、气象信息技术服务费、外部拖轮租用费。

（3）人工成本主要为劳务支出，如生产劳务、检维修劳务、物业费等。

（4）折旧、维修费：固定资产折旧一般按照平均年限法计算；维修费用包括设备维修、零件更换，材料补充，全场防腐等。

（5）管理及财务费用：管理费用包括企业经营管理涉及的差旅、公会及其他管理费用；财务费用包括流动资金借款利息和生产经营期长期借款利息及其他费用。

2.投资回收期

LNG接收站的设计运行年限25年，根据其规模大小，一般可在10~12年的时间收回投资。

3.经济效益

接收站自主进口LNG，然后利用管道或罐车将LNG分销出去，赚取价差，其空余的窗口期可租赁给LNG贸易方，赚取加工服务费和存储费，部分运营商可实现LNG接收、管道运输、分销一体化经营。接收站的利润主要来自购销价差及存储加工。

二 储气设施的经营创效

（一）天然气贸易盈利

1.接收站盈利

接收站盈利以收取气化加工费、槽车装运费为主，一般气体以101.325kPa、20℃标况下的体积进行计量，液体以质量进行计量，具体计量交接程序如下：

（1）接船贸易交接。接船贸易交接计量以合同约定为依据，以船舱卸货压力、温度，卸货体积，以及实验室分析气质组分等数据为基础，结合能量、质量计算公式，计算卸货能量、质量等数据。船方、接卸方和第三方检测机构三方核对无误后，出具商检报告，实现双方公平贸易交接。

（2）外输贸易交接。外输计量系统需配备超声波流量计、温度变送器、压力变送器、在线色谱分析仪及流量计算机。超声波流量计可实时测量工况下的体积流量，在线色谱分析仪可在线分析外输气质组分。流量计获取工况流量后，需结合组分、温度、压力等数据在流量计算机内实现标况体积流量的转换，以此获取每天的气体体积累积值，核对无误后可办理结算。

（3）槽车贸易交接。利用数字汽车衡对槽车装车量进行称重计量，按照装车前后的质量差值进行贸易交接。核对数据无误后可办理结算。

2. 储气库盈利

（1）储气库可以利用国际资源季节价格差异，赚取资源购销价差。国际现货LNG夏冬价差较大，可适时开展LNG夏买冬卖业务，通过低进高出获取价差收益，作为调节市场、经营创收的盈利手段。此外，资源需求方可以在低价时超计划购入天然气并储存在储气库中。通过这种方式，能够在未来以更高的价格水平出售这些存储的天然气，或者避免在今后以更高的成本购买天然气。

（2）利用储气库有效库容，实现调峰气销售。储气库公司向用户提供调峰气服务。在该种模式下，客户仅需在高峰期根据其储备调峰需求向储气库公司提出调峰规模需求，储气库公司通过采出库存气、优化组织运行等方式向其提供满足其自身需求的调峰气规模，保障其高峰期的安全平稳用气，同时实现资源创效。

（二）租赁储气库容

储气库允许向第三方公平准入开放，其他天然气供应者能够得到公平的、相同质量的储气服务。储气库运营企业除保留部分储气容量外，其余部分提供储气服务，开展“代存代储”业务，收取储转费。

储气库容量交易是油气基础设施向社会公平开放迈出的重要一步。一方面可以推动储气库调峰能力竞价，为天然气冬季保供增添底气；另一方面也可以为储气设施服务价格的形成机制探索一条新路子，意义重大。当前交易仍处于初期探索阶段，具体到操作层面，还有很多问题需要解决。

近年来，我国天然气行业迅速发展，天然气消费持续快速增长，在国家能源体系中的重要性不断提高。与此同时，储气基础设施建设滞后、储备能力不足等问题凸显，成为制约天然气安全稳定供应和行业健康发展的突出短板。为此，国家先后印发了《国务院关于促进天然气协调稳定发展的若干意见》《国务院关于建立健全能源安全储备制度的指导意见》《关于加快推进天然气储备能力建设的实施意见》（以下简称《实施意见》）等文件。

《实施意见》坚持问题导向，聚焦解决储气能力建设和运营中统筹规划不足、行业标准不够完善、储气价值没有充分体现等瓶颈问题，从规划布局、运营模式、体制机制、政策支持等方面有针对性地提出了解决措施。

一是优化规划建设布局，建立完善标准体系。国家发布年度储气设施建设重大工程项目清单，各地发布省级储气设施建设专项规划，避免储气设施分散建设、“遍地开花”，也有利于保障后续运营安全。引导峰谷差距大、需求增长快的地区适当提高建设目标，进一步提高峰谷差距大地区的天然气保障能力。加快建立并完善统一规范的设计、建设、验收、运行、退役等行业标准，尽快形成储气设施标准体系。同时完善信息公开机制，便于投资主体了解投资建设储气设施需要的相关信息，进行投资决策。

二是建立健全运营模式，拓宽投资回报渠道。国际上地下储气库通常实行市场化独立运营，主要通过出租库容、买卖库内天然气获得收益，这样可以使储气价值显性化，吸引更多的市场主体投资建设储气设施。《实施意见》提出推行储气设施独立运营模式，原则上地下储气设施应独立核算，专业化管理、市场化运作。独立运营的储气设施，储气服务价格、天然气购进和销售价格均由市场形成，企业可充分利用市场形势变化，通过出租库容、利用季节性价差等市场化方式回收投资并获得收益。城镇燃气企业自建自用的配套储气设施，投资和运行成本可纳入配气成本统筹考虑，并给予合理收益；采购储气设施天然气、租赁库容增加的成本，可通过销售价格合理疏导。

三是深化体制机制改革，优化市场运行环境。加快推进基础设施互联互通和公平开放，储气设施连接主干管网，管道运输企业优先接入、优先保障运输。这样，可解决储气设施天然气“进不来、出不去”的问题，避免建成后使用效率低，充分实现其应有价值。同时，国家将推进储气产品交易体系建设，指导有关交易中心加快研究开发储气库容等交易产品，并实行储气服务公开交易，发现真实市场价格。

四是加大政策支持力度，促进储气能力快速提升。《实施意见》从土地、财税、金融、投资等方面提出多项支持政策，提高企业投资积极性，激励企业加速补足储气基础设施建设短板。要求各地保障储气设施建设用地需求，做好新增建设用地统筹安排；支持地方政府专项债券资金用于符合条件的储气设施建设，鼓励金融机构提供多种服务，支持储气企业发行债券融资等；对重点地区保障行政区域内三天用气需求量的应急储气设施建设，给予中央预算内投资补助，并鼓励有条件的地区出台投资支持政策。

三 储气库运营模式

（一）国外储气库运营模式

以美国为例，20世纪80年代前，美国天然气产业处于管制阶段，储气库作为管网的功能性组成部分，由州际和州内管道公司投资建设，与管输业务捆绑经营。1985年后，美国联邦能源管理委员会陆续发布了第436号令、第636号令、第678号令等一系列法令，要求管道、储气库等设施向第三方公平开放，销售与管输解除捆绑，储气和管输业务分离。法令发布后，原有的管输、储气一体化公司根据经营环境的变化，在企业管理体制、储气服务与定价、业务经营策略等方面逐步做出了相应调整，将储气库从附属设施转型为独立经营主体。市场化改革刺激了市场对储气服务的需求，美国储气库实际采气量及其在当年天然气消费总量中的占比在20世纪80年代后出现了明显的增长。

（二）国内储气库运营经验

通过对美国储气库市场化运营模式进行研究，可以发现较为统一的发展规律，可为我国今后储气库市场化运行提供参考。

1. 储气环节开放

储气环节逐步脱离管输环节和配气环节，独立进行商业运营，向第三方提供无歧视准入。追求天然气市场自由化是欧美主要天然气市场国家天然气工业监管的主要目标。欧美国家通过发布一系列监管政策与指令促使储气环节开放。储气库运营管理逐步脱离管输和配气环节，而成为天然气供应链中的一个独立环节进行商业运营，向第三方提供无歧视准入。

2. 储气库独立商业运营

随着储气环节的开放，储气库运营从与管输与配气业务捆绑，由管道公司和配气公司负责，逐步向独立商业运营发展。在独立商业运营情况下，储气运营商可以是大型能源公司、天然气公司、电力公司、管道公司、配气公司，也可以是独立的储气库服务商。前一类公司的储气运营通常是由这些公司的储气子公司承担，与母公司的天然气供应、管输以及配气等其他业务在法律上和财务上进行了分离。

3. 储气库规避风险和价格套利

随着储气环节的开放，储气库单独运营并向第三方开放。储气库不再仅仅是季节调峰、应急保障和优化管道运行的工具，更多地成为一种获利的手段。储气库运营商可以通过合理运营，加强存货管理，加快储气库的周转，提高运营效率，达到盈利的目的。此外，气库的使用者也可以很好地利用储气库，使得储气的注气和采气与市场更好地结合。储气库的功能也被赋予一些商业和金融功能，如：价格套利、套期保值、二级交易市场买卖储气库容量等。

第四节 天然气存储面临的机遇与展望

近年来，我国天然气行业迅速发展，天然气消费持续快速增长，在国家能源体系中的重要性不断提高。与此同时，储气基础设施建设滞后、储备能力不足等问题凸显，成为制约天然气安全稳定供应和行业健康发展的突出短板。

随着推动能源体系绿色低碳转型、“双碳”战略等系列政策的接连发布，国家高度重视能源安全储备、储气基础设施建设，表现出进一步推动油气产供储销体系建设的强烈愿望。

一　存在的问题

1. 设施建设滞后，储气调峰能力不足

国内地下储气库业务尚未成为天然气业务独立环节。地下储气库作为管道项目配套工程，建设速度明显滞后于管道建设。近年来，国内天然气管道建设发展迅速，而现有地下储气库调峰能力仅141.7亿m^3，2021年国内地下储气库工作气量仅为237.1亿m^3，占年度天然气表观消费量比例6.4%，与国际15%的平均水平存在较大差距。

2. 优质库源缺乏，建库成本高

我国的天然气资源聚集区与消费市场分离，建库资源分布不均，天然气资源主要集中在中西部地区，而主要用户市场在东部地区，重点消费市场区域内优质建库目标十分稀缺。主要消费市场区地质构造破碎、陆相沉积环境复杂；部分气藏、盐穴建库埋深较大，加之地质条件复杂，工程建设难度大，工程质量问题屡有发生，致使投资建造成本高于国际水平。

3. 建设处于初级阶段，安全、科学运行管理经验不足

我国地下储气库起步晚，建设历程也相对较短，尽管目前在地下储气库动态监测、跟踪评价、优化预测等方面积累了一定的经验，但仍然面临很多问题和挑战，如建库理念转变、库容参数技术优化等。

4. 建设、管理、使用主体相对分离

现有大型石油公司内部地下储气库投资主体、建设主体和运营主体交错复杂。地下储气库业务多头管理，环节复杂，职责分散，一定程度上不利于地下储气库业务健康可持续发展。

5. 配套政策仍需完善

储气库建设周期长，投资巨大，目前关于天然气采购、垫底气等相关支持政策尚不明确，建设主体建设储气库利益无法保障，加之垫底气在储气库运行期间无法销售，造成垫底气对应的增值税长期留抵，占用企业资金。

二　发展趋势

1. 储气库联动保障供应

目前，天然气产供储销体系建设取得阶段性成果，四大进口通道已全面建成，主

干线管网已实现互联互通，“全国一张网”骨架已初步成型。未来储气库将与管网设施实现深度融合、联动，共同参与到全国天然气保供和应急调峰工作中。

2. 建库理念转变促进投资多元化

近年来，国家相继出台推进储备能力建设的意见办法，明确指出要多方合资建设储气设施，加大各大储气库建设方、政府投资平台及其他注入资金企业的合作力度，共同提高储气库建设能力。随着天然气市场化发展，部分城燃企业开始筹建储气设施。

3. 加快储气库建设

在长输管道较完善但天然气供需矛盾突出区域——东部及沿海地区积极开展油气藏储气库及盐穴储气库库址筛选和建设，同时加快油藏及含水层建库技术攻关，开展油藏及含水层库址普查及评价，寻找合适目标建设储气库。

4. 储气库建设数字化转型

在现有工程建设及生产运行数字化成果的基础上，建立地质体—井筒—地面三位一体平台，通过对气藏、注采井、管网、设备进行全方位管理、监测，对实时数据进行分析、故障预判、预测报警，实现储气库安全高效生产。

5. 引导储气设施销售气量进入交易中心公开交易

上海、重庆石油天然气交易中心加快研究开发储气库容等交易产品，并与管容预订和交易机制互相衔接，确保与储气设施相连的管网公平开放，实行储气服务公开交易，体现储气服务真实市场价值。

三　相关建议

储气库业务作为天然气产业链的一个重要环节，其生产运营和市场运作应完善基本制度、市场主体、价格机制、管理监管四方面内容。

1. 加强立法

应做好储气库立法工作，从法制层面理顺各方关系。首先，制定天然气等行业大法，规范产业发展。其次，制定天然气储备立法，明确发展目标、实施步骤、运营机制等，做好顶层设计。最后，制定相关行业管理办法，细化责任主体、库容分配、价格制定等具体操作规程。

2. 明晰储气库市场主体

需明确天然气供应商、运输商、销售商在储气业务中的定位、义务和工作边界，做到产权清晰、职责明确、分工合理。另外，对于引入多元主体参与储气库投资、运营，还需在股权经营、法人治理结构等方面研究制定利益保障办法。

3. 完善价格机制

应做好储气库价格机制的研究。可重点研究按照储气库独立运营模式，结合我国储气库类型和经营实际，研究制定价格机制。

4.加强储气库的管理与监管

要建立独立运营储气库公司的管理框架和公平开放的监管办法，目的是使储气库运营商内部高效运转，并接受外部的有效监管，确保向第三方开放公开透明。

第八章

天然气购销合同

本章导读

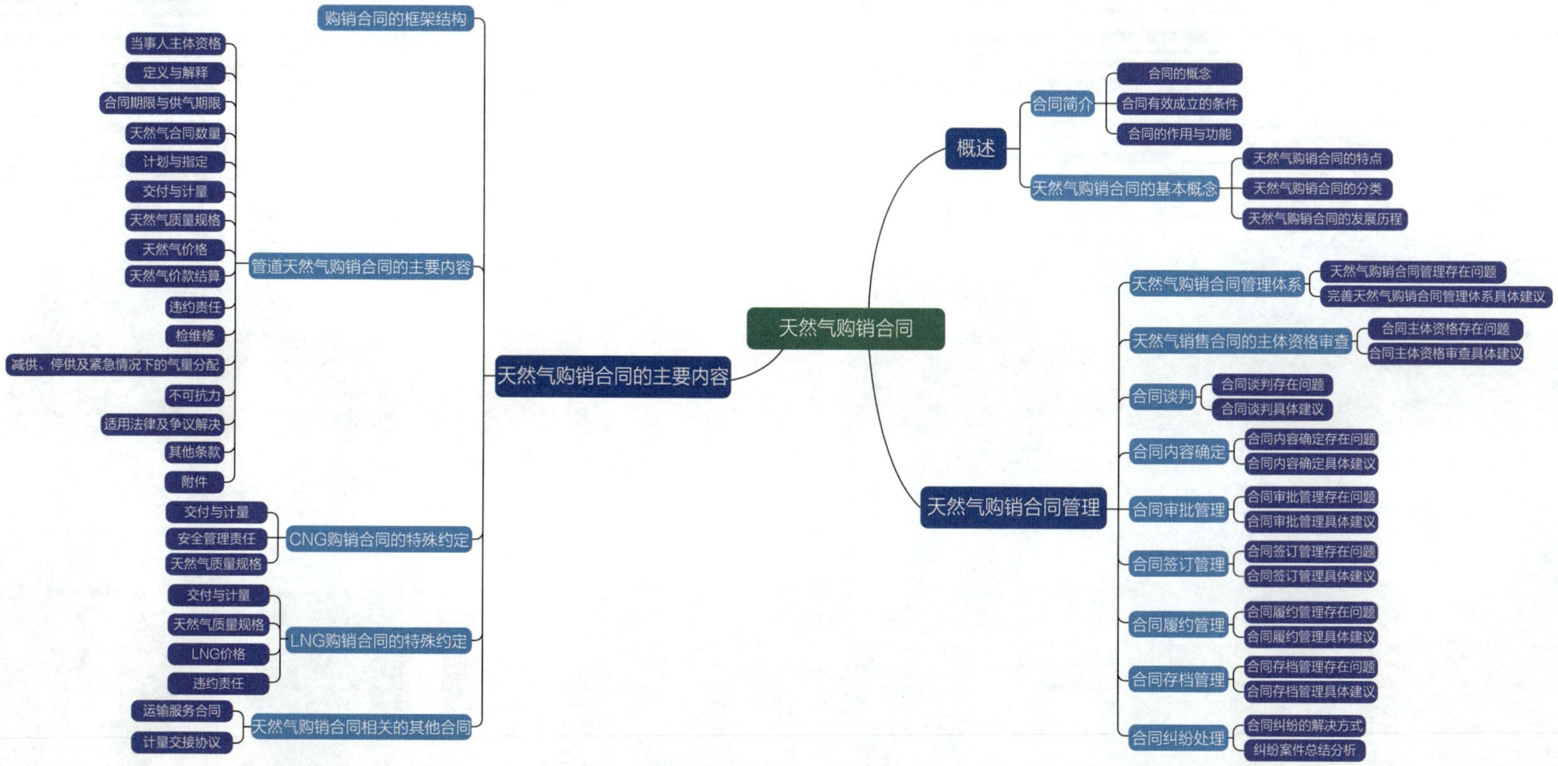

天然气购销合同
概述
合同简介
合同的概念
合同有效成立的条件
合同的作用与功能
天然气购销合同的基本概念
天然气购销合同的特点
天然气购销合同的分类
天然气购销合同的发展历程
天然气购销合同管理
天然气购销合同管理体系
天然气购销合同管理存在问题
完善天然气购销合同管理体系具体建议
天然气销售合同的主体资格审查
合同主体资格存在问题
合同主体资格审查具体建议
合同谈判
合同谈判存在问题
合同谈判具体建议
合同内容确定
合同内容确定存在问题
合同内容确定具体建议
合同审批管理
合同审批管理存在问题
合同审批管理具体建议
合同签订管理
合同签订管理存在问题
合同签订管理具体建议
合同履约管理
合同履约管理存在问题
合同履约管理具体建议
合同存档管理
合同存档管理存在问题
合同存档管理具体建议
合同纠纷处理
合同纠纷的解决方式
纠纷案件总结分析
天然气购销合同的主要内容
购销合同的框架结构
管道天然气购销合同的主要内容
当事人主体资格
定义与解释
合同期限与供气期限
天然气合同数量
计划与指定
交付与计量
天然气质量规格
天然气价格
天然气价款结算
违约责任
检维修
减供、停供及紧急情况下的气量分配
不可抗力
适用法律及争议解决
其他条款
附件
CNG购销合同的特殊约定
交付与计量
安全管理责任
天然气质量规格
LNG购销合同的特殊约定
交付与计量
天然气质量规格
LNG价格
违约责任
天然气购销合同相关的其他合同
运输服务合同
计量交接协议

第一节

概述

一 合同简介

（一）合同的概念

合同是为适应市场经济中商品交换的客观要求而出现的，是商品交换在法律上的表现形式。市场经济形成后，产品成为市场主体之间进行交换的商品，为了商品交换（交易）的安全和信誉，在长期的交易实践中逐渐形成了众多关于交易的习惯和仪式，并形成了交易的一般规则。为了进一步提高交易效率、降低交易成本，在此类规则的基础上逐步形成了适用于同类交易的商业惯例与法律规则，即形成了合同的相关规则。

广义的合同是指以确定权利、义务为内容的协议，包括民事合同、行政合同、劳动合同等，狭义的合同仅指民事合同，包括债权合同、物权合同、准物权合同和涉及身份的合同，更为狭义的合同仅指《中华人民共和国民法典》（以下简称《民法典》）合同编所述的买卖合同供用电水气热力合同、赠予合同、借款合同等十九种合同。《民法典》第四百六十四条规定合同是民事主体之间设立、变更、终止民事法律关系的协议。

在我国，合同与协议具有相同的含义。在英美法系国家，合同是必须履行法定程序、具有法定形式的协议；协议只有在具备法定程序、法定内容，并经正式签署、予以登记的才能称为合同。

合同是双方或多方当事人之间有关交易的合意，自其产生之日起就必须具备法定的内容和形式。在合同的内容和形式合法的前提下，合同才具有法律约束力，出现合同权益受损的情况才可以获得司法支持。

（二）合同有效成立的条件

合同有效成立是合同履行的前提。合同只有有效成立，对双方才有法律约束力；一方违约，才能依据合同条款，要求其承担违约责任。合同有效成立具有以下五个条件。

1. 双方当事人应具有签署并履行合同的资格和能力

对合同当事人有资格或特殊能力要求的，当事人在签署合同或正式履行合同项下主要义务前应获得相应的资格。例如在天然气行业，天然气贸易企业必须具有危险化学品经营许可资格；城市燃气企业（配气企业）必须具有城市燃气经营许可资格，并与当地政府或政府授权部门签订《管道燃气特许经营权协议》；发电企业则必须具有发电资格。

2.当事人应是在自愿的基础上达成一致

合同的一项重要原则即自愿原则，合同当事人应在完全自愿的基础上达成一致，不受任何第三方影响，也不受对方当事人的胁迫。对于天然气行业企业，尤其应注意不得利用资源紧张或市场支配地位胁迫当事人签署合同。

3.合同的目的、标的和内容必须合法

合法是合同有效的基础和前提，因此，合同交易的标的和合同的内容、条款均不得违反法律法规的规定。

4.合同必须具有互为有偿性

作为债权性质的合同必须具有互为有偿性，在英美法系里，即合同必须有对价。对价并不是等价，合同双方当事人之间交易的价值是否相等并非合同法律所关心。合同有偿性或对价的内涵是一方为换取另一方做某事的承诺而向另一方支付的金钱代价或得到该种承诺的代价。合同的有偿性是与合同的无偿性相对应的，所谓无偿合同是指一方当事人向对方给予某种利益，对方取得该利益时不予支付任何代价的合同。

5.合同必须符合法律规定的形式

当事人订立合同，可以采用书面形式、口头形式或者其他形式。对于法律规定必须具备特定形式的，应具备特定形式订立合同。根据《民法典》合同编的规定，借款合同、租赁期限六个月以上的租赁合同、融资租赁合同、保理合同、建设工程合同、技术开发合同、技术转让合同、技术许可合同和物业服务合同应当采用书面形式。此外，对于非即时清结的合同均应采取书面形式，以确保交易稳定性与安全性。

所谓书面形式是合同书、信件、电报、电传、传真等可以有形地表现所载内容的形式。以电子数据交换、电子邮件等方式能够有形地表现所载内容，并可以随时调取查用的数据电文，视为书面形式。

（三）合同的作用与功能

合同能够维护合同当事人的合法权益、促进交易的进行、维护社会主义市场经济秩序、促进社会主义现代化建设和经济的繁荣。没有合同，交易就没有保障，而订立了合同之后，双方就会因为有合同而需要履行一定的义务。合同一般具有如下四种功能。

合同的第一大功能是明确当事人主体资格和交易目的。合同当事人必须是具备交易所需资质和资信能力的合格主体，同时，合同也通过合同名称和鉴于条款等明确合同交易的目的。

合同的第二大功能是确定交易的具体内容，包括交易的标的（如商品或服务）、数量、质量标准、价格及支付机制等内容，以便交易双方能够据以执行。

合同的第三大功能是确定交易的具体方式，包括交易标的的交付机制、履约时间和地点、验收标准、结算程序、质保和售后约定。确定的交易方式有助于交易双方明

确具体操作的步骤，有利于合同的完全履行。

合同的第四大功能是明确当合同履约过程中出现纠纷、争议等问题时如何进行处理。合同中约定的问题解决方式包括出现争议时如何通过协商或仲裁/诉讼方式解决、出现违约行为时如何进行赔偿等内容，有助于保护守约方的合法权益，对违反合同的行为做出救济。

对于从事天然气市场营销的工作者，需要重视对天然气购销合同的系统学习，学习利用天然气购销合同维护企业合法权益。

二 天然气购销合同的基本概念

天然气购销合同是指明确当事人在天然气买卖过程中的权利义务关系的合同。广泛的天然气购销合同指天然气产业链中涉及天然气（包括液化天然气）购买与销售的所有合同，包括上游资源供应商销售天然气（包括液化天然气）的合同、中游资源贸易商向城市配气商、工业用户销售天然气的协议以及城市配气商向终端用户销售天然气的协议。本章重点介绍中游资源贸易商向城市配气商、工业用户销售天然气的合同。

（一）天然气购销合同的特点

根据天然气产业链和贸易的特点，天然气购销合同主要有以下特点。

1. 天然气购销合同是天然气产业链系列合同中的重要法律文件

天然气购销合同解决了上游资源的销售渠道问题，通过交易将天然气资源出售给下游贸易商或终端用户，确保上游资源方获得现金流与投资回报。

2. 天然气购销合同是以天然气这一特殊商品作为标的的买卖合同

首先，天然气购销合同是买卖合同，具有买卖合同的特点，也需遵守有关买卖合同的特别规定。其次，天然气购销合同是针对天然气这一特殊商品的买卖合同，合同目的和价值明显区别于一般的买卖合同，同时在合同条款设置中符合天然气这一商品特殊性要求（如天然气的计划性、交付的特殊性、质量规格及计量交接的特点、定价机制的特别要求等），以实现燃气购销活动的开展。

3. 天然气购销合同是天然气产业链中有关天然气贸易的风险安排机制

合同是对交易风险的合理分摊与安排，交易风险应根据风险分摊的基本原则做出合理的安排，由最适合的一方承担交易过程中的相应风险。天然气产业链的每个阶段均具有自身的风险，同时，也必须承受该产业链上游所转移的风险，在天然气购销合同中，应对天然气购销环节本身的风险及上游阶段合理转嫁的风险做出合理的安排。

4. 天然气购销合同是天然气供应、使用的程序性安排

天然气在供应、使用过程中不仅需要计划性，还需要即时性，因此，在天然气贸易中应对此等程序做出合理安排，确保天然气供应与使用的稳定性与安全性。

（二）天然气购销合同的分类

随着管网独立后，形成上游油气资源多主体多渠道供应、中间统一管网高效集输、下游销售市场充分竞争的“X+1+X”油气市场体系，在不同交易机制下形成了多种合同类型。

1. 按照天然气商品的形态分类

作为燃料或工业原料的天然气以气态和液态两种形态进行销售，因此，根据不同的形态分为气态天然气购销合同和液态天然气购销合同。

（1）气态天然气购销合同。气态天然气购销合同是针对气态天然气贸易的合同。气态天然气主要通过管道方式输送，部分压缩后以压缩天然气的形态通过CNG槽车输送。管道天然气受制于管道容量和压力，销售过程中必须充分考虑管道的输送能力。在管网独立之后，管道天然气购销合同需要买卖双方与管输方协调一致。

（2）液态天然气购销合同。液态天然气购销合同是针对液态天然气贸易的合同。下游液态天然气销售主要以LNG槽车方式运输，以质量为计量单位，与气态天然气销售存在较大差异。另外，由于液态天然气提取不受管道容量的限制，因此相比气态天然气具有高强的灵活性。

2. 按照天然气购销合同的期限分类

根据供气期限的不同，天然气购销合同可以分为长期天然气合同和短期天然气合同、交易中心合同。

（1）长期天然气合同。长期合同的期限一般在三年以上，买卖双方通常对合同中天然气数量进行原则性约定，对合同中的天然气价格约定价格公式，或者每年以签订补充协议的方式对天然气数量、天然气价格及其他相关事宜进行约定。长期合同由于期限较长，难以对未来天然气市场的变化做出准确判断，通常买卖双方会在合同中设置照付不议和价格回顾机制条款。

卖方可以利用长期合同锁定下游用户，抢占优质市场，并实现上游资源采购量稳定的消纳以及天然气价格的传导。买方可以锁定资源，获得稳定可靠的资源保障。近年来，国家发改委为保障市场供应和价格稳定，鼓励上下游签订中长期合同，以实现天然气行业健康发展和经济平稳运行。

然而长期合同也存在一些弊端。由于天然气市场复杂多变，特别是受资源情况、地缘政治、国际国内政治经济环境等因素的影响，在合同中难以对未来天然气市场和价格等情况进行准确估计，受照付不议等条款限制，受影响方需按原合同量和价格执行或因违约而进行赔偿。

（2）短期天然气合同。短期合同的期限一般在三年以下，绝大多数为一年，还包括部分临时性供气合同。短期合同主要由供气商与用户在上年末或者当年初签订，对当年的分月供气量、价格条款等进行明确，同时对天然气销售月计划、日指定等方面进行约定。

对于短期合同，合同种类更加多样化，可以根据用户实际需求，双方签订年度合同、临时供气合同、调峰合同、资源串换合同等，比如电厂用户存在季节性负荷不均匀性，在夏季和冬季会存在用气高峰期，可以针对夏冬季签订临时供气合同；利用购销合同关系实现双方资源置换，以达到路径最优化等目的，双方签订资源串换合同。合同具有灵活性，用户可以多渠道选择供气商，进而降低用气成本，同时满足季节调峰和临时用气等特殊需求。短期合同在合同策略制定中更为精细化，卖方针对不同资源来源、用户需求、用户类型等情况，结合国家相关政策，进一步细分资源，制定不同的量价策略，使企业获得更高的收益。短期合同与长期合同相比，谈判成本更高，资源、需求的稳定性更差。

（3）交易中心合同。国内交易中心的合同目前主要为现货交易合同，分为挂牌交易合同和竞价交易合同，合同期限以周、半月、月度为主，合同内容一般包括交易标的、成交价格、成交量、交收地点、交收期限等。交易中心合同的资源主要为长期、短期合同富余资源或国际LNG现货，天然气价格完全由天然气市场供需决定，当天然气市场处于供小于求的状态时，交易中心的价格往往高于长期及短期合同。交易中心合同由于其交易成本相对较低，且有利于充分发现和增加市场供需主体，结合未来天然气供需形势及贸易格局来看，其市场地位将逐步凸显。

3.按照天然气销售模式分类

（1）照付不议模式合同。所谓照付不议是指一旦买卖双方签订的天然气购销合同生效后，无论买方是否提取约定量的天然气，其所支付的天然气价款均不得低于该约定数量的天然气所对应的价款，买方实际支付后，对于其尚未提取的天然气在一定期限内可以补提。这一模式的基本逻辑是确保卖方有稳定的现金流，以支撑其对上游的巨量投资的回收，同时也确保买方有足够的天然气使用量。因此，总体上，照付不议模式体现的是风险分担精神。

在照付不议模式下，通常以年度为考核，确定照付不议量，照付不议量为年合同量与照付不议系数的乘积，其中照付不议系数由买卖双方协商确定，一般为75%~100%。但在计算实际照付不议责任时，应自照付不议量中扣除下列数量（扣除后的数量即为净照付不议量）：

①因不可抗力事件导致买方不能提取的天然气；

②因卖方原因不能供应的天然气；

③因管输方原因不能供应的天然气；

④因政策性原因不能供应的天然气。

其中，所谓政策性原因不能供应的天然气是指因政府执行应急保供原因进行临时调配后无法满足原合同项下天然气供应数量的，则该部分不能供应的天然气既不列入照付不议由买方承担责任，也不列入短供气量由卖方承担责任。

在照付不议模式下，当买方在某一合同年按照付不议量（或净照付不议量）支付后，其实际已支付但尚未提取的天然气量即为补提量，买方有权在约定期限内（一般为1~3年）内享有补提权。

在严格意义的照付不议模式下，买方补提时应以满足下列条件为前提：

①买方补提时，其在该合同年内实际提取的天然气已达到该年的合同气量或照付不议量。即买方补提应以其满足该合同年项下合同量（或照付不议量）的提取为前提，以确保补提量的提取不影响正常合同义务的履行。

②买方补提时，其在该合同年内实际提取的天然气未达到该年的年最大合同气量。无论如何，在天然气购销过程中，卖方所需承担的资源保障数量最大不超过年最大合同量。

③买方存在补提量，且其补提的天然气不超过剩余补提量。

④买方补提时应受限于管容及其他各项提气技术。

原则上，在补提时，买方无须支付任何费用，但有些用户往往会利用该条款在价格低的时候少用，在价格高的时候补提低价时少提气量，存在一些投机行为。为了避免这种情况，部分照付不议合同中也会对补提量产生时与补提时的天然气价格做比较：如果补提时的气价高于补提量产生时的天然气价格，则买方应补足差价；如果补提时的气价低于补提量产生时的天然气价格，则卖方无须返还差价。

（2）偏差结算模式合同。随着资源供应从单一气田向资源池的转变，以及参与资源购销的主体越来越多元化，无论是买方还是卖方对于短期内资源的稳定性均有了更高的要求。特别是在近年来，随着国际能源价格剧烈波动，市场投机行为增加，卖方资源成本不确定性增大，卖方在签订具有传导价格波动功能的合同后开始关注买方提取的确定性与稳定性，而买方为避免卖方在不同市场、不同时间段之间的资源套利行为影响买方资源提取。一种基于违约补偿机制的偏差结算模式开始被市场所采用。

偏差结算是指对于买卖双方未按合同约定数量提取或供应天然气，在基于一定条件的补提后，对仍剩余的短提量/短供量部分按对应价格的特定百分比系数进行违约赔偿。

相比照付不议，偏差结算模式采用更短的考核周期，一般为按月考核，规定最小月量。最小月量为月合同量与系数的乘积，其中系数由买卖双方协商确定。短提量即为最小月量与实际提取量之差，但在计算实际短提量时，也同照付不议模式合同一样，应扣除因不可抗力事件买方不能提取的天然气以及卖方、管输方、政策等原因导致卖方不能供应的天然气。

对于偏差结算条款，买方可以对短提量在约定期限（1个月~1年）内、一定补提条件下享有补提权。对于短提补偿金额为短提量与累计补提量之差，即剩余短提量与该部分短提量适用的天然气价格乘积再乘以某一系数，对于剩余短提量部分对应的罚金向卖方进行补偿。

偏差结算条款相比照付不议条款，总体上达到了既便于执行又能够平衡双方权利义务的目的；由于短提责任与短供责任均为对应价款的一定比例，而并非全部偏差量的价款，可以有效规避违约金过高的风险。

4.按照天然气销售对象分类

在我国天然气利用市场中，由于不同的天然气买方在用气特点、供用气模式等方面存在较大差异，国内主要的下游天然气买方包括燃气配气商（包括城市燃气经营企业）、工业燃料用户（包括燃气发电企业、工业用户等）及工业原料用户（包括化工企业、LNG加工厂等）。不同的天然气买方所订立的天然气购销合同也具有不同的特点。

（1）城燃合同。城市燃气经营企业作为配气商，其下游用户分为居民燃气用户、商业燃气用户、工业燃气用户，负有保障其经营区域内民生用气的义务和责任。相应地，对于配气商的上游资源方应对资源的保障供应承担相应的义务和责任。一般地，城市燃气经营企业对其经营区域内的用户承担供气义务，其销售价格受到政府管制，相应地，该等风险也将传导至天然气购销合同，需在天然气购销合同中做出合理安排。

（2）工业燃料用户合同。对于不同的工业燃料用户，也应针对其业务特点对天然气购销合同做出安排。如对于燃气发电企业的用气量将根据其发电计划确定，因此，供用气计划与发电计划之间存在高度相关性，在天然气购销合同中的计划及指定条款中应与发电计划之间建立关联机制。对于工业领域中可中断的用户，可通过与其在合同中约定价格优惠或需减限的气量、时间以及应获得的补偿，利用可中断用户进行调峰。对于部分工业用户在使用时不得中断，一旦中断将导致买方设备的重大损失，如玻璃制造企业一旦中断会导致窑炉报废等。因此，在天然气购销合同中应对稳定供气做出特殊安排。

（3）工业原料用户合同。对于工业原料用户，使用天然气作为其生产的原料，因此，天然气使用与其产品生产计划或订单密切相关。天然气中断供应将导致其无法完成产品生产计划或订单，因此，在天然气购销合同中也需要对稳定供气或与其生产计划关联做出约定。另外，由于工业原料用户利用天然气作为原料进行生产，天然气中其所需组分的含量与其产品数量及质量密切相关，因此，在天然气购销合同中应重点关注天然气组分与质量规格。

（三）天然气购销合同的发展历程

1956年，我国石油工业才刚起步。天然气当时作为勘探开发的附属产品，产量少、使用范围小，一般仅在资源所在地周边形成规模极小的市场。业内将天然气市场作为油气市场的一部分。

随着2004年“西气东输”项目正式商业运作，天然气市场开始进入高速发展阶段，合理利用长输管道天然气成为沿线各个城市的一项重要工作。为了天然气项目的开展，采用并全面推广照付不议模式合同来降低项目的风险，但是绝大多数的销售合同签订后，对于照付不议等责任层面的条款其实没有真正地执行。

在天然气市场整个发展过程中，国家发改委多次提出利用合同去发展天然气项目，规范天然气市场秩序。2007年8月30日国家发改委发布了《天然气利用政策》，在用气项目管理规定中明确，在建或已核准的用气项目，若供需双方已签署长期供用气合同，按合同执行；未落实用气来源的应在限定时间内予以落实。2012年的《天然气利用政策》进一步明确，对于所有新建天然气利用项目（包括优先类）申报核准时必须落实气源，并签订购气合同；已用气项目供用气双方也要有合同保障。2014年2月25日，国家能源局为规范天然气购销市场秩序，发布《国家能源局关于印发〈天然气购销合同（标准文本）〉的通知》，要求新增天然气利用项目要“先规划、先合同、再发展”，对于已落实气源的煤改气、燃气热电联产等项目，要加强对供需双方签订合同情况的监管，规范市场行为，确保天然气有序供应。在国家管网公司成立之前，尚处于上游产运储销一体化的经营模式，下游买方接受的是运输与销售捆绑式供气服务，且受单一资源方的限制，因此，在这种情况下，天然气购销合同谈判过程中，大多卖方是占据主要谈判地位，双方对合同重视程度不高，法律风险意识不强，并且对合同约束性条款执行力不高。

2019年12月，国家管网公司成立；2020年9月30日，原归属于三大石油公司的管网设施划转至国家管网公司。随着管网独立运营，天然气市场呈现上游资源多主体多渠道供应，上下游贸易间市场化定价成为主要发展方向，合同模式也随着交易机制变得更加复杂，不同的交易机制适应不同的合同模式发展。

2021年以来，由于能源市场急剧震荡，能源保供的重要性日益突出，因此，国家发改委一直在强调签订民生用气合同以及鼓励上下游签订中长期合同，实现稳量稳价，合同化保供成为这几年的重点。2022年1月18日，国家发改委召开新闻发布会，提出组织全面签订和履行好天然气中长期合同，通过严格按合同执行，落实资源保障供用气秩序稳定。2022年3月14日，为切实做好民生用气保障工作，国家发改委通过天然气中长期合同归集系统发布了《天然气购销合同示范文本（民生用气）》，严格区分市场用气和民生用气，合同签订模式发生转变。随着国家管网一体化改革，保供责任由上游逐渐向下游转变，合同化保供成为未来天然气市场发展的趋势。

随着我国天然气产业日趋成熟，天然气市场化程度越来越高，对天然气购销合同规范性要求也越来越高，对天然气购销合同变得越来越重视。

第二节 天然气购销合同的主要内容

一 购销合同的框架结构

目前，国内主要供气商使用的天然气购销合同在结构安排上有一定差异，但内容基本相同。一份天然气购销合同主要有当事人主体资格，定义与解释，合同期限与供气期限，天然气合同数量，计划与提取，交付与计量，天然气质量规格，天然气价格结算，违约责任，检维修，减供、停供及紧急情况下的气量分配，不可抗力，适用法律及争议解决等条款和内容。合同双方应在自愿、平等、公平、合理的基础上对天然气购销合同的内容进行充分协商，最终形成一致意见后签署。

实践中，对于尚未确定具体供气数量或天然气价格的用户，为尽快确定买卖双方关于天然气购销的意向，双方会先签订天然气购销意向书或框架协议。由于意向书或框架协议一般仅明确双方之间就天然气购销的意向，不明确具体数量和价格，或者约定数量和价格的区间。意向书或框架协议一般不明确天然气交易过程的具体操作细节，无法据以履行，因此，意向或框架协议一般不具有法律约束力。

二 管道天然气购销合同的主要内容

（一）当事人主体资格

天然气购销合同项下的当事人，无论是卖方还是买方，均须具备一定的主体资格。

就卖方而言，必须拥有天然气所有权或有权处置天然气，一般包括气田开发商或天然气贸易商，前者通过参与气田开发直接拥有相应气田所开采的天然气资源，后者通过合同方式获得天然气资源。

就买方而言，必须拥有使用或再次销售天然气的权利和能力，一般包括天然气终端用户和天然气贸易商，对于不同的天然气终端用户依法必须拥有相应的资格，如燃气电厂用户必须拥有发电经营许可证，而对于部分天然气贸易商，如城市燃气经营企业，必须拥有燃气经营许可证或特许经营权，对于其他天然气贸易商则必须拥有危险化学品经营许可证。

（二）定义与解释

由于文字的多义性质，而合同用语又要求精准，因此，对合同中较为复杂的或可能发生歧义的词语赋予明确的含义，确保其在合同中使用时具有同样的外延和内涵，以便在对合同内容进行解释时不至于出现歧义。被定义的词语，不应超出其在该合同语境下语义解释的合理范围。在设置定义与解释条款时，应特别注意以下几点。

（1）定义与解释条款应仅限于解释特定词语的含义，不应涉及当事人之间具体的权利义务关系。

（2）通常含义足以清晰表达的，不必定义。

对于一般经济活动中不会出现的、容易出现歧义的和一般理解不一致的术语进行简要解释。例如，试运转期是指卖方设施、管输设施或买方设施调试运营期间。供气日是指北京时间前一日上午8时起至当日上午8时止的时间段，以计量时间点为准。

（3）经过定义后的词语，在合同中应通篇一致，并可以特别的字体或格式（如加粗等）表明其在合同中是被特别定义的词语；

（4）需定义的词语较少的，可采用附带解释、括号解释等方式处理，不必专设定义条款。

（三）合同期限与供气期限

合同生效日至合同期满日即合同期限，而供气起始日至供气结束日即供气期限。图8-1展示了合同期限与供气期限之间的区别。

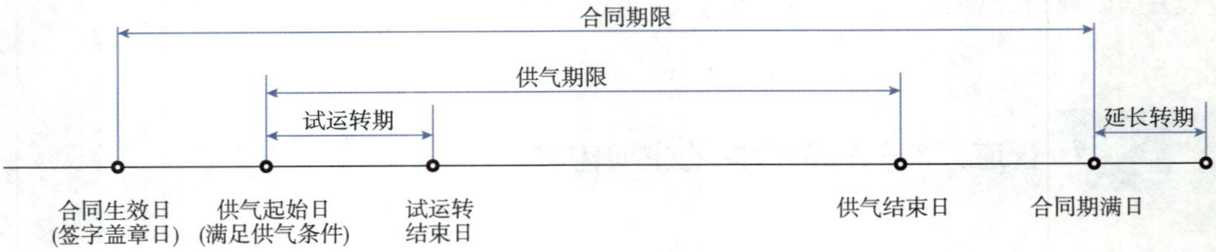

图8-1 合同期限与供气期限

合同生效日与供气起始日可能无法保持一致。供气起始日晚于合同生效日的情况，主要是由于需要通过已经生效的天然气购销合同去实现具体的管道开口、连接等技术工作，使卖方供气设施和买方接气设施具备接气条件后才能实现供气。另外，也会存在供气起始日早于合同生效日的情况，主要是由于对于已经实现供气的用户，买卖双方可能因量价等合同条款谈判久拖不决而无法签订下一份购销合同，但双方仍有购销意向，因此，通过在合同中约定延长期限条款，并对延长期限内实际气量供应和价款结算等事项进行约定，在下一份合同未生效时利用合同延长期限的条款以实现供气。

对于买卖双方首次签署天然气购销合同或首次交付或提取天然气的，买卖双方可以约定试运转期，即在开始供气前，通过对双方的供用（接）气设施进行联合调试，以确定双方设施运行的稳定性。在试运转期内，双方设施都存在一定的不稳定性，无法按照合同约定的供气计划稳定供气与稳定接气，因此，双方应就试运转期内的天然气供气量、供用气方式、日指定程序等内容与管输方共同协商确定，各方均无须承担供接气的违约责任。特别是在照付不议模式下，买卖双方在试运转期内无须承担照付不议、照供不误的责任，双方仅需按照实际供气数量进行结算。

（四）天然气合同数量

合同数量是天然气购销合同中的重要内容。天然气数量条款明确在供气期内（若在超过一年的长期合同中，则应为每一合同年）双方购销天然气的数量，即为合同量。买卖双方根据协商确定分月合同量去确定年合同量和日合同量，或者根据已确定的年合同量，相应地确定分月合同量和日合同量，日合同量一般为分月合同量除以该月的日历天数。

供气期内，由于不同供气区域在不同月度因气温、节假日及生产情况的不同，需要有不同的供气量，因此，一般通过分月合同量或月不均匀系数确定月度调峰。同样地，在每一月内的各日，买方也需要根据实际用气情况有一定的调节能力，因此，在合同中通常会明确日最大合同量与日最小合同量，以便进行日调峰。对于调峰服务，买卖双方可针对调峰量、调峰服务费价格等相关事项进行约定。

（五）计划与指定

计划与指定是明确天然气购销合同具体执行的重要条款，买卖双方根据合同量，综合区域市场形势、用户动态、资源情况等因素进行科学合理的计划编制，按约定时间确认年度计划（长期合同）、月度计划和日指定。部分合同中还会规定季度计划和周计划机制。

一般地，天然气购销合同最终供接气的依据均为日指定量，各期限的计划均具备预测与参考性作用。在资源供应紧张的情况下，由于照付不议或偏差结算量均以年度或月度为基准确定，客观上导致目前国内的天然气购销合同中，年度计划和月度计划均具有一定的约束力。

1. 年度计划

买卖双方通常在下一个合同年开始前三个月，对下一年度的年度计划进行协商确认。买方结合市场形势、自身经济发展情况向卖方提报年度需求计划、该年每月计划用气量、检维修计划等。卖方根据买方提报的计划，综合市场趋势、竞争态势、资源安排（油田产能安排、进口资源采购计划、其他资源采购计划）、基础设施能力、公司发展规划等因素，与买方确定年度计划分解安排。对于中长期合同，对于年度合同量有规定的，则按合同约定提报年度计划。

2. 月度计划

买卖双方通常在供气期内一月开始前的几日，根据双方签订的月合同量，对下一个月的月度计划进行协商确认。买方根据用气计划需求、市场形势、月度合同量等因素，以书面通知或信息系统等方式向卖方提供该月每日计划用气量、检维修计划等，卖方根据月合同量、供气能力及管输方的管输能力对月度计划做出确认。

3. 日指定计划

日指定机制是天然气购销业务中确定实际交付/接收义务量的重要机制，一般以月度计划日均值为基本控制目标，根据天然气购销的计划性要求，买卖双方需在每一供气日的前一日提前进行交付/接收义务量的确定，具体日指定计划流程如图8-2所示。对于卖方委托管输方，买方根据用气计划需求、市

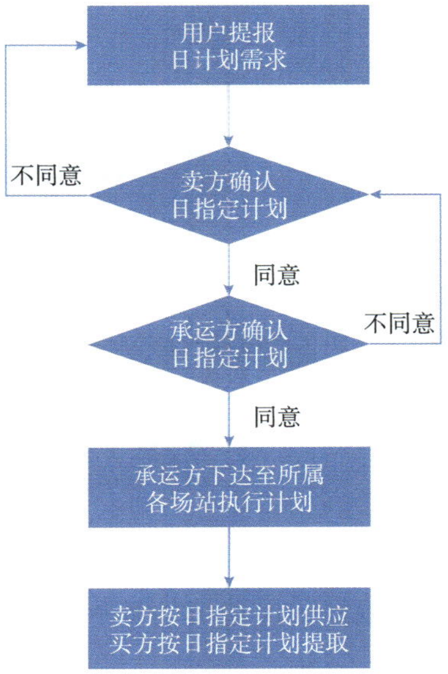

图8-2　日指定计划流程（卖方委托管输方）

场情况、日最大合同量、日最小合同量等综合考虑，在每一供气日的前一日，按合同条款约定，在指定时间以书面通知或信息系统提报等方式向卖方提出该供气日的用气需求量。卖方根据用户申报的日计划需求，结合月度计划、资源现状、检维修计划、管输方的管输能力等因素，向买方对于月度计划做出确认。对于买方委托管输方，买方在提报供气日的用气需求量时，则需要与管输方确认最大小时提取速率及管输能力等技术限制。

天然气日指定计划的确认具有一定的预测性，因此往往可以对日指定计划进行变更修正，但变更过程涉及卖方、管输方计划变更确认流程以及天然气管道运输的技术限制等，往往需要根据具体可操作时间在合同中约定可变更时间段。对于变更的申请应是尽力配合但无义务同意该变更，避免不合理的变更申请以及对未实现变更的责任豁免。

（六）交付与计量

1. 交付点

天然气均在交付点进行交接，因此，在天然气购销合同中应明确交付点的具体位置，最好是以附件形式予以明确。天然气所有权与风险均自交付点进行转移。原则上，交付点即为管道的物理连接点或产权分界点。

在运销分离后，管道气交付存在两种情况，如图8-3所示。一种是卖方委托管输方包邮到家，另一种是买方委托管输方进行自提。若由卖方委托运输，则应以管输设施与买方设施（包括买方委托的二级代输或买方的下游用户设施）的分界点为交付点，在该交付点，卖方委托管输方将天然气交付给买方或买方指定的第三方。若由买方委托运输，则应以上游设施与管输设施的分界点为交付点，在该交付点，卖方或卖方委托的上游资源方将天然气交付给买方委托的管输方。交付点上游天然气所有权为卖方，交付点之后的所有权为买方。交付点为产权的分界点。

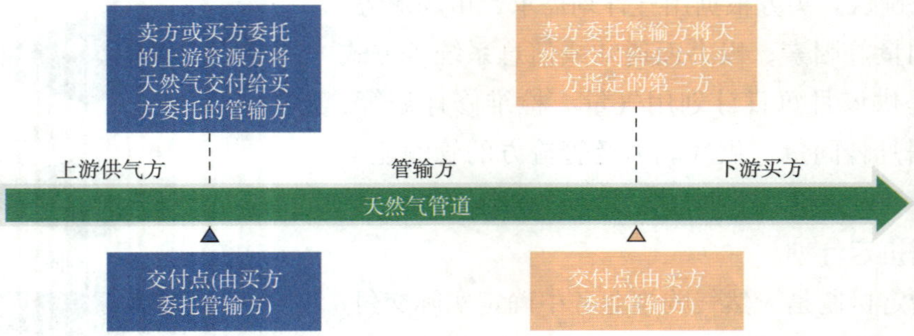

图 8-3　天然气交付点

根据《民法典》第六百零四条“标的物损毁、灭失的风险，在标的物交付之前由出卖人承担，交付之后由买受人承担，但法律另有规定或者当事人另有约定的除外”，交付点也为风险转移的分界点。

当卖方委托运输时，卖方需要在合同中另行约定当问题主体责任人为承运方时，买卖双方争议解决方法。具体可以在合同本文中约定，在交付点之前，天然气的所有权由卖方拥有、损失风险由卖方和其委托的承运方承担。这样可以把第三方的责任向下传导，以维护卖方的权益。

2.计量点

计量点通常为交付点上游紧邻交付点的由供气方或管输方装设的计量系统，或经双方另行确认的其他计量系统，用于检测合同条款交付的天然气数量的地点。天然气计量是明确实际交付与提取的天然气数量的操作程序，也是双方结算依据。根据行业惯例，一般会约定在双方交界处安装符合标准的计量设备，最终成交额以交付点上游的计量点的计量交接数据作为贸易计量依据，如图 8–4 所示。

图 8–4　天然气计量点

在运销分离后，管道天然气的实际交付与提取均通过管输方实现，为此，管输方虽然不作为天然气购销合同的当事人，但也将与买方和（或）卖方签署计量交接协议，对天然气计量、计量装置检定、计量误差处理等事项做出明确约定。计量系统由卖方或卖方委托的管输方安装在交付点上游，计量系统的拥有方应当具有关于计量设备的检定报告，确认计量系统符合国家相关标准和合同的要求。买卖双方应做好计量凭证的留存，为应对计量结果准确度的异议做好相关准备。

目前天然气计量方式包括体积计量、质量计量和能量计量三种形式。国际天然气贸易或欧美日韩等工业发达国家广泛采用能量计量，我国及周边俄罗斯、中亚地区天然气资源仍以体积计量为主。随着我国天然气多元化气源供应的格局不断形成，不同气源、不同产地和类型的天然气，单位体积的发热量差异较大。无论是单独还是混合输送和销售，仍用体积计量和计价无法反映出商品天然气的主要技术指标——发热量及其经济价值。

为了采用能力计量这种合理计量计价方式，且为了与国际计量惯例接轨，我国已在能量计量配套技术研发、标准制度修订、量值溯源、现场试验等方面做了诸多准备，能量计量是未来天然气计量计价的发展趋势。

（七）天然气质量规格

1.天然气的分类

（1）《天然气》（GB 17820—2012）的质量规定。天然气购销合同中，买卖双方往往以强制性国家标准《天然气》（GB 17820—2012）作为天然气质量依据，该标准适用于经过处理的、通过管道输送的商品天然气。《天然气》（GB 17820—2012）根据总硫、硫化氢和二氧化碳含量将天然气分为三类，如表8-1所示。其中，一类和二类气主要用于民用燃料和工业原料或燃料，三类气主要用于工业。考虑到在城市配气和储存过程中，特别是混配和调值时可能有水分混入，为了防止配气系统的腐蚀和保证居民健康，在《天然气》（GB 17820—2012）规定一类气、二类气中硫化氢含量不超过6mg/m^3和20mg/m^3。

表8-1 天然气技术指标

项目		一类	二类	三类
高位发热量①②/（MJ/m^3）	≥	36.0	31.4	31.4
总硫（以硫计）①/（mg/m^3）	≤	60	200	350
硫化氢①/（mg/m^3）	≤	6	20	350
二氧化碳摩尔分数/%	≤	2.0	3.0	—
水露点②/℃		在交界点压力下，水露点应比输送条件下最低环境温度低5℃		

注：①本标准中使用的标准参比条件是101.325kPa、20℃。
②高位发热量以干基计。

理论上，天然气符合国家标准《天然气》（GB 17820—2012）中有关二类气标准即可满足大部分的应用场景，且2019年前，大部分的天然气购销合同中对天然气质量规格也是采用二类气标准。

（2）《天然气》（GB 17820—2018）的质量规定。自2019年6月1日实施《天然气》（GB 17820—2018）起，约定经处理的、通过管道输送的商品天然气的质量规格要求应符合表8-2的规定。

表8-2 天然气质量要求

项目		一类	二类
高位发热量①②/（MJ/m^3）	≥	34.0	31.4
总硫（以硫计）①/（mg/m^3）	≤	20	100
硫化氢/（mg/m^3）	≤	6	20
二氧化碳摩尔分数/%	≤	3.0	4.0

注：①本标准中使用的标准参比条件是101.325kPa、20℃。
②高位发热量以干基计。

该标准规定进入长输管道的天然气应符合一类气的质量要求。自实施日期至2020年12月31日的过渡期间，天然气贸易交接执行2012年版一类气的按质量标准1过渡，执行2012年版二类气的按质量指标2过渡，如表8-3所示。由于对进入长输管道天然气气质规格进行规定后，运输到下游的天然气气质一般为一类气。因此，部分天然气购销合同中对天然气质量规格改为了一类气标准。

表 8-3 过渡期进入长输管道天然气的质量要求

项目		质量标准 1①	质量标准 2②
高位发热量 / (MJ/m^3)	≥	36.0	31.4
总硫（以硫计）/ (mg/m^3)	≤	60	200
硫化氢 / (mg/m^3)	≤	6	20
二氧化碳摩尔分数 /%	≤	2.0	3.0

注：①质量指标 1 指本标准 2012 年版的一类气。
②质量指标 2 指本标准 2012 年版的二类气。

考虑到天然气是矿产资源的特殊属性，在满足国家有关安全卫生等标准的前提下，对于标准之外的天然气，供需双方可以用合同或协议确定其具体要求。

2. 不合格天然气的处置

凡实际供应的未达到合同约定质量规格的天然气称为不合格气。对于不合格天然气的处理情况，买卖双方在合同条款设置中，需要考虑不合格天然气处理的所有情况，界定相关责任人和问题解决的方法等事项，进而保障双方的合法权益，具体可参考表 8-4。当买卖双方对于不合格天然气检测结果存在异议时，可委托双方同意的第三方单位进行检测，对于该期间发生的费用，应由过错方承担。

表 8-4 不合格天然气处理情况及条款设置

卖方行为	买方行为	合同条款设置
卖方通知情况下	选择接气	1. 买方可以与卖方协商约定，对于买方接受的不合格天然气价款卖方可以允许折价结算或约定特定数额的违约金； 2. 卖方应约定使用不合格天然气的全部风险及责任均由买方自行承担
	拒绝接气	
卖方未通知情况下	买方不知情情况下接受了不合格天然气	1. 买方应在合同中约定，对于造成不合格气量问题主体责任人为卖方时，对于买方接受的不合格天然气造成的直接损失，卖方应以价格折让、支付违约金等方式予以赔偿； 2. 卖方应约定需要买方提供书面证据证明接受的天然气为不合格天然气
卖方不知情情况下	买方不知情情况下接受了不合格天然气	1. 买方应约定对于接受的不合格天然气卖方进行赔偿，或对相关责任人进行追索； 2. 卖方应约定若经由卖方界定造成不合格气量问题主体责任人为第三方时，其向买方赔偿的金额以第三方赔偿的金额为限等约定

（八）天然气价格

1. 天然气价格制定

天然气价格不同于其他商品价格。天然气价格制定首要条件是遵循依法合规原则，对存在政府指导价的要按政府指导价执行，以免合同被判定为无效合同，进而对企业经济造成损失。

随着油气体制改革的进展，国家逐渐放开门站价格管制，2020 年 5 月 1 日起实施的新版《中央定价目录》将天然气中“各省（自治区、直辖市）天然气门站价格”移出目录，并进行相应附注。附注指出对于海上气、页岩气、煤层气、煤制气、液化天然气、直供用户用气、储气设施购销气、交易平台公开交易气，2015年以后投产的进口管道天然气，以及具备竞争条件省份天然气的门站价格由市场化形成；对于其他国产陆上管道天然气和2014年底前投产的进口管道天然气门站价格，暂按现行价格机制管理（按基准门站价格管理，供需双方可以基准门站价格为基础，在上浮20%、下浮不限的范围内协商确定具体门站价格），视天然气市场化改革进程适时开放由市场形成。因此，对于仍在国家相关政策管控范围内的天然气，在价格制定过程仍需要遵循相关政策规定要求。

买卖双方在天然气购销过程中，在综合考虑成本、需求、竞争等因素，不同的定价策略设置不同的天然气价格合同条款，作为双方结算的价格依据。

（1）根据气量结构定价。例如，一般会在合同中将天然气分为基础量、增量、额外量等，不同气量结构确定不同的价格。基础量和增量为合同量内气量。其中基础量一般由卖方基于现有的资源情况以及上年的合同量进行核定。近年来，由于国家发改委要求在合同量中包含居民气，通常会在基础量中约定居民气，其中居民气价格根据政府指导价制定。增量一般指用户基于基础量外仍有部分需求，卖方帮用户筹备该部分新资源，以挂钩长协或现货价格进行综合定价。额外量指超合同外气量，一般卖方未对该部分气量进行准备，仅能通过除已签订外仍有部分未落实的资源或者购买现货等方式向用户提供。对于该部分气量一般通过签订补充协议或者交易中心进行竞拍等方式销售给用户。在天然气供应紧张的情况下，一般额外量价格会高于增量价格高于基础量价格。

（2）根据时间差别定价。通常在合同约定中，将非采暖季与采暖季进行分开定价。一般地，由于采暖季基本属于用气高峰期，高需求推动资源相对比较紧张，通过价格调节的方式可以推动供需平衡，因此，一般地，采暖季的价格比非采暖季价格高。

（3）根据地点差别定价。一般地，在合同价格签订时，非资源地的天然气价格比资源地的天然气价格要高，主要是由于管道运输成本高、资源稀缺等。沿海城市的天然气价格比非沿海城市天然气价格高，主要是由于沿海城市一般价格承受能力较高，资源主要来自进口LNG等非国产气资源等。

（4）根据用户需求定价。通常会将用户的需求服务作为收费服务纳入合同条款中。如对于有调峰需求的用户，常常会将调峰服务作为服务型的费用考虑到天然气价格中或单独设置调峰服务费用；对于买方需要卖方委托管输方进行运输的，卖方常常会将运输费考虑到天然气价格中或单独设置运输服务费用。

（5）根据资源价格传导定价。对于长期年度合同，供应商根据自身采购长协资源，该部分资源一般挂钩国际油价或交易枢纽价，以价格公式确定天然气价格。

2.天然气价格调整

天然气作为特殊商品，价格会受到国家政策、市场及季节因素影响而出现波动，对履行期间有一定时间跨度的合同，在订立时应保持价格的灵活性。通常天然气价格条款中对于因国家政府主管部门导致天然气价格政策、管输费价格政策、增值税税率等发生调整时，对应的天然气价格进行强制调整。对于因天然气市场形势变化，部分长期天然气购销合同明确了价格回顾机制（所谓价格回顾机制是指一定期限届满时或一定条件成就时，双方将就天然气价格进行重新协商调整的机制）。部分机制明确具体的价格调整公式，一旦条件成就即可自行按此公式进行计算得出天然气价格；部分机制仅约定可以进行协商。无论因何种原因对价格进行调整均需要提供相关的证据，以便获得法律上的支持。

【案例】（2022）辽01民终438号。A公司与B公司为燃气买卖合同关系。B公司上诉，认为A公司两次涨价及年终结算确定的单价均违反合同约定，要求依据合同约定确定燃气单价并退还2018年、2019年3~6月多支付的燃气款。

【结果】法院判决时，认为一审法院对合同标的价格会受到国家政策、市场及季节因素影响而出现波动等认定并无不当，且根据合同第三条第一款约定“……如遇国家发改委、上游供气企业对燃气价格进行调整时，用气价格做相应调整……”本案中，根据A公司一审提供的上游供气企业进气价格确认单，足以说明自2018年3月起，额外气价格发生了大幅上涨，B公司基于此对气价予以调高符合双方约定，一审法院对此部分的事实认定及A公司上调天然气价格的论述并无不当且详尽。最后，A公司自2018年5月即已向B公司告知了上游气价上涨，并调高用气价格，B公司在此情况下仍向A公司持续购气付款，应视为双方当事人实际已按上调后的价格履行合同，因此B公司无权要求A公司退还天然气差价款。

（九）天然气价款结算

1.天然气价款支付机制

天然气价款的支付一般采用预付款机制或履约保函机制，以提升买方的资信能力。

（1）预付款机制。目前市场上采用预付款机制的天然气购销合同中，一般采用结算周期内全额预付的方式，即规定在每个结算期开始前几日，买方向卖方支付下一期预计使用的天然气款项。

（2）履约保函机制。一般采用国内大型商业银行开具的不可撤销、检索即付的银行保函，担保金额一般为预计结算款项的150%。

2.结算流程约定

一般应在合同结算条款中明确气款的结算顺序、结算周期、结算单和发票细节以及争议款项和逾期付款的处理方式等。以预付款机制为例，在实际执行过程中可参照以下流程进行结算：

按照合同中规定的结算周期（结算周期一般为周结算、旬结算或月结算，并在年底进行调整结算），在结算期开始前几日，由卖方根据预计用气量和销售价格计算预收款金额，明确收款账户和付款期限制作预付款单并函告买方，买方确认无误后于规定时间内支付足额预付款至卖方指定银行账户。

在结算期中如遇买方提气计划调整等情况，卖方则可以收取补付款的方式保证预付款足额。

在结算期结束后，卖方应发送结算单和发票给买方，并结清结算期内天然气价款。结算价款应包括天然气价款、管输费价款、偏差结算价款、争议款项或价格复议的清算金额以及逾期付款的补偿金额（如有）等。

（十）违约责任

天然气购销合同在具体履行过程中，对于其中的重要义务（如计划执行、交付数量、价款支付等方面）当事人一方在履行过程中不履行合同义务或者履行合同义务不符合约定的，应当承担继续履行、采取补救措施或者赔偿损失等违约责任。具体而言，包括以下几个方面：

1.计划执行不符合约定

天然气贸易的计划性要求双方均应严格执行天然气计划，因此，合同中要明确双方的权利义务，当计划执行偏差达到一定程度时，违约方应承担特别的违约责任。例如，部分天然气购销合同会要求买方计划执行的稳定性，在日指定过程中会设置最大、最小日量来规范买方提出的日计划需求，当买方提出的日指定需求不符合合理日指定时，卖方可以拒绝买方日指定，按合同约定强制买方执行合理的日指定而不承担相关违约责任。在计划执行过程中，特别是月度计划执行过程中，若不能按计划提取的天然气数量达到一定程度时将要求买方承担少提责任，反之，当卖方未能按计划供应的天然气数量达到一定程度时，可以要求卖方承担短供责任。

2.数量违约责任

为应对天然气数量交付或提取不足的情况，买卖双方通常会在合同中设置照付不议、偏差结算等条款。以照付不议条款为例，当买方未能达到最低购买量时，按购买差量对应的货值支付货款对卖方进行损失赔偿，反之，当卖方未能达到最低供应量时，供应差量对应的货值支付货款对买方进行损失赔偿，在支付赔偿气款后，就被视为履行合同义务，即便合同相对人一方有更大的损失，合同相对人另一方也不存在赔偿义务。

在《民法典》第五百八十五条第一款和第二款规定“当事人可以约定一方违约时应当根据违约情况向对方支付一定数额的违约金，也可以约定因违约产生的损失赔偿额的计算方法。约定的违约金低于造成的损失的，人民法院或者仲裁机构可以根据当事人的请求予以增加；约定的违约金过分高于造成的损失的，人民法院或者仲裁机构可以根据当事人的请求予以适当减少”的规定下，对于照付不议作为违约责任条款，法院或仲裁庭在判决时更多地会核查守约方的实际损失等因素，与照付不议合同条款项下违约方的应付款金额进行比较，而非直接适用照付不议条款的约定。

【案例】（2015）浦民二（商）初字第1963号。A公司与B公司买卖合同纠纷。由于B公司未达到最低购买/付款量，A公司要求B公司支付价款和滞纳金及合同提前解除违约金。

【结果】法院予以支持。虽然涉案合同约定，B公司未达到最低购买/付款量，应按照每月最低购买/付款量乘以产品单价支付A公司相应价款，但法院在审理中更注重从公平正义原则出发，并综合考虑合同履行情况及A公司成本、行业利润等因素，酌情B公司应给付A公司的价款金额，并偿付相应逾期付款滞纳金。

然而，有些业内法务认为"照付不议"合同是在买卖双方平等自愿协商基础上建立起来的，签署方通常对合同条款有着充分的理解，且谈判地位大致对等，在中国的法律体制下，根据意思自治原则，"照付不议"合同应属合法有效的合同义务条款。

偏差结算模式合同是基于照付不议模式合同演变而来，在众多司法判例中，对于买卖双方在天然气购销合同中约定的偏差结算条款，法院认为有效。

【案例】(2021)内0123民初2213号。A公司与B公司签订《2020~2021年天然气购销合同》。原告A公司主张由于B公司提取气量未达到合同约定的最小月气量，按案涉合同第15条约定必须向A公司支付最小月气量与实际提取了差额部分的价款（该部分价款按照该供气月约定的综合价格的30%计价）。被告B公司主张，疫情原因致使合同不能得到完全履行，这是B公司在与A公司签订合同时不能预见、不可避免并不能克服的客观情况，B公司面临的情况完全符合不可抗力的要求，可依法申请免责。双方争议的焦点是天然气提气量差值部分是否应按合同约定支付。

【结果】法院支持原告A公司的主张。案涉《2020~2021年天然气购销合同》签订时间为2020年4月29日，此时已出现新冠疫情数月，对这一不能克服的客观情况在合同双方签约时是应该了解的，因对疫情影响力的预判不足不属于受疫情或者疫情防控措施直接影响发生的民事纠纷。同时，当事人主张适用不可抗力免责的，应当就不可抗力直接导致民事义务不能全部履行的事实承担举证责任，B公司仅做适用不可抗力免责的抗辩陈述，未提供证据证明不能全部履行合同的原因事实，应当承担不利后果。案涉购销合同依法成立，双方当事人应按约定全面履行各自义务，B公司应当按合同约定支付未足额提取天然气量的差值部分价款。

3.逾期付款责任

天然气提取和付款是买方在天然气购销合同项下的两大主要义务，在合同中应具体明确款项支付的期限，对于买方不能按照合同约定期限支付天然气价款的，一般应按日支付违约金。由于法律对违约金的约定一般采用补偿原则，因此，逾期付款违约金通常按不超过一年期LPR（贷款市场报价利率）的四倍确定。

（十一）检维修

无论是卖方供气设施、买方接气设施、用户用气设施，还是管输设施，在长期使用过程中均需要安排一定的计划检修，以使相关设施均处于最佳状态，确保天然气供应、运输、提取与使用过程的安全。因此，在天然气购销合同中明确天然气卖方、管输方或买方以及买方用户均有权对各自设施进行计划性检维修操作。为最大限度地降低计划检修对天然气稳定供应的影响，一般地，在安排计划检修时应当将各相关方设施的计划检修时间协同同步。

另外，在天然气供应过程中，也面临运营过程中因不可抗力、第三方破坏等因素需要对相关设施进行以排除事故或事故隐患为目的的临时检修。在天然气购销合同中也应对临时检修的程序做出安排，一旦发生临时检修应当采取紧急措施并及时电话和书面通知其他方，任何一方接到通知后均应做好相应的准备和配合工作，以便及时启动供气应急预案，从而降低临时检修造成停气对各方的影响。

（十二）减供、停供及紧急情况下的气量分配

天然气的停供或减供是卖方在天然气购销合同项下避免自身风险增加的重要举措。一般地，当出现买方未付款、政策性因素时，卖方有权停供或减供天然气。

天然气作为特殊商品，对社会经济生活具有重要影响。在天然气购销合同履行过程中，为满足民生用气保供的情况下，可能会出现资源供应无法满足全部需求的情况，因此需要对所供天然气的优先顺序做出明确约定。特别是在不同用气类型执行不同价格的情况下，气量分配直接影响天然气价款的结算安排。

当然，停供、减供与紧急情况下的气量分配是对天然气供应的特殊安排，并不必然影响买卖双方的责任承担。如由买方未付款导致的停供或减供不应减轻或免除买方在提气数量方面的违约责任。同样地，由资源不足导致的停供或减供、气量分配也不应减轻或免除卖方的供应义务和责任。对于政策性因素导致的停供或减供，买卖双方均可据此减轻或降低相应的违约责任。

（十三）不可抗力

不可抗力是指不能预见、不能避免并不能克服的客观情况。不可抗力的来源既有自然现象（如地震、台风），也包括社会现象。作为人力所不可抗拒的强制力，具有客观上的偶然性和不可避免性、主观上的不可预见性以及社会危害性。世界各国均将不可抗力作为免责的条件，中国民法也不例外。《民法典》第一百八十条第一款规定，因不可抗力不能履行民事义务的，不承担民事责任。法律另有规定的，依照其规定。

基于天然气产业链以及贸易特点，在天然气贸易中，卖方还可以考虑将以下内容作为不可抗力：

（1）卖方的上游资源供应商（上游气田、长协资源等）由不可抗力事件造成该上游资源方无法向卖方供应天然气。

（2）卖方委托的管输方因不可抗力事件，且因此对卖方向买方供应天然气的能力有不利影响的。

（3）国家政府部门发布的“压非保民”，六级压减预案或其他任何影响卖方履行供气义务的相关政府政策或要求。

出现上述情况，由于不可抗力可作为免责的条件，上游供应商/管输方并不会对卖

方提供违约赔偿。因此，卖方可将这种情况纳入不可抗力事件，可以将风险向下游疏导，避免发生违约责任。

同样地，买方委托的管输方或生产设施遭受不可抗力时，也可以要求卖方将此作为天然气购销合同项下的不可抗力而予以免责。

（十四）适用法律及争议解决

天然气购销合同属于国内合同，应受中国法律管辖，并依中国法律进行解释；但由于我国实行“一国两制”方针，因此，在合同有关适用法律的表述中一般明确排除适用香港特别行政区、澳门特别行政区和台湾地区的法律。

争议解决作为合同当事人在履行合同的过程中出现争议或纠纷时能够高效解决的条款，在合同中一般应做出明确的约定。目前合同争议解决的方式主要有四种：协商、调解、仲裁、诉讼。

（十五）其他条款

天然气购销合同中还应包含终止、争议解决、合规、通知等其他条款。特别是合规条款，随着国内企业对合规的要求不断提高，有关廉政要求、反洗钱等内容均作为合同项下的合规条款予以明确约定。

（十六）附件

天然气购销合同作为操作性要求较高的买卖合同，在正文部分可能不便于直接明确约定具体的操作程序，因此需要有部分内容（如交付点位置、计量点位置、计量操作规程、价格调整机制等）作为合同附件，以便能够做出更为详细与具体的约定。

合同附件作为合同的重要组成部分，与合同正文具有同等法律效力。在合同附件编制时，应确保合同附件与合同正文部分保持一致，避免两者之间的矛盾与冲突。

三　CNG购销合同的特殊约定

对于CNG贸易而言，由于CNG为常温高压的气体，在加装、运输过程中具有更大的危险性，因此，在CNG购销合同中也应做出特殊的约定。

（一）交付与计量

CNG一般由买方自提，即由买方委托的CNG槽车运输公司在卖方指定的加注点交付，并以加注机快速接头与CNG槽车连接处作为交付点，对于卖方运输到买方卸载点，则CNG卸车软管与乙方设备连接处作为交付点。

计量方面，合同约定压缩天然气的计量方式采用供气方加气柱质量流量计计量。

以供气方设备的充装计量结果为准，充装人员、运输人员在《压缩天然气销售单》上签字确认加气数量，并以此数量作为双方结算的依据。同时，运输方、与买方和（或）卖方会签署计量交接协议，对天然气计量（计量压力、气体质量规格等）、计量装置检定、计量误差处理等事项做出明确约定。

（二）安全管理责任

由于交付点位于卖方或买方场地内，而槽车装车过程中涉及安全管控，因此，在压缩天然气购销合同中须明确委托运输方需遵循交付所在点的安全管理规定，包括充装作业的安全规定，天然气转运撬车或半挂管束车的对挂、卸挂操作规程，车辆人员资质的备案登记等。

（三）天然气质量规格

CNG购销合同一般会以国家强制性标准《天然气》（GB 17820—2012）约定天然气质量。绝大多数合同CNG质量约定为《天然气》（GB 17820—2012）的二类气。

四 LNG购销合同的特殊约定

LNG是将常压下气态的天然气冷却至-162℃，使之凝结成液体，在天然气购销过程中，与管道天然气存在较大差异，在购销合同条款设置中也存在特殊安排。

（一）交付与计量

LNG一般由买方自提，即由买方委托的槽车运输公司在卖方指定的接收站或液化工厂的液态装车点交付，并以装车臂与槽车连接法兰作为交付点，天然气通过该连接法兰，则其所有权与风险均由卖方转移至买方。部分液态销售将由卖方运输到买方卸载点，在此情况下，交付点应位于运输车辆卸液臂法兰与买方指定气化站接液臂法兰的连接处。

液态销售一般采用质量计量的方式，通过位于交付点的地磅进行称重计量，并以此计量结果作为结算依据。

（二）天然气质量规格

部分液体购销合同会以国家强制性标准《天然气》（GB 17820—2012）约定天然气质量，除此之外，也会采用国家推荐性标准《液化天然气》（GB/T 38753—2020）约定天然气质量，该标准适用于商品液化天然气。《液化天然气》（GB/T 38753—2020）对于液化天然气的质量要求应符合表8-5的规定。

表8-5 LNG质量要求

项目	贫液类	常规类	富液类
甲烷摩尔分数 /%	＞ 97.5	86.0~97.5	75.0~86.0
C_{4+} 烷烃摩尔分数 /%	≤ 2		
二氧化碳摩尔分数 /%	≤ 0.01		
氮气摩尔分数 /%	≤ 1		
氧气摩尔分数 /%	≤ 0.1		
总硫含量（以硫计）/（mg/m^3）	≤ 20		
硫化氢含量①/（mg/m^3）	≤ 20		
高位体积发热量①/（MJ/m^3）	≥ 37.0 且＜ 38.0	≥ 38.0 且≤ 42.4	＞ 42.4

注：①本标准中使用的计量和燃烧的参比条件均是 101.325kPa、20℃。

针对该标准之外的LNG，在满足国家有关安全、环保和卫生等标准的前提下，供需双方可以用合同来约定其具体要求。

部分卖方会根据其采购进口LNG资源的质量规格，与用户在销售合同中约定液化天然气质量参照《进出口液化天然气质量评价标准》（SN/T 2491—2010）质量指标，如表8-6所示。

表8-6 LNG质量指标

项目		质量指标		试验方法
		一级	二级	
组分（摩尔分数）/%				
甲烷	≥	83	75	GB/T 13610
C_4 烷烃	≤	1.5	2.0	
C_{3+} 烷烃	≤	0.1	0.5	
二氧化碳	≤	0.1	0.1	
氧	≤	0.01	0.01	
氮	≤	1	1	
总硫（以硫计）/（mg/m^3）	≤	5	30	GB/T 11061 GB/T 19207
硫化氢 /（mg/m^3）	≤	1	5	GB/T 11061.1 GB/T 11061.2 GB/T 18605.1 GB/T 18605.2
高热值 /（MJ/m^3）	≤	39.0	38.0	GB/T 11062
相对密度	≥	0.555~0.7		GB/T 11062

注：参比条件为 15℃ /20℃，101.325kPa；试验方法也可采用贸易合同指定的方案。

在交付过程时，应保留液态天然气的质量检验报告。同时，由于液态天然气在使用过程中还需要进行气化加工，因此，在质量检测报告中除标明气质组分外，还往往会明确约定该液态天然气的气化率。

（三）LNG价格

LNG价格一般以吨为单位计价。考虑其价格趋于市场化定价，价格波动较为频繁，一般双方通过价格函等双方确认的形式确定价格，但也存在签订固定价后又根据市场形势对价格进行调整的情况。对于长期协议，一般明确LNG的价格公式或定价机制，如采用与上游资源价格挂钩的方式确定LNG购销价格，或以某一油气中心的当期挂牌价格为基准计算最终的结算价格。

（四）违约责任

LNG在天然气购销合同履行过程中，相比管道气销售，在合同中还会约定串货等违约责任条款。串货是指对于买方委托槽车运输公司进行运输，买方未经卖方书面同意变更运单卸货地，导致卖方用于结算的卸货地与实际卸货地不符的行为。通常会在合同中约定，不按照既定销售路径串货销售的用户要承担对应的违约责任，如取消激励政策，根据串货量支付对应违约金，甚至停止供气或终止合同等。一般为避免串货行为，运输车辆通常安装有物流系统，对资源流向进行实时跟踪，而存在问题的车辆，如发生GPS无法核查等问题，对应的违约方也要承担相应的违约责任。

五　天然气购销合同相关的其他合同

（一）运输服务合同

天然气输送是天然气购销合同履行的先决条件之一。根据不同运输方式，分为天然气管道运输服务合同、LNG罐车运输服务合同、CNG槽车运输服务合同。

1.天然气管道运输服务合同

国家油气体制改革后，国内天然气骨干管网将由国家管网公司负责统一建设与运营，因此，运销分离后的管道天然气跨区域、长距离运输均将委托国家管网公司负责。另外，在直供用户市场放开的情况下，除长距离运输外，在管道天然气购销中还应解决“最后一公里”的运输问题，可能还存在从国家管网的管道至用户间的其他管道设施，因此，还存在需要二级或更多层级代输的问题，均应通过委托运输的方式解决。

现依据国家管网的管道运输服务合同对天然气管道运输服务合同进行解释。国家管网的天然气管道运输服务合同一般包括定义与解释、管道运输服务和计划管理、管容使用与释放、管道及设备检维修、日指定、管网平衡、气体计量和交接、天然气质量管理、非标天然气的赔偿、安全管理、应急管理和应急保供、服务费用、结算、陈述与保证、违约条款、责任和赔偿、不可抗力、免责条款、诚信合规、合同终止、数据权属、保密与披露、争议解决、适用法律、通知和联络、其他以及附件组成。附件包括签约管容模板、管容释放申请模板、日指定完成量分配方式规则说明、履约保函模板规则说明。

（1）托运主体。所谓托运主体即委托运输的主体，即由管道天然气运输中的买方还是卖方与国家管网签署合同的问题。原则上，无论是买方还是卖方均可以成为托运主体。如果买方作为托运主体，则意味着将由国家管网代表买方在卖方交付点向国家管网接收天然气。如果由卖方作为托运主体，则国家管网将代表卖方将天然气运输至买方交付点交付给买方或买方指定的终端用户。

不同的托运方式（卖方委托或买方委托）将产生不同的法律后果。在买方委托的情况下，管输的责任由买方自行承担；在卖方委托的情况下，管输的责任则由卖方承担。

（2）计划管理。管输服务合同中约定月度计划、日指定计划和计划变更，天然气购销合同在计划条款设置也要和管输服务合同的计划条款设置形成联动机制，以保证双方计划得以执行，实现天然气的管道供应与提取。

（3）管容使用与释放。托运商申请一定的管容，并与承运方在管输服务合同中进行书面约定。当托运商预计无法使用全部签约管容时，可以选择管容释放，并根据申请提交时间按比例梯次支付申请释放的管容所对应合同金额的管容释放申请费。由于管道运输服务中有照付不议条款限制，托运商需要根据自己天然气购销合同的签约量确定管容，以避免触发照付不议条款。当超额使用约定管容时，则需要重新提出受理申请，并另行签订《天然气管道运输服务短期合同（分散受理）》。

（4）服务费用。管输费率由国家或地方政府定价执行。托运商可根据国家管网公司官方网站查看天然气管道基础信息、天然气管输价格、天然气管道剩余能力情况等公开信息，结合自身业务需求，确定最优管输路径，降低运输成本。

（5）管网平衡。为保证管网运行安全，在管输服务合同中约定不平衡率。对于不平衡率约定除春节和国庆节外，托运商日不平衡率不应超过3%，累计不平衡率不应超过8%；在春节和国庆节期间，日不平衡率不应超过4%，累计不平衡率不应超过10%。与《天然气管网设施运行调度与应急保供管理办法（试行）（征求意见稿）》中约定的管网不平衡率一致。当不平衡率超过合同约定限值，需要托运商自主平衡或使用承运商提供的平衡服务。当托运商不能自主实现平衡时，承运商则有权采取压力控制或流量控制等自动分输措施直至物理切断进行平衡管理；在提醒托运商主动削减不平衡无效时，承运商有权拒绝审批不合理的日指定提报。

（6）天然气质量管理。由于管道运输与其他运输方式不同，承运商将进入管道的不同托运商的天然气混合运输后进行交付，所以最终交付的天然气质量由天然气运输过程和与管道中其他天然气或其他有效气体混合后决定。因此，在约定购销合同中的气质标准时应考虑该因素对于交付天然气质量的影响。承运商和托运商在合同签订时规定所有进入管道运输的天然气均应符合国家标准《天然气》（GB 17820—2012）中所规定的一类天然气气质标准与《进入天然气长输管道的气体质量要求》（GB/T 37124—2018）中所规定的天然气气质标准。因此，理论上，在管输过程中如果不出现意外情况，则向买方交付的天然气也应达到《天然气》（GB 17820—2012）中所规定的一类天然气标准。

2.LNG罐车运输服务合同和CNG槽车运输服务合同

液化天然气和压缩天然气均采用专用车辆为运输工具，为分散用户和距离长输管线远以及用气量不大的用户提供用气服务，是天然气管道输送的一种有效的补充手段。

LNG罐车运输服务合同和CNG槽车运输服务合同在内容设置上较为相似，一般包括合同期限、托运货物、运输区间和方式、运输计划、交付和计量、运输价格、结算、付款、权利和义务、违约责任、不可抗力、保密、争议解决、HSE管理、保供责任、应急救援等。下面将对合同正文的主要条款逐条进行讨论。

（1）运输计划。与天然气购销合同一样，LNG和CNG的运输服务合同也包括月度计划和日指定计划，但区别于天然气购销合同，因运输过程涉及车辆的调度问题。运输服务合同的计划需足够精确，且临时增加运输计划，承运方应提前将具体增加计划另行以运输计划确认函的形式告知。

（2）运输价格。明确运输单价，以及运输价格变化确认、多地卸车的结算方式。车辆的运费通常受市场及季节等因素的影响较大，一般在合同中仅约定“另以书面的形式确认里程和单价作为运输价格的结算依据”。

（3）装运点与交付点。明确装运点与交付点，一方面是为了便于计算运输费用，另一方面是为了明确资源的流向。尤其对于前者而言，在按照运距计算运费的情况下，只有明确装运点与交付点才能更好地计算运距。

（4）运输车辆。在槽车运输的情况下，运输车辆是否符合安全标准与装车标准，对于卖方而言同样重要。因此，在槽车运输合同中，一般均要求所安排的槽车通过卖方或装运点的安全检验，或者在装运点进行备案。

（二）计量交接协议

天然气贸易过程中，由于整个贸易环节需要通过承运方实现，为确保交易的正常开展，需要卖方、买方和承运方进行计量交接，以确定买卖双方之间的天然气交易数量和托运方与承运方之间的运输数量，因此，原则上应由卖方、买方和承运方之间签署计量交接协议，以便将交易数量与运输数量统一，避免两个数量的不统一导致不同合同项下的纠纷与争议。

计量交接协议属于技术操作协议，一般仅明确在天然气贸易过程中的计量程序、计量结果确认、计量结果异议处理等程序性规定，不涉及具体的计费等商业内容。

第三节
天然气购销合同管理

一　天然气购销合同管理体系

天然气购销合同作为企业从事天然气购销经营活动的载体，不仅能规范双方经济活动行为，确保购销业务的顺利开展，也是保证双方权益、解决纠纷的重要法律依据。天然气购销合同管理主要是指合同的主体企业以自身需求为出发点，在相关法律允许的范围内与另一主体企业进行谈判、评审、订立、履行、管理、索赔等合同实施过程中全部环节的系统性管理过程，是为实现天然气贸易目标而进行的管理过程。加强天然气购销合同管理，对于规避风险，降低经营损失有着重要的意义。天然气购销合同具体业务流程如图8-5所示。

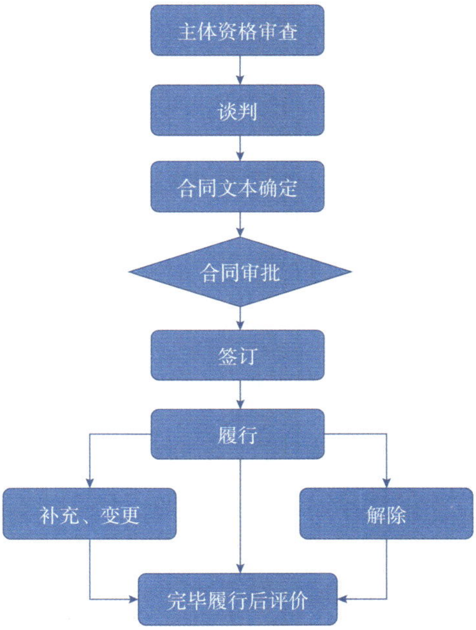

图 8-5　天然气购销合同具体业务流程

（一）天然气购销合同管理存在问题

合同管理涉及合同相对人的选择、谈判、拟定、审批、签订、履行、终止等全过程，其中任何一个环节把控不到位，都可能导致纠纷、损失。就目前而言，天然气贸易企业在合同管理方面存在以下问题：

1. 基本合同管理制度不健全

目前，部分企业的合同管理制度相对空泛，仅有原则性上的要求而远未达到可指导工作的程度。如合同审批流程仅约定审批职责的分配，却无对应的审批清单和具体要求，审批人在审批时无具体审批依据。合同管理制度未能体现系统性、规范化、法治化和科学化的要求，管理流程上未实现各部门的配合。如合同管理部门与其他部门各自为政，缺乏沟通，业务相互脱节。

2. 合同管理存在疏忽

合同管理过程中存在疏忽，如部分企业只重视合同的签订，忽视对合同履约过程的监管，导致履行过程中存在很多合同方面的纠纷。此外，合同管理中各个环节比较分散，难以实现统一管理。

3. 合同管理思想意识不强

天然气贸易企业习惯采用传统的行政手段和经济手段开展天然气贸易及合同管理工作，不善于采用法律手段开展天然气贸易，将天然气购销合同作为天然气贸易的一种形式，既不重视合同内容也不重视合同的履约过程管理，既不重视合同风险的预防也不重视合同风险的过程控制，给合同履行带来很大的隐患。未意识到合同管理的重要性，在合同管理机构设置、人员配备等方面支持不够。

4. 合同管理人员素质不高

事实上许多合同管理人员没有专业的法律背景或者未从事天然气营销工作，单从法律角度或业务角度去办理天然气购销合同均具有局限性，导致合同管理工作分配不明、要求不明。部分人员认为合同管理仅是具体经办人的事，缺乏相互监督和控制。

5. 信用意识薄弱，信用风险问题突出

目前我国社会和企业的诚信环境并不理想，一些企业的信用观念淡薄，企业合同信用率不高，合同履约率低，因此信用风险管理成为一个相当突出的问题，把好信用管理关是合同管理的重要一环。

上述问题的存在，使企业的经营面临很大的风险，因此必须构建企业合同管理体系，实现对合同的规范化和制度化管理，以防范风险。

（二）完善天然气购销合同管理体系具体建议

天然气购销合同管理体系的基本要求如下：

1. 建立合同管理制度体系

按照合同管理全周期的要求，就合同管理全过程的每个环节，建立健全具体的、可操作性强的管理制度。

（1）合同基本管理制度。针对合同订立、审核、履行等环节的基本制度，包括合同管理办法制度、合同相对人资信调查制度、合同审批制度、合同台账管理制度、合同档案管理制度等。通过建立、完善合同管理制度体系，明确购销合同管理职责范围，规范合同管理工作流程，提高合同管理规范水平。合同管理制度体系内容涵盖广泛，各企业可根据实际情况搭建适用自身的合同管理制度体系，如图8–6所示。

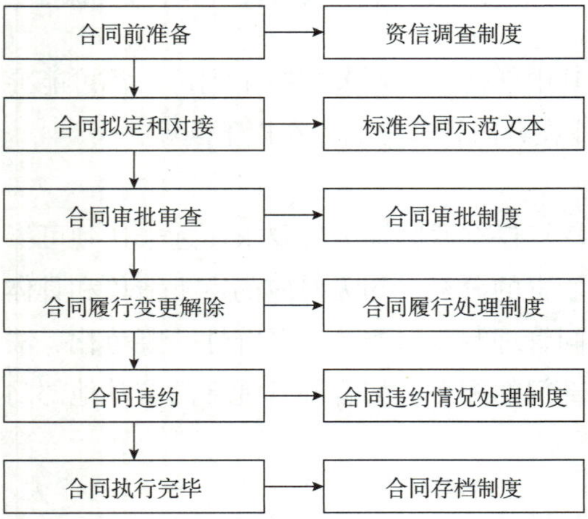

图 8–6　天然气购销合同管理基本制度

（2）合同管理其他制度。如合同归口

管理制度、合同授权委托制度、合同专用章管理制度、合同重大失误追究制度。

在健全合同管理制度体系的指导下，相关人员才能在合同管理时做到有制度可依，发生问题后，才能将责任落实到有关部门和人员。

2. 相关部门分工合作

合同是企业经营活动的一部分，合同管理的全过程几乎需要企业所有部门共同参与、相互配合，因此需要将合同管理的职责分配给各部门，各司其职。例如业务部门作为天然气销售业务的归口管理部门，负责天然气购销合同的起草、谈判、报审、审批、签署、备案、统计、履行、变更等相关工作。财务部门负责价格管理，成本核算，提供价格政策支持，参与购销合同起草、谈判、审查审批，以及天然气购销业务的结算管理工作。企管部门负责合同的归口管理部门，主要负责制定合同管理制度并组织实施；参与公司合同谈判、审查审批工作；负责编制并推广使用公司合同示范文本；负责合同专用章管理；组织处理合同纠纷；负责指导、监督、检查、考核合同管理工作和合同履行情况。其他部门进行配合管理。

此外，要加强合同管理部门和合同管理人员的业务、法律培训，提高全员的合同管理意识和合同管理人员素质。在要求合同管理工作人员具备法律知识的同时，要求合同管理工作人员能深入了解并分析企业的生产经营结构以及业务模式，找出天然气购销合同管理过程中存在的风险，制定应对措施，提升产生经济纠纷后的解决能力。

3. 智慧合同管理系统建设

通常采用智能化技术手段，建立智能化全流程合同管理系统，优化合同信息化管理流程。

（1）通过合同系统与合同相对人信息系统、销售系统、财务系统等互联互通，实现各类业务数据有效共享和风险提醒。

（2）实现合同在线管理，包括合同审查、归档、合同检索、合同借阅、合同下载等，有效降低合同管理人员的工作压力。

（3）通过合同进行全生命周期管理，进行实时且全面的监控，及时发现风险和漏洞，避免在企业合同管理过程中产生法律问题。

（4）对问题合同、纠纷合同进行统计整理，建立合同风险库。在合同全生命周期管理中，通过智能识别技术并结合人工识别，对合同的各节点进行实时跟踪、监控，对合同管理人员及相关人员进行风险提示，加强合同风险防控。

二　天然气销售合同的主体资格审查

（一）合同主体资格存在问题

作为合同，最主要的因素之一就是合同主体。首要的是审查主体是否具备签订及履行合同的合法资格。对于普通行业来说，只需一张营业执照就可以开展经营活动，对于天然气销售行业，不仅需要营业执照，还需要合法使用天然气的资质条件，且在企业拥有的相关资质证书或者许可证书允许的条件下才可以生产经营。无资质证书违反了法律法规的强制性规定，合同会成为无效合同。

【案例】A公司与B公司的天然气购销合同纠纷。原告A公司要求B公司按合同约定的保底用气量支付气款及设备闲置费，但最终诉讼判决结果为不支持。主要原因是在A公司未取得燃气经营许可证，且未办理燃气设施审批手续的情况下，双方为了供气、用气而签订的《天然气购销合同》违反了法律法规的强制性规定，该合同属于无效合同。尽管A公司实际用气量未达到合同约定的保底用气量，但因该合同无效，在计算损失时不能直接适用合同约定，且该损失对于A公司来说是供应天然气的利润损失，该损失为可期待利益，在合同无效的情况下，支持可期待利益缺乏法律依据，B公司已经付清其实际使用的天然气价款，故对A公司该项诉讼请求法院不予支持。

履行天然气销售合同的主体需要具备一定的经济实力。在天然气销售过程中，由于交易气量较大，月成交金额在几千万元甚至上亿元，对于经济实力较弱的主体，合同履行更为困难。

针对合同相对人的履行能力，在签约时往往只能根据相对人提供的资料以及与相对人的交易履行记录做出判断，具有一定的推测性，只能随着合同的履行逐渐表现出来合同相对人的实际履约能力。这种由于合同相对人某些方面的瑕疵带给企业的法律风险，需要业务管理部门、财务管理部门、合同管理部门等相关部门通过严格审查以及在将来的合同履行过程中发现。

（二）合同主体资格审查具体建议

对于合同主体资格审查，需要企业从多角度、全方位、持续了解合同相对人的商业信誉和履行能力。

在合同订立之前，需要确定签订合同的主体是否拥有所在区域燃气经营许可证或发电类电力业务许可证或安全生产许可证或危险化学品经营许可证等资质。除要求合同相对人提供营业执照、银行资信证明、会计师事务所出具的财务报告等证件或者文件外，尽可能地对合同相对人进行实地考察，或者委托专业调查机构对其资信情况进行调查，主要调查财产状况、生产和经营能力等。通过调查企业经营状况是否正常，是否被司法行政机关依法查封、扣押、冻结财产等，避免签约后对方无法正常履约，同时需了解对方的经营历史和对方客户/供应商评价等商业信誉情况。

在合同履行过程中，定期对用户能力进行审查，包括价格承受能力审查、履行合同经济实力审查、信用风险审查，对客户信用等级进行及时的评价和更新，建立相应的评估和信用机制，完善相对方管理流程。一旦合同相对人的财产显著减少、经营状况严重恶化、丧失商业信誉且有此确切证据，就应及时要求对方提供相应担保，在此之前，应确保自身的不安抗辩权得以实现。

在合同履行完毕后，对合同相对人履约能力、履约状况、沟通配合情况等内容进行综合评价，并作为合同的一部分进行归档处理，为后续的合同签订主体审核提供相应的依据。

三 合同谈判

（一）合同谈判存在问题

合同谈判是为了实现某项交易，与准备订立合同的双方或多方当事人进行相互了解、确定合同权利与义务关系、厘清天然气交易操作流程的商议过程。合同谈判是合同订立协商的过程。在天然气购销合同谈判过程中，常常存在以下问题：

（1）忽略合同重大问题或在重大问题上做出不恰当让步。除非一方处于绝对优势地位，否则合同谈判是一个双方互相妥协的过程。在合同谈判中，双方会为了各自的利益，就某一方面的问题僵持不下，为了加快合同的谈判进程，往往会做出相应的让步，但不恰当的让步，容易在合同履行过程中使自身利益受损。

（2）谈判人员谈判经验不足，缺乏技术、法律和财务知识的支撑，导致企业利益受损。

（3）泄露本企业谈判策略，导致企业在谈判中处于不利地位。在实践中，部分企业不重视合同保密工作，对合同相对方也不提出保密要求，这可能导致在一个用户谈完后，竞争方便获取了该合同的所有信息，进而竞争方利用其优势对合同相对人抛出橄榄枝，导致后续合同谈判难度增加。

（二）合同谈判具体建议

1. 确认谈判主体

在正式谈判开始前，主要任务是开展充分尽职调查，收集相关信息和情报，如对方企业资信、履约能力、运营团队、合规记录等。对谈判对象进行初步资信审核，将卖方锁定价格承受力高、用气平稳、信誉高的优质用户作为重点谈判对象，将买方锁定资源来源稳定、资源充足、价格低、信誉高的供应商作为重点谈判对象。充分了解谈判对手情况（包括谈判主体的诉求以及相关竞争方的情况），做好充足的谈判准备有利于增强谈判实力，更好地掌握主动权和话语权，为谈判的进行和成功创造条件。

2. 确定谈判人员

谈判小组成员应由商务人员、执行人员和财务人员组成，并配备相应的法务人员。谈判人员应充分了解市场形势、了解量价策略、专业能力强、具有社交表达能力、具有逻辑判断能力、具有廉洁风险意识等。

3. 正确制定谈判方案及策略

研究国家相关法律法规、行业监管、产业政策、研究政府部门等与谈判内容相关的信息，比如国家发改委要求核定居民用气、制定六级压减预案、鼓励签订中长期合同等，积极响应政策要求；研究所在区域的天然气市场形势是供大于求的买方市场，还是供小于求的卖方市场；了解资源方的量价策略、服务政策；摸排需求方的需求量和诉求。基于合同签订指导意见、预期目标（扩大市场份额、提高企业利润等）、市场环境等因素，制定适应企业自身的量价政策、服务内容以及谈判底线，确定谈判策略。把握合同拟定的主动权，在合法合规的前提下，制定合同条款，必要的话可以请专业律师对合同文本进行协助拟定和审核。

4.谈判过程

（1）谈判者首先要树立双赢意识，寻求双方利益契合点。同时，谈判过程中谈判者需要换位思考，即使谈判者处于市场优势地位，也要充分听取合同相对方的意见，并对合同相对方的意见进行沟通与解释，避免因谈判时的强势态度导致合同相对方提出有关滥用市场优势地位的指控。

（2）在谈判中，若作为合同起草方，应将天然气购销合同向相对方进行详细解读，确保合同相对方能够全面了解天然气购销合同项下条款与内容的正确含义，避免其误解合同的内容导致提出格式合同或格式条款的指控。

（3）谈判过程中关注合同核心内容、条款和关键细节。合同中以量价为核心内容，往往一开始双方处于试探阶段，为了摸清对方的底线，打探销售策略进而分析对比，因此往往在量价方面谈判过程较长。当谈判双方在某一问题上双方僵持不下时，可以对合同其他条款先进行协商，为双方留取一定时间去寻找彼此都可以接受的解决方案（包括原先方案的优化、制定替代方案等），研究下一步的谈判策略。

（4）谈判人员应充分理解天然气购销合同与上下游合同或运输合同的关系，特别是在讨论涉及运输或上游资源采购合同相关风险转移的条款或内容时，应进行充分的沟通，做出合理的解释，避免解释不清导致合同相对方对合同内容或条款的误解。

（5）学会适当让步。在谈判中对于底线要坚守，但是对于非关键性条款可以适当让步，这可以起到缓和谈判僵局、展示合作诚意以及作为利益交换的筹码等作用。

5.加强保密意识

与合同相对人签订保密协议，加强保密工作，建立严格的责任追究制度。

6.档案管理

对谈判过程中的重要事项和参与谈判人员的主要意见进行记录并妥善保存，作为避免合同舞弊的重要手段和责任追究的依据。

四 合同内容确定

合同文本内容是交易双方权利义务约定的书面表现形式，由合同标的物、数量、质量、价款、时间、履行方式等一些要件构成，具体表现为各种条款，对于合同文本内容要合法合规具有可行性。

（一）合同内容确定存在问题

由于天然气产业链及天然气贸易的特点，在天然气购销合同起草过程中，往往需要考虑以下潜在的问题：

1. 政策性风险

天然气属于特殊商品，受到一定的限制，如天然气价格受政府管制（居民气价格/管制气价格），天然气气质由相关国家标准规定，因此在合同谈判和最终合同约定过程中，要注意合同文本内容的合规合法性，避免存在政策性风险。

2. 可操作性风险

天然气购销合同拟定中需要根据天然气产业链之间的关联性进行拟定，包括上下游计划的平衡，照付不议等风险传递性条款在合同履行过程中的可执行性。

3. 市场适应性风险

天然气市场复杂多变，合同拟定过程中需要考虑未来天然气市场的波动对于企业履行该合同文本的影响，如天然气市场变化，导致原先合同约定价格严重低于天然气市场价格，若卖方仍按合同约定执行将会对企业造成严重的损失。另外，部分企业推广使用标准合同文本，存在未充分考虑标准合同文本与市场营销策略的适配问题，或不同区域和用户的特性等市场适应性问题。

4. 其他风险

合同文本内容需要准确、完整，如果合同文本内容约定不够明确，甚至缺少必要的条款，将会使合同文本不能反映交易实质，为双方在合同履行过程中以及法律救济埋下隐患，最终给企业造成人力、物力、财力的损失。

（二）合同内容确定具体建议

一份好的天然气购销合同应当便于操作、便于双方据以履行，能够确保天然气贸易正常进行，降低或减少纠纷与争议。基于此标准，天然气购销合同确定过程中应当满足下列要求：

1. 遵守国家法律法规

合同交易内容、交易模式以及术语等均应尽最大可能与法律规范的规定相一致，避免因合法性问题或学理之争而影响交易安全或交易结果，包括天然气价格、天然气质量规格等。

2. 合同目的明确

合同目的是指合同当事人签署与履行该合同所希望达到的交易目的。就天然气购销合同来讲，合同目的是指合同当事人希望通过合同签订与履行后，能够实现天然气贸易之目的，使卖方销售天然气并获得天然气价款，使买方支付天然气价款后获得天然气资源以实现其生产或生活的能源。

在天然气购销合同中，应当明确该合同目的，并通过合同条款的设置，确保该等合同目的能够实现。一般地，合同在确定名称时体现合同目的。

3. 便于理解与执行

一份好的合同是便于理解与执行的合同，因此，在合同起草时应满足下列要求：

（1）内容要求明确，特别是对于有先后履行顺序的事项，必须明确先后顺序。如天然气的交付，应明确计划编制、气量指定与确定、天然气交付先后顺序及相互之间的关系。再在天然气价款的支付，是先开票还是先付款，买方收到发票后多少时间内支付等均应做出明确的约定。

（2）主体确定。对于部分天然气购销合同，由于买方可能是集团用户，由集团统一签署合同，而由其下属子公司分别提取并使用天然气，相应地，价款支付也可能是集团统一支付或由子公司分别支付。对此，在合同中应当明确签约主体与履约主体，避免出现用气的不付款、付款的不用气，导致卖方风险增加。

（3）责任明确。天然气购销合同项下的违约行为包括多个方面，不同的违约行为所造成的影响也不尽相同，因此，在天然气购销合同中应当明确约定不同违约行为下的违约责任标准，一旦出现违约行为便能够据此明确违约责任，避免在遭受违约时无明确标准导致无法确定违约责任的情况。

4. 规范合同用语

我们日常使用的文字与语言都具有一定的模糊性，如，在中文的日常交流中，大量使用“上下”“左右”“大概”“大约”“前后”等不确定性的表述，同时，中文中也会有很多文字具有一词多义、一字多义的问题。如果类似表述在一份合同中，将导致合同的不准确，增加出现合同纠纷的可能性。因此，在合同中，必须确保同类型的文字与语言意思表达明确，且所表达的意思在该合同中具有唯一性，确保合同条款不出现歧义。

为此，同一词语在合同中使用时，不管是在合同的正文中还是在合同的附件中，均应具有统一的含义，其外延与内涵也均应保持一致，避免同一词语在不同的条款中具有不一样的含义。特别是在定义条款中明确界定的词语。相应地，同样含义的表述在合同中应使用同一词语，避免在不同的条款中使用不同的词语表达同样的意思。另外，在合同中要确保条文前后一致，对于同一事项的约定尽可能在同一条款中约定，避免在不同条款中表述同一事项。有逻辑关系的条款应能够相互呼应、相互印证。

5. 以标准合同文本为指导

通过请专业律师制定标准化合同文本，规范合同起草、降低应用成本、节省谈判时间，从而使合同交易效率提高。根据长期实践和运用对标准化合同条款内容进行反复总结、提炼和完善，使标准化文本在科学地反映基本需求的同时，根据合同风险控制点进行针对性保护，从而达到防范与化解日常工作中经营风险的目的，切实维护企业自身合法权益。将标准化本文在企业内部进行推广和宣贯，在销售合同签订过程中以标准合同为基本架构，强化企业内部员工利用标准合同结合营销目的做出合理的修改和完善能力，在提高工作效率、降低企业管理成本的同时，维护企业自身的合法利益，为企业获取经济效益提供良好保障。

五 合同审批管理

（一）合同审批管理存在问题

合同审查是为了找出合同中所存在的可能导致企业利益受到损害的条款，是合同管理的重要环节。天然气购销合同在审批中可能存在以下问题。

1. 合同审查不到位

天然气购销合同在审批中，往往需要业务、财务、法律等部门对合同进行审查。未按规定流程分配或审查不到位，就会直接导致潜在的合同风险乃至更严重的公司运营风险，但相关职能部门和不同层级的管理者都参与合同管理，很容易导致合同环节过多，进而导致合同管理效率低下。

2. 合同审查流于形式

虽然制定了合同审查审批流程，但未明确参与审查会签各部门的职责以及需提供的必要审查材料。部分审查人员责任意识不强，将审查责任寄托于其他审查人员，疏于职守，导致合同审查不严格，审查工作流于形式。

（二）合同审批管理具体建议

在进行合同审查时，首先，审查能否实现天然气购销交易目的，其次，运用法律角度审视是否对企业的合法权益加以保护。合同审批人员在审查时可以重点关注如下内容。

1. 主体审查

审查是否选取具备合法资格、具有履约能力的企业作为合同相对人。

2. 合同内容审查

合同内容是否合法（是否符合法律法规、国际条约、监管规定、交易惯例），是否符合企业的经济利益，是否明确权利义务、交易内容、交易方式、违约的范畴、违约制裁、归责方式等，是否完整、确切、公平、合理。

3. 异议处理

对于相关机构提出不同意见的，应当认真分析研究，慎重对待，并准确无误地加以记录。

总之，应加强合同审批制度管理，建立标准化工作流程，使合同审批制度更具有可操作性和指导性。完善审批过程中的责任追究制度，明确审批责任，落实具体考评内容，加强审批者的责任意识。

六 合同签订管理

（一）合同签订管理存在问题

当合同为当事人真实意思表示，且未违反法律、行政法规的强制性要求，合同自当事人双方签字盖章后便具有了法律效力，合同当事人应当基于合同的约定行使权利和义务，因此，需要对合同的签字盖章环节进行重视。在合同签订中，往往存在以下问题。

1.合同倒签问题

天然气保供具有民生保障属性。当出现天然气需求量和价格形势不明朗、区域性气量紧张导致临时性增供等问题，企业往往在签订天然气合同时易发生先履行后审批签约的倒签风险。

2.合同签订不规范

私自对审批后的合同文本进行修改；对于签字盖章的合同文本未经核对；合同签字盖章时未提供合同审批单作为签订依据；签署主体非法定代表人或超出其权限范围；部分合同在签署过程中，未填写相关合同信息；等等。

【案例】(2021)内04民终2511号。A公司提举与B公司签订的燃气供气合同，根据该合同中第三条，B公司需多支付1元/m^3的超额燃气使用费；而B公司提举与A公司签订的燃气供气合同中第三条未规定该内容。A公司主张其所提供的合同签订日期晚于B公司所提供的合同，根据相关法律规定，在后合同应优于在前合同，因此应以A公司所提供的合同为准，B公司应按合同约定支付相应的价款。

法院在判决时，提出A公司提交的合同未注明合同签订日期，虽然对合同效力不产生影响，但对于合同签订前后顺序无法确认，亦影响到了合同实际履行与否的认定，因此驳回A公司的上诉，A公司应承担相应的不利后果。

（二）合同签订管理具体建议

对于可能存在倒签的合同，在前一份合同中设定延续期，约定延续期内合同的权利义务关系，同时积极协调用户开展新合同或补充协议的签订工作。对于相关政府提出的临时性增供，留存相关函件证据，抓紧合同或补充协议的审批和签订工作。

同时，制定相应的合同签订制度，提高合同管理人员的素质，规范合同签署行为。如：在合同办理签字盖章时，合同承办人能有意识看拟盖章的合同条款是否与已审查条款一致；根据合同审批表作为签订依据进行合同的签订盖章工作；审核合同签订人员是否有合同签署资格；对于非法定代表人签字的审核是否带公章版的授权书；合同签订之后是否填写签订日期等。

七 合同履约管理

（一）合同履约管理存在问题

合同履约管理是贯穿于合同开始到合同结束整个过程。在合同生效并达成供气条件之后，双方开始根据合同条款约定履约，在合同实施过程中，通常存在以下问题。

1. 合同执行人员对合同条款未理解

天然气购销合同签署后，在具体执行过程中需要其他部门相互配合，但由于合同签署部门与其他具体执行部门（如调度、财务等）未就天然气购销合同的具体约定进行交底，导致执行部门未能完全理解合同的具体约定。

2. 对合同变更管理不重视

合同变更指当事人约定的合同的内容发生变化和更改，即权利和义务变化的民事法律行为。天然气购销合同签署后，其中的气量、价格、计划均会根据市场形势进行调整，实际执行过程中，由于合同意识不强，相关工作人员存在不重视书面变更确认等合同约定程序的现象，导致发生纠纷时无法提交有效证明文件。

3. 缺乏“证据管理”意识

合同作为交易进行的依据，也是解决纠纷与争议的基础，在合同履行过程中，只有在确保自身符合合同约定的程序及实质要求的情况下将相应证据保留，才能确保在发生争议或纠纷时有充分的依据维护自身权益；但在实际执行过程中，特别是我国在合同履行过程中往往重视相互之间的“君子约定”，而不重视书面证据，导致出现争议时吃“哑巴亏”。对于所留存的相关证据仅单方面确认，不具有法律效力。如天然气购销合同履约过程中对于对账单应签字确认的没有进行签字确认，当发生纠纷时因无法举证而败诉。

（二）合同履约管理具体建议

合同履约需要全流程可视、可控及可预防，协同多部门参与。具体建议包括：

1. 遵循合同履行基本原则

合同履行过程中需要遵循实际履行、全面履行、协作履行、诚实信用等基本原则。

（1）实际履行原则。实际履行基本含义包括两个方面：一是当事人应自觉按约定的标的履行，不得任意以其他标的代替约定标的，尤其不能简单地用货币代替合同规定的实物或行为。二是当事人一方不履行或不完全履行时，首先应承担按约履行的责任，不得以偿付违约金或赔偿损失来代替合同标的履行，对方当事人有权要求其实际履行。实际履行原则反映了市场经济条件下各参与主体之间的依赖关系，也有利于确保市场交易的正常、安全进行。同时，实际履行原则也能够切实满足市场的正常动作，确保商品的正常流通，满足社会经济生活的需要。特别是近年来，国际国内形势的变化导致天然气市场波动较大，如果不贯彻实际履行原则将导致大量的天然气购销合同无法得到切实履行，使按合同保供的责任也无法得到落实。如在天然气资源紧张的情况下，将导致资源方宁愿支付违约金也不实际交付天然气，而将天然气资源在市场上进行高价抛售。

（2）全面履行原则。全面履行原则，又称正确履行原则或适当履行原则，是指当事人按照合同规定的标的及其质量、数量，由适当的主体在适当的履行期限、履行地点，以适当的履行方式，全面完成合同义务的履行原则。合同是双方当事人根据自己的实际需要而订立的，合同中的各项条款都反映了当事人所追求的目的和实际承受能力，如果不严格按照合同条款全面履行，权利人的合同目的就可能落空，从而造成很大的经济损失。对天然气购销合同而言，全面履行原则要求卖方按照合同约定的数量、质量及时间提供天然气资源，要求买方按照合同约定时间提取天然气并支付价款。

（3）协作履行原则。协作履行原则要求买卖双方不仅履行自身在天然气购销合同项下的义务，也应协助对方正确履行天然气购销合同项下的义务。例如，在天然气交付时，卖方应确保天然气交付压力满足下游提气的需求，切实安排或协调管输方与买方之间的计量交接，确保买方能够按照天然气购销合同约定提取天然气，并使付款义务得以正确履行。当然，协作履行也需要确定合理的边界，一般地，协作履行不应增加协助方的经济负担，不应使协助方承担不合理的风险，协助应以合理为前提，任何不合理的要求均应予以避免。

（4）诚实信用原则。诚实信用原则是市场交易的基本法则，也是市场经济的道德准则。社会经济生活纷繁复杂，合同履行中的客观情况也是千变万化。如某些合同当事人在合同履行过程中发现原来订立合同时的经济利益无法得到保证时，往往以各种借口不履约，甚至单方撕毁合同，最终扰乱市场秩序。

在天然气购销合同履行过程中，应当坚持诚实信用原则，实事求是，以诚待人，不搞投机取巧，重合同、守信誉，确保天然气交易的正常进行。

【案例】（2021）赣08民终355号。A公司与B公司签订的《液化天然气供气协议》，不仅对价格做出明确的约定，也考虑到了市场价格的变化。A公司数次通知B公司协商调整供气价格，B公司未能及时予以调整的行为，违反了《液化天然气供气协议》第二条关于价格的约定，B公司该行为有违诚信原则，构成违约，同时，B公司未按照协议要求办理好气化站运营的相关手续，也构成违约。A公司在数次通知B公司要求调整价格无果的情况下，即直接停止供气，该行为不利于B公司正常的经营生产，同时与《液化天然气供气协议》约定的A公司“要保证供气不中断，确保生产的连续性”不相一致。A公司采取停止供气的行为，也违反了《液化天然气供气协议》的约定。

法院认为，A公司与B公司签订的《液化天然气供气协议》，系双方真实意思表示，也没有违反法律规定，双方应诚实守信，按照合同约定全面履行各自义务。由于A公司、B公司均未全面诚信履行合同约定的义务，双方都违反合同约定，应当各自承担相应的责任。法院判决如下：①驳回A公司诉讼请求；②驳回B公司的反诉诉讼请求。

【案例】A公司与B公司天然气买卖合同纠纷案中，原告A公司与被告B公司签订了液化天然气购销合同，并特别约定A公司承诺B公司为本公司唯一气源供应方，不再向第三方采购气源，同时A公司向B公司缴纳10万元用气保证金。A公司于2018年5月10日之后停止向B公司购买天然气，A公司辩称原因是B公司的报价远超市场价格。

法院认为，“在合同签订时A公司对天然气的市场行情也有充分的认知，既已达成协议就应该诚实履行协议约定的内容，所以A公司停止向B公司购买天然气的行为已构成违约，按照合同关于保证金条款的约定，保证金可不予返还。”

2.加强合同变更管理

注重合同动态管理，密切关注履约全过程的情况变化，特别要掌握对自身不利的变化情况，及时对合同进行修改、补充、变更或中止和终止。

合同变更相当于对原合同的部分内容进行修改、补充、变更，主要分为合同内容的变更与合同主体的变更。前者是指当事人不变，合同的权利义务予以改变。后者是指合同关系保持同一性，仅改换债权人或债务人。合同发生变更，意味着需要重新进行主体资格审查、谈判、拟定、签订、履行等流程。在合同内容变更时应注意：

（1）主体审查。审查合同相对人是否能履行变更后的合同。

（2）谈判。变更合同是合同双方当事人在不违反法律法规的强制性规定下，协商一致后进行变更。单方变更合同就构成违约。

（3）合同内容拟定。首先是根据协商结果，明确变更内容，具体包括变更权利义务的界定、违约责任处理、变更有效时间、变更后的效力。对于变更内容写明原因，有相关文件的则作为合同变更依据进行合同存档。在变更文本中注明原合同信息名称、编号等信息，注明对于未变更部分仍按原合同履行等情况。

（4）合同签订。写明签订时间。

（5）合同履行。根据变更内容进行履行。

在合同履行过程中，协商变更通常是比较理性的选择，但是当一方无法继续履行合同义务时，强制变更合同是必要的措施。在以下情况下，可以强制要求合同变更。

（1）双方达成共识。

（2）法律法规、政策发生变化。

（3）不可抗力。

（4）基于公平原则。

当然强制要求变更也需要考虑对方合法权益，严格遵循合同约定及相关法律规定。

3.遵循“证据管理”的思维

业务人员在合同履约过程中，需要保留相关证据资料，从而充分保护企业的自身利益，如卖方是否提供预付款结算单发票凭证、买方是否提供银行付款凭证、买卖双方往来函件等。合同管理人员要对关键节点进行全流程追踪、监督，如是否按合同约定时间、约定要求完成履约，是否留下相关的证据文件（如计量交接单、对账单等），证据文件是否双方签字盖章确认，是否将证据文件纳入合同档案等。此外，履约情况需和公司其他系统（如财务系统、业务系统）进行互联互通，有利于合同管理员以及相关部门（如财务部门）及时发现风险和处理问题。

八 合同存档管理

（一）合同存档管理存在问题

1. 合同档案不全

部分企业在合同档案中重要信息漏填，直接影响合同档案管理的最终效果。在签订合同后，未及时、全面地将合同及履行过程中的文件递交给档案管理员，导致合同档案信息缺失。合同档案管理不规范，忽略对合同原件的保护，在档案管理中出现损坏等问题。对合同档案管理的不重视，随着人员的流动未能及时交接相关工作，导致合同档案不全，甚至丢失等情形。

2. 合同泄密

天然气购销合同作为天然气行业内企业的重要商业机密，其中涉及的用户信息、价格信息、资源信息及结算等均应属于企业的重大机密事项。在档案管理过程中，由于管理人员缺乏足够的保密意识，使得合同档案容易出现泄露与篡改现象，给企业经营发展带来了较多风险。

（二）合同存档管理具体建议

基于合同存档管理中存在的问题，我们建议，在企业管理过程中，加强天然气购销合同的存档管理工作。具体包括：

1. 加强合同登记管理

详细登记合同的订立、履行、变更、终结等情况，实行合同全过程封闭管理。包括合同对方当事人的主体资格相关文件（如营业执照、经营许可证等）、天然气购销合同的内部审核意见（包括董事会审批意见、总经理办公会议纪要、相关部门审核意见等）、合同履行过程中的相关证据（包括天然气计量交接凭证、结算单、停气通知等）、合同变更文件（包括补充协议、确认函等）、合同期满或终止时的结算文件等，均应予以登记存档。

2. 建立合同文本统一分类和连续编号制度

具体合同编号可以根据年度或用户分类进行连续编号，合同编号应在公司内部各部门之间统一使用，确保合同编号的统一性，对于同一编号合同的相关文件均应按照合同编号进行分类管理。

3. 加强合同信息安全保密工作

公司内部应建立合同信息查询、使用的分类授权制度，确保不同级别与层次可以查询或使用不同的合同信息。同时，公司内部应建立保密制度，明确各类合同信息（如用户信息、天然气数量、价格等）的保密等级及使用规范。

4. 规范合同管理人员职责

结合合同管理工作内容，制定相应的合同管理岗位责任制度，让合同管理人员以制度为指导手册，明确自身职责和要求，规范合同档案管理工作。同时做好档案管理人员的专项培训教育工作，切实提高其风险控制意识。

九 合同纠纷处理

（一）合同纠纷的解决方式

在天然气购销业务开展过程中，并非每项合同条款都能顺利得到履行，天然气从运输、交付、验收、付款等各个环节均存在违约风险，从而产生争议、纠纷，引发索赔和理赔等问题。当双方发生纠纷后，需要想方设法探究适用的纠纷处理条款、违约条款、法律条款充当突破口，尽可能地对自身的利益予以维护。可以采取协商、调解、仲裁、诉讼等纠纷处理手段，保障企业最大限度地减少经济损失。

1. 协商

协商是指合同当事人在友好的基础上，通过相互协商处理纠纷，这是解决合同争议或纠纷的最佳方式，有助于加强双方之间的信任，能够避免双方因恶斗而失去再次合作的机会。同时该方式程序简便，及时迅速，可提高争议解决的效率，有利于节省仲裁、诉讼费用，有效防止经济损失的进一步扩大。

协商具体建议：

（1）厘清责任归属。双方当事人不能相互推卸责任，否则不利于纠纷的解决。如果双方都认为责任不在己方，而在对方，则难以做到互相谅解和达成和解。

（2）坚持原则。在协商过程中，双方当事人虽然要互相谅解，勇于承担己方的责任，但也不能一味迁就对方，达成无原则的和解。

（3）及时解决。如果双方当事人在协商过程中出现僵持不下的局面，争议一直未能得到解决时，就不应继续采用协商的方式，否则可能会使纠纷进一步升级，而应及时运用其他方式处理。

2. 调解

调解是指双方当事人自愿在第三者（调解人）主持下，在查明事实、分清是非的基础上，由第三者对双方当事人进行说明劝导，促使他们互谅互让，达成和解，从而解决纠纷的方式。买卖双方为关联方的情况下一般采用该种方式解决。

调解具体建议：

（1）双方在自愿的情况下，选择第三方（双方的上属企业、能源监管局、市场监管局、人民调解委员会等）作为调解人，通常调解人具备相应的专业知识，能够做出中立的判断。

（2）配合调解员及时参与调解，在调解员的主持下合理表达诉求、合理协商、力求达成一致意见。

（3）调解结束一般有两种情况：一种是调解成功的；另一种是调解不成功的。对于调解成功的，可以采取口头协议，或双方当事人就调解内容签订调解协议书，当事人应按调解协议约定履行自己的义务，不得擅自变更或解除调解协议。对方当事人不履行调解协议的，当事人一方可以向法院起诉，要求对方当事人履行调解协议。对于调解失败的，则双方当事人寻求仲裁或诉讼方式解决。

【案例】某种业公司与某燃气公司签订了为期两年的天然气供应合同，但在合同履行过程中因价格问题产生争议，双方多次协商未果后请当地市场监管局作为调解第三方。调解员就供气合同、投诉事件进行研究，开展实地调查取证、争议焦点核实等前期调研，考虑到企业发展、市场信用、经济秩序等方面，征求双方意见，就合同争议组织进行了行政调解。在第二次调解中，双方对生活用气和工商业用气价格是否一致、单方口头提出涨价是否属于合同约定以及应退还预付天然气款金额等问题，僵持不下，由于争议较大，最终没能达成协议。在第三次调解中，起初双方对之前争议的问题，基于执法人员提供的法律规定和政府规范性文件规定基本达成一致，但对合同中2022年度应执行的燃气价格仍存在较大分歧，调解员耐心地从时间与金钱、效率与价值、诚信与发展等方面表达了看法，提出了中肯的建议。双方公司本着互谅互让、协商解决的态度，均做出了最大让步，达成了一致意见，为这起300多万元的合同争议解决画上了句号。

3.仲裁

仲裁是指民（商）事争议的双方当事人达成协议，自愿将争议提交仲裁机构按其仲裁规则进行裁决，判定争议结果的一种法律制度。只有仲裁裁决和诉讼裁决才对当事人具有约束力并可强制执行。我国实行或诉或裁的方式，即如果选择仲裁作为争议解决的方式，则当事人一般不得提交司法机关进行诉讼，即仲裁结果具有终局法律效力。与诉讼相比，仲裁采用的是一裁终局的方式，具有时间短、成本低的优势；仲裁案件不公开审理，能够有效保护当事人商业秘密和商业信誉；可以选择具有天然气购销相关专业知识的仲裁员，适用于解决专业性纠纷。但仲裁需要双方自愿，仲裁实行一裁终局的方式，裁决作出后，任何一方当事人均不得向法院起诉，也不得向其他任何机构提出变更仲裁裁决的请求，这主要体现仲裁裁决的法律约束力。

仲裁具体流程：

（1）双方根据自愿原则选择决定仲裁地点、仲裁机构以及需要仲裁的事项。

（2）仲裁申请。申请仲裁时，申请人应当提交仲裁申请书、申请人法定代表人资格证明原件和营业执照（或公司登记证明）复印件、书面仲裁协议、案件事实所依据的证据材料并预缴仲裁费。仲裁申请书应写明：申请人和被申请人的名称、住所及通信信息；申请仲裁所依据的仲裁协议；基本案情与争议要点；仲裁请求；事实证据等。仲裁申请书应由申请人及/或申请人授权的代理人签名及/或盖章。申请仲裁之后，申请人仍可以对其仲裁请求提出修改；但是，如果仲裁庭认为其修改提出过迟而影响仲裁程序正常进行的，可以拒绝受理其更改请求。

（3）仲裁庭组成、案件审理和裁决。在仲裁中，当事人享有选定仲裁员、仲裁地、仲裁语言以及适用法律的自由。当事人还可以就开庭审理、证据的提交和意见的陈述等事项达成协议，设计符合自己特殊需要的仲裁程序。

（4）裁决执行。当事人应当依照仲裁裁决书写明的期限自动履行裁决。当事人一方不履行仲裁裁决的，另一方可以向有管辖权的法院申请强制执行。

4.诉讼

诉讼是指纠纷当事人通过向具有管辖权的法院起诉另一方当事人解决纠纷的形式。诉讼是国内惯用的争议解决方式，其由国家审判机关依法进行审理裁判，最具有权威性，并且裁判发生法律效力后，以国家强制力保证裁判的执行。与仲裁方式相比，诉讼只要有一方当事人向有管辖权的法院起诉，法院就有权依法受理，但诉讼采取二审终局的方式，具有时间长、成本高的缺点。合同纠纷解决流程如图8-7所示。

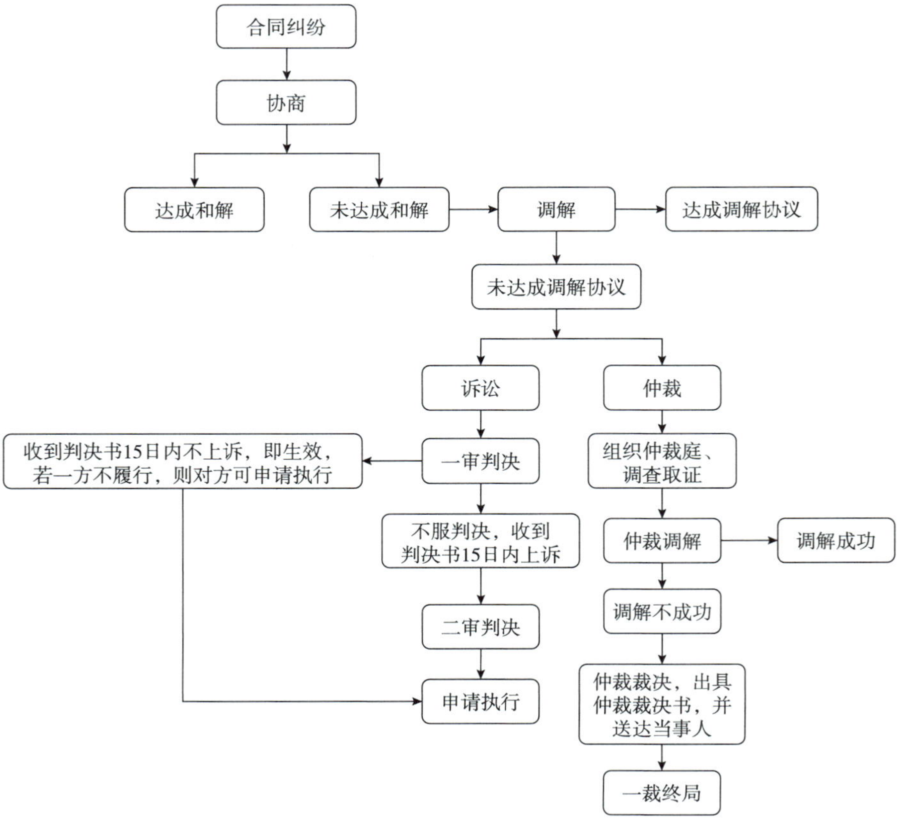

图8-7　合同纠纷解决流程

（1）一方当事人向有管辖权的法院起诉。

（2）诉讼申请。向法院提交起诉书、主要证据材料、原告身份证复印件并同时提供原件供查验并预缴诉讼费。起诉书包括诉讼主体、案由、诉讼请求、事实与理由、起诉状所递交的人民法院名称、起诉人签名、日期等。

（3）开庭审理。当事人陈述、出示证据等。

（4）二审。不服一审判决的，可依法提起二审程序；但须在一审判决书送达之日起15日内向上一级人民法院提起上诉并缴纳上诉费。上诉状应当写明当事人的姓名、法人名称及法定代表人的姓名，原审人民法院名称、案件编号和案由，上诉的请求和理由。上诉状应通过原审人民法院提交，并按对方当事人或代表人的人数提交副本。二审人民法院作出的判决为终审判决。

（5）审判监督。当事人也可以申请再审，但须在判决发生法律效力后两年内提出。

合同在履行过程中发生纠纷后，双方当事人最开始一般会选择自行协商解决。当协商后未达成和解时，双方会选择第三方进行调解，调解人通过向纠纷双方进行说明劝导，使他们互相谅解，达成和解协议。若调解也不能达成调解协议时，双方会选择仲裁或诉讼，若当事人一方不接受仲裁，则只能采用诉讼的方式来解决双方当事人之间的争议。

（二）纠纷案件总结分析

对于已发生的纠纷案件，应及时探究出现案件的客观和主观因素、解决案件的得失，积极总结经验教训，同时，还应注重追究纠纷案件责任，增强各部门和分支机构的法制观念、责任观念，从而降低企业法律纠纷案件发生率。

第九章

天然气市场营销策略

本章导读

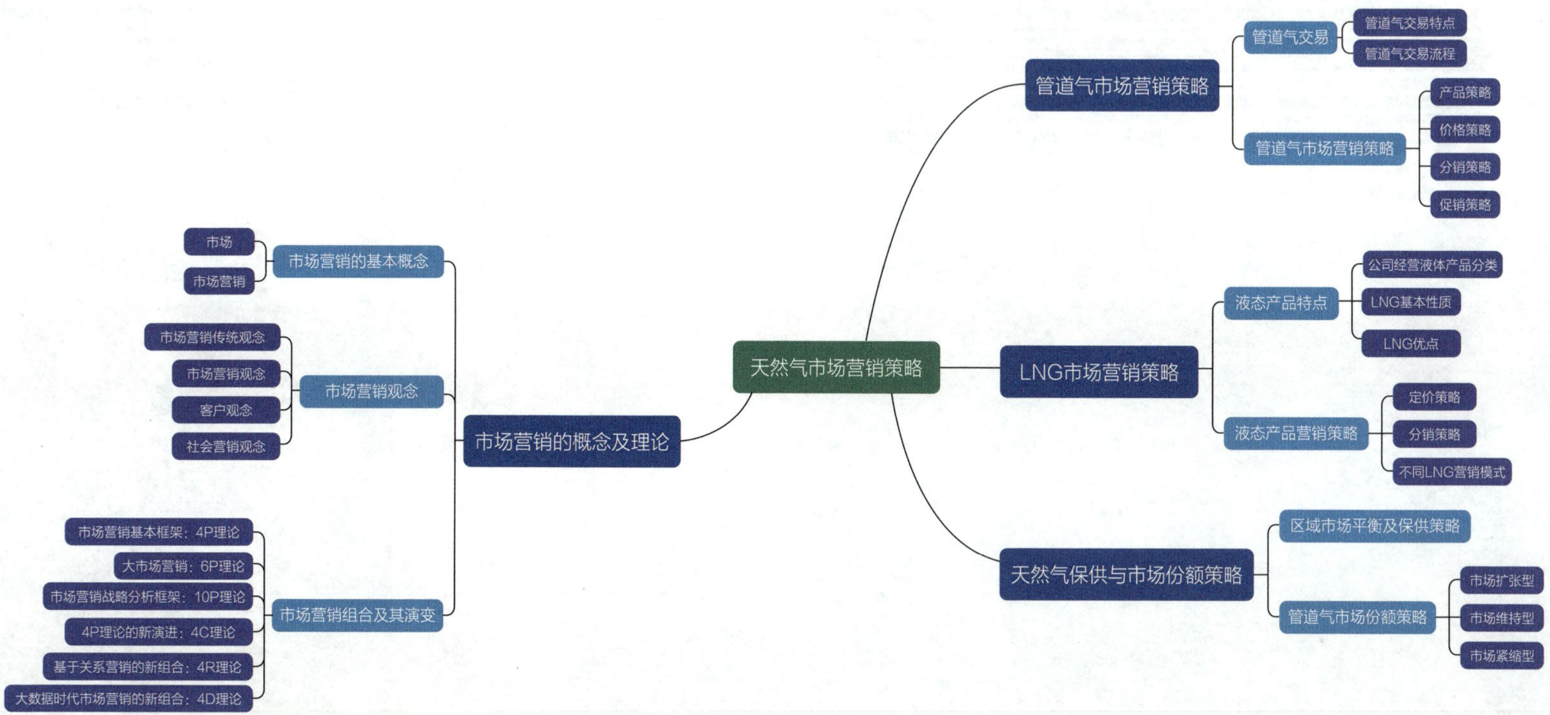

天然气市场营销策略
市场营销的概念及理论
市场营销的基本概念
市场
市场营销
市场营销观念
市场营销传统观念
市场营销观念
客户观念
社会营销观念
市场营销组合及其演变
市场营销基本框架：4P理论
大市场营销：6P理论
市场营销战略分析框架：10P理论
4P理论的新演进：4C理论
基于关系营销的新组合：4R理论
大数据时代市场营销的新组合：4D理论
管道气市场营销策略
管道气交易
管道气交易特点
管道气交易流程
管道气市场营销策略
产品策略
价格策略
分销策略
促销策略
LNG市场营销策略
液态产品特点
公司经营液体产品分类
LNG基本性质
LNG优点
液态产品营销策略
定价策略
分销策略
不同LNG营销模式
天然气保供与市场份额策略
区域市场平衡及保供策略
管道气市场份额策略
市场扩张型
市场维持型
市场紧缩型

第一节

市场营销的概念及理论

一 市场营销的基本概念

（一）市场

1. 市场的概念

狭义的市场是指买卖双方进行商品交换的场所。

广义的市场是指为了买卖某些商品而与其他厂商和个人相联系的一群厂商和个人。市场的规模即市场的大小，是购买者的人数。

根据杰罗姆·麦卡锡的定义：市场是指一群具有相同需求的潜在顾客；他们愿意以某种有价值的东西来换取卖主所提供的商品或服务，这样的商品或服务是满足需求的方式。

市场是商品交换顺利进行的条件，是商品流通领域一切商品交换活动的总和。市场体系是由各类专业市场（如商品服务市场、金融市场、劳务市场、技术市场、信息市场、房地产市场、文化市场、旅游市场等）组成的完整体系。同时，在市场体系中的各专业市场均有其特殊功能，它们互相依存、相互制约，共同作用于社会经济。

随着社会交往的网络虚拟化，市场不一定是真实的场所和地点，当今许多买卖都是通过计算机网络实现的，中国最大的电子商务网站——淘宝网就是提供交换的虚拟市场。

市场起源于古时人类对于固定时段或地点进行交易的场所的称呼，当城市成长并且繁荣起来后，住在城市邻近区域的农夫、工匠、技工们就会开始互相交易并且对城市的经济产生贡献。显而易见，最好的交易方式就是在城市中有一个集中的地方，如市场，可以让人们在此提供货物以及买卖服务，方便人们寻找货物及接洽生意。当一个城市的市场变得庞大而且更开放时，城市的经济活力也会随之增长。

市场是以商品交换为基本内容的经济联系方式。在商品经济条件下，交换产生和存在的前提是社会分工和商品生产。由于社会分工，不同的生产者分别从事不同产品的生产，并未满足自身及他人的需要而交换各自的产品，从而使一般劳动产品转化为商品，使产品生产转化为商品生产。正是在这一条件下，用来交换商品以满足不同生产者需要的市场应运而生。因此，市场是商品经济条件下社会分工和商品交换的产物。市场与商品经济有着不可分割的内在联系。

随着社会分工和市场经济的发展，市场的概念也在不断发展和深化，并在深化过程中体现出不同层次的多重含义。

（1）市场是指商品交换的场所。

（2）市场是各种市场主体之间交换关系乃至全部经济关系的总和。

（3）市场表现为对某种或某类商品的消费需求。

2. 市场的分类

（1）按市场的主体分类：

按购买者的购买目的和身份，可以将市场分为消费者市场、生产商市场和转卖者市场以及政府市场。

按照企业的角色，可以将市场分为购买市场和销售市场。购买市场：企业在市场上是购买者，购买生产要素。销售市场：企业在市场上是销售者，出售自己的产品。

按产品或服务供给方的状况（市场上的竞争状况），可以将市场分为完全竞争市场、完全垄断市场、垄断竞争市场、寡头垄断市场。

（2）按消费客体的性质不同分：

按交易对象的最终用途，可以将市场分为生产资料市场和生活资料市场。

按交易对象是否具有物质实体，可以将市场分为有形产品市场和无形产品市场。

按交易对象的具体内容，可以将市场分为商品市场、技术市场、劳动力市场、金融市场、信息市场等类型。

按人文标准，可以将市场分为妇女市场、儿童市场、老年市场。

按地理标准（空间标准），可以将市场分为国内市场（北方市场、南方市场、沿海市场等）和国际市场（国别市场、区域市场）。

按市场的时间标准，可以将市场分为现货市场和期货市场。

3. 市场的特点

（1）市场具有包容性。包容性的表现形式为复杂性，复杂性由交易者的交易理念、交易原则、交易模式、交易方法的丰富多彩性所造成。市场的包容性意味着目前已有的一切交易思想、理论、原则、方法和未来新产生的思想、理论、原则、方法都能被市场所接受，不同的交易思想、理论、原则、方法在市场上都有其存在价值，都能适应市场的某一方面，从而具有获利能力。

与此同时，任何的交易思想、理论、原则、方法都无法适应市场的所有方面，都有其弱点和不适应性，尽善尽美的交易不存在。市场既能接受一切，也在否定一切，这会导致市场的两种极端情绪和态度，要么盲目乐观，要么彻底悲观失望。乐观者会认为市场很好，财富无限，而悲观者则认为任何方法都无法获利，市场不可接触！

市场的包容性形成市场的丰富多彩性，丰富多彩性则容易使投资者陷入迷茫，找不到适应自己的交易模式。看见别人赚钱就学别人的方法，一旦亏损便马上换方式，始终找不到自己努力的方向。

（2）预测和不可预测的相对性。市场是可预测与不可预测的辩证统一体，预测性和不可预测性都是相对的。比如，趋势具有可预测性，而组成趋势的波动不具有可预测性。趋势难以操纵，波动更具有可操纵性；趋势由市场的理性形成，波动由情绪和心理构成，理性具有相对稳定性，情绪具有偶然性。我们不可陷入预测和不可预测的极端。靠理性交易的人可做趋势行情，靠灵感交易的人可做波动行情，投资者可自行选择。

（3）交易成本与利润的不确定性。投资者不可能像做现货一样把一年的交易成本和利润做个预算，然后去执行。交易成本包括手续费和因止损造成的亏损，可能有一个最大亏损幅度，但在幅度之内具体会产生多少成本无法确定；而交易利润则完全与市场的行情有关，与交易的好坏有关，与很多因素有关，难以确定。市场的不确定性会直接导致利润的不确定性。投资者对此应有思想准备。

（4）稳定性和偶然性的矛盾统一性。趋势的稳定性前面已经讲过，它是市场存在的基础和理由，然而市场同样存在很大的偶然性。政策的变化、战争的爆发、自然的灾难等都会使市场产生很多偶然性。偶然性对于交易来讲要么是天上掉馅饼，要么是一场灾难，并且难以回避，投资者必须面对，也必须承受。

（5）获利与交易能力的正比性。如果你的获利来自运气或偶然，或者你的获利超过你的能力，市场早晚会把它们收回去，市场具有这个特征。市场具有天然的公正性，除非你不再交易。所以，进入市场之时需认真考虑一下自己的水平，不要给自己定一个不切实际的目标，免得落差太大而无法接受。

如果你具备了交易能力，利润自然会来，你不可能永远靠运气来交易，获利与交易能力完全成正比，并且不含水分，市场是最公正的法官。亏损不能怨市场，盈利也不是市场的照顾，这是你应该得到的。

（6）随机与有序的组合性。趋势具有有序性，波动具有随机性，无序的波动组成有序的趋势，市场就是这样构成的，但追逐趋势还是追逐波动完全由你自己决定，看你自己适合做什么行情，不要因看见别人赚钱眼红而迷失自己。

（7）完美交易的无解性。市场的特征决定了完美交易的无解性。追求完美就意味着追求失败，因为你的追求方向已经错了，方向一错，接下来的努力都是徒劳。任何理论、模式都有缺陷，不存在没有亏损的交易，交易本身由盈亏组成，追求完美就是在割裂交易，市场会给你毁灭性的打击。

投资者应该放弃追求完美交易的想法，承担适当的亏损作为获利的代价和成本，不要给自己设置完美交易的障碍，这种障碍没有人可以越过，你不可以，索罗斯也不可以。

（8）风险与利润的不成正比性。风险与利润在交易市场上是否真的成正比？也许短期来看是如此，但我们不是只交易一两天，而是长期。冒着巨大的风险无法长期交易，因为这样一次亏损就足以致命。

认为风险与利润成正比的人内心深处是个赌徒，这种说法毒害了市场和投资者。只有低风险才能长期发展，才是真正的投资行为。有巨大风险的账户只能是短命的账户，财富只能来自一点一滴的积累。

（二）市场营销

1. 市场营销的概念

市场营销（Marketing），又称作市场学、市场行销或行销学，是企业通过对市场和客户需求的分析，通过合适的产品、价格、渠道和推广策略等手段，实现商品和服务的销售和推广，从而获得商业利益的过程。

美国市场营销协会（American Marketing Association，AMA）对市场营销概念的界定经历了不断发展的过程。

1960年，AMA将市场营销界定为，市场营销是将货物和劳务从生产者流转到消费者过程中的一切企业活动。

1985年，AMA对该定义进行了修订，认为市场营销是指通过对货物、劳务和计谋的构想、定价、分销、促销等方面的计划和实施，以实现个人和组织的预期目标的交换过程。

2007年，AMA对市场营销进行了重新界定，认为市场营销是创造、传播、传递和交换对客户、合作者和整个社会有价值的市场供应物的一种活动、制度和过程。

2013年，AMA将市场营销概念界定为，市场营销是在创造、沟通、传播和交换产品中，为顾客、合作伙伴以及整个社会带来价值的一系列活动、过程和体系。

2. 市场营销的特点

（1）具有整体性和连续性。由于现代市场经济是由商品经济所组成，因此其具有如下特点：一方面它要求把各种生产要素进行优化组合以达到最佳配置状态；另一方面它需要对各个子系统之间的联系加以协调，以保证各部分之间相互配合与衔接而形成一个有机的总体。所以整个生产经营活动的每一个步骤都是不可缺少的组成部分，必须紧密相扣才能保证整体的有效运作。这就决定了市场营销工作是一个连续的过程，不能分割开来单独考虑某个方面。同时，这一连续的过程也是不断发展的。在具体工作中，每一阶段都应结合实际的变化情况做出相应的调整并进行相应的控制，从而保持有效的运行和发展势头。

（2）具有较强的社会性。在现代社会中，任何一种经营方式都必须遵循一定的法律规范和市场规则来进行操作和实施，否则就不能取得合法的经营地位。同样地，作为社会经济生活中重要内容的营销也不例外。只有符合法律法规的规定和要求才能在市场上得到认可并取得良好的经济效益和社会效益。此外，还要考虑社会的道德标准以及消费者的心理等因素。

（3）涉及面广且复杂多变。从微观上看，任何一个具体的经营活动都会涉及多个方面的内容。例如，一个企业经营的产品可能包含多种类型，如服装类、电器类等；一项促销手段也可能有多种形式，如打折降价、赠送礼品、提供售后服务等；采购原料的供应商选择及供应条件的选择；等等问题都需要认真研究对待。这些问题往往不是单一部门所能解决的，而是要由相关的管理部门共同参与来完成。

（4）受环境的影响大。随着市场竞争日趋激烈化，许多影响市场的客观因素也会发生变化。这不仅包括宏观的环境变化，还包括一些行业内部的具体状况及其发展趋势。比如某一行业的竞争程度如何，该行业中不同厂家的实力对比怎样，同一行业内不同的厂家在生产规模上是否具备优势，某些特定产品在市场上的供求关系又是怎样的，等等。这些问题对于从事相关工作的经营者来说都不可忽视，因为它们直接关系到本公司的利益所在。

二 市场营销观念

市场营销观念是指企业在组织和谋划企业的经营管理实践活动中所依据的指导思想和行为准则，是企业经营哲学和思维方法的体现。市场营销经历了生产观念、产品观念、推销观念、市场营销观念、客户观念和社会营销观念等阶段，其中，前三种观念被称作传统观念。

（一）市场营销传统观念

1. 生产观念

生产观念盛行于19世纪末20世纪初。该观念认为，消费者喜欢可以随处买到和价格低廉的商品，企业应当组织和利用所有资源，集中一切力量提高生产效率和扩大分销范围，增加产量，降低成本。

显然，生产观念是一种重生产、轻营销的指导思想，其典型表现就是“我们生产什么，就卖什么”。以生产观念指导营销活动的企业，称为生产导向企业。

2. 产品观念

产品观念是与生产观念并存的一种市场营销观念，都是重生产轻营销。产品观念认为，消费者喜欢高质量、多功能和具有某些特色的产品。因此，企业管理的中心是致力于生产优质产品，并不断精益求精，日臻完善。

在这种观念的指导下，公司经理人常常迷恋自己的产品，以至于没有意识到产品可能并不迎合时尚，甚至市场正朝着不同的方向发展。他们在设计产品时只依赖工程技术人员而极少让消费者介入。

3. 推销观念

推销观念（又称销售观念）产生于资本主义经济由“卖方市场”向“买方市场”的过渡阶段，盛行于20世纪30~40年代。推销观念认为，消费者通常有一种购买惰性或抗衡心理，若任其自然，消费者就不会自觉购买大量本企业的产品，因此企业管理的中心任务是积极推销和大力促销，以诱导消费者购买产品。

其具体表现：“我卖什么，就设法让人们买什么。”执行推销观念的企业，称为推销导向企业。在推销观念的指导下，企业相信产品是“卖出去的”，而不是“被买去的”。

（二）市场营销观念

市场营销观念是以消费者需要和欲望为导向的经营哲学，是消费者主权论的体现。该观念形成于20世纪50年代。该观念认为，实现企业诸目标的关键在于正确确定目标市场的需要和欲望，一切以消费者为中心，并且比竞争对手更有效、更有力地传送目标市场所期望满足的东西。

市场营销观念的产生，是市场营销哲学的一种质的飞跃和革命，它不仅改变了传统旧观念的逻辑思维方式，而且在经营策略和方法上也有很大突破。它要求企业营销管理贯彻“顾客至上”的原则，从而实现企业目标。

因此，企业在决定其生产经营策略时，必须进行市场调研，根据市场需求及企业本身条件选择目标市场，组织生产经营，最大限度地提高顾客满意程度。

（三）客户观念

客户观念，是指企业注重收集每一个客户以往的交易信息、人口统计信息、心理活动信息、媒体习惯信息以及分销偏好信息等，由此确认不同客户的价值观，分别为每一个客户提供不同的产品或服务，传播不同的信息，通过提高客户忠诚度，增加每一个客户的购买量，从而确保企业的利润增长。市场营销观念与之不同，它强调的是满足每一个子市场的需求，客户观念则强调满足每一个客户的特殊需求。

需要注意的是，客户观念并不适用于所有企业。一对一营销需要以工厂定制化、运营电脑化、沟通网络化为前提条件。

（四）社会营销观念

社会营销观念是以社会长远利益为中心的市场营销观念，是对市场营销观念的补充和修正。

企业生产经营不仅考虑消费者需要，而且考虑消费者和整个社会的长远利益。这类观念统称为社会营销观念。

社会营销观念的基本核心：以实现消费者满意以及消费者和社会公众的长期福利作为企业的根本目的与责任。理想的营销决策应同时考虑到：消费者的需求与愿望的满足，消费者和社会的长远利益，企业的营销效益。

三　市场营销组合及其演变

市场营销组合（Marketing Mix）是现代市场营销理论的重要概念，由尼尔·博登（Neil Borden）于1953年率先提出。该概念主旨思想在于它认为市场需求在某种程度上会受到营销因素的影响，为了达到既定的营销目标，企业需要将这些因素进行有效组合。学术界围绕市场营销组合不断开展研究，在此背景下，若干营销组合理论应运而生。

（一）市场营销基本框架：4P理论

4P理论产生于20世纪60年代的美国，1960年，美国密歇根州立大学的杰罗姆·麦卡锡教授在其《基础营销》一书中将营销要素概括为四类，即产品（Product）、价格（Price）、渠道（Place）、促销（Promotion）。由于这四个要素的首字母均为“P”，所以称为4P组合。

1. 产品

从市场营销的角度来看，产品是指能够提供给市场被人们使用和消费并满足人们某种需要的任何东西，包括有形产品、服务、人员、组织、观念或它们的组合。产品组合主要包括产品的实体、服务、品牌、包装。它是指企业提供给目标市场的货物、服务的集合，不仅包括产品的效用、质量、外观、式样、品牌、包装和规格，还包括服务和保证等内容。

2. 价格

价格是指顾客购买产品时的价格，包括折扣、支付期限等。价格或价格决策，关系到企业的利润、成本补偿，以及是否有利于产品销售、促销等问题。影响定价的主要因素有三个：需求、成本、竞争。最高价格取决于市场需求，最低价格取决于该产品的成本费用，在最高价格和最低价格之间，企业能把这种产品价格定多高则取决于竞争者同种产品的价格。

3. 渠道

渠道是指在商品从生产企业流转到消费者手上的全过程中所经历的各个环节和推动力量之和。企业注重与经销商的管理，让经销商与消费者建立关系网络，在合作上强调双赢，这也拓宽了销售渠道，建立了多种合作关系。

4. 促销

促销是企业利用各种信息载体与目标市场进行沟通的传播活动，包括广告、人员推销、营业推广与公共关系等。很多人将Promotion狭义地理解为“促销”，其实是很片面的。Promotion应当是包括品牌宣传（广告）、公关、促销等一系列的营销行为。

（二）大市场营销：6P理论

4P理论主要考虑的是企业内部可以控制的因素，但是，在市场经济条件下，企业的发展往往依赖于外部环境，比如竞争者和宏观政策的变化等，因此，在20世纪80年代中期，菲利普·科特勒在4P理论的基础上，创立了“大市场营销”理论，即6P理论。6P分别代表产品、价格、渠道、促销、公共关系（Public Relationship）、政治权力（Political Power），与4P理论相比，6P理论具有时代性，讲究的是国际化、全球化。

（三）市场营销战略分析框架：10P理论

1986年6月30日，科特勒在我国对外经贸大学的演讲中，又提出在6P理论（产品、价格、渠道、促销、公共关系、政治权力）之外，还要加上战略4P。

1. 探查（Probing）

这是一个医学用语。医生检查病人时就是在探查，即深入检查。因此，战略4P的第一个“P”就是要探查市场，市场由哪些人组成，市场是如何细分的，都需要些什么，竞争对手是谁以及怎样才能使竞争更有成效。真正的市场营销人员所采取的第一个步骤，就是调查研究，即市场营销调研（Marketing Research）。

2. 细分（Partitioning）

即把市场分成若干部分。每一个市场上都有各种不同的人（顾客群体），人们有许多不同的生活方式。比如：有些顾客要买汽车，有的要买机床，有的希望质量高，有的希望服务好，有的希望价格低。分割的含义就是要区分不同类型的买主，即进行市场细分，识别差异性顾客群，但是，你不能满足所有买主的需要，必须选择那些你能最大限度地满足其需要的买主，这就需要第三个“P”。

3. 优先（Prioritizing）

哪些顾客对你最重要？哪些顾客应成为你推销产品的目标？假定你到美国去推销丝绸女装，你必须了解美国市场，必须分出各种不同类型的买主，即各类女顾客，必须优先考虑或选择你能够满足其需要的那类顾客。

4. 定位（Positioning）

定位就是，你必须在顾客心目中树立某种形象。

（四）4P理论的新演进：4C理论

1970年，美国著名未来学家Alvin Toffler在其著名的*Future Shock*中曾预言：“未来的社会将要提供的并不是有限的、标准化的商品，而是有史以来最大多样化的、非标准化的商品和服务。”大规模定制作为一种现代生产和管理的模式，将大规模生产和定制生产两种生产模式结合起来，以低成本向多元化细分市场生产和销售满足客户个性化要求的产品和服务，最终形成“销售—生产—服务”一体化模式。

为了实现向客户提供低成本、高质量的个性化定制产品和服务的目标，必须迅速发现和准确捕捉细分市场中个性化客户需求信息，与客户直接进行交流。传统的以推销为中心的市场营销方式已经不再适应大规模定制生产模式的要求。由此，4C理论应运而生。

4C营销理论（the Marketing Theory of 4Cs），由美国营销专家劳特朗教授在1990年提出，与传统营销理论4P相对应的4C理论。它以消费者需求为导向，重新设定了市场营销组合的四个基本要素：

1. 消费者（Consumer）

消费者的需要和欲望（the needs and wants of consumer）。企业要把重视顾客放在第一位。强调创造顾客比开发产品更重要，满足消费者的需求和欲望比产品功能更重要，不能仅仅卖企业想制造的产品，而是要提供顾客确实想买的产品。

2. 成本（Cost）

消费者获得满足的成本（cost and value to satisfy consumer needs and wants）或消费

者满足自己的需要和欲望所肯付出的成本价格。这里的营销价格因素延伸为生产经营过程的全部成本。包括：企业的生产成本，亦即生产适合消费者需要的产品成本；消费者购物成本，不仅指购物的货币支出还有时间、耗费、体力和精力耗费以及风险承担。新的定价模式要求：消费者支持的价格－适当的利润＝成本上限。因此，企业要想在消费者支持的价格限度内增加利润，就必须降低成本。

3. 便利（Convenience）

购买的方便性（convenience to buy）。相比传统的营销渠道，新的观念更重视服务环节。在销售过程中，强调为顾客提供便利，让顾客既购买到商品也购买到便利。企业要深入了解不同的消费者有哪些不同的购买方式和偏好，把便利原则贯穿于营销活动的全过程，售前做好服务及时向消费者提供关于产品的性能、质量、价格、使用方法和效果的准确信息。售后应重视信息反馈和追踪调查，及时处理和答复顾客意见。对有问题的商品主动退换，对使用故障积极进行维修，对大件商品提供终身保修服务。

4. 沟通（Communication）

与用户沟通（communication with consumer）。企业可以尝试多种营销策划与营销组合，如果未能收到理想的效果，说明企业与产品尚未完全被消费者接受。这时，不能依靠加强单向劝导顾客，要着眼于加强双向沟通，增进相互的理解，实现真正的适销对路，培养忠诚的顾客。

（五）基于关系营销的新组合：4R理论

网络时代的到来，使企业的营销环境发生了根本性的变化，迫切需要新的营销理论来补充和发展之前的营销理论，以适应日益发展的营销环境。21世纪初，艾略特·艾登伯格在《4R营销》一书中提出4R理论。4R理论以关系营销为核心，重在建立顾客忠诚。它既从厂商的利益出发又照顾消费者的需求，是一个更为实际、有效的营销制胜术。4R理论认为，随着社会的发展，公司需要在更高层次上以更有用的方式在公司与顾客之间建立起有别于传统关系的新型互动关系。

1. 关联（Relevancy）

关联是指企业以种种方式在供需之间形成价值链，与顾客建立长期的、较为固定的互需、互助、互求的关系。

2. 反应（Reaction）

反应即市场反应速度，指企业对瞬息万变的顾客需求变化迅速做出反应，快速满足顾客需求的营销策略与能力。

3. 关系（Relation）

关系指关系营销，它是以系统论为基本思想，将企业置于社会经济大环境中考虑的营销活动，认为企业营销是一个与消费者、竞争者、供应者、分销商、政府机构和社会组织发生互动的过程。通过建立、维护和巩固企业与顾客及其他利益群体的关系的活动，以诚实的交换及履行承诺的方式，使企业的营销目标在与各方的协调关系中得到实现。

4. 回报（Reward）

指企业通过贯彻营销思想，以满足顾客需求为前提，在顾客满意、社会满意和员工满意的基础上实现企业满意，企业满意在很大程度上取决于企业的回报。

4R理论在新的平台上构筑了营销的新框架，其优点是以竞争为导向，体现并落实关系营销的思想。4P、4C、4R三种理论不是互相替代的关系，而是完善与发展的关系。可以预见的是，随着市场环境的变化以及对营销理论研究的深入，还会出现更新的市场营销理论。

（六）大数据时代市场营销的新组合：4D理论

移动互联时代，人们的认知和行为逐渐发生改变，媒体变得多元化，信息变得碎片化，活动变得社群化。4D智慧营销理论是在传统营销模式面临多重挑战的大背景下提出的，通过人的创造性、创新力以及创意智慧，将大数据、物联网、区块链、虚拟现实等新技术融合应用于营销领域的新思维、新理念、新方法和新工具，其本质是用新兴技术提升营销的精准度和转化效率。

1. 需求（Demand）

了解用户需要、符合用户需求的产品和服务、超出消费者最高期望。聚焦用户需求策略是指利用网络环境收集和整理消费者信息，了解、预测和创造消费者需求。其特征是以“我了解消费者”为核心竞争力。

2. 数据（Data）

充分挖掘分析网民的网络痕迹、行为数据、交易数据等，预测消费者行为。Data强调通过大数据挖掘分析，为了解、预测和创造用户需求提供支撑。

3. 传递（Deliver）

将产品的各项价值更加便利地传递给客户。Deliver要求企业以消费者为中心，在有效识别消费者需求的基础上，快速响应，将产品价值传递给顾客。

4. 动态（Dynamic）

适应多对多、立体化的动态沟通机制。随着社交网络的出现，沟通已不再是企业与消费者之间一对一、点对点的静态沟通机制，转而演变为多对多、立体化的动态沟通机制。

新营销的本质是沟通，以满足消费者需求为核心。传统营销注重的是规模经济，卖得越多越好，新的营销强调的社群经济，卖给对的人，而不是所有人，不求大而全，但求小而美。传统营销体系中，消费者只能使用和消费；而互联网时代下，消费者向用户转变，个体的智慧得到培养，并将其“创造和分享”的能力进行无限次的释放。出现既是生产者又是消费者的产消者。

第二节

管道气市场营销策略

一 管道气交易

（一）管道气交易特点

作为最清洁的传统能源，天然气被广泛应用于国民经济发展和社会生产生活中的各个领域。天然气主要从天然气田及油田产出，随着勘探开发技术的进步，目前从煤层和页岩层中也能获得大量的天然气。从地层采出的天然气通常需要进行净化处理，达到国家标准规定外输条件的天然气称为管道天然气。通过长输管道及省级管网运输至终端用户的天然气称为管道气商品。管道气商品作为天然气销售的一种产品形式，其发展不仅关乎广大人民的利益，而且也影响资源的有效利用。

大宗能源商品在进行贸易时，往往具有价格波动大、供需矛盾明显、易于储存、全球流通等特点，且其关系国计民生。管道气商品作为大宗能源商品的一种，不仅具备大宗能源商品的全部特点，还有着其独特的商品特性。

1. 不可再生性

管道气属于不可再生资源，随着时间的推移，其产量会越来越少，因此，管道气必须以资源为基础，倡导合理使用、节约能源的消费理念。

2. 地域性

受天然气开发与运输技术等因素限制，天然气运输方式主要为管道运输，其销售和服务范围只能在有管道覆盖的区域内进行，同时对天然气管道敷设选址时也具有较高的要求，因此管道气销售的流动也受到了限制，这就造成管道气在销售时具有较强的地域性。

3. 商品密闭连续运送直达客户

管道气从生产到销售是一条紧密联系、连续生产的产业链。商品从地下开采出来，通过长输管道和支干线管网直达终端用户，是一个连续、密闭的系统。产业链上的产、供、储、运、销各个环节互相依存，计量、信息流同步运行，各个环节均不能出现断裂。天然气营销国际国内惯例中常用的“照付不议”合同，就是从制度、法规、资金上保持产业链长期稳定的一种硬约束。

4. 管道天然气价值链长

与管道气产业链同步的是反映各个环节经济利益的价值链。管道气商品的最终价值体现在终端用户的价格上。管道气营销策略中的定价策略，不仅要考虑天然气销售企业自身利益，还必须考虑管道天然气价值链上“利益相关方”的合理利益。构建价值链上的良性循环，才能保持一个长期稳定的市场环境。

5. 具有公共产品属性

管道气作为基础公共产业的重要组成部分，直接关系到千万家居民工商用户和化工、电厂等企业的利益，不仅能降低居民的生活成本，还能便利生活，如燃气发电、采暖，CNG汽车、公交等。管道气商品的价格，与广大居民和企业利益相关，直接影响社会稳定，与城市供水、供电具有同等地位。

6. 具有鲜明季节性

我国天然气市场季节性供需矛盾突出，天然气使用量与城市规模、性质、气候、供气规模、用户结构、居民生活水平和习惯等因素有着密切关系。除工业客户用气较为稳定、全年用气量相差不大外，电厂和城市燃气客户天然气使用频率均存在明显季节性差异。客户会因为气温的不同，在使用天然气的程度上呈现出一定的季节变化。

通常情况下客户在冬季或夏季会需求更多天然气对冲自然气候带来的低温或高温天气影响；另外，客户每天对天然气的需求也会不尽相同，如节假日用气差异；甚至在一天之中，不同时段用气需求也会有较大差异，如早、中、晚间用气差异。因此，在不同地区、不同环境下，管道气具有明显的淡季和旺季特征。

7. 具有战略性及政策性

面对国际社会对严峻的环境与气候变化问题日益关注，低碳经济成为各国开始倡导的发展战略，我国将天然气作为国家能源战略的重要组成部分，管道气销售必然会受到国家宏观政策及公益性的影响。针对管道天然气销售，国家有明确的发展战略，制定了相应的政策法规，行业内以三大石油公司代表国家意志制定天然气发展规划。天然气销售企业在制定营销策略时，都必须考虑面临的政治环境、法律环境、经济环境、人文地理环境的支撑和制约。管道天然气作为国家重要战略能源，销售模式和市场前景受政府不同阶段宏观调控政策影响较深。各级政府承担着监管的责任，对管道天然气销售进行宏观调控，各地区发改委及能源局都会针对管道气销售采取一系列干预措施。

（二）管道气交易流程

我国管道气销售业务涉及上（产）、中（运、储）、下（销）游全过程。各类用户先向天然气销售企业提报用气需求并购买天然气，企业根据用户需求编排年度天然气生产及采购计划，并按计划从上游各大资源商（气源）手中采购天然气；随后委托国家管网公司进行代输，将气源天然气上载至长输管道，通过长输管道输送至各省天然气门站或天然气直供用户，富余的天然气输送至储气库中进行注气储存；到达各省天然气门站的天然气经计量、调压后通过各省级管网调度输送到各城市天然气门站或大型天然气工业用户，各城市天然气门站将接收的天然气经计量、调压后再通过各城市管网统一调配至各用户；在用气高峰时，企业会委托储气库相关运营商提供采气服务，将储气库中的天然气上载至长输管道，再运送至各用户。我国管道气销售业务流程如图9-1所示。

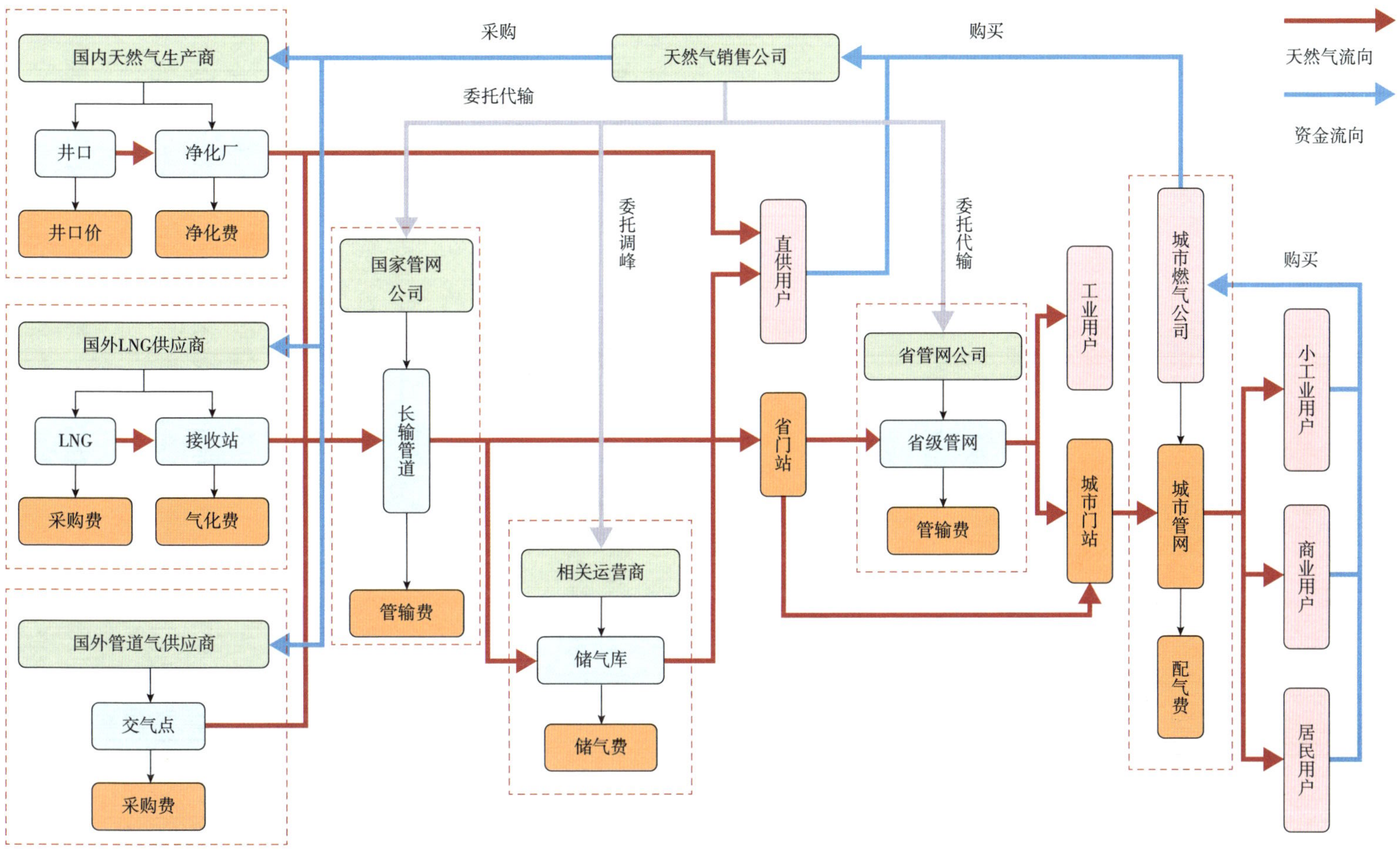

图 9-1　我国管道气销售业务流程

天然气销售企业委托跨省管道公司将天然气管输至各省门站后，一部分直接销售给燃气电厂等直供用户或城市燃气公司，另一部分则经省级管网继续向下游运输。对于采取统购统销经营模式的省份，省级管网公司从上游天然气销售企业买断天然气并销售给下游用户，对于只提供代输服务的省份，则由上游天然气销售公司委托其进行代输，并由天然气销售企业销售给下游用户。经省内短途管道运输的天然气，一部分销售给各类工业用户，另一部分则销售给城市燃气公司。城市燃气公司将购买的天然气经城市管网输送至各类终端用户，并收取配气费。

天然气销售企业将天然气销售给用户时，需要与用户签订天然气购销合同，期限一般为一年。年度天然气购销合同分为主合同与补充协议两部分，主合同为非采暖季（4~10月）用户的合同量，补充协议通常为对采暖季（11月~次年3月）合同量进行修正或重新确认，采暖季与非采暖季的价格也会在合同文本中进行明确约定。用户实行“先款后货”的方式向天然气销售企业购买天然气，并将月、季、年度用气需求计划报送至企业，每天通过天然气销售系统上报次日用气需求，经审批通过后进行供应。

二 管道气市场营销策略

“4Ps”营销策略是由美国营销学教授杰罗姆·麦卡锡于1960年提出的，“4Ps”营销策略包含产品策略、价格策略、分销策略以及促销策略。随着市场营销理论的研究发展，出现了“6Ps”“10Ps”“11Ps”策略，但都是对“4Ps”营销策略的扩展，其核心仍是4Ps。每个企业在策划营销活动时，都是基于“4Ps”理论制定方案的。结合管道气市场营销活动，“4Ps”理论也是天然气销售企业最重要的营销策略。

（一）产品策略

产品策略是市场营销策略的基础。从一定意义上讲，企业成功与发展的关键在于产品能满足消费者需求的程度以及产品策略的正确与否。天然气销售企业在制定市场营销策略时，首先要考虑的就是产品策略。产品是市场营销活动的媒介，供应商与消费者之间通过产品来实现交换的目的，企业只有提供满足消费者需求的产品和服务，才能实现获取利润的目标。

管道气作为大宗商品的一种，同样也有其生命周期，包括投入期、成长期、成熟期和衰退期四个阶段。对管道气生命周期的阶段划分，便于企业根据不同阶段的特征，分析管道气的市场状况、因地制宜地制定营销策略，掌握市场营销活动的主动权。

1. 投入期

投入期是管道气刚投入市场的最初销售阶段，其主要特点是管道气产量低，单位生产成本高；消费者对管道气产品不够熟悉，销售量少；销售渠道不顺畅，销售增长缓慢；企业获利少。在这一阶段，企业主要经营目标是以培育市场为主，使消费群体接受，并尽可能缩短这一时期，促使管道气尽早进入成长期。为使管道气市场迅速发展起来，企业可采取以下营销策略：

（1）管道气推广策略。处在投入期阶段的消费者还未充分认识到天然气的优势和价值，此时需要企业的市场营销人员加大力度宣传天然气的功能及价值，以吸引潜在消费者使用天然气。同时可以通过国家政策激励，让使用煤炭等原料型企业转向使用天然气生产，引导市场消费。

（2）价格竞争力策略。为了扩大销售量，取得较高的市场占有率，最有效的方法是制定具有竞争力的价格。企业提供一个有竞争力的价格，在竞争中处于优势，可以快速地开发并占有市场。对于不同的细分市场，替代能源价格的波动也会对管道气市场造成影响。因此，企业在制定价格时，需要考虑管道气与替代能源价格相比是否具有竞争力。

（3）基础设施建设策略。管道气销售依赖于天然气管网的敷设，在市场投入期，只有供应商主动建设储运设施，提前将供应通道打通，引导消费者使用，培育天然气市场，逐步扩大管道气销售量。

2. 成长期

在市场成长期，管道气在市场上被消费者所接受，销售量和利润迅速增长。其主要特点是消费者已经接受天然气，消费量迅速增长；企业销量增加，成本降低，利润上升；企业销售渠道已经建立，竞争者进入市场，市场竞争开始加剧。在这一阶段，消费者注重的是管道气供应量和价格，而企业营销的重点是扩大市场占有率和巩固市场地位，企业可采取以下营销策略：

（1）产品品质策略。进入成长期，消费者在购买管道气时有一定的选择余地，企业要扩大市场，使现有的消费者增加购买量，同时吸引潜在的消费者，应采取管道气品质策略。管道气品质策略包括管道气质量保证、供应量保证。企业可通过完善基础设施和提升工艺水平，提高管道气品质，同时通过提供优良的客户服务等措施，提高市场认知度，使消费者产生信任感。

（2）灵活的价格策略。在该阶段，市场已经对管道气的功能和质量都充分了解，消费者另一个关注的重点是管道气的价格。企业可根据市场竞争情况和自身的特点灵活定价，采取差异化营销策略，以满足不同细分市场用户的需求。不仅可以引导对价格敏感的消费者购买天然气，还可以冲击竞争对手抢占市场。

（3）销售渠道策略。处在本阶段的企业，首先应巩固现有的销售渠道，建设完储气库等调峰设施，提高供应保障，维系老用户；其次可增加新的销售渠道，通过现有的第三方长输管道和在建的基干管道，拓展管道气消费区域，将管道延伸至终端用户，开拓新的市场，扩大管道气的销售范围；最后可通过特色、定制化服务（如客户经理一对一服务），提高企业形象和声誉，建立良好的企业品牌，提高消费者的依赖性和市场认可度。

3. 成熟期

进入成熟期，管道气市场需求量趋于饱和，市场化程度高，市场竞争非常激烈，通常成熟期在产品生命周期中持续的时间最长。在此时期，企业的营销重点是稳定市场份额，维护已有的市场地位，通过各种组合策略延长产品的生命周期，尽可能地获得高收益率。企业可采取以下策略：

（1）低成本策略。在成熟期，管道气市场形成了多元化的供应格局，市场化程度越来越高，市场参与者众多，竞争非常激烈。此时企业的品牌形象已经树立，消费者的忠诚度较高，企业可以采取低成本策略，适当降低管道气价格，来维持或扩大市场份额。

（2）服务策略。为保持市场竞争力，企业应在服务上提升水平。首先，可以适当放宽日指定调整范围，使消费者体会到便利；其次，可以增加管道气产品的附加价值，如灵活收取预付款，同时为客户提供信贷服务，增加消费者的满意度；最后，可以与托运商协商用户的管输路径，优化客户下气通道，降低消费者的管输成本，利用储气设施灵活调峰，满足消费者不同用气需求。

（3）竞争策略。成熟期往往是市场竞争最为激烈的阶段，此时天然气交易中心的价格指数已经形成，市场价格透明，各类供应商和消费者纷纷涌入市场，管道气购销关系已由传统的合同锁定量价模式转变为由市场供需形成。企业在此期间，可以采取一些有力的竞争策略，如价格竞争策略、开拓分销渠道策略等。

4. 衰退期

衰退期主要特点是管道气需求量、销售量及利润迅速下降，价格降到最低水平；市场上出现了新产品或替代产品，如新能源、氢能等，消费者的兴趣已完全转移；大多数竞争者被迫退出市场，留在市场上的企业减少服务内容，以削减成本。此阶段的营销策略主要突出转型，企业可以采取以下几种营销策略：

（1）集中策略。当管道气处于衰退期时，企业无法再维持原有的发展目标和营销策略，应当把企业的能力和资源集中在最有利的细分市场、最有效的销售渠道上。重新明确发展策略，将营销活动集中在优势市场和业务上。

（2）产品组合与改进策略。管道气不同于一般产品，属于民生保障商品。即使在衰退阶段，企业也不能因为在某个细分市场无法获利而选择放弃或退出。最积极的做法应该是采取组合营销策略，一方面不断改进天然气营销策略，保留原有市场；另一方面向新能源业务转型，形成综合性的能源企业，保持企业的活力与可持续发展能力。

（二）价格策略

1. 企业定价导向

企业定价的目标是促进销售，获取利润。这要求企业不仅考虑成本，而且考虑消费者对价格的接受能力，从而使定价策略具有买卖双方双向决策的特征。在影响定价的几种因素中，成本、需求与竞争是影响价格制定与变动的最主要因素。企业可通过这三种因素的一个或几个来定价；但是，在实际工作中，企业往往根据实际情况侧重于考虑某一方面的因素并据此选择定价方法，此后再参考其他方面因素的影响对制定出来的价格进行适当的调整。因此，企业的定价导向可以划分为三大基本类型，即成本导向、需求导向和竞争导向。

（1）成本导向定价。成本导向定价是以成本为中心，按供应商意图定价的方法。以管道气单位成本为基准，再加上预期利润来确定价格的成本导向定价法。成本导向定价法又衍生出了总成本加成定价法和目标收益定价法。

总成本加成定价法是将所有为生产某种产品而发生的耗费均计入成本，计算单位产品的变动成本，合理分摊相应的固定成本，再按一定的目标利润率来决定价格。早期我国管道气价格采用的是成本导向定价法。管道气成本价格由井口开采费、净化费、管输费、固定成本以及合理收益组成。此种方法是站在供应商的角度进行营销，并未反映出消费者真实的价格水平。目标收益定价法是根据企业的投资总额、预期销量以及投资回收期等因素来确定价格。天然气管输费定价采用的是此定价法，通过准许成本和合理收益的组合定价。

（2）需求导向定价。需求导向定价是以消费者需求作为定价基本依据，以消费者所能接受的价格为销售价格的定价方法。在管道气市场营销活动中，不同类型的消费者对天然气的需求和价格承受能力都不一样，因此在制定销售价格时应综合考虑不同类型消费者的实际情况。

（3）竞争导向定价。竞争导向定价是以市场上相互竞争的同类商品价格为基本依据，随竞争状况的变化确定和调整价格水平，其定价方法主要有通行价格定价法和主动竞争价格定价法。

在管道气价组成中，管制气定价属于通行价格定价法范畴，政府规定管制气价上浮水平不能超门站基准价20%，所有天然气销售企业管制气部分均在此范围内定价。这也是防止企业之间不正当竞争产生风险，保证民生用气，维持社会秩序。

主动竞争定价法是企业根据自身产品的实际情况及与竞争对手产品的差异状况来确定价格。采用这种方法定价时，企业首先将市场上其他管道气价格与本企业估算价格进行比较。其次将本企业管道气资源组成、产量等与竞争者进行比较，分析造成价格差异的原因。再次根据以上综合指标确定本企业管道气商品的特色、优势及市场定位，在此基础上，按定价所要达到的目标，确定管道气价格。最后跟踪竞争者产品的价格变化，及时分析原因，相应调整本企业管道气的价格。

2. 定价策略

定价导向为企业制定价格指明了方向，企业在确定最终价格时，还需要综合考虑其他因素的影响，采取各种灵活多变的定价策略，使价格与市场营销组合中的其他要素更好地结合起来，促进和扩大销售，提高企业的整体效益。影响管道气定价的因素有企业利润目标、天然气成本、市场需求、市场竞争和其他因素等五个方面，管道气定价方法主要包括成本加成法、市场净回值法、混合定价法。企业需要灵活利用价格策略，达到营销效果和实现营销目标。

我国管道气定价策略制定从市场保供、供需平衡、资源配置及高效利用方面出发，建立了科学的、反映本质价值的价格体制，发挥了价格杠杆的调节作用。常见的定价策略有以下几种：

（1）季节价差定价。季节价差定价模型是根据用户不同季节的用气不均衡性，在基准门站价基础上，低峰月采取等于或小于高峰月的销售价格，即在不同季节执行不同的管道气销售价格。季节价差定价模型可以体现天然气供需关系受不同季节影响的差别特征。通过制定合理的季节差异定价策略可以有效地抑制高峰季节的天然气过剩需求，凸显资源调峰，收回基础设施淡季空余能力成本，同时能够有效地提高平谷和低谷期的天然气用量，有效调节季节性天然气供需平衡，提高天然气供应的稳定性及供气效率。

在我国现有的天然气价格体系中，各销售企业参考所在省份的天然气基准门站价格组织销售，非采暖季价格低于采暖季价格，甚至在资源滞销时进行降价促销，采暖季价格迅速上涨，部分气量出现翻倍，国家在这一阶段也会加大价格指导和监控的力度。这充分反映了季节差异化定价的应用。

（2）结构价差定价。结构价差定价是指企业制定价格策略时，对于不同类型的用户制定不同的销售价格。结构价差定价有两种形式：

一是成本差别定价，各个销售企业供应管道气成本及气量不同，企业考虑自身成本后，采用不同管道气量结构配比方式来制定管道气价格。如中国石油管道气结构分为存量气、增量气、居民量、均衡量一、均衡量二、调峰量等多种结构，不同的结构资源由页岩气、煤制气、煤层气之外的国产气、进口管道气以及气化后的LNG等构成，对不同结构的天然气资源制定不同的价格政策；中国石化管道气结构分为基础量（居民）、基础量（非居民）、定价量、顺价量、额外气五种定价结构。

二是价格承受能力差别定价，不同用气类型的消费者，可承受气价不同，定价也不同。

对于以上两种形式定价方式，尽管没有严格意义的单独所采用的形式定价，但是企业对于管道气终端用户价格往往采取两种方式相结合进行定价。同时可以与季节价差定价相结合，实现不同时间阶段管道气价格的灵活制定。

（3）调峰定价。调峰定价是指通过占用资源方储气库等调峰设施所获得的调峰资源执行的管道气价格。调峰气价特指一部分结构气定价，但区别于季节性价差定价和结构价差定价。季节性价差定价主要在时间上有所区别，结构价差定价是在管道气价格组成上有所区别，而调峰定价模型主要取决于消费者用气的不均衡性。当月用气量大于相应的调峰基准量时则视为占用资源方调峰成本，执行调峰气价格。实行调峰定价的经济学原理与季节差价定价相同，调峰气量的计算方法通常要引用调峰系数k，月日均量超出年日均量的k倍则产生调峰气量。中国石化在购销合同中规定，客户在高峰月需要日调峰服务时，超过合同量1.2倍部分气量，消费者需支付额外日调峰服务费。

（4）可中断气价定价。可中断气价定价是针对部分可中断用户而制定的价格策略。可中断用户是指在企业资源出现短缺的情况下，对可中断用户进行限制管道气量甚至停供，此类用户的价格通常低于同地区不可中断用户。通过限制可中断用户的气量，确保其他民生消费者的用气需求，实现资源的合理配置，保证管道气终端市场稳定。一方面可以降低可中断用气的供气成本，另一方面可实现天然气资源紧急状况下的最优配置，既可以解决可中断用气的经济问题，又能缓解城市燃气企业的民生矛盾。

（5）区域差价定价。区域差价定价是指企业对不同区域市场制定不同价格的策略。区域差价定价策略有几种形式：一是资源地定价，首先确定资源地管道气出厂价，其他区域的价格在此出厂价基础上加上由资源地到目的地的管输费；二是门站价定价，根据国家发改委发布的各省门站价格，来制定各个省区市的管道气价格；三是基点定价，选定某城市或地点作为基点，首先对该基点定价，其他地区定价是在基点定价的基础上加上从基点城市到目的地的管输费。

（6）规模差价定价。规模差价是指企业对于不同需求量的用户制定不同价格的策略。通常情况下，用气规模越大的用户，供应价格越低；用气规模越小的用户，供应价格越高。对于此种形式，多对居民用户定价或者促销时采用。例如，我国居民用气价格中的阶梯价格就是这种思路，但是用气量越多，价格水平越高。

（7）线上竞拍气价。线上竞拍气价主要是针对消费者在签订年度购销合同外所需要的增量管道气而制定的价格策略，其交易方式主要分为协议交易、挂牌交易、竞价交易三种。目前管道气交易主要采用挂牌交易和竞价交易两种交易模式。

协议交易是按照“定向”的原则成交，交易对手方、拟成交价格、拟交易量在交易前均确定。

挂牌交易是挂牌方通过交易中心对外发布挂牌价及其他交易条件，由摘牌方摘牌或双方协商成交，通过交易系统签订合同，并按约定的期限进行交易的交易方式。按照“时间优先”的原则成交，拟成交价在交易前确定，但交易对手方、拟交易量在交易前不确定。挂牌交易流程如图9-2所示。

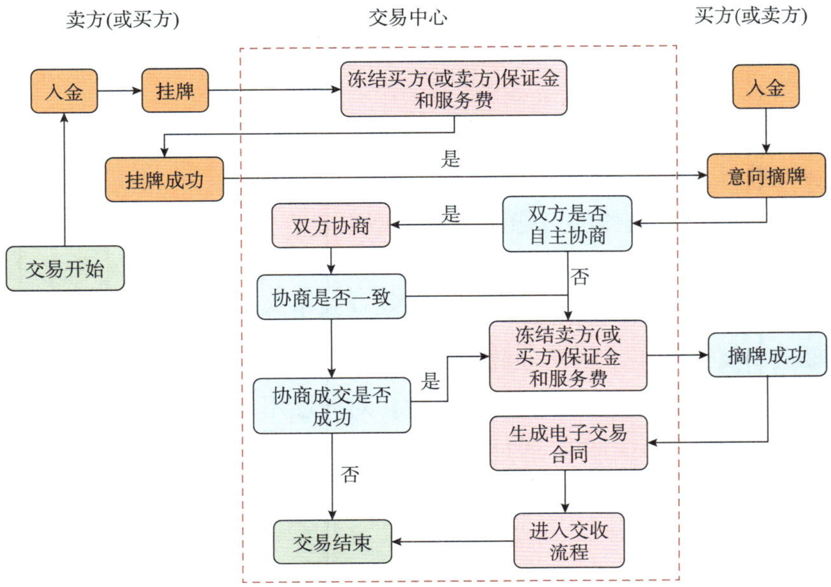

图9-2　挂牌交易流程

竞价交易是指交易发起方通过交易中心对外发布交易信息，由交易对手方进行报价，在规定时间内按照价格优先、时间优先的原则，以卖方最低报价或买方最高报价成交，通过交易系统签订合同，并按约定的期限进行交易的交易方式。按照“价格优先、时间优先”的原则成交，交易对手方、拟成交价格、拟交易量在交易前均不确定。竞价交易流程如图9–3所示。

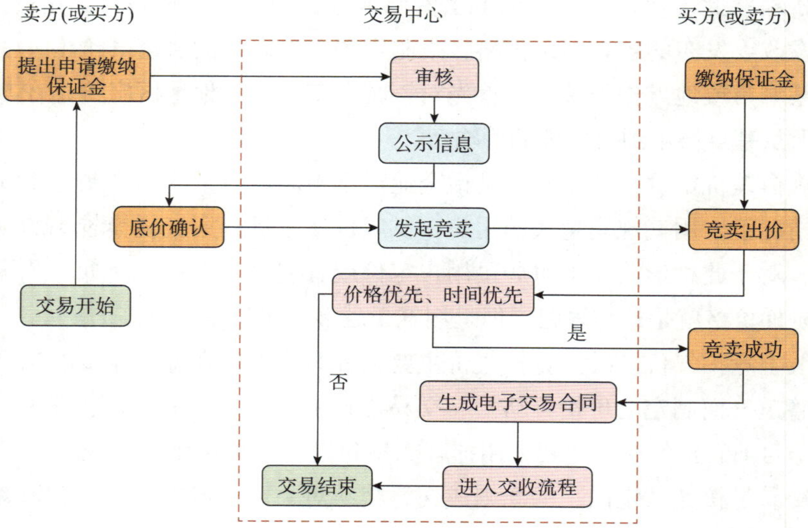

图9–3　竞价交易流程

（三）分销策略

分销策略在市场营销策略中也是不可分割的部分，企业运用一定的市场分销策略，将产品在适当的时间、地点以合适价格供应给消费者。分销渠道被视为达到目标消费者市场的通道，将企业和消费者联系在一起，实现产品所有权转移。

1. 管道气分销类型

分销渠道可分为直接分销渠道和间接分销渠道。直接分销渠道是指供应商直接面向目标消费者进行营销的渠道类型。直接分销渠道给供应商提供了最高水平的控制权，并提高了制定优秀定价策略的可能性。对大型工业直供用户营销时常采用此种类型，供应商通过专线管道将天然气输送至消费者。

间接分销渠道是指供应商通过中间商把产品销售给消费者的渠道类型。在这样的市场中，渠道中间商承担了联系分散消费者的任务，间接分销渠道往往在以最终消费者为基础且很分散的细分市场中具有吸引力。对城燃用户营销时常采用此种方法，由于天然气消费者多为居民用户，通过地方城燃公司将供应商与终端用户联系起来，可以降低企业直接与终端用户联系的成本。

2. 管道气分销渠道选择

在管道气营销活动中，企业经常采用两种分销渠道相结合的形式进行营销。企业通常直接向大客户营销，让渠道中间商承担对小客户的营销活动。

一般情况下，管道气分销渠道选择的步骤如下：首先，对用户进行分类，确定直接分销和间接分销的客户。通常，用气量大且市场集中的客户，采取直接分销比较合理；由众多小客户组成且比较分散的客户，采取间接分销比较合理。其次，按照经济性、控制性和适应性三个标准对分销方案进行评估，经济性分析以利润最大化为评判标准，控制性以用户忠诚度为评判标准，适应性以应变力为评判标准。最后，与用户进行供应方式和销售方式谈判，落实销售和供应方式。

（四）促销策略

促销是指企业通过各种有效的方式向消费者传递有关企业及其产品的信息，以启发、推动或创造目标客户对企业产品和服务的需求，并引起购买欲望和购买行为的一系列综合性的活动。促销的实质是企业与目标客户之间的信息沟通，促销的目的是诱发购买行为。

1. 促销的作用

促销在企业经营中的重要性日益显现，具体来讲有以下几个方面：

（1）传递产品信息。企业向中间商和消费者传递有关的产品信息，包括产品价格、特点及服务方式等，通过信息的传递来诱导消费者对产品产生需求欲望。同时消费者向供应商反馈产品的价格、品质和服务方式的满意程度，以便企业更好地满足消费者需求。

（2）创造需求，扩大销售。企业针对消费者的心理动机，采取灵活有效的促销活动，诱导或激发消费者的购买欲望，扩大产品的销售；并且，企业通过促销来创造需求，发现新的销售市场，可使市场需求朝着有利于企业销售的方向发展。

（3）突出产品特点，增强市场竞争力。企业通过促销活动，宣传本企业的产品与竞争对手产品的不同，突出自身产品特点，激发消费者的需求欲望。

（4）反馈信息，提高经济效益。企业通过有效的促销活动，使用户了解、熟悉和信任本企业的产品，并通过消费者对促销活动的反馈，及时调整促销决策，使企业生产经营的产品适销对路，扩大企业的市场份额，巩固企业的市场地位，从而提高企业的经济效益。

2. 促销的方式

促销方式通常可分为人员促销、营业推广、广告宣传和公共关系四种。企业往往根据产品的特点和营销目标，综合各种影响因素，对四种方式进行选择、搭配和运用，形成整体的促销策略。

（1）人员推销。人员推销是指企业委派专业销售人员，向目标客户介绍、推广宣传和销售商品或服务。一个有经验的销售队伍，除了要向消费者解释产品的特点外，还要能够提供降低价格敏感性的附加价值。当消费者看到有经验的销售人员为他们着想考虑时，多数消费者都愿意在有其他选择时仍忠实于这家企业。

（2）营业推广。营业推广是指企业在比较大的目标市场中，在短期内刺激消费者对产品或服务产生需求而采取的能够迅速产生鼓励作用、促进产品销售的一种措施。往往与其他促销方式配合使用。

（3）广告宣传。广告宣传是指企业通过一定的媒介物，公开而广泛地向社会介绍企业的营销形式和产品品种、规格、质量、性能、特点、使用方法或服务信息的一种宣传方式。

（4）公共关系。公共关系是指企业通过种种活动使社会各界公众了解本企业，以取得他们的信赖和好感，以便树立企业及其品牌的良好形象，从而为企业创造一种良好的舆论环境和社会环境。

3. 管道气的促销策略

管道气常采用的促销策略包括推动与拉引策略、促销定价策略以及公共关系策略。

（1）推动与拉引策略。推动策略是指企业通过营销人员将管道气销售给中间商或消费者，又称人员推销策略，此种策略可以很好地发挥企业的主观能动性，通过积极促销引导消费。拉引策略是指企业通过非人员营销的促销方式，吸引消费者对天然气产生需求，从需求端出发，通过促销使消费者主动购买天然气。

（2）促销定价策略。价格不仅是促销活动的辅助手段，而且是促销活动不可分割的一部分。管道气最常见的促销定价策略为可中断定价策略。企业在管道气供应中，有时不能完全满足消费者的用气需求，需要用户配合压减用量，甚至需要某些用户中断用气，降低峰值。在这种情况下，企业会对配合压减和中断用户实行一定的价格补偿。

（3）公共关系策略。公共关系策略也是市场营销活动的重要组成部分。天然气作为民生能源产品，销售企业应与社会公众建立良好的关系，增进公众对企业的认识、理解及支持，达到树立良好企业形象、促进营销目的等一系列促销活动。

第三节 LNG市场营销策略

一 液态产品特点

（一）公司经营液体产品分类

中国石化天然气液态产品主要分为LNG、乙烷、混合轻烃三种。其中LNG为液化天然气，乙烷以及混合轻烃是以LNG为原料经过加工分离后，得到的两种液态产品，主要用作制备烯烃的化工原料。

（二）LNG基本性质

1.LNG的定义及组成

液化天然气是液态的天然气，是指气态的天然气在净化和脱除杂质组分后，在常压下，采用节流、膨胀和外加冷源制冷的工艺，冷却至其沸点温度（通常为–166~–157℃，一般为–161.5℃）后，凝结形成的低温液体。

LNG的主要成分为甲烷，同时可能包含其他较重的烃类，如乙烷、丙烷或丁烷，以及少量的氮气（低于1%），另外还含有微量的氦、二氧化碳及硫化氢等。在天然气液化之前，通常要除去全部的氧气、二氧化碳、硫化物，以及其他微量杂质（如汞）和水。LNG是由天然气转变的另一种能源形式。

2.LNG的分类

根据原料气组分可将LNG分为管道气LNG、煤层气LNG、焦炉尾气LNG、合成氨尾气LNG等。

根据产地可将LNG分为陆气、海气。陆气泛指国内LNG工厂生产的LNG；海气泛指通过轮船海上进口的，送到各LNG接收站的LNG。

3.LNG的基本性质

LNG无色、无味、无毒、无腐蚀性，其性质因组分不同而略有不同。一般商业LNG的基本性质为：在–162℃与0.1MPa下，其密度约为0.43t/m^3，燃点为650℃，沸点为–162.5℃，熔点为–182℃，热值一般为37.62MJ/m^3，在–162℃时的气化潜热值约为510kJ/kg，爆炸范围为5%~15%（体积分数），压缩系数为0.740~0.820。

4.LNG的特性

不同于一般的低温液体，它还具有以下特性。

（1）蒸发性。LNG储存在绝热储罐中，任何热量渗漏到罐中，都会导致一定量的LNG气化为气体，这种气体被称为蒸发气。LNG蒸发气的组成主要取决于液体的组成，它一般含20%氮气（约为LNG中N_2含量的20倍），80%甲烷及微量乙烷，对于纯甲烷而言，–113℃以下的蒸发气比空气重；对于含有20%氮气的甲烷而言，低于–80℃的蒸发气比空气重。

（2）溢出性与扩散性。LNG倾倒至地面上时，最初会猛烈沸腾蒸发，其蒸发率将迅速衰减至一个固定值。蒸发气沿地面形成一个层流，从环境中吸收热量逐渐上升和扩散，同时将周围的环境空气冷却至露点以下，形成一个可见的云团。

（3）燃烧性与爆炸性。LNG具有天然气易燃易爆特性，在–162℃低温条件下其爆炸范围为5%~15%（体积分数）；LNG着火温度（燃点）随组分的变化而变化，且随重烃含量的增加而降低，纯甲烷的燃点为650℃。

（三）LNG优点

1.安全

LNG的燃点比汽油高230℃，比柴油更高；LNG爆炸极限比汽油高2.5~4.7倍；LNG的相对密度为0.43左右，汽油为0.7左右，它比空气轻，即使稍有泄漏，也将迅速挥发扩散，不至于自燃爆炸或形成遇火爆炸的极限浓度。因此，LNG是一种安全的能源。

2.环保

根据取样分析对比，LNG作为汽车燃料，比汽油、柴油的综合排放量低85%左右，其中CO排放量少97%、HC少70%~80%、NO_x少30%~40%、CO_2少90%、微粒排放少40%、噪声少40%。另外，无铅、苯等致癌物质，基本不含硫化物，环保性能非常优越。因此，LNG是一种洁净的能源。

3.灵活

LNG通过专门的槽车或轮船可以将大量的天然气运输到管道难以到达的用户。不仅比地下输气管道节省投资，而且方便可靠、风险性小、适应性强。据统计，在美国、日本、欧洲已建成投产100多座LNG调峰装置，它不仅比地面高压储气罐和地下储气库建设节省土地、资金、工期，而且方便、灵活，不受地质条件限制。对于自身气源不足的国家，进口LNG是解决其燃气供应的最方便、最经济的方式。此外，用海水可以很容易地使LNG气化。

4.经济

大约600m^3的天然气可以制备1m^3的LNG，1t LNG的能量约等于50000ft^3天然气的能量，精确的换算量根据天然气的组成不同而不同。天然气从气态变为液态大大缩小了体积，且储存成本仅为气态天然气的1/70~1/6，其投资省、占地少、储存效率高，在远距离运输和大量储存的过程中更为经济、方便。

二 液态产品营销策略

（一）定价策略

1.成本导向定价策略

根据国际市场现货价格、油价走势，结合采购成本，按照气化费用、港杂费等测算成本价格，并根据效益指标进行价格调整。

2.需求导向定价策略

当面临区域性环保检查、天气原因、节假日危化品车辆高速限行等原因造成的整体市场需求削减、销路受阻的情况时。为应对市场情况变化，应根据区域销售市场运费价格水平、承运能力、车辆运转效率，市场空车、重车情况等进行价格调整。

3.竞争导向定价策略

根据竞争气源年度或阶段性销售政策及销售任务，为追求经济效益，应完成出货指标，或抢占市场份额，进行低价竞争；为维护市场份额，应提高价格竞争力，调整销售价格。当竞争气源受资源情况或生产能力影响时，如竞争气源检修后装车能力下降，市场缺口增大，或实行24小时装车、管道气外输量变化、工程建设项目投产使生产能力提高等出货量变化情况，应根据内陆LNG液厂开工率与直供原料气价格调整带来的生产成本变化情况，进行价格调整。

4.资源平衡定价策略

根据销售计划下达情况，定期进行罐存测算，并考虑天气、不可抗力等因素对船期的影响，当存在罐存过高引发后续船舶滞期风险，或罐存过低将导致空罐风险时，提前进行价格调整。

（二）分销策略

在营销过程中，销售企业运用一定的市场分销渠道，将产品在适当的时间、地点并以适当的价格供应给下游用户。这种销售企业和下游消费者联系在一起，最终实现产品所有权转移的时空通道，便构成了市场分销渠道。

1.LNG产品分销特点

（1）直接分销。直接销售主要针对终端用户数量有限具有较大销售体量的用户，直接销售能够发展必要的供需关系，以便适应每个用户特有的需求。由独立的分销商进行的主要是标准化的、面向众多小用户的产品，同时发展部分分销商。

（2）资源方依赖大分销商。在b2b市场营销中，可以更加依赖几个重大的用户，较少受分销商摆布。

（3）资源方销售力量重要性。在b2b市场营销中，企业拥有由技术—商务人员构成的内部销售力量，可以调查扩大销售的可能性，进行销售并追踪用户。

2.LNG产品分销渠道

（1）液态产品分销渠道选择。分销渠道分直接分销渠道和间接分销渠道。直接分销渠道是指无须中间商层级将产品由生产商直接供应给用户的时空通道；间接分销渠道是指通过中间商层级将产品由生产商间接供应给用户的时空通道。对于不同的用户，渠道的选择是不同的。

（2）对用户直接分销和间接分销进行分类。通常，用气量大且市场集中的用户，采取直接分销的方式比较合理：由众多小用户组成且比较分散的用户，采取间接分销的方式比较合理。

（3）评估渠道选择方案。按照经济性、控制性和适应性三个标准对分销方案进行评估。经济性分析以利润最大化为评判标准，控制性分析以用户忠诚度为评判标准，适应性分析以应变力为评判标准。

（4）与用户进行供应方式和销售方式谈判。主要落实销售和供应方式。

（三）不同LNG营销模式

LNG分销模式多采用直接分销和间接分销相结合的方式开展。一般受上游资源方人员、区域、终端用气较为分散等情况的限制，上游资源方直接介入终端市场难度较大，销售模式多采用间接分销模式，同时积极开拓直接分销渠道。

1.FOB价格政策

目前各大接收站、LNG工厂执行该销售模式，俗称挂牌价格，即以出厂价格进行结算。这种方式的优点是定价形式较为简单、直接，结算快捷。缺点是销售价格透明度高，隐蔽效果差，市场竞争力弱，容易被竞争对手锁定价格，容易受竞争气源价格以及市场波动影响而产生大幅波动。

为隐蔽出厂价格、提升市场竞争力、迷惑竞争对手，资源方多采用多种营销方式联合开展。方式包括挂牌价销售、合同量考核、（结构差价）存增量优惠、阶梯价格优惠等。

（1）挂牌价销售。一般是指公开市场报价，即各大资源商不仅针对开户用户的报价，更是针对整个社会的报价，如竞争气源、资讯机构等。

例如：中国海油天津挂牌价格5900元/t，提气优惠100元/t，用户提气量优惠50元/t。

中国石油曹妃甸挂牌价格5900元/t，用户提气量优惠150元/t。

（2）合同量考核。资源方从合同履约能力、上游照付不议合同传导压力、社会责任等方面出发，执行用户签订合同量考核政策，根据合同量的执行情况在挂牌价的基础上给予一定额度优惠，可设置阶梯考核政策。

这种方式的优点是提高合同履约能力，提升计划符合率，资源方控制销售量效果明显。缺点是用户经营压力大，市场突发事件较多影响合同量完成，用户黏性可能减弱。

例如：按照签订的月度合同量考核情况执行，完成考核的享受A元/t优惠。主要有两种考核方式（阶梯考核）：一是如用户月度合同完成率大于等于100%，则享有A元/t的优惠；二是如用户月度合同完成率大于等于85%且小于100%，当期结算享有70%×A元/t的合同量考核优惠，享受补提政策。

应用方式主要有两种：一是在寡头垄断、竞争激烈、供大于求的情况下，宽松考核；二是在完全垄断、竞争不激烈、供小于求情况下，严格考核。

（3）存增量优惠。结合用户往期用气量情况，根据目前用气水平，设置存量气、增量气用气政策。存量气部分给予一定金额优惠，增量气实行市场化定价。这种方式的优点是有利于资源方销售量保底，提高用户用气黏性，达到销售量“滚雪球”效果。缺点是新用户发展较为缓慢，在市场竞争激烈的情况下小型用户竞争力弱。

（4）规模性定价（阶梯价格优惠）。根据用户提货量的不同，设置不同层级优惠幅度，提货量越高优惠幅度越大。这种方式的优点是提高不同层级的用户对市场开拓的积极性，有利于大型用户发展，增强大型用户黏性。缺点是小型用户处于价格劣势，大型用户易吞并小型用户。例如，中国海油的年度合同以及积分政策等。

合同年开始前，可与用户签订新合同年合同，以上年合同量作为存量，设置存量优惠，并与用户协商增量，以此协商确定用户采暖季意向量。年度可设置存量气优惠、规模优惠，以此来激励用户用气，作为年度销售基本盘。

在不同时段，根据出货量的需求，可采取不同策略。

一是当出货量为0~100车/d，覆盖销售范围为0~300km时，优先保障终端用户用气，并通过测算竞争气源运距，采取市场高于竞争气源价格策略，保障近端用户需求。

二是当出货量为100~300车/d，覆盖销售范围为0~500km时，根据竞争气源价格和气质情况，进行精准打击，销售价格参照竞争气源，适当提高存量和规模优惠幅度，采用区域优惠等措施，适当增加中远端用户用气量，并保持一定价格优势。

三是当出货量为300车/d以上，覆盖销售范围为0~800km时，竞争较为激烈，需要采取更为隐蔽的多种价格手段，对存量、增量和规模等进行不同程度的激励，同时由于严重影响了市场秩序，竞争气源出货困难，需要结合竞争气源成本及价格跟进情况进行进一步调整。如果前期有较好的市场基础，价格优势较弱时依旧可以增加较多用气量；如果前期销量较小，想要临时增量，则需要更大的价格优势才能销售较多用气量。

2.LNG终端销售策略

主要采用配送直销模式，分为终端送到定价和零售定价等策略，具体如下：

（1）终端送到定价。在竞争激烈区域，参照周边竞争气源送到价格，结合公司运费标准，向物流商支付物流费用。定价公式为：出厂价格=竞争气源送到价格－运费－竞争性激励（浮动值）。

在某资源方主导区域，结合市场情况，采取定额激励的送到定价。定价公式为：出厂价格=中心送到价－运费－定额激励（浮动值）。

（2）零售定价。由于加气站零售定价真实反映一线市场价格及需求，有利于把握市场变化，在中国石化内部、合资公司加气站开展试点，给予加气站适当运营成本费用。定价公式为：出厂价格=零售价格－加气站运营成本－运费。

3.LNG外采资源销售策略

外采资源主要通过以下三种模式开展销售。

（1）用户自提。针对具备自提条件且提出自提需求的用户，根据上报需求匹配上游计划，下达给用户后由用户自行组织车辆前往我方指定资源点提气。

（2）终端送到报价。针对直接配送至终端用户的资源方，根据用户上报需求为用户提报送到价格，由资源方根据需求时间配送至指定终端。

（3）按需配送。针对不具备自提条件的用户，由我方向用户推荐物流招投标结果入围的承运商，由用户自行选定配送承运商。根据用户上报需求计划组织承运商前往相应资源方提气并由承运商运输至用户指定站点，运输费用由用户与承运商协商确定，运输及卸货过程中产生的风险由承运商承担。

第四节

天然气保供与市场份额策略

一　区域市场平衡及保供策略

目前国内天然气市场保供正逐渐向合同化方式转变，天然气销售企业的保供策略为保证合同内资源的量与价，而合同外增量气以市场化的方式进行销售。天然气销售企业可以从以下几方面着手，确保区域内市场供需平衡并做好保供工作。

（一）加大国内资源上产力度

面对逐年上升的对外依存度，吸取欧洲在大国博弈和对抗中产生的天然气供应安全问题教训，总结市场供需形势，坚定不移推进气田增储上产提高国产气产量，加大优质产能释放力度。

（二）提高接收站和管网设施公平开放水平

天然气管网设施公平开放应坚持保供与开放双重目标导向，以保供为核心任务，遵循采暖季保供优先、淡旺季均衡优先、长协资源优先原则。做好天然气业务安全监督检查工作，提升对生产运行和市场需求的监测能力，确保天然气产业链安全运行。积极引导市场，多方筹措进口LNG资源为保供增添底气。

（三）加强对保供新特征、新形势的研判，做好保供前各项准备工作

加强市场分析研判，研究制定在保供期内峰谷差逐渐加大的情况下，有利于天然气业务发展的措施；加强对气温变化趋势的研究，加强天然气需求对温度的敏感性分析；提高市场走势预见性，优化完善营销策略，确保冬季市场稳定供应；集中精力抓好重点天然气产能建设项目组织实施，加快推进储气调峰设施建设，提高保供期间储气库采气能力，发挥应急调峰作用。

（四）做好需求侧的精准管理

企业采取结构细分、客户细分、增量细分，对各类用户实现“有力保、有序用、有效控”的管理。确保极端天气情况下居民生活、公用事业、重点单位天然气供应和全国供气稳定，精准实施“压非保民”方案，通过对各级单位提前摸底调

查，精准严谨分析，制定分区域、分管道、细化到用户的分级减限方案，确保用户需求。

（五）谋划长期发展战略

首先，落实国家“双碳”政策，持续增加天然气在工业、发电、化工等行业的使用，以及提升其他大气污染防治重点区域内燃料类炉（窑）的气化水平。其次，抓住全国加快建设统一电力市场体系契机，以气电调峰、调频及作为备用电源为抓手，推进一批天然气与新能源融合项目建设。最后，加快天然气期货市场体系建设，形成竞争开放、规范有序的全国天然气市场交易环境。

二 管道气市场份额策略

市场份额又称市场占有率，指企业某一产品的销售量（或销售额）在市场同类产品中所占比重，在很大程度上反映了企业的竞争力和盈利能力。

在市场的挤占中，难免会出现各方市场份额被抢占的局面，市场份额是企业非常关注的一个指标，它包括数量和质量两方面内容。数量是指企业销售占市场的百分比，这里的市场可以指总体市场、目标市场中的任意一种，或与某一个竞争对手的市场相比；质量是指市场份额的含金量，即市场份额能够给企业带来的利益总和，衡量标准是顾客满意度和忠诚度。企业应该在分析好市场份额数量大小与企业利润关系的基础上，去平衡自身市场份额数量和质量两个标准，找到最适合自己的营销策略。常见的市场形态及份额策略有以下几种。

（一）市场扩张型

市场扩张型是指天然气销售企业在经营发展过程中，通过扩大经营规模或提升天然气供应量，进行其他业务投资或者兼并，而满足企业长远发展要求的一种战略。企业要提升市场份额，首先要对天然气产业的边界进行完整的界定，分清楚直接竞争对手和相应的间接替代方案，直接竞争对手可以明确地知晓，但间接替代方案会随着科技和燃料方面的持续创新而不断改变；其次要分析企业成功的关键因素，强化公司的核心竞争力，并持续扩大领先优势；最后要评价企业的远景目标，在保持现有市场份额不变的基础上，不断做大市场，并提升品牌形象，以吸引更多的用户。

天然气销售企业的扩张可以从横向和纵向一体化同时发展。从横向来看，天然气销售企业拥有大量的天然气资源，同时成本也相对较低，在进行市场投放时有绝对的优势，通过低价天然气来抢占其他天然气销售企业的市场份额；从纵向来看，天然气销售企业从上游生产到下游销售进行扩张，企业通过内部组织而关联起各个生产阶段，并在此基础上满足相关交易内部化方面的要求。在生产阶段，加大对上游气田的勘探和开发力度，目前我国已探明天然气资源丰富，但开发技术还较为落后，因此需要加快技术革新，同时改进装置设施，提升管道输送能力；在销售阶段，通过市场整合，参股或兼并下游用户，促进企业多区位发展，整合各类型资源，降低生产成本，提升经营利润。

（二）市场维持型

天然气销售企业应注重现有客户关系的维护，以防止现有市场份额萎缩。企业可以将现有市场进行细分，确定适合的营销策略，从而更好地满足不同用户群体的需求，与此同时达成企业的既定目标和实施相关策略。

例如，企业可以根据用气类型将用户群体划分为城燃、工业、发电、化工用户，分析不同用气性质用户的相关情况，有针对性地推行不同的营销方案，以最大限度地满足各个用户群体的需要；还可以根据用户可接受价格进行细分，分析不同客户的价格承受能力，对于价格承受能力高、用气量大的用户给予更优质的量价配比政策，稳固现有用户群体，给予新开发的用户适当的价格激励政策和气量结构配比。

由于天然气易受气温波动影响，用户的用气习惯会发生较大的变化。在用气高峰期，用户对天然气价格接受程度较高，但是在供大于求时，各资源方的低价气都开始争抢市场，此时用户更愿意选择市场价格更便宜的供应商进行合作。为稳固现有的销售市场份额，减少价格波动导致的用户群体流失，企业在制定价格体系时，应适应市场变化，及时做出灵活调整，如采取跟随定价价格策略。

（三）市场紧缩型

导致天然气市场份额紧缩的原因包括外界因素和企业内部因素。

外界因素主要是气温、竞争及政策等，企业与用户签订合同时往往是一年限，采暖季合同签订通常在10月份，由于我国处于北半球，此时我国气温还未明显降低，用户对采暖季的用气需求预测不准确，同时现货LNG的价格和其他资源商价格相对较低，对管道气销量造成冲击，因此天然气销售企业与用户签订的合同量会减少，造成部分天然气销售企业市场份额缩小的情况。针对气温波动造成天然气销量的缩减，天然气销售企业应及时做好与用户的沟通联系，正确引导用户锁定合同量。此外，大部分用户是双气源甚至多气源采购，可供用户选择的供气方较多，这也是天然气市场竞争模式发展的趋势。在用气高峰期，各大供应商资源都十分紧张，主力供应商在峰值时可能会拒绝用户的调峰需求，而紧缩型天然气销售企业此时可以适度满足用户的调峰需求，提升用户满意度，维持市场份额占比。

企业内部因素主要是自产低价气资源紧张、进口天然气的成本高造成的销售定价过高等，用户无法承受过高的天然气价格，转而流向价格更低的供应商。因此天然气销售企业在保证利益的同时，可以适当降低天然气价格，减少市场份额的流失，但这种策略是有局限性的，由于天然气开发成本较高，同时进口天然气的价格高企，销售价格下降的空间有限。

市场份额逐渐紧缩的天然气销售企业，要以用户需求为目标，采取无差异方式进行销售。企业把整体市场作为目标市场，因此在相应的营销过程中会侧重于目标市场的共性。在这种营销模式下，企业不需要考虑市场中的差异，而应提供更加优质的服务，尽可能地满足用户的多种需求。

第十章

客户服务及关系管理

本章导读

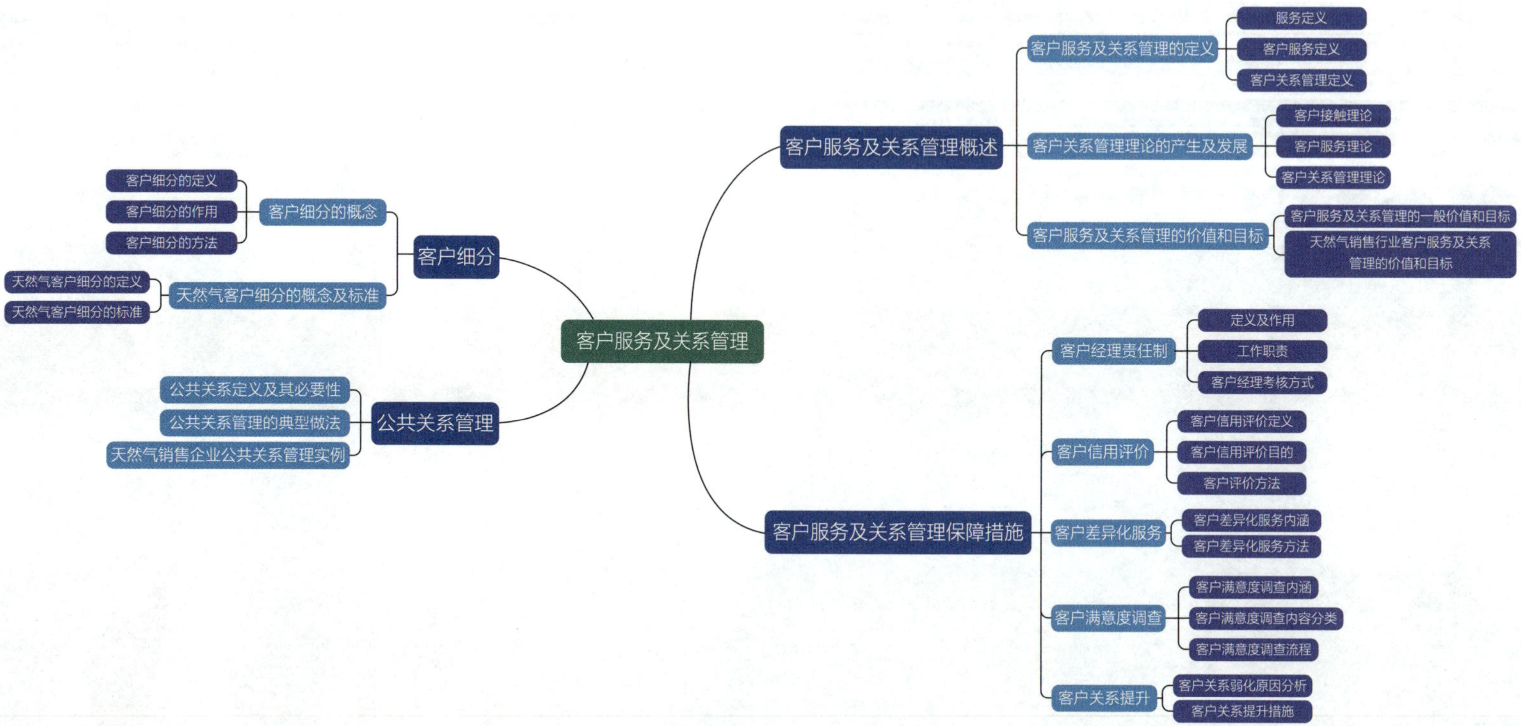

客户服务及关系管理
客户细分
客户细分的概念
客户细分的定义
客户细分的作用
客户细分的方法
天然气客户细分的概念及标准
天然气客户细分的定义
天然气客户细分的标准
公共关系管理
公共关系定义及其必要性
公共关系管理的典型做法
天然气销售企业公共关系管理实例
客户服务及关系管理概述
客户服务及关系管理的定义
服务定义
客户服务定义
客户关系管理定义
客户关系管理理论的产生及发展
客户接触理论
客户服务理论
客户关系管理理论
客户服务及关系管理的价值和目标
客户服务及关系管理的一般价值和目标
天然气销售行业客户服务及关系管理的价值和目标
客户服务及关系管理保障措施
客户经理责任制
定义及作用
工作职责
客户经理考核方式
客户信用评价
客户信用评价定义
客户信用评价目的
客户评价方法
客户差异化服务
客户差异化服务内涵
客户差异化服务方法
客户满意度调查
客户满意度调查内涵
客户满意度调查内容分类
客户满意度调查流程
客户关系提升
客户关系弱化原因分析
客户关系提升措施

第一节

客户服务及关系管理概述

一 客户服务及关系管理的定义

（一）服务定义

服务（Servicing）是一方能够向另一方提供的基本上是无形的任何功效或礼仪，并且不导致任何所有权的产生，它的产生可能与某种有形产品密切联系在一起，也可能毫无联系。

（二）客户服务定义

客户服务（Customer Servicing）又称顾客服务，企业以客户为对象，以产品或服务为依托，以挖掘和开发客户的潜在价值为目标，为客户开展的各项服务活动。

客户服务是一种活动，体现了企业的绩效水平和管理理念。本质上它代表了企业在合适的时间和合适的场合，以合适的价格和合适的方式，向合适的客户提供合适的产品和服务，使客户合适的需求得到满足，从而提高客户价值的过程。

综上，客户服务不仅包括有形的服务，如产品维修、排除故障、配件供应等，还包括无形的服务，如客户寻访、客户关系管理、客户咨询服务等。

（三）客户关系管理定义

客户关系管理（Customer Relationship Management，CRM），是指企业为提高核心竞争力，利用相应的信息技术以及互联网技术协调企业与顾客间在营销和服务上的交互，从而提升其管理方式，向客户提供创新式的、个性化的客户交互和服务的过程。其最终目标是吸引新客户、保留老客户以及尽可能多地增加忠实客户，扩张市场。

客户服务及关系管理，就是企业为了建立、维护并发展客户关系而进行的各种服务工作，并且通过加强与客户的沟通交流，不断为客户提供差异性的产品和服务，满足客户的个性化需求，以达到培养忠实客户的目的。

二 客户关系管理理论的产生及发展

客户关系管理是在美国率先发展起来的一种商业模式，该理论产生于20世纪80年代早期的“接触管理”理念。1985年美国营销学专家巴巴拉·本德·杰克逊在此基础上提出了“关系营销”的概念，它是指通过与消费者、供应商、分销商、竞争者、政府机构等社会大众之间的双向交流，使企业与社会大众之间建立一种相互促进的协同关系，从而实现“共赢”的战略。随后在1990年该理念演变成“客户关怀”，是指被客户感知、体会并以一种始终如一的方式提供的服务品质。直到1999年，美国加特纳公司（Gartner Group Inc）才首次提出了CRM这一概念，它认为，所谓的客户关系管理就是为企业提供全方位的管理视角，让企业拥有更完善的客户交流能力，进而提高客户的满意度及忠诚度。

综上所述，我们可以将客户关系管理理论的演变简化为三个主要阶段：客户接触理论、客户服务理论以及客户关系管理理论。

（一）客户接触理论

客户接触理论实际上指的是企业收集其与客户相关的所有信息，并根据这些信息来制定对应的市场营销策略。它的局限点在于信息单向地从客户流向企业，企业与客户之间缺少互动往来，无法通过持续接触建立紧密关系。

（二）客户服务理论

客户服务理论指的是以长期满足客户的需要为目的，从客户提出要求到客户获得服务或者使用商品的整个过程中，始终与客户保持联系。它的局限点在于传统企业的被动性，所以该服务理论仅限于售后服务阶段。

（三）客户关系管理理论

客户关系管理理论是指以客户为导向并与客户建立长期稳定的合作关系，通过加强与客户的来往互动，挖掘客户的潜力，全方位地认识理解客户并与其建立良好的合作关系，从而开发并获取客户的最大价值，把短期普通客户变为长期依赖性客户。此阶段的特点是增强了企业与客户之间的联系，拉近了企业与客户之间的距离，加强了企业与客户之间的全方位互动。

三 客户服务及关系管理的价值和目标

（一）客户服务及关系管理的一般价值和目标

现代营销学之父菲利普·科特勒提出：发展1个新客户比维持一个老客户要花费5

倍的成本，1个老客户带来的收益比新客户要多16倍。因此，在客户服务及关系管理中，其核心在于客户生命周期的开发与管理以及客户忠诚度的培养。企业应当注重在市场里树立良好的外部形象，提高客户对企业的信任度，并在后续合作中与客户之间构建扎实友好的合作关系，进而建立全方位的合作防线，有效屏蔽竞争对手，让新客户成为老客户。随着合作的持续深入，可从老客户身上继续挖掘潜在客户的线索，这样不仅开发出了更多的新客户，还大幅降低了企业的市场开发成本。除此以外，企业可以通过为客户服务这一过程，收集客户对企业发展有正面影响的意见和其他有关的市场信息，在服务创新、市场开发、市场竞争等方面，为企业制定有针对性的创新措施，并指导企业对工作流程进行优化，最终实现企业与市场水平以及对外竞争能力相匹配的目标。

总的来说，客户服务及关系管理对企业的价值主要体现在增强客户信任、提升客户满意度、降低企业成本、适应市场竞争、辅助科学决策等方面。

（二）天然气销售行业客户服务及关系管理的价值和目标

天然气销售企业的主营业务是提供天然气资源供应，在竞争激烈的市场环境下，抓住客户群体的关键在于良好的客户服务及关系管理。结合天然气本身的特性，良好的客户服务及关系管理可以促进天然气销售企业实现市场发展目标。

1.实现天然气产业链的稳定发展

天然气作为一种清洁、环保的能源产品，目前无法实现大规模储存。在这种条件下，要实现天然气产业链的健康发展，天然气销售环节就显得尤为重要。如果下游天然气客户没有及时消费天然气，那么天然气销售企业业务将无法顺利开展，连带上游气田和管网也无法正常运转，对天然气上中下游均会造成不利影响。因此，良好的客户关系管理能够为天然气行业提供坚实的消费保障，让产出的天然气能够及时被终端消化。

2.固化客户

目前国内大多数天然气消费客户是多能源类型或多气源结构，通常情况下客户为确保企业利润并降低成本，会选择价格相对较低的天然气供应商；一旦价格波动较大，大多数客户会转而选择其他天然气供应商，这种状态下的天然气客户处于自由状态。因此企业需要通过客户服务关系管理，为客户持续提供优质的服务和较为稳定的资源和量价政策，与客户建立一种稳固的合作关系，增强客户黏性。长此以往，在不断稳固天然气客户的同时也稳定了企业在市场中的主导地位。

3.多方位了解市场信息

面对日益激烈的天然气市场竞争，要对市场进行科学的研判、积极主动的适应，并能准确地做出反应，才能达到“知己知彼，百战不殆”的目的。过硬的客户服务关系管理可以拉近与客户之间的距离。首先是以客户为主要载体，掌握客户的确切需求和供气特点，扎实做好“一企一策”；其次是以客户为重要渠道，了解最新市场信息，详细掌握竞争对手的近期动向、市场策略，不断调整营销方向，及时适应市场变化。

第二节
客户细分

在客户服务及关系管理工作中，客户分级和差异化管理至关重要。通过了解两个细分基准，即市场细分和客户价值细分，有助于指导企业科学正确地进行客户分级，形成客户个性化、差异化的管理模式，从而为未来市场的维护、开拓以及有的放矢地进行差异化营销提供支撑。下面主要对其定义、优点和细分标准等进行说明。

一 客户细分的概念

（一）客户细分的定义

客户细分（Customer Segmentation），也称客户分类或客户群体划分，指企业根据客户的属性、特征等，依照一定的规则将客户分为多个类别。

无论是潜在客户还是现有客户，企业都可以对他们进行细分。通过客户细分，具有不同属性、特征的客户将被分开，企业可以对他们进行差异化的服务。具有相似属性、特征的客户将被分在一起，企业可以对他们进行统一的支持。客户细分后，企业可以根据不同的客户类别，将商业化团队相应地进行分组。

客户细分的基本原理是每类产品的顾客群不是一个群体，根据顾客群的文化观念，消费收入、消费习俗、生活方式的不同细分新的类别，企业根据消费者的不同制定品牌推广战略和营销策略，将资源针对目标顾客集中使用。

（二）客户细分的作用

1. 帮助企业了解客户画像

通过对已有客户进行细分，企业可以了解到他们所具有的不同属性、特征的比例和分布情况。有了这些信息，再结合客户的付费续费情况，企业可以了解产品适合的使用者、潜在客户的画像，从而协助市场部门进行精准营销。

2. 更合理地分配服务资源

客户细分可以帮助企业识别出高价值和低价值客户。企业可以花更多的资源优先服务高价值客户，从而提升整体的投入产出比。

3. 提升服务客户的效率和质量

客户细分后，企业能够派更合适的团队去更好地服务客户。例如，位于上海的华东客户成功团队，负责服务长三角地区的客户，效率更高。又如，一家零售行业的客户，如果由一名熟悉该行业的架构师负责，那么客户将得到更贴合实际业务场景的解决方案。

（三）客户细分的方法

常见的客户细分方法有六种，如表10-1所示。

表10-1　常见的客户细分方法

序号	细分模式	主要指标
1	人口细分	年龄、性别、收入、教育程度和婚姻状况等
2	地理细分	乡村、州、城市和城镇等
3	心理细分	个性、态度、价值观和兴趣等
4	行为细分	倾向和频繁的行动，特性或产品的使用，以及习惯等
5	需求细分	特定客户群体的产品 / 服务需求
6	价值细分	特定客户群体对企业的经济价值

其中，基于客户价值的细分方法是最为常用的客户细分方法。具体细分标准包括：

1. 依据客户盈利能力的细分

根据客户当前盈利能力和客户未来盈利能力，可将客户细分为最不具获利性客户、具获利性客户及最具获利性客户。根据这种客户细分模式，企业应花费更多的时间和精力去服务那些价值较高的潜在客户。

2. 依据客户关系价值的细分

根据“二八法则”，能为企业带来80%利润的20%的客户被称为“重要客户”，代表盈利能力最强的客户，他们对价格不敏感，对企业比较忠诚，是企业的重要客户。

能为企业带来60%利润的40%的客户被称为“次要客户”，他们的盈利能力及忠诚度没有“重要客户”高，他们往往与多家企业做生意，这也是企业需要重点关注的客户。

能为企业带来40%利润的60%的客户被称为企业的“普通客户”，这类客户数量大，他们的忠诚度和盈利能力一般，企业在客户资源分配上对其给予一般关注即可。

能为企业带来20%利润的80%的客户被称为企业的“小客户”，这类客户给企业带来的价值较小，甚至不能给企业带来价值，企业在客户资源分配上对该类客户需谨慎对待。

3. 依据客户终身价值的细分

客户的价值并非凭借其单次购买就能显现出来。基于客户终身价值的细分，更能使企业把目标客户锁定在那些能够为企业带来更多价值的客户身上。

依据客户终身价值的细分是由客户当前价值和客户增值潜力两个具体维度构成的，每个维度又分为高、低两类，由此将整个客户群分成四组，形成客户价值矩阵。

当前价值不高而具有高增值潜力的客户和当前价值和增值潜力都高的客户应成为企业锁定的目标客户，当前价值高而增值潜力低的客户需采取维持策略，对当前价值和增值潜力都很低的客户则应采取放弃策略。

二 天然气客户细分的概念及标准

（一）天然气客户细分的定义

天然气客户价值细分是指天然气销售企业根据客户的盈利能力、关系价值、调峰能力、履约执行等属性、特征进行详细分析，将客户按不同层级定位，以此为客户提供有针对性的服务或产品。在当前市场竞争激烈、客户选择多样的背景下，客户价值对于企业营销策略的制定以及提升企业竞争力显得尤为重要。要做好客户服务与关系管理，就要对客户进行价值识别，准确定位，指导企业进行服务策略和资源流向优化，有效发挥客户最大价值。

（二）天然气客户细分的标准

根据现有天然气销售企业实践经验，客户价值细分主要体现在七个方面，分别是客户盈利能力、客户市场发展前景、客户关系价值、客户终身价值、客户战略协调价值、客户调峰灵活价值和客户履约执行价值。

1. 客户盈利能力

由于下游产业结构存在差异、区域价格疏导程度不一致以及天然气用途不同，不同区域客户价格承受能力各不相同。客户盈利能力即在一定时期内，客户为采购天然气愿意付出的最高价格扣除成本后，企业从客户那里能获得利润的金额，可以称为客户给企业带来的直接价值。根据客户价格承受能力和销量大小，分为以下四类。

（1）高价格高销量客户，即价格承受能力高，向企业采购天然气量也高的客户。这类客户能给企业带来高利润贡献，属于容易引起竞争对手极力争取的高端优质客户，企业需要重点关注，为了应对竞争可以采取在资源供应紧张时给予优先保障、提升服务水平或者加强客户关系等各种手段全力留住客户。

（2）高价格低销量客户，即价格承受能力高，但向企业采购天然气量较少的客户。这类客户能为企业带来利润贡献，属于企业的潜在高端优质客户，也需要加强关注，企业应想方设法提升自己在这类客户用气量的占比，将其打造为高价格高销量客户。

（3）低价格高销量客户，即价格承受能力低，但向企业采购天然气量高的客户。这类客户是企业销量的基本盘，无法带来大量的利润贡献，在企业资源成本可控的情况下，能够确保天然气资源被及时消纳，同时在天然气供大于求时，能起到较好的调峰作用。企业可以通过进一步探索这类客户的成本构成，在条件允许时，增加其利润贡献能力。

（4）低价格低销量客户，即价格承受能力低，向企业采购天然气量也少的客户。这部分客户不能为企业带来利润贡献，大多数时候让企业产生亏损，企业可以考虑主动放弃这部分客户，减少服务这部分客户的资源占用，以便将资源集中服务于高端优质客户。

2. 客户市场发展前景

天然气作为清洁化石能源，开采成本较煤炭及石油要低廉很多。随着煤改气、油改气工程的推进，天然气作为实现“碳达峰”“碳中和”的重要力量，其覆盖面越来越广。客户年用气增长量及增长率大代表着客户拥有优质且良好的市场发展前景，也代表着客户可承受更多高价格增量资源并对增量资源获取充满欲望。所以，用气增长情况良好的客户，在天然气销售企业眼中是不可多得的优质客户

3. 客户关系价值

客户关系指企业为达到其经营目标，主动与客户建立起的某种联系，具有多样性、差异性、连续性、竞争性、双赢性的特征，客户关系价值可称作客户为企业带来的间接价值。

随着国家油气体制改革持续深化，各路天然气供应商涌入市场，市场竞争加剧导致价格战常态化，因此忠实客户在当前市场环境下尤为珍贵。当出现海外进口天然气资源价格持续走低的情况时，有的客户为争取更多利润转投海外进口LNG资源，导致原来与其合作的天然气销售企业资源无法消化，而有的客户在天然气价格波动时始终坚持与原天然气销售企业保持良好合作。忠实的客户为自身带来收益的同时也会给企业创造价值。按照双方合作紧密度、忠诚度可将客户细分为重要客户、次要客户、普通客户和小客户。

4. 客户终身价值

客户终身价值是企业从客户所有的商业来往中得到的全部经济收益的总和，可以分为直接价值和间接价值。直接价值是指客户与企业的交易行为给企业带来的经济利益、投资收益等。间接价值是经过客户开发，或随着客户发展后，未来持续可能给企业带来的价值，影响因素有发展潜力、客户信用、忠诚度、用气特性、协作等。以客户生命周期为基础进行客户分类，可以让企业更好地锁定客户，从而为企业创造更大的价值。

5. 客户战略协调价值

客户战略协调价值指的是出于长期共赢考虑，建立在共同利益基础上，企业与客户实现的深度合作价值。战略协作带来的价值包括获得协同效应，实现优势互补，发挥规模效应，更加有效吸引投资，提高产品销量，拓展市场份额；并且能够减少合作企业之间的非必要浪费性竞争，保持稳定的竞争格局和态势，让企业在快速变化的市

场环境中获得长久的竞争优势。

6. 客户调峰灵活价值

由于目前天然气无法实现大规模储存，产出的天然气需要及时被终端消化掉，确保上游气田和管网的稳定生产和安全运行。对于上游气田，产气能力在一定时期内是确定的，下游用气随着季节、日、时变化，其不均衡性产生了调峰问题。影响客户调峰能力的主要因素有储气调峰设施、生产设备用气负荷可调整能力、终端天然气消费结构、区域地理气候等。目前，天然气调峰方式可分为供需调峰与储气调峰两类。供需调峰是指在供给侧对上游天然气田产气量实行季节管理，该调节仅适用于在气源地附近城镇的月度调峰。此外，还可以通过价格机制等市场手段来指导客户在下游的合理用气，并开发使用双燃料系统的可中断客户，减少周、日内的短期峰谷差。由于气田开采要考虑地质环境，并设定限制开采额度，为了调峰而进行的强制开采，将造成压差扩大，从而引起气田的总体生产能力降低。所以，供给侧的气田调峰能力非常有限，对市场而言是无法持续的。而需求侧调峰在很大程度上依靠的是市场的选择和客户的行为改变，因此，在调峰手段上，需求侧调峰是比较被动的，同时储气调峰本身通常需要较大的投资和高额的成本。结合两种调峰方式的特点，只有通过与下游客户建立多元互补的双向调峰格局，才能确保上中下游天然气全产业链安全稳定运行。

7. 客户履约执行价值

履约能力主要指客户履行经济合同的实际能力。天然气购销过程涉及金额巨大，为实现向下游客户供气，企业往往需要在气田开发、管道建设和国外资源进口等方面进行大额投资。而在实际过程中，客户可能由于竞争气源价格、自身经营问题等原因产生不按照合同约定计划提取天然气、不支付或者延迟支付天然气价款的问题，给企业经营带来重大不利影响。为了更好地保障双方的利益关系，履约能力是企业的重要衡量要求，因此将客户履约执行能力纳入客户价值的重要体现方面。

根据以上七方面对客户价值的细分，可形成全面完整的客户信用评价体系，有助于企业科学完整地评估客户信用等级，提高客户关系管理水平。

第三节 客户服务及关系管理保障措施

在天然气客户管理过程中，为了更好地服务客户，推行了多种管理保障措施。首先，实行客户经理责任制，提供销售管理过程中的一揽子服务工作，提高服务水平。其次，运用客户信用评价方法，先对重点优质客户进行识别；然后，针对不同层级的客户提供差异化的服务，从而取得市场竞争的优势地位；再结合客户满意度调查，量化服务水平，发现服务中存在的问题，进一步完善服务品质。最后，要指出的是，在客户关系建立、维持阶段，由于种种原因，双方间的关系随时都可能产生裂痕，因此，要采取行之有效的措施，持续巩固提升客户关系。

一 客户经理责任制

客户经理是企业与客户之间沟通的纽带，主要是以客户为中心，围绕企业与客户间的日常业务往来开展对应服务工作，能够维系和稳固企业与客户之间的长期友好关系，促进双方业务高效、快速发展。为此，企业制定了客户经理责任制来确保客户服务质量的持续提升。

（一）定义及作用

客户经理责任制是指企业通过明确客户经理的职责和工作目标，对其在客户服务和关系管理方面的表现进行评估和考核的一种管理制度。随着国家油气体制机制改革不断推进，客户经理代表天然气销售企业为客户提供全方位一站式服务，实行客户经理责任制可以提高客户服务质量，提升客户满意度，增强客户黏性，提高企业的竞争力，因此客户服务水平成为决定天然气销售企业市场规模、盈利能力乃至生存空间的关键性因素之一。企业需要树立“以客户为中心”的服务理念，构建以“客户经理责任制”为核心的管理体系。同时，客户经理责任制也有利于促进客户经理的工作积极性，提高其工作效率和服务质量。

（二）工作职责

客户经理的工作职责包括：为客户提供咨询、解答客户问题、收集客户反馈、处理客户投诉、协调客户需求等。客户经理应与客户建立良好的关系，并及时跟进客户需求，维护客户关系和信任。

对于天然气销售企业，客户经理需要充分发挥好以下四方面作用，满足客户对产品和服务的要求。

1. 联络员作用

客户经理需24小时保持通信畅通，随时与客户保持密切联系，每日就用气计划、用气情况等进行细致沟通，致力于建立稳固的伙伴关系，保障客户安全平稳用气。

2. 信息员作用

随时将天然气最新发布政策、上游资源动态等客户关心的信息传递给客户，同时将客户用气结构、用气波动及其反映的下游市场最新情况及时上报。

3. 服务员作用

积极就气量申报、计划调整、终端市场等事项协调沟通，与客户共同分析用气结构，量身打造营销策略，尽全力满足客户需求。

4.宣传员作用

向客户主动宣传最新天然气供应形势和政策，介绍企业特有文化，阐明服务理念及销售模式，树立良好形象。

（三）客户经理考核方式

客户经理的管理考核应包括客户满意度评价、客户关系维护情况评估、工作效率考核等指标。企业可以定期对客户经理进行考核，对其业绩进行评估和激励，鼓励其在客户服务和关系管理方面做出更好的表现，并在这一过程中不断完善客户经理责任制，加强对客户经理的培训和指导，提高其服务质量和工作效率。同时，企业应根据客户反馈和需求，不断优化客户经理的工作流程和服务方式，提高客户满意度和忠诚度。

【实例】在重要节假日期间，某天然气销售企业严格落实领导干部值班制和客户经理岗位责任制；各岗位保持紧密沟通，聚焦市场保供，提前摸排客户节假日用气需求，积极做好一对一服务保障准备，保持24小时通信畅通，随时待命；及时了解下游客户用气突发状况，第一时间响应客户临时用气计划的变更，在确保天然气有序调度、管网稳定运行的同时不断提高服务质量，提升客户满意度。

二 客户信用评价

（一）客户信用评价定义

客户信用评价是指运用一种科学的方法，以及一种规范化的程序，从客户经营能力、盈利能力、偿债能力、发展能力、客户素质和信用状况等方面入手，对客户进行综合评价和信用等级的确定，将所获得的各项指标与相关的数值通过科学有效的计量方法进行横向的比较与综合评估分析，最终实现企业客户的全面评估，并能够以简洁直观的指标来表达他们的信用评价结果。

（二）客户信用评价目的

随着客户数量的增加，企业致力于挖掘每家客户能够为其带来的价值，但并非每一家客户都能为企业带来利润。企业只有在众多客户中将有限的资源精准投放才能实现经营效益的最大化。因此，企业需要结合客户价值进行分析评价，掌握客户对企业的重要性，实现对客户的量化考核，识别优质客户，并严格防范信用风险，有效进行财务风险预警，提高市场把握能力；然后根据客户等级采用不同的服务和市场策略，将评价结果与未来优惠政策挂钩，激励客户不断提高管理水平，增强客户黏性，实现上下游协调发展。

（三）客户评价方法

1.评价指标确定

从天然气交付方式来看，目前天然气消费客户主要分为管道天然气客户和LNG装车客户。

如表10–2所示，管道天然气客户管理评价指标体系确立了包括客户特性、客户信用水平、客户盈利能力、客户用气潜力和客户忠诚度的客户管理评价指标体系。在实际运用过程中，随着业务发展，指标也在不断丰富，企业可结合实际情况对评价指标进行修改和增减，这样才能使客户服务及关系管理工作符合实际需要。

表10-2　管道天然气客户管理评价指标体系

因素	序号	评价指标	指标描述	计算类型
客户特性	1	民生气比例	客户购买天然气中居民用气比例	权重指标
	2	城市竞争力	所处城市综合实力	权重指标
	3	资源份额	企业气源占客户总气源量比例	权重指标
	4	用气环节	气源用途（燃料 / 原料 / 其他）	权重指标
	5	企业实力	客户的自身价值和经济地位带来的潜在行业优势	权重指标
	6	用气依赖性	企业气源对客户持续经营的重要程度	权重指标
	7	企业股权	企业股权占比	权重指标
	8	合同落实	合同签署确认所需时间长短	权重指标
	9	供气层级	客户接气管网所经层级	权重指标
客户信用水平	10	预付款缴纳率	预付款缴纳截至日前，预付款实际回款与预付款应付款的比例	权重指标
	11	回款率	气款缴纳截至日前，实际回收气款与应付气款的比例	权重指标
	12	回款及时度	回款不及时导致发生欠款	减分项
	13	企业性质	该企业的所属性质	加分项
客户盈利能力	14	供气规模	购买天然气气量	权重指标
	15	采购价格	购买企业天然气单方均价	权重指标
	16	销售价格	购买企业天然气单方均价与客户销售价格的差	权重指标
客户用气潜力	17	可承受气价	客户能承担的气源采购价格	权重指标
	18	用气增长率	客户购买企业天然气量较上年同期增长率	权重指标
	19	用气增长量	客户购买企业天然气量较上年同期增长量	权重指标
	20	行业前景	政府对于客户的政策支持情况	加分项
客户忠诚度	21	计划符合率	月度计划符合率	权重指标
	22	调峰贡献度	客户可利用调峰设施在高峰时段保供下游正常用气的能力	权重指标
	23	用气均衡度	一年中各月用气量的变化情况	权重指标
	24	工作配合度	在日常工作中客户对于数据收集、推价顺价、沟通协调、市场调研等工作的配合程度	权重指标

（1）客户特性包括民生气比例、城市竞争力、供气层级等多个指标，用以反映客户自身价值和特质。

（2）客户信用水平包括回款率和回款及时度等指标，用以反映客户信用价值和风险。

（3）客户盈利能力包括供气规模价格等方面，用以反映客户带来的经济价值。

（4）客户用气潜力包括可承受气价、用气增长量、行业前景等方面，用来反映客户可能带来的潜在价值。

（5）客户忠诚度包括计划符合度、调峰贡献率、工作配合度等，用来反映客户非气源技术经济成本和与企业的配合程度。

（6）客户经理打分包括了客户履约、客户忠诚度和客户配合度三个方面，通过客户经理与客户交流配合情况综合评价，用以作为客户评价的修正项，补充评价体系中无法量化评价的内容和量化偏差。

如表10-3所示，LNG装车客户管理评价指标体系确立了包括客户盈利能力、客户信用水平、客户特性和客户忠诚度的客户管理评价指标体系。

表10-3　LNG装车客户管理评价指标体系

因素	序号	指标	指标描述	计算类型
客户盈利能力	1	利润额	客户为企业创造的利润	权重指标
	2	销售价格	购买企业天然气单方均价	权重指标
	3	购气量	装车销售总气量	权重指标
客户信用水平	4	预付款执行	预付款执行情况	权重指标
	5	欠款情况	发生欠款次数	减分项
客户特性	6	客户类型	是否为直接消费客户	加分项
	7	用气稳定性	月度销售变异系数	权重指标
	8	峰谷比	高峰月用气量 / 低峰月用气量	加分项
客户忠诚度	9	资源份额	企业气源占客户总气源量比例	权重指标
	10	计划符合率	月度计划符合率	权重指标
	11	工作配合度	在日常工作中客户对于数据收集、推价顺价、沟通协调、市场调研等工作的配合程度	权重指标

2.评价方法选取

根据天然气企业自身情况和客户实际情况，在运用指标体系进行客户评价时可以根据每个指标对于企业的重要程度对应的权重来体现。指标权重确定的方法主要有主观赋值法和客观赋值法，考虑到客户评价指标权重的可解释度和已接受度，选用主观赋值法进行权重赋值。主观赋值法中层次分析法是应用较多、较为科学的一种方法，它是一种常见的定量与定性相结合的决策方法，增加评价结果的客观性，适用于多准则、多目标或无结构特征的复杂问题的决策分析。主要思路是将复杂的多指标问题分解成阶梯结构的评价指标和评价对象，对同一层次上的元素通过成对的重要程度比较，组成模糊判断矩阵。层次分析法的分析计算步骤如图10-1所示。

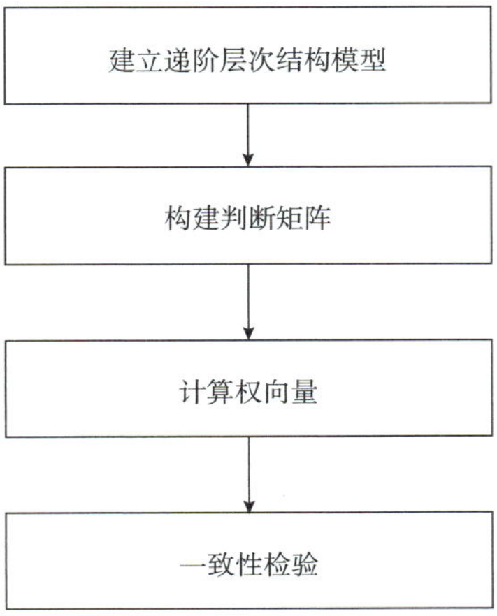

图 10-1　层次分析法的分析计算步骤

通过层次分析法来确定并修正每一个客户评价指标的权重，最后计算得出客户综合得分，完成客户的信用评价定级。

三　客户差异化服务

（一）客户差异化服务内涵

差异化服务是指企业为细分后的市场与客户价值群体有针对性地提供服务，满足不同客户群体个性化的业务需求，进而提高业务质量，提升客户的满意度。

（二）客户差异化服务方法

在天然气市场竞争日趋激烈的环境下，鉴于天然气资源的特殊性，天然气销售企业的差异化营销策略更多地是围绕下游客户关系的差异化管理开展的，即通过开展“一企一策”差异化营销策略，面对已经细分的市场和客户价值群体时，在资源有限的情况下，分别制定不同的产品策略并予以实施，可以在天然气资源有效利用的同时充分发挥客户价值，有力应对天然气市场化变革给企业带来的市场冲击，达到维护市场、提高销售份额的目的。

产品策略是一种企业为了在市场上获得竞争优势而在销售产品时采取的一系列措施与手段。首先，需要对自身产品定位进行评估决策，避免价格和定位不符，导致产品没有市场；其次，需要对客户自身属性、特性进行充分掌握，以制定对应产品策略，达到精准营销的目的。以下列举了一些典型的天然气营销产品策略。

1. 合同锁定

当某些高端优质客户所提资源诉求对企业来说是风险与效益并存的，企业为做好客户差异化服务而尽力满足客户需求时，可通过合同锁定的方式防止实际执行过程中受到外部市场环境大幅波动影响给企业带来的经营风险。

2.捆绑销售

捆绑销售是将两种产品捆绑起来销售的销售方式和定价方式。捆绑销售要达到“1+1>2”的效果取决于恰当的捆绑时机、捆绑产品的互补性。如在资源紧缺阶段，将合同内和合同外增量搭配销售，在提升区域资源保障力度的同时大幅提高资源创效能力；针对城燃客户，由于其本身具有LNG补库需求，天然气销售企业可以将管道气和LNG搭配销售，构建气液互补合作机制，从而提升企业资源市场占有率。

3.资源夏冬联动

天然气需求具有季节性特征，冬季供暖带动天然气需求量明显增多，导致天然气供应偏紧。因此，在采暖季之前，客户都会积极采取各项措施和对策，提前做好采暖季天然气资源筹备，预防天然气供应不足或中断的风险。为了确保天然气产、供、储、销的连续性和平稳性，防止客户因为价格等原因在天然气需求淡季（如夏季）少签或不签合同量，天然气销售企业提出资源夏冬联动策略，淡季时客户持续保持或增加天然气使用量，在需求旺季（如冬季）给予资源倾斜。

4.次月补提

下游天然气需求量会因气候、替代能源价格、宏观经济的变化而产生波动，而天然气购销合同大多数是提前对未来一年每个月的天然气量进行约定，要求客户精确提前预测月度合同，并承担预测不准的风险。为增强客户对天然气销售企业以客户为本的感知度，企业提出在供气期任一月短提量，客户可在次月满足合同约定条件后补提。

5.日调峰服务

为确保储运设施安全运行，天然气计划调度需要具备稳定性，因此合同对客户最大最小日提取量进行明确约定，此约定充分体现了企业向客户提供的日调峰服务；但考虑到某些客户在高峰时段的保供需求，企业充分评估自身储气调峰能力后，推出了超出最大日计划量以外的日调峰服务产品，让客户在用气高峰时段无后顾之忧。

6.价格公式定价模式

为缓解客户资源供需矛盾，同时减少客户资源成本，企业将长约LNG资源优势与客户共享，采用价格公式定价模式，将增量气价格与长协挂钩，并为客户提供锁价服务，充分发挥长期合同保障能源稳定供应的优势，有效避免客户因市场波动带来的运营风险。

7.储气库服务产品

企业利用在全国范围内形成的储气调峰网络，为客户推出灵活丰富的储气服务产品，包括储气能力租赁、代储代输等，客户可根据自身需要选择相应的储气产品，确保在地方能源保供工作中遇突发情况“不掉链子”。

四 客户满意度调查

（一）客户满意度调查内涵

客户满意度调查是用来测量提供客户产品及服务的企业在满足或超过客户购买产品的期望方面所达到的程度。通过客户满意度调查可以确定与满意度直接相关的关键因素，根据这些关键因素开展调查评价后，得到综合的客户满意度指标，进而量化服务水平，发现服务中存在的问题，进一步提升服务品质。

（二）客户满意度调查内容分类

客户满意度调查可分为客户感受调查和市场地位调查。客户感受调查主要调研客户向企业所购买的产品或服务的满意程度，以便为改善企业的服务质量奠定基础。与之相比，市场地位调查不仅可以明确企业的总体运营状况，而且可以对客户满意度的每个要素以及企业与竞争对手的差异进行考察，从而制订出有针对性的行动计划来提升市场地位。

（三）客户满意度调查流程

1. 确定调查内容

要对客户及客户的要求进行界定，并明确客户满意度调查的内容。

2. 调查指标的选取、量化和权重

不同的企业、不同的产品拥有不同的客户群体，其满意度调查的指标侧重点也是不相同的。针对天然气销售企业，调查指标主要包括天然气质量、价格竞争力、供应稳定性、供应安全性、突发情况应急响应处置能力、日常沟通服务保障水平、客户经理服务水平等。选取好调查指标后，其实质是一个定量分析的过程，也就是用数字或者程度去反映客户对测量指标的态度。

值得注意的是，天然气消费客户诸如化工客户、工业客户、城燃客户、电厂客户，他们对调查指标（如天然气的气质、价格和供应稳定等）的关注程度是不一样的，因此不同客户之间满意度指标权重占比可能有所不同。

3. 确定调查方法

目前采用的方法主要有问卷调查、资料收集、调研访谈。

4. 选择调查对象

在客户较少的情况下，应该进行全体调查。若客户数量庞大，在确保样本具有一定代表性和普遍性的前提下可以进行科学的随机抽样调查。

5. 收集满意程度的数据

可以通过书面或口头调查问卷，电话或面谈等方式进行。

6. 调查结果数据分析

即运用科学有效的统计分析方法对调查结果进行评价总结，以量化和客观反映客户满意度。

7. 调查结果运用

根据客户满意度调查结果，找出影响客户满意度因素，制定改进方案，并组织客户经理实行改进方案，从而持续提升客户满意度。

表10-4和表10-5为××天然气销售企业客户满意度调查表和市场地位调查表，可供天然气销售企业参考以开展对应调查。

表10-4　××天然气销售企业客户满意度调查

客户名：　　　　　　　　　　　　调查时间：

调查指标（权重）	满意度				
	非常满意（91~100分）	满意（81~90分）	基本满意（71~80分）	差强人意（60~70分）	不满意（<60分）
天然气质量/%					
价格满意度/%					
供应稳定性/%					
供应安全性/%					
提供临时调峰支持/%					
突发事件处置配合/%					
日常沟通/%					
客户经理服务水平/%					
……					
其他意见或建议					

注：客户评价及建议（请在所选项框中填写分数）。

表10-5　××天然气销售企业市场地位调查

客户名：　　　　　　　　　　　　调查时间：

调查指标	对比竞争对手				
	较竞争对手优秀	较竞争对手略优	与竞争对手持平	较竞争对手略差	较竞争对手差
价格竞争力					
资源稳定性					
供应安全性					
储气调峰能力					
企业形象和信誉度					
企业创新能力					
未来发展潜力					
……					

注：客户评价及建议（请在所选项框中打√）。

五　客户关系提升

面对激烈的市场竞争，由于种种原因，企业与客户之间的关系会逐渐弱化，甚至出现破裂的情况，因此企业需要采取多种有效措施，持续巩固提升客户关系。

（一）客户关系弱化原因分析

1. 市场竞争激烈导致的客户关系弱化

随着天然气市场化程度越来越高，管网的公平开放、资源结构不同带来的价格差异、各路资源商的涌入，导致天然气市场竞争日益激烈。为了在市场中快速占据优势，竞争者通常会拿出更优厚的条件来吸引拉拢客户，客户向竞争对手靠拢也就成了很常见的事情。

【实例】企查查数据显示，2011年以来的十年间我国天然气相关企业年注册量总体呈波动上升趋势。2011年注册量为4951家，随后逐年攀升，到2019年国家管网公司成立后更是明显增多，这一年新增注册量为历年来最高。通常这些新增天然气相关企业绝大部分属于贸易型资源商，不承担地方保供责任，其资源成本在某些时期具有较大竞争优势。在这种情况下，部分只立足眼前利益的客户很容易因为低廉的资源价格、短期量的保障供应，转而与这些新增资源商合作。

2. 客户缺乏诚信导致关系弱化

契约精神是企业之间合作最看重的。在实际合同执行过程中，客户可能由于外部竞争气源价格、自身经营问题等原因产生不按照合同约定计划提取天然气、不支付或者延迟支付天然气价款的问题，给企业经营带来重大不利影响，使企业对客户产生信任危机。

3. 企业内部服务意识淡薄导致客户关系弱化

客户和企业的利益是紧密相连的，但情感也是非常重要的一条纽带，在服务过程中往往细节上的疏忽会导致与客户关系的弱化。例如：总是忘记或无视客户的要求；或者由于企业人员的专业程度不够，经常不能及时地帮助客户解决急难问题；等等。

4. 企业营销策略组合不当

具体表现为企业对其提供的服务和产品未结合客户实际情况，营销策略无法实现客户需求或达到客户预期，使得客户转向其他企业。

（二）客户关系提升措施

1. 实施全面精准营销

在天然气销售行业，下游客户主要追求的是天然气销售企业能给其带来价格竞争力、天然气质量、供应稳定、供应安全、应急调峰保障和服务体验。企业可针对以上几点实施全面质量营销策略，获取客户认可，提升客户黏性。

【实例】2021年采暖季前夕，正值进口天然气价格处于高位时期，某城燃客户为做好采暖季资源准备，与当地天然气销售企业签订了近1亿m^3海外进口增量资源协定，但受暖冬、新冠疫情等影响无法消纳，造成该客户经营出现巨大困难，濒临破产。为此，当地天然气销售企业立足于民生保供，与客户进行充分沟通，通过延长交付周期，免除偏差结算，主动降低销售价格等措施，帮助客户顺利渡过难关，大幅提升了该企业在客户心中的地位和形象，为未来双方的友好紧密合作打下了坚实的基础。

2.树立“客户至上”的服务意识

忠实客户所带来的巨大经济利益，使许多企业意识到：企业与客户交互的终极目的不在于买卖，而在于建立长久的忠实关系。在这样的思维下，企业的所有部门、员工都要将客户放在第一位，做到精准对接、精细服务，将新客户变成老客户，将老客户变成优质客户，持续提高客户的忠诚度。

【实例】受宏观环境因素影响，某城燃客户下游企业全部停工，气量直线减少至70万m^3/d。由于企业单日停工经济损失巨大，当地天然气销售企业根据市场形势，不断加强与各城燃客户信息交流，紧盯天然气市场需求变化，掌握下游生产动向及恢复节点，提前做好需求侧管理，并且持续强化与省、地市发改部门沟通，了解区域经济复苏刺激政策，防范下游大面积复工复产导致气量快速反弹，保障气量供应平稳运行；在保证效益的前提下，综合考虑部分客户的实际困难，快速调整营销策略，允许客户对上月短提气量进行适度补提，积极调配资源，解决了该城燃客户下游500余家工业客户复工复产迫在眉睫的难题；确保复工企业有气用，能生产，快速走出困境，全力保障该区域天然气供应，得到了客户的高度赞扬。

3.快速响应客户需求

首先，企业应及时将经营策略的变化信息传递给客户，便于客户工作顺利开展。其次，在客户用气过程中可能遇到管道检修、故障，临时协调气量增减，冬季用气紧张等情况，企业应及时了解客户需求，帮助客户解决困难，提升客户信心。最后，企业应加强对客户的了解，经常进行沟通交流，搜集客户建议和意见，将其融入企业各项工作的改进之中，突出差异化服务，想方设法比竞争对手做得更多、更快、更好。

【实例】在突发极寒天气的某天傍晚，气温骤降，某城燃客户供应当地主城区近80%民用天然气，低温寒流导致下游用气量大幅抬升，其管网设施压力快速下降，请求紧急增供20万m^3，保障地区民生气量供应。接到客户需求后，客户经理意识到事情的紧迫性，立即将情况向上级汇报，当地天然气销售企业迅速启动供应事件专项应急预案程序，与上级主管部门、管网运行企业等关键单位进行协调对接，仅用1小时即完成增量落实，将寒流造成的市场阶段性供不应求影响最小化，高效完成该地入冬以来的首次调峰保供任务。“上游销售企业紧急增供的气，帮我们平稳度过了今冬第一轮用气高峰，太棒嘞！”该城燃公司经理夸赞道。“1小时的天然气紧急增供”成了当地城燃客户行业内的一段佳话。

4. 创新产品策略

面对瞬息万变的市场环境和个性化、多样化的客户需求，企业应针对性开发新的营销产品、提出新的营销策略，在满足客户合理需求的基础上快速为客户提出切合实际的合理化建议，增加双方深入合作的可能性。

【实例】天然气的供应安全性、稳定性和持续性是国家能源安全的重要组成部分。因此，地方政府和客户都在积极采取各项措施和对策，来预防天然气供应不足或中断的风险。为此，某天然气销售企业利用其在全国范围内形成的储气调峰网络，推出为客户提供灵活丰富的新储气服务产品，包括储气能力租赁、代储代输等，客户可根据自身需要选择相应的储气产品，确保在地方能源保供工作中遇突发情况“不掉链子”。

5. 合资合作建立股权关系纽带

企业与客户之间通过合资合作，将双方优势进行紧密结合互补，打造新的竞争优势，开发新的市场，共同在新的市场中抢占红利。以股权为纽带，实现各家优势叠加，相互依赖、共赢发展，使得双方关系具有长久性和相互信任性。

6. 充分发挥自身优势，提升企业形象

天然气销售企业通过持续保供区域内能源稳定供应，守护社会民生经济稳定发展，用可靠的履约能力、优质的服务以及在资源保供方面所做的贡献扩大品牌影响力，并树立良好的企业形象，不断巩固提升客户对企业的信任依赖度。

第四节 公共关系管理

考虑到天然气的特殊性，天然气销售企业一方面要处理好与政府之间的公共关系，及时响应相关政策，帮助政府落实有关工作，完成好有关部门传达的工作指标；另一方面要处理好与社会群众之间的公共关系，承担好相应的社会责任，做好与终端消费者之间的沟通，及时传递相关政策方针，并承担好向有关部门传达群众需求的职责。通过围绕公共关系定义及其必要性和公共关系管理的主要典型做法进行介绍，为天然气市场营销工作中可能遇到的各类公共关系管理事件提供参考。

一 公共关系定义及其必要性

公共关系是一个组织为了改善与社会大众的关系，促进公众对该组织的认知、理解和支持，达到树立良好组织形象、促进商品销售目的的一系列公共活动。通过对社会公

众的态度进行评估，确定符合公共利益的个人或组织的政策与程序，制订并实施各项行动计划，从而提升主体的知名度和美誉度，提升其形象，得到公众的认可和理解。

二　公共关系管理的典型做法

公共关系管理是指对组织与社会公众之间传播沟通的目标、资源、对象、手段、过程、效果等基本因素进行管理。其主要工作内容有媒体合作、信息披露、投资者关系、投诉处理、危机管理等；涉及的工作对象主要有政府机关、业务关系单位、新闻媒体、社会公众、内部员工等。其工作目标主要有四个方面：一是建立广泛的社会组织关系，改善经营外部环境；二是方便获取一手政策资讯，提前全面了解获得各自资源；三是与行业内建立深入交流合作模式，实现企业互助和资源共享；四是做好外宣，树立良好企业社会形象和口碑。

结合公共关系管理工作目标，目前天然气销售企业公共关系管理主要典型做法有如下几项。

（一）及时统一地向外界传递天然气相关资讯

对待不同的外界群体，天然气销售企业应当使用统一风格来传递一致资讯。由于不同群体有着不同的关注点，例如天然气终端客户注重的是天然气的价格，而天然气合作投资客户注重的是合作后的盈利，因此信息传递过程中要带有一定技巧性和策略性，在传递过程中有侧重性地针对不同群体传达好其所关注的讯息与内容。

（二）加强与地方政府职能部门的沟通协调

天然气销售企业与国家政策紧密相关，政策决定了天然气行业未来发展方向。天然气销售企业要积极与政府相关部门沟通交流，及时获取一手信息，全力配合地方政府工作，积极争取有利政策支持，完成好政府下达的工作指标，履行好自身的企业职责。

（三）加强对外宣传打消公众对天然气企业的不解和质疑

相比较而言，天然气虽然与普通大众的生活息息相关，但是很少有人能充分了解天然气行业内工作内容、工作性质，可能会错误地认为天然气企业为垄断性企业，能够获得比其他企业更加高额的利润。因此，天然气企业应该充分发挥宣传优势，内宣外宣共同发力，线上线下联动宣传，聚焦天然气产供储销体系建设、风险洁净能源等重大线索，通过社会主流媒体大力报道企业各方面取得的显著成绩，向外界社会讲好天然气行业内部故事，如在节能减排、能源保供方面所展现的企业担当等，展现天然气企业人性化、公开、透明、诚实的企业形象，不断拉近与公众的距离。

（四）构建天然气销售公共关系危机处理机制

1. 建立危机预警机制

建立一个完善的危机预警机制可以帮助企业及时发现潜在的风险和问题，并采取相应的措施进行处理。企业可以通过定期开展风险评估、定期监测媒体报道和舆情动态等方式建立危机预警机制。

2. 组建危机处理团队

企业应该建立专门的危机处理团队，该团队成员应具备危机管理和公共关系方面的专业知识和技能。危机处理团队应制定详细的危机处理流程，并定期进行演练，以确保在危机发生时能够快速、有效地响应。

3. 快速反应和及时公开信息

当舆情危机发生时，企业应该迅速采取措施并及时公开相关信息。企业可以通过各种渠道向公众传递信息，如媒体发布、社交媒体、官方网站等。

4. 建立危机沟通机制

企业应该建立与政府部门、媒体和其他利益相关者的良好关系，并制定相关沟通机制。在危机发生时，企业应该积极与各方沟通，及时解决问题和消除误解，以维护企业形象和公众信任。

5. 危机后评估和反思

在危机处理结束后，企业应该开展全面的评估和反思，总结经验教训，找出不足之处，并采取措施进行改进，帮助企业在未来更好地应对类似的危机事件。

三　天然气销售企业公共关系管理实例

（一）坚决履行地方保供责任

入夏以来，某地区出现连续的极端高温天气，导致用电负荷持续攀升，电力供应形势异常严峻。在这种情况下，当地某天然气销售企业积极贯彻该省政府能源保供工作部署，成立“迎峰度夏/冬”气量保供小组，组建保供先锋队，坚决履行保供责任，把能源电力安全、民生保供作为首要任务；精细灵活做好资源调配，制定好一系列应急措施；提前摸排燃气电厂气量缺口、气量价格承受能力，科学拟定顶峰发电保供保效方案；有效加快供气进度，积极配合电网调峰需求，为该省能源电力注入“强心针”；确保电网安全稳定运行，全方位展现企业社会责任担当，提升企业在地方的口碑和竞争优势。为此，当地政府向该企业所属集团公司致以感谢信，对其保供举措给予了高度认可和由衷感谢。

（二）科学处理舆情事件

某年采暖季期间，某地城燃公司因资源准备不足引发局部舆情事件。事件发生后，个别人士未对事件本身进行全面深入了解，利用自媒体恶意抹黑上游某资源供应商形象，将其推向保供不力的舆论风口浪尖。为此，该资源商区域天然气销售公司第一时间进行应对。一是扎实做好基础工作，做好客户情绪疏导；二是积极进行正面引导，宣传其在当地资源保供中采取的措施和做出的贡献；三是积极协同当地政府筹措资源，重启停供地区的增供资源，全力履行保供职责，展现企业社会担当，占据了舆论主导地位，及时维护了企业正面形象。

第十一章

中国天然气市场发展展望

本章导读

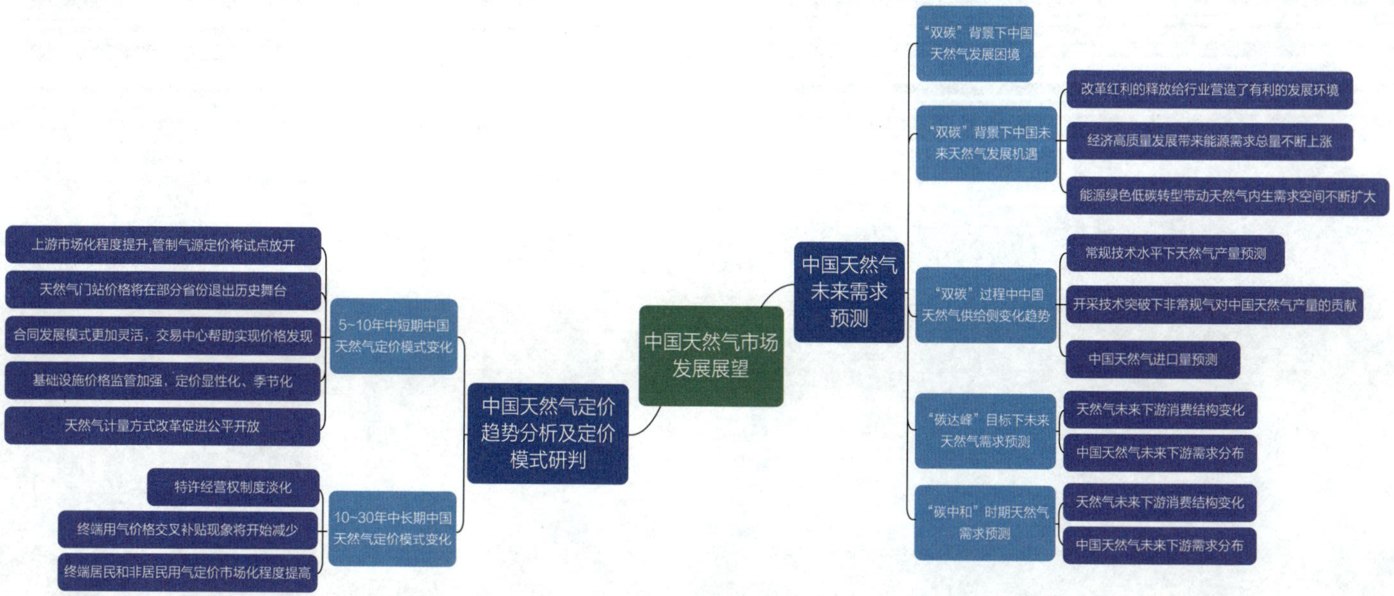
中国天然气市场发展展望
中国天然气未来需求预测
“双碳”背景下中国天然气发展困境
“双碳”背景下中国未来天然气发展机遇
改革红利的释放给行业营造了有利的发展环境
经济高质量发展带来能源需求总量不断上涨
能源绿色低碳转型带动天然气内生需求空间不断扩大
“双碳”过程中中国天然气供给侧变化趋势
常规技术水平下天然气产量预测
开采技术突破下非常规气对中国天然气产量的贡献
中国天然气进口量预测
“碳达峰”目标下未来天然气需求预测
天然气未来下游消费结构变化
中国天然气未来下游需求分布
“碳中和”时期天然气需求预测
天然气未来下游消费结构变化
中国天然气未来下游需求分布
中国天然气定价趋势分析及定价模式研判
5~10年中短期中国天然气定价模式变化
上游市场化程度提升,管制气源定价将试点放开
天然气门站价格将在部分省份退出历史舞台
合同发展模式更加灵活，交易中心帮助实现价格发现
基础设施价格监管加强，定价显性化、季节化
天然气计量方式改革促进公平开放
10~30年中长期中国天然气定价模式变化
特许经营权制度淡化
终端用气价格交叉补贴现象将开始减少
终端居民和非居民用气定价市场化程度提高

第一节

中国天然气未来需求预测

一 "双碳"背景下中国天然气发展困境

通过对国内外天然气市场发展经验的分析，可以总结出影响天然气发展的主要因素：宏观政策及经济发展程度、先天资源禀赋及气候状况、管道及其他配套设施建设、地方政府扶持力度、产业体制机制改革等。其中，宏观政策和产业体制机制改革对天然气行业的发展起到决定性的作用。宏观政策，主要指的是环保政策以及产业政策；产业体制机制改革，尤其是价格改革、基础设施建设，对天然气产业持续发展起到很重要的保障作用。前者起引领推动作用，后者起保障护航作用。

将当前国内天然气市场发展环境与上述因素对照分析，可以得出，当前除了宏观政策给产业带来良好的发展环境，其他因素均存在客观制约壁垒：一是我国气源对外依存度居高不下，长期在40%及以上徘徊，供应主体、气源结构、渠道来源较为单一，对特定国家资源依赖度较高，能源安全易受挑战；二是基础设施建设不均衡，偏远地区管道尚未覆盖，尚未完全实现"一张网"，跨区域资源调度能力不足，区域、季节消费不均衡，终端利用结构不合理；三是体制机制、价格形成机制改革进度较慢，上中下游缺乏高效的协同联动运转机制，产供储销体系仍需进一步完善。可再生能源经济优势凸显和新技术突破，都将极大削弱天然气的竞争优势。总体来讲，天然气产业上游"血液"供给不稳定，中游"网络"运行不高效，下游"肌体"保障不完全，对天然气产业高质量发展存在很大的制约。

二 "双碳"背景下中国未来天然气发展机遇

（一）改革红利的释放给行业营造了有利的发展环境

"十三五"期间，国家油气体制机制改革关键性政策落地：上游增储上产、中游公平开放、下游直供直销，天然气行业迎来新的发展格局。2021年"碳达峰"行动方案出台，同年国家发改委发布了《"十四五"时期深化价格机制改革行动方案》，明确了天然气在实现"双碳"目标中的作用，奠定了天然气未来至少20年的稳步发展基础。

同时在“碳达峰”等系列政策和改革红利的驱动下，给国内天然气市场化体制机制改革、产供储销体系的完善创造了友好的环境，从而推动行业高质量发展。

（二）经济高质量发展带来能源需求总量不断上涨

近年来我国经济高速度高质量发展，为天然气行业的快速发展提供了土壤。“十三五”期间，我国经济快速发展，实现GDP年均增速8.03%，整体来看经济增速有所下降，但是增长质量有所提高：单位GDP能耗大幅下降，节约能源6.5亿tce，能源消费总量控制在50亿tce之内。中部崛起战略持续深化，城镇化工业化进程仍将快速推进，经济规模总量较大。在保证一定的经济增速下，能源需求还在不断地上涨，为天然气未来需求增长提供了良好的经济环境。

（三）能源绿色低碳转型带动天然气内生需求空间不断扩大

近年来，我国能源供给结构大幅优化，煤炭消费占比下降，可再生能源实现跨越式发展，2021年天然气消费量较2015年大幅增加92.88%，但“一煤独大”的能源结构问题仍然突出。

伴随《关于加快建立健全绿色低碳循环发展经济体系的指导意见》《2030年前碳达峰行动方案》《中共中央、国务院关于深入打好污染防治攻坚战的意见》《“十四五”工业绿色发展规划》等系列政策措施落地，工业、制造、交通、建筑等领域“煤代气、油代气”“建筑供暖”等消费替代升级加速，居民气化率持续提高。气电项目快速发展，直接带动了天然气内生增长空间。对标《2030年前碳达峰行动方案》总体目标，按照可再生能源最大化发展思路，结合当前全国能源与天然气发展水平，利用能源消费系数法，预计“十四五”期间我国天然气市场需求达5000亿m^3。

三 “双碳”过程中中国天然气供给侧变化趋势

在“双碳”顶层目标的约束下，国家一系列清洁能源规划仍然需要天然气这种“过渡性”“桥梁性”能源支撑，提高天然气自给能力、保障能源安全成为现实选择。

（一）常规技术水平下天然气产量预测

天然气属于我国近年来重点支持发展的产业，在我国实现“双碳”目标的初级阶段将起到非常重要的桥梁能源作用，在中长期则具有广阔的发展前景。随着“增储上产七年行动计划”持续推进，全国天然气产量快速增长，新增探明地质储量保持高峰水平。未来，我国将继续保障国内供应安全，推进天然气持续稳步增长。国家能源局预计我国天然气产量于2025年超过2300亿m^3，2040年以后较长时期稳定在3000亿m^3以上水平。而中国石化石油勘探开发研究院发布的《2023年中国天然气行业发展报告》预测，随着非常规气开采技术的进步以及常规气开采量的稳步提升，至2025年，国内天然气产量将超过2500亿m^3，至2035年，产量将超过3000亿m^3。

（二）开采技术突破下非常规气对中国天然气产量的贡献

1.页岩气开采

中国页岩气资源丰富，技术可采资源量为36万亿m^3，是常规天然气的1.6倍，居世界第一位，可供中国使用100多年。在推动我国能源转型，全面落实国家“碳达峰、碳中和”目标重大部署过程中，未来十年仍是清洁能源的黄金期。作为未来最有发挥空间的低碳化石能源，天然气还将与可再生能源长期相伴相生，而页岩气仍将是“十四五”期间中国天然气增量市场的主力。

为加快我国页岩气产业发展，从2012年起我国政府各部门制定了多项与页岩气有关的政策，支持页岩气开发及产业发展。政策的先后出台对我国页岩气发展起到了良好的推动作用，从2012年到2020年，我国页岩气产量从0.25亿m^3增长到200.4亿m^3，年均复合增长率高达130.67%。根据国家能源局规划目标，“十四五”及“十五五”期间，我国页岩气产业将加快发展，预计2030年实现页岩气产量800亿~1000亿m^3，国内页岩气资源有望进入大规模商业化开发阶段。

2.可燃冰开采

可燃冰是一种天然气水合物，是在高压低温的环境下形成的。虽然从外形上看很像冰，实际上却是天然气和水分经过低温高压后形成的结晶化合物。由于可以燃烧，可燃冰很多时候也被称为固体瓦斯或者气冰。中国的可燃冰储量非常大，同页岩气一样位居全球第一。

《天然气发展“十二五”规划》中，国家对于可燃冰的开采制订了具体的发展计划。该规划指出，2006年到2020年属于调查阶段，2020年到2030年是尝试开发生产的阶段，而2030年到2050年就可以进入商业化生产了。

（三）中国天然气进口量预测

1.LNG进口量及进口趋势分析

如图11-1所示，2017~2021年，国内LNG进口量连年攀高，成为世界第一大LNG进口国。自2022年以来，受到国际局势动荡影响，国际油气价格屡创新高，国内LNG进口压力明显增大，2022年国内LNG进口量出现回落，2022年全年，国内LNG进口量6379万t，较2021年下降19.98%。预计短期内，国际政治格局难以恢复，对国际天然气市场的影响将会在未来的2~3年内持续存在，国内LNG进口量将小幅缓慢恢复。结合国内接收站投产计划及接收站利用率，预计至“十四五”时期末，国内LNG进口量将会达到8752万t，后期随着接收站产能过剩及进口管道气的增加，国内LNG进口增速将放缓，预计2030年，国内LNG进口量将超1亿t，至2060年，国内LNG进口量将达到1.18亿t。根据《中国能源展望2060》预计，到2045年，LNG进口量峰值将达到2330亿m^3。

图 11-1　中国 LNG 进口量趋势分析与预测

从进口来源看，进口来源更加多样化是维护国家能源安全的必然选择。面对国际局势的不稳定性，我国将逐渐转变之前过于依赖澳大利亚的进口格局，进一步增加与俄罗斯、美国等国家的长约签订，使国家能源安全进一步得到保障。

2. 管道天然气进口量及进口趋势分析

管道天然气进口具有单体体量大、进口量稳定的特点，是我国天然气进口的基石。当前，我国陆上管道天然气进口有三条通道：西部的中亚、东北的中俄以及南部的中缅，合计进口能力达到900亿m^3/a。随着中俄间天然气合作的持续深入，未来，我国将有两条新的来自俄罗斯的天然气管道，分别为中俄中线（西伯利亚力量2号）及中俄远东线，二者进口能力总计为600亿m^3/a，加上正在施工中的中亚D线，未来我国可以预见的天然气进口能力将会达到1980亿m^3/a，预计上述产能将在2035年前后投产。

如图 11-2 所示，根据当前国内进口天然气管道的平均利用率估算，预计到2030年，国内管道天然气进口量将达到1038亿m^3，至2060年，将达到1308亿m^3。

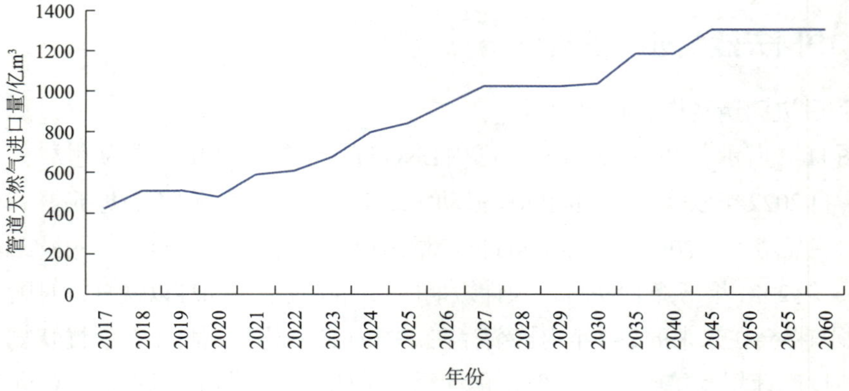

图 11-2　中国管道天然气进口量趋势分析与预测

从进口来源看，随着中俄间多条管道的投产，预计俄罗斯将取代土库曼斯坦，成为我国第一大管道气进口来源国。

四 “碳达峰”目标下未来天然气需求预测

“十四五”期间，随着天然气上中下游全产业链市场化改革进一步深化，现代天然气市场体系将进一步完善，天然气在实现“双碳”目标过程中的作用将进一步凸显。在工业、发电和城市燃气的带动下，中国天然气表观消费量仍将持续增长，考虑到当前国际天然气市场和我国天然气消费高速增长的现实，年均增长率将从“十三五”时期的10%左右，回落到3.3%左右。如图11-3所示，预计到2026年，我国天然气表观消费量达到4300亿~4400亿m^3，至2030年，我国天然气表观消费量达到5000亿m^3。

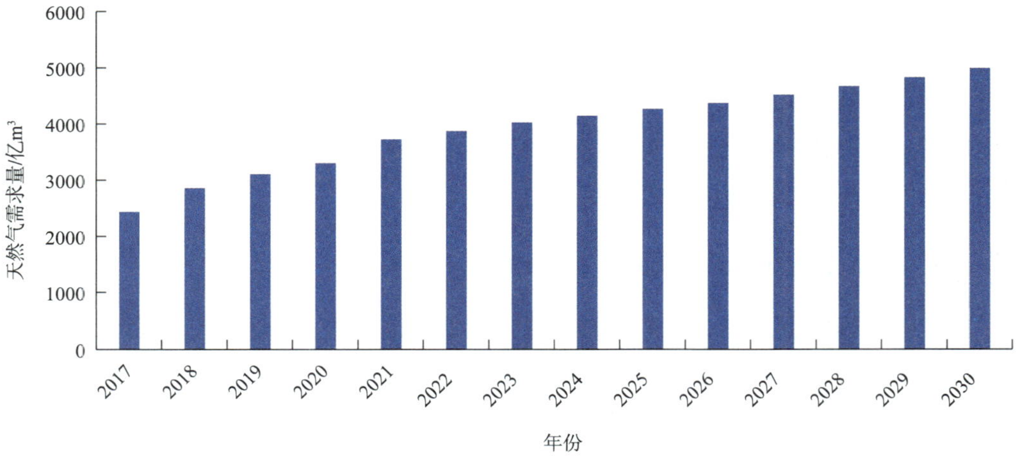

图 11-3 “碳达峰”目标下中国天然气需求量预测

而根据《中国能源展望2060》的预计，2040年前后我国天然气消费达峰，峰值约为6100亿m^3，在2060年仍将达到4000亿m^3。

（一）天然气未来下游消费结构变化

城市燃气是天然气产业下游消费利用发展的基石，继续推动中西部城市“气代煤”是我国实现“碳达峰”过程中重要的发展方向。随着管道基础设施建设的进一步完善以及城市毛细管网的健全，城市燃气用气量将逐年上升，尤其是在清洁取暖方面天然气将发挥重要的作用。如图11-4所示，预计至2030年，城市燃气用气量在天然气消费中的比重为30%左右。

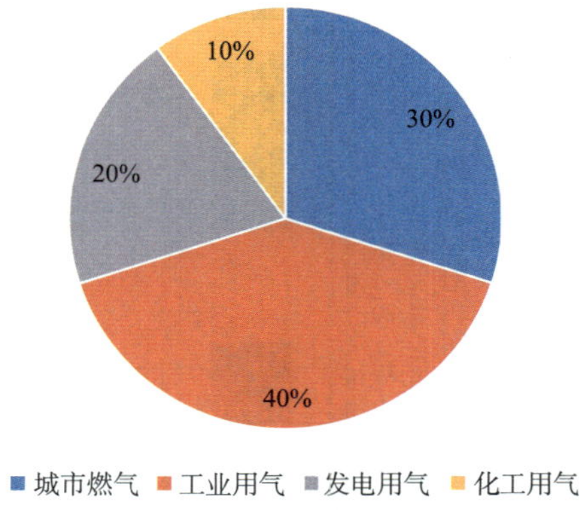

图 11-4 “碳达峰”时期中国天然气消费结构预测

2022年，工业用气目前在国内天然气用气总量中的占比为40%，是第一大用气需求。预计在实现“碳达峰”过程中，工业用气的比重将会进一步提升，工业“煤改气”将会持续推进，预计至2030年，工业用气将会成为天然气最大的用气下游，占比将达到40%。

从发电用气来看,《中国天然气发展报告（2021）》提出，推动能源绿色低碳转型，在工业、建筑、交通、电力等领域有序扩大天然气利用规模，充分发挥燃气发电效率高、运行灵活、启停速度快、建设周期短、占地面积少等特点，将气电调峰作为构建以新能源为主体的新型电力系统的重要组成部分，是助力能源“碳达峰”，构建清洁低碳、安全高效能源体系的重要实现途径之一。天然气发电电力工程造价呈下降趋势，由于国产燃气轮机技术的重大突破，天然气发电成本将进一步下降。因此，预计未来天然气发电用气在天然气消费中的占比将提升至20%。

2020年国民经济和社会发展规划的主要任务中，首次提出要制定国家氢能产业发展战略规划。全球约一半的氢是通过天然气蒸汽重整工艺生产的，因此，氢能产业的发展是“十四五”天然气化工的重要利好，天然气制氢将在天然气化工领域的发展利用中取得长足发展。另外，LNG内河船舶加注也会在未来十年内有较为明显的发展，也是一个值得注意的新的用气增长点。

（二）中国天然气未来下游需求分布

在“碳达峰”目标下，工业领域是国内天然气消费增长的主力。以京津冀鲁为代表的环渤海经济大区及以苏浙沪为代表的长三角经济大区是我国天然气消费增量的重要区域。如图11-5所示，华东和华北区域工业消费潜力依然巨大，预计2030年消费占比将分别达到30%及22%；随着“气代煤”的持续推进，华中区域消费量也会进一步提升，预计至2030年，华中区域消费占比将由2021年的7%左右提升至9%；受益于天然气发电需求的迅速增长，华南地区天然气消费在国内消费中的占比也将会稳步提

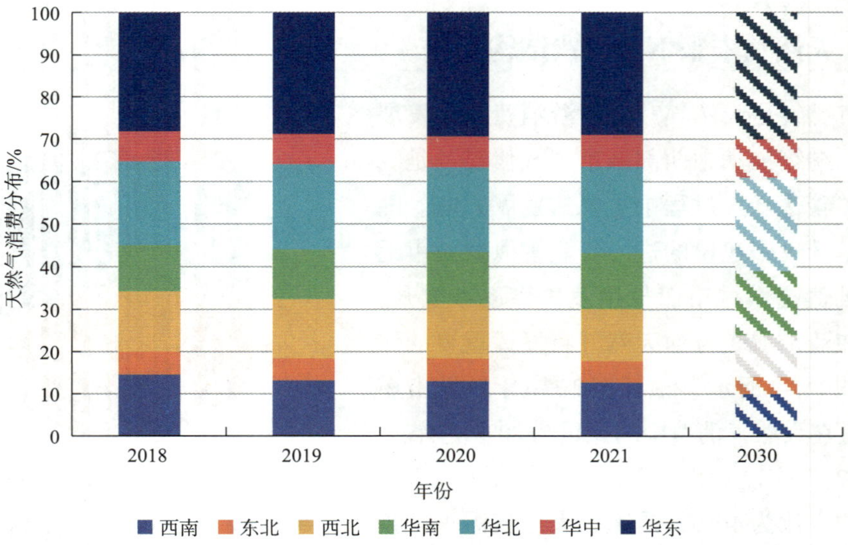

图11-5 “碳达峰”时期中国天然气消费分布预测

升至15%左右；而随着国内用气总量的加大，西南、西北及东北地区的用气量占比将会出现下滑，预计至2030年，上述三个地区的用气占比分别为10%、10%及4%。

五 “碳中和”时期天然气需求预测

尽管实现“碳中和”最好的方法是使用可再生能源替代化石能源，但考虑到能源转型过程的时长、现有的技术政策、能源安全等问题，化石能源在相当长的时间内还将扮演不可替代能源的角色。天然气替代煤炭对碳减排产生的积极作用毋庸置疑。

“煤降气升”将继续成为中国能源结构调整的显著特征。未来，在城市人口持续增长、环境污染治理力度加大、天然气管网设施日趋完善，以及分布式能源系统快速发展等利好形势下，中国天然气消费黄金发展期将持续到2030年或2035年；“双碳”目标提出前，按照国务院发展研究中心对中国天然气发展趋势的预测，2030年中国天然气消费将达到6022亿m^3，2035年将达到7208亿m^3；“双碳”目标提出后，2030年天然气预期消费规模下调至5500亿~6000亿m^3，之后天然气消费稳步增长，2040年前后将进入发展平台期，预计在2040年达到峰值6000亿m^3，2040年后，随着非化石能源技术的突破，化石能源消费量将会出现下滑，相应天然气需求量也有小幅回落。

（一）天然气未来下游消费结构变化

从远期看，随着氢能、核能、太阳能等清洁能源的进一步发展，天然气发电用气的比重将下降，可再生能源发电在电力行业中的应用占比将大幅提升。“碳中和”时期中国天然气消费结构预测如图11-6所示。发电用气占比将会下降至10%左右。其他用气需求由于没有其他能源可有效替代，天然气依然将是其主力能源，尤其是工业需求，2060年在天然气用气结构中，占比将进一步提升至50%左右，居民用气及化工用气占比相对稳定，分别为30%和10%。

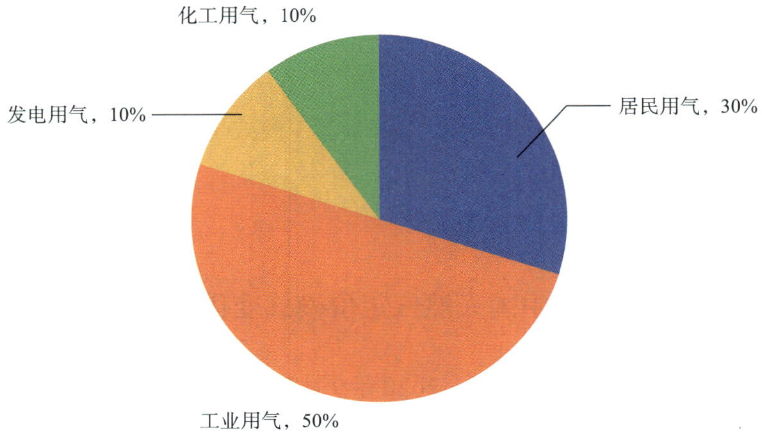

图11-6 “碳中和”时期中国天然气消费结构预测

（二）中国天然气未来下游需求分布

“碳中和”时期国内天然气消费分布预测如图11–7所示。未来随着中俄东线的达产，东北地区天然气利用程度将会有明显提升，但由于东北为人口流出型地区，天然气发展将会呈现“低量高质”的局面，整体用气占比在国内将会有小幅提升；华东和华北由于经济发展程度较高，在“碳中和”过程中将会担当排头兵角色，“提气减碳”进度加快，未来仍然是国内天然气用气潜力最大的地区；受到天然气发电需求减少影响，华南地区在国内消费中的占比将会下降。

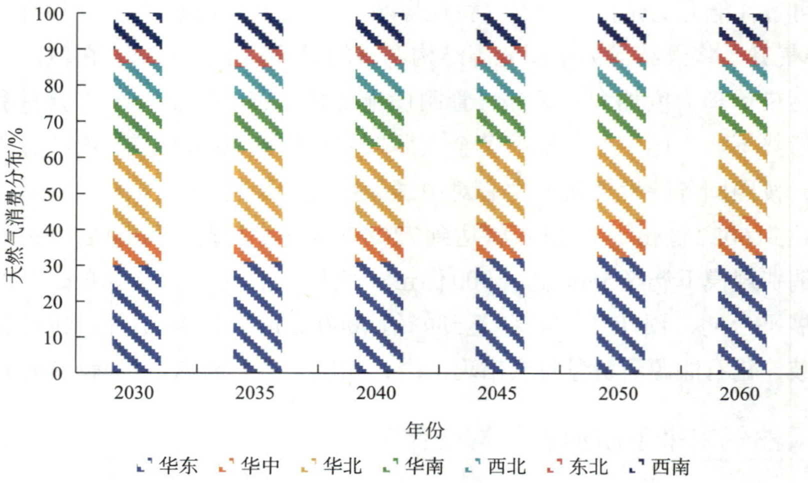

图11–7 “碳中和”时期中国天然气消费分布预测

第二节

中国天然气定价趋势分析及定价模式研判

本节主要结合国家管网体制改革，“X+1+X”模式下天然气定价趋势，尤其是管道天然气定价方式及定价模式的分析研判。

一 5~10年中短期中国天然气定价模式变化

2019年国家管网公司挂牌成立，2020年9月30日国家管网公司全面接管分属于三大石油公司的相关天然气管道、储气库、接收站等基础设施资产，这标志着我国油气管网运营机制市场化改革向前推进了重要的一步，“放开两头、管住中间”的

"X+1+X"市场化思路逐渐真正推向市场。

如图11-8所示，目前中国天然气门站价呈现出政府管控与市场化定价的"双轨制"特征。

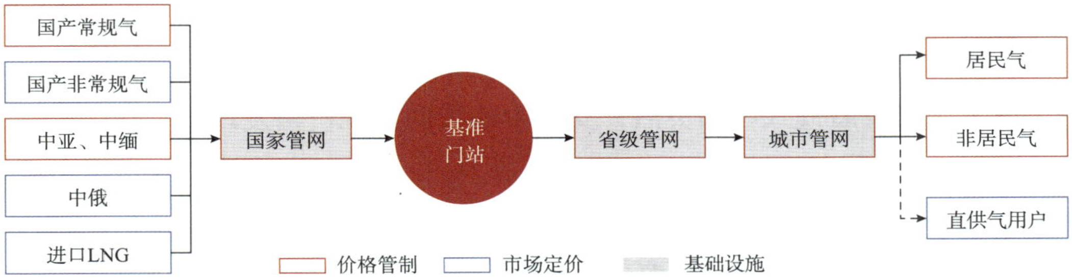

图11-8 天然气产业链定价现状

2020年《中央定价目录》显示，国产陆上气和2014年底投产的进口管道气门站价由政府管制；海上气、页岩气、LNG、直供用户、2015年投产的进口管道气等门站价由市场形成。

未来我国将会形成上游油气资源多主体多渠道供应、中间统一管网高效集输、下游销售市场充分竞争的"X+1+X"油气市场体系，这个体系真正达成需要基础设施、参与企业、计量方式、金融市场等多方面共同配合，从未来5~10年的中长期来看，我国天然气定价或将会面临以下几点变化。

（一）上游市场化程度提升，管制气源定价将试点放开

近年来，我国对国产天然气，进口中亚和中缅管道气实施最高门站价格上浮20%的价格管制，理论上取消了对非常规天然气、进口LNG、进口俄罗斯天然气价格管制，但由于目前天然气上游经营主体仍未形成有效的多元竞争格局，因此上游气源单位仍旧在政策指导下进行定价，这导致上游气价成本传导不完全，部分气源价格出现倒挂。

未来5~10年随着天然气市场化改革的推进，上游供应主体将会增加，多元竞争局面逐步形成后，我国将适时开放国产天然气和中亚、中缅天然气价格管制，彻底放开非管制气源的定价限制。

（二）天然气门站价格将在部分省份退出历史舞台

随着"放开两头、管住中间"的天然气市场化改革思路不断推进，政府在天然气产业链中的定价范围将会缩窄。天然气门站价格将在天然气产业链定价中的指导作用逐渐降低。虽然2020年公布的《中央定价目录》，天然气门站价格已经移出目录，但是目前各省区市均未形成可替代门站价格的管理机制，导致价格谈判时，缺少能够获得上下游认可的基准价格，因此各省区市目前仍旧参考门站基准价格进行定价，所定价格也难以反映市场供需现状。

未来LNG接收站建设主体增多，煤制气、煤层气等非常规天然气可以通过国家天然气管网实现向下游销售，部分省份的天然气供气主体已经达到了三家甚至在三家以上，实现了“X+1+X”中上游X充分竞争的必要条件，“放开两头、管住中间”商业模式在部分省份已经具备形成的基础，预计在未来5~10年中将初步探索出枢纽价格形成机制。

（三）合同发展模式更加灵活，交易中心帮助实现价格发现

目前，天然气门站价格调整方式并不能够充分反映下游市场需求变化。一方面国际原油和LNG现货价格波动频繁，上游以年度为单位与下游签订用气合同，不能反映国际资源成本变化，容易出现气源采购的风险敞口；另一方面城市燃气企业签订大量的照付不议气源，降低了其本身的气源采购灵活性、增加了实际执行风险。

因此，未来“民生用气+市场化用气”相结合的变频定价模式将更符合买卖双方的利益。从具体模式来看，首先减少下游照付不议的合同量，上游企业将民生用气作为城燃照付不议气量，保障民生用气的量价稳定；其次将其余气量划入市场化用气范围，市场化用气以月度或更高频率参与交易中心的价格竞拍获得，竞拍成交价格能够反映国际气源成本和国内供需变化；最后实现对民生用气保供与市场化气价相结合，降低了国际价格变动给上游带来的风险敞口，同时下游城燃气源采购将更加灵活，避免供气区域内由项目开停工及政策、经济等外部环境不确定性带来的照付不议气源的执行风险。

（四）基础设施价格监管加强，定价显性化、季节化

在国家管网公司成立之前，国家级天然气管道的管输和天然气销售价格便已经实现了独立核算；国家管网公司成立以后，天然气储气库、LNG接收站等更多上游基础设施价格显性化。随着未来天然气市场化改革的逐步深入，靠近终端的基础设施，如城市燃气所属的LNG调峰储备站、省级天然气管道甚至城市燃气等天然气基础设施价格也将开始独立核算。靠近终端的天然气基础设施独立开放是“X+1+X”中第二的“X”——销售主体多元化形成的更加有利条件。

我国天然气消费呈现明显的季节化特征。在天然气下游消费结构中，城市燃气不均匀系数波动范围在0.73~1.66，冬季城市燃气调峰压力巨大，且随着我国居民生活水平的提高，国内供暖需求向南扩大，未来冬季市场保供压力还会有进一步增加的趋势。这也就意味着冬季天然气储气库、管道等基础设施的使用负荷和用户数量将会增加，助推我国天然气基础设施定价季节化。

（五）天然气计量方式改革促进公平开放

现阶段我国天然气销售领域的主要计量方式为体积计量，这一方式在多年的市场发展下暴露出一些问题，如进口资源的热值采购与国内管道气体积销售的固有矛盾，

买卖双方价值流失以及贸易计量争议等。随着国家天然气基础设施开放和天然气热值计量条件日趋完善，出于气源日益复杂多样考虑，计量方式改革将成为我国天然气市场化改革的重要路由。可通过建立健全国内天然气热值计量标准制度、气源上载调整系数等措施构建更加公正合理的定价机制，促进公平开放，助力我国天然气市场化改革，进一步同国际天然气市场接轨。

二 10~30年中长期中国天然气定价模式变化

国家管网体制改革，“X+1+X”模式下“X+1”已经具备雏形，未来随着更多上游企业加入，上游市场充分竞争的局面在中短期内基本可以见到，未来10~30年的中长期中，天然气定价模式的变化可能将主要集中在下游“X”中。

（一）特许经营权制度淡化

在城市燃气推广之初，特许经营权制度有利于鼓励和吸引社会资金进入燃气领域，既为城市燃气事业建设提供了重要的资金支持，也替政府缓解了城市建设的资金压力。

随着天然气大规模利用的开展，城市燃气特许经营制度转供成本高、竞争不充分等弊端也逐渐体现出来。2017年，国家发改委等13部门联合印发《加快推进天然气利用的意见》，明确提出“鼓励上游生产企业对城市燃气公司和大用户直供，减少中间环节，避免层层转供，降低供气成本”“用户可自主选择资源方和供气路径”等措施，从国家层面释放出打破现有制度壁垒、推进天然气下游价格市场化的信号；但是，七年过去了，“大用户直供”的供气形式并未真正突破枷锁，究其原因在于在现实操作中还存在着直供和特许经营制度的“法律冲突”以及基础设施重复建设、资源浪费等问题。

因此，城市燃气特许经营权的淡化是个漫长的过程，未来当上游的“X”实现充分竞争后，下游城市燃气的主要角色将从天然气零售商转变为民生资源保供商与“最后一公里”的基础设施服务商的身份。城市燃气保障基础的民生用量和对气价敏感度不高的工商业用量，其他用户参与市场化的气源价格竞拍，让最后一个“X”也实现充分竞争，“放开两头、管住中间”的天然气市场化改革思路才能真正变为现实。

（二）终端用气价格交叉补贴现象将开始减少

2021年国家发改委发布的《“十四五”时期深化价格机制改革行动方案》中提出，聚焦当前价格工作面临的突出矛盾和问题，找准助力“碳达峰、碳中和”目标实现，对“十四五”时期价格机制改革重点任务做出部署。

目前，在我国天然气定价现状中，下游定价存在交叉补贴，价格承受能力较强的居民用户在享受价格补贴，对气价敏感的工商业企业用气价格较高，当前的定价机制显然与降低工商业企业用气负担，加大天然气用量对煤炭替代的目标背道而驰。

因此，在未来中长期内，预计将不再降低居民用天然气价格，减少终端用气交叉补贴，居民用天然气价格制度将逐步得到完善。

（三）终端居民和非居民用气定价市场化程度提高

随着天然气消费规模不断扩大，近年来我国天然气进口依存度从2010年的12%提升到了2021年的45%，进口依存度的提升使得国际市场价格波动对国内天然气成本的影响增强。目前，我国天然气上游市场化改革已经进入了深水期，部分气源开放了市场化定价，天然气门站价格也已经演变为基准价格，但是下游居民和非居民用气价格市场化目前刚刚开始探索。上游气源价格调整至城市燃气环节后，城燃企业向下疏导压力较大，燃气经营企业面临着上游高气源价格下的保供重责和低销售价格下的企业生存压力，且随着上游开放程度提高而变得无法忽视，下游用户价格市场化程度亟须提高。

天然气市场化改革最终实现的方式一定是全产业链价格市场化，因此未来中长期由国家牵头，各个地方政府摸索出一套适合自身情况的终端居民和非居民用气的定价方式，才能将天然气市场化改革成果真正惠及终端，实现全产业链健康良性发展。

附录：单位

MJ/Nm^3	兆焦/标准立方米
m^3	立方米
cm^3/Nm^3	立方厘米/标准立方米
Nm^3	标准立方米
cm^3	立方厘米
mg/Nm^3	毫克/标准立方米
kg/m^3	千克/立方米
℃	摄氏度
m^3/t	立方米/吨
MJ/kg	兆焦/千克
MJ/L	兆焦/升
MPa	兆帕
Nm^3/d	标准立方米/日
kPa	千帕
mmBtu	百万英热单位
MTPA	百万吨

参考文献

[1] 张瑞，马远．基于产业链视角的中国天然气价格形成机制改革策略研究[J]．价格月刊，2023（4）：21–26.

[2] 潘雪超，任凤，文心睿，等．天然气产业链技术现状及展望[J]．山东化工，2022，51（24）：70–72.

[3] 侯正猛，罗佳顺，曹成，等．中国碳中和目标下的天然气产业发展与贡献[J]．工程科学与技术，2023，55（1）：243–252.

[4] 孙慧，杨雷，都兴恺．中国天然气产业链优化的思路与建议[J]．油气与新能源，2023，35（1）：1–7+16.

[5] 史建勋．中国天然气市场价格风险分析与防范建议[J]．国际石油经济，2022，30（5）：19–24.

[6] 檀学燕．我国天然气定价机制设计[J]．中国软科学，2008（10）：155–160.

[7] 张颙，何春蕾．以管网改革为契机理顺天然气产业链价格[J]．天然气技术与经济，2019，13（5）：1–6.

[8] 周娟，魏微，胡奥林，等．深化中国天然气价格机制改革的思考[J]．天然气工业，2020，40（5）：134–141.

[9] 张颙，朱晓海，付建文．关于天然气价格市场化改革问题的探讨[J]．价格理论与实践，2018（3）：42–46.

[10] 国旭涛，黄晓宇，章康，等．我国天然气发电发展现状与价格情况研究[J]．浙江电力，2020，39（9）：109–117.

[11] 赵逸杰．中国非居民用户用气量行业异质性分析及预测研究[D]．西安：西安电子科技大学，2022.

[12] 鲁德宏．天然气用户需求特点及需求预测方法[J]．国际石油经济，2002（12）：25–28+58–59.

[13] 宋鹏飞，张超，侯建国，等．碳约束条件下天然气化工技术发展及碳减排量预测[J]．低碳化学与化工，2023，48（2）：71–77.

[14] 杨治忠．天然气化工的发展前景展望[J]．化工管理，2021（19）：79–80.

[15] 柴建，张晓空，张雪君，等．LNG新型定价模式与天然气市场供需失衡的暴露—滞后—反应关系研究[J]．系统工程理论与实践，2022，42（10）：2697–2709.

[16] 龚承柱，龚年姣，吴德胜，等. 基于多主体混合互补模型的天然气市场化改革模拟与评估[J]. 系统工程理论与实践，2022，42（2）：499–513.
[17] 张建平，何润民，邹晓琴，等. 新格局下中国天然气市场营销业务的数字化转型[J]. 天然气工业，2021，41（9）：169–177.
[18] 天工. 我国LNG进口市场将迎来发展高峰[J]. 天然气工业，2016，36（8）：65.
[19] 薛蓉，李磊. 国际LNG贸易的发展趋势分析[J]. 商业时代，2011（4）：41–42.
[20] 华贲，罗家喜. 国际LNG市场价格走势分析[J]. 天然气工业，2007（1）：140–144+164.
[21] 郜峰，耿长波，马宝玲，等. 液化天然气国际贸易现状及发展新格局[J]. 国际经济合作，2014（2）：25–30.
[22] 芮旭涛，赵连增，宫敬，等. 天然气管输定价机制改革对管道项目经济评价工作的影响[J]. 天然气工业，2021，41（11）：170–178.
[23] 张前，齐大谦. 浅析天然气长输管道隐患及保护措施[J]. 石化技术，2021，28（10）：197–198.
[24] 张修权. 创新定价机制完善天然气管道运输价格管理体系[N]. 中国会计报，2021–08–13（001）.
[25] 张涛，张赵婷，吕肖东. 一种系统整体最优化的“源—网—荷—储”天然气运营模型[J]. 天然气工业，2017，37（10）：105–117.
[26] 刘恒阳. “双碳”背景下天然气地下储气库机遇与挑战[J]. 石油与天然气化工，2022，51（6）：70–76.
[27] 丁国生，丁一宸，李洋，等. 碳中和战略下的中国地下储气库发展前景[J]. 油气储运，2022，41（1）：1–9.
[28] 张刚雄，李彬，郑得文，等. 中国地下储气库业务面临的挑战及对策建议[J]. 天然气工业，2017，37（1）：153–159.
[29] 张抗，白振瑞. 中俄东线供气购销合同的回顾和展望[J]. 天然气技术与经济，2014，8（4）：1–4+43+77.
[30] 国家能源局印发《天然气购销合同（标准文本）》[J]. 煤气与热力，2014，34（4）：35.
[31] 孙前. 具有中国特色的进口LNG境内液态销售合同法律实务实践与创新[J]. 法制博览，2018（3）：119.
[32] 马正想. 全过程视角：跨国采购合同谈判研究[D]. 北京：北京外国语大学，2022.
[33] 张春宝. 美国液化天然气长期合同特点及谈判建议[J]. 国际石油经济，2022，30（9）：82–90.
[34] 杨义，潘凯，胡旸，等. 新形势下中国东部区域天然气市场发展趋势及营销策略[J]. 油气与新能源，2021，33（3）：91–96.
[35] 黄浩凯. 2021年全球液化天然气市场特点及发展趋势[J]. 国际石油经济，2022，30

（4）：79–91.
[36] 杨发炜 . 浅谈国内液化天然气的发展和前景 [J]. 石化技术，2020，27（10）：220–221.
[37] 姜海波，刘贵洲，蔡昊，等 . 全球液化天然气行业发展理性调整 [J]. 国际石油经济，2020，28（8）：66–70+93.
[38] 方旭赟 . 全球液化天然气市场发展前景及对策研究 [J]. 经济论坛，2019（8）：87–93.
[39] 侯琳 . 基于客户价值细分的产品结构优化策略研究 [D]. 北京：北京第二外国语学院，2023.
[40] 杨云红 . 基于差异化战略的企业管理战略研究 [J]. 投资与合作，2023（4）：157–159.
[41] 蒋结春 . H 公司客户满意度提升策略研究 [D]. 桂林：广西师范大学，2023.
[42] 黄毅 . 客户关系管理在企业市场营销中的价值分析 [J]. 商场现代化，2023（10）：30–32.